# 社会学教程（第五版）

Introduction to Sociology

王思斌 主编

图书在版编目(CIP)数据

社会学教程/王思斌主编.—5版.—北京:北京大学出版社,2021.3
21世纪社会学规划教材.社会学系列
ISBN 978-7-301-31791-4

Ⅰ.①社… Ⅱ.①王… Ⅲ.①社会学—高等学校—教材 Ⅳ.①C91

中国版本图书馆CIP数据核字(2020)第204150号

| | |
|---|---|
| 书　　　名 | 社会学教程(第五版) |
| | SHEHUIXUE JIAOCHENG(DI-WU BAN) |
| 著作责任者 | 王思斌　主编 |
| 责 任 编 辑 | 董郑芳 |
| 标 准 书 号 | ISBN 978-7-301-31791-4 |
| 出 版 发 行 | 北京大学出版社 |
| 地　　　址 | 北京市海淀区成府路205号　100871 |
| 网　　　址 | http://www.pup.cn |
| 新 浪 微 博 | @北京大学出版社　　@未名社科-北大图书 |
| 微信公众号 | 北京大学出版社　　北大出版社社科图书 |
| 电 子 邮 箱 | 编辑部 ss@pup.cn　　总编室 zpup@pup.cn |
| 电　　　话 | 邮购部 010-62752015　　发行部 010-62750672 |
| | 编辑部 010-62753121 |
| 印 刷 者 | 天津中印联印务有限公司 |
| 经 销 者 | 新华书店 |
| | 650毫米×980毫米　16开本　24.5印张　417千字 |
| | 1987年3月第1版　　2003年9月第2版 |
| | 2010年7月第3版　　2016年9月第4版 |
| | 2021年3月第5版　　2025年2月第7次印刷 |
| 定　　　价 | 59.00元 |

未经许可,不得以任何方式复制或抄袭本书之部分或全部内容。
版权所有,侵权必究
举报电话: 010-62752024　电子邮箱: fd@pup.cn
图书如有印装质量问题,请与出版部联系,电话: 010-62756370

# 第五版前言

《社会学教程(第四版)》印行已近四年,取得了较好反响,感谢各方读者的关爱与鞭策。四年来,我国的经济社会发展形势有了新的变化,特别是党的十九大对我国的发展方位和社会主要矛盾有了新的阐述,也指出了新时代现代化的发展目标。中国特色社会主义进入新时代,我国社会主要矛盾已经转化为人民日益增长的美好生活需要和不平衡不充分的发展之间的矛盾。这一重要判断与关注民生、关注社会结构的社会学有十分密切的联系。与此相应,许多新的发展中的问题需要阐释和回应。同时,国际社会学研究也有了新的发展。正是这种情势促使笔者进行修订。

本次修订遵循本教材编写的一贯原则:系统介绍和阐明国际社会学的经典理论并反映其最新研究成果,回应中国社会发展和变迁中的重大理论和现实问题。基于这两个原则,这次修订在以下方面做出了努力:第一,大面积改写了"社区"一章,对城乡社区建设问题做了比较系统的阐述;第二,对与互联网相关的问题做了进一步的充实分析;第三,增加了我国社会建设方面的部分内容;第四,增加了我国社会分层和社会流动方面的内容;第五,增加了对我国社会现代化进程的介绍。除此之外,为了不增加整体篇幅,这次修订对第四版书中的有些内容做了压缩,同时还对书中的疏漏之处进行了更正。

我国的体制改革正在深入推进,社会转型仍在加速,国际形势正在发生复杂变化,自2020年初以来的新冠肺炎疫情对我国和世界其他各国的经济与社会运行产生了严重影响。我国经济社会发展的机遇和挑战并存,而且问题表现得更加明显和尖锐,这亟须社会学做出有说服力的解释、提供科学可行的建议。希望读者能从阅读本书中有收获、有启发,也对本书未能对更多社会现象、社会问题做出系统解释和深入分析表示遗憾。

感谢北京大学出版社编辑董郑芳对本次修订做的大量、细致的工作。

王思斌

2020 年(农历庚子年)春节期间至夏日

于北京大学肖家河教师住宅小区

音频:课程导引

# 目 录

**第一章　社会学的对象与学科性质** ················································· 1

　　第一节　社会学的产生与发展 ················································· 1
　　第二节　社会学的研究对象 ····················································· 9
　　第三节　社会学的学科特点与功能 ········································· 15

**第二章　社会及其构成** ····························································· 23

　　第一节　什么是社会 ····························································· 23
　　第二节　社会的构成要素与类型 ············································· 29
　　第三节　文　化 ··································································· 33

**第三章　人的社会化** ································································ 44

　　第一节　人的社会化的含义与内容 ········································· 44
　　第二节　社会化的机构与过程 ················································· 51
　　第三节　社会化与个性发展 ··················································· 60

**第四章　社会互动** ··································································· 67

　　第一节　社会互动的类型与意义 ············································· 67
　　第二节　社会互动的理论 ······················································· 75
　　第三节　社会角色与社会网络 ················································· 82

## 第五章　初级社会群体……95

第一节　社会群体及其类型……95

第二节　初级社会群体的特征与功能……102

第三节　初级社会群体的典型——家庭……108

## 第六章　社会组织……118

第一节　社会组织的特征与结构……118

第二节　组织目标与组织运行……125

第三节　社会组织的管理……134

第四节　中国的社会组织……143

## 第七章　社会阶层与社会流动……148

第一节　社会分化与阶级……148

第二节　社会阶层……154

第三节　社会流动……165

## 第八章　社　区……174

第一节　社区概述……174

第二节　农村社区与城市社区……180

第三节　城乡社区发展……191

## 第九章　社会制度……201

第一节　社会制度的含义与类型……201

第二节　社会制度的构成与功能……206

第三节　制度化与制度变迁……213

## 第十章　社会问题……223

第一节　社会问题概述……223

第二节　人口问题……229

第三节　劳动就业问题 …………………………………………………… 236

　　第四节　贫困问题 ………………………………………………………… 242

**第十一章　社会控制** ………………………………………………………… 251

　　第一节　社会控制的含义与功能 ………………………………………… 251

　　第二节　越轨行为 ………………………………………………………… 258

　　第三节　社会控制的手段 ………………………………………………… 264

　　第四节　中国转型期的越轨行为与社会治理 …………………………… 270

**第十二章　社会保障与社会政策** …………………………………………… 278

　　第一节　社会保障 ………………………………………………………… 278

　　第二节　社会政策 ………………………………………………………… 287

　　第三节　中国的社会保障制度与社会政策 ……………………………… 295

**第十三章　社会变迁** ………………………………………………………… 305

　　第一节　社会变迁及其类型 ……………………………………………… 305

　　第二节　社会变迁的理论 ………………………………………………… 310

　　第三节　社会规划与社会建设 …………………………………………… 317

**第十四章　社会现代化** ……………………………………………………… 329

　　第一节　现代化的含义、内容与特征 …………………………………… 329

　　第二节　理解现代化的主要理论模式 …………………………………… 334

　　第三节　后发展国家与中国的现代化 …………………………………… 341

　　第四节　后工业时代与现代化 …………………………………………… 351

**第十五章　社会调查研究方法** ……………………………………………… 358

　　第一节　社会调查研究概述 ……………………………………………… 358

　　第二节　实地调查前的准备工作 ………………………………………… 364

　　第三节　调查资料的收集 ………………………………………………… 373

　　第四节　资料整理、分析与调查研究报告 ……………………………… 378

# 第一章

# 社会学的对象与学科性质

社会学是对社会进行综合性研究的学科,它是社会科学的重要组成部分。社会学是现代社会的产物,一百八十多年来,社会学伴随着社会变化并作为其反映逐渐发展、壮大、成熟起来,本章对社会学的发展历程及其学科性质做一概括介绍。

## 第一节 社会学的产生与发展

### 一、社会学的产生

（一）社会学产生的标志

18 世纪发生的英国工业革命开始将人类社会引入一个新的进程。科学和技术的迅猛发展促进了资本主义经济的巨大发展,同时也带来许多新的社会问题,这些引发了人们对于社会发展规律的新探索。

1830—1842 年,法国哲学家奥古斯特·孔德（Auguste Comte）出版了六卷本名著《实证哲学教程》,第一次从哲学高度系统地论述了作为一种方法论的实证主义的认识论基础,确立了实证主义在科学史上的地位。在孔德看来,"实证"一词具有如下含义:现实的而非幻想的;有用的而非无用的;可靠的而非可疑的;确切的而非含糊的;肯定的而非否定的。孔德认为,科学的任务是发现和描述事物现象之间重复出现的规律。他认为,对于社会的科学研究应该采用实证方法。

在1838年出版的《实证哲学教程》第四卷中,孔德第一次提出了"社会学"这个新名词以及建立这门新学科的大体设想,这标志着社会学学科的产生,孔德也因此成为社会学的创始人。他认为,社会学是以经验的实证方法研究人类社会现象的科学。在他那里,社会学包括了所有对社会现象的科学研究,实际上是社会科学的总称,即"包罗万象的"社会学。它要揭示的是社会现象的规律。

孔德认为,对社会现象的研究主要包括社会静学和社会动学,即从相对静态和动态的角度去研究社会。他认为,对越复杂的现象的研究需要越高级的研究方法。天文学借助观察方法,物理学和化学采用观察和实验方法,生物学使用观察、实验和比较方法。为了获得关于社会的实证知识和对社会的正确认识,社会学应该采用观察、实验、比较和历史的研究方法。

孔德不但提出了社会学的概念和学科的基本框架,而且提出了用科学方法研究社会的基本想法。这些对后来社会学的发展具有重要影响。

(二)社会学产生的条件

社会学的产生绝不是偶然的,而是有深刻的社会历史、思想和学术背景。

1. 社会历史条件

欧洲的11—15世纪被视为"黑暗时代"。在这一时代,宗教神学处于至高无上的地位,人类则成了卑贱的奴仆。这种对人类精神的禁锢严重地阻碍了人类和社会的发展。思想启蒙运动从思想上实现了人的解放,工业革命则推动了经济的快速发展。马克思、恩格斯在《共产党宣言》中指出:"资产阶级在它的不到一百年的阶级统治中所创造的生产力,比过去一切世代创造的全部生产力还要多,还要大。"①这对于长期禁锢于神学统治下的人类来说是一个巨大的进步。但是,资本主义的经济发展并没有带来社会的全面进步,在经济快速发展的同时也带来众多社会问题。正如马克思、恩格斯所说,在资本主义社会金钱关系代替了一切,社会发生了严重分裂。于是,研究资本主义和人类社会发展的逻辑就成为社会科学面对的基本问题。

---

① 《马克思恩格斯选集》第1卷,人民出版社2012年版,第405页。

2. 思想条件

社会学的产生是以对以往思想家们关于社会的探索为基础的。社会学产生之前,许多思想家对社会的结构、社会变化的规律和未来图景进行了探索,并形成了丰富的哲学思想、经济思想、政治思想和社会思想。这些思想成果作为基础促进了人们对社会的进一步认识。在西方,古希腊思想家们的睿智深深地影响人们对社会的认识。当然,对社会学的产生影响最大的还是西方近现代以来的社会思想,比如17世纪、18世纪以来英国及欧洲大陆思想家(如霍布斯、洛克、卢梭等)的政治思想和社会思想,特别是圣西门、傅立叶、欧文的空想社会主义思想对孔德的社会学思想的形成有着直接的影响。孔德曾经当过圣西门的秘书,并曾沿用圣西门使用过的"社会物理学"概念,这清楚地说明了孔德社会学的思想渊源。

3. 学术条件

孔德的重要贡献是将自然科学的方法引入社会学研究,而这与当时自然科学的发展是分不开的。欧洲文艺复兴以后,自然科学迅速发展,天文学、地理学、数学、物理学、化学、生物学等都取得了突破性成果。特别是牛顿力学体系的完成,更加显示了自然科学方法的巨大威力。这些启发了社会思想家对社会的认识:可否用自然科学的方法去研究社会。圣西门就曾在《人类科学概论》中指出,要将关于人的科学提高到以观察为基础的科学水平,赋予它以实证的性质,把它建立在像物理学等其他领域中所使用的那种观察和研究方法的基础上。而数学和物理学功底都相当深厚的孔德要建立一门用自然科学的精确方法来研究社会的新学科即社会学,这是可以理解的。

(三)马克思与社会学

作为孔德的同时代人,卡尔·马克思(Karl Marx)从另一种角度分析资本主义的成就和弊端,并试图找出资本主义的归宿。马克思深刻地分析了资本主义的动力和固有矛盾,他同样主张用经验的方法去研究社会。《资本论》就是马克思用经验的方法分析资本主义社会的经典之作,被认为是关于资本主义社会的社会学著作。马克思从经济角度解释人类历史进程,他的阶级理论和冲突理论、关于异化的思想是社会学理论中永久的组成部分。在社会学界,马克思也被认为是社会学的创始人,尽管马克思本人从未自认为是社会学家。

## 二、社会学的形成和发展

### (一) 西方社会学的形成

社会学产生于欧洲,在学科形成的过程中,一批早期社会学家发挥了重要作用。这里只择其要者稍作介绍。

奥古斯特·孔德(1798—1857)是法国哲学家和社会学家。孔德作为创始人在如下几个方面做出了突出贡献:他提出了"社会学"这个名词,指出了社会学的研究领域和研究方法;他对社会静学和社会动学及其研究对象做出了区分和概括,即社会静学研究社会结构和社会秩序,社会动学研究社会过程和社会进步。这些观点至今仍是社会学的基本分析框架。

赫伯特·斯宾塞(Herbert Spencer,1820—1903)是英国哲学家和社会学家。受达尔文生物进化论的影响,他将社会与生物有机体相类比,从而成为社会进化论(也称社会达尔文主义)的创始人。他认为社会的进化过程同生物进化一样,生存竞争、优胜劣汰、适者生存也在社会中起支配作用。斯宾塞撰写了《社会静力学》《社会学研究》《社会学原理》等大量社会学专著,阐明社会学的基本原理。他把社会作为一个整体,并把结构和功能联系起来考察,这对后来功能学派社会学的发展具有深远影响。他对社会学的具体对象的研究比起孔德的"包罗万象的"社会学来说也是学科发展上的进步。

埃米尔·迪尔凯姆(Emile Durkheim,也译涂尔干,1858—1917)是法国社会学家,他是法国第一个获得任命的社会学教授。迪尔凯姆明确指出社会学有独立的研究对象,即社会事实。为了回应法国当时社会动荡等现实问题,他撰写了《社会分工论》《自杀论》《宗教生活的基本形式》等专著,他提出的"机械团结""有机团结"等概念及其深入分析至今都有重要价值。他用统计方法研究自杀现象,实践了孔德开启的实证主义社会学的构想,成为最早用实证方法研究社会现象的社会学家。他的《社会学方法的准则》系统、详细地论述了实证主义社会学的方法论,主张用社会事实来说明社会问题,对社会学研究方法的发展做出了重大贡献。

马克斯·韦伯(Max Weber,1864—1920)是德国社会学家和历史学家。韦伯认为,社会学是一门致力于解释性地理解社会行动,并通过理解对社会行动的过程和影响做出因果说明的科学。他开创了与实证主义社会学相对立的"理解的"社会学传统,成为理解社会学的奠基人。在方法论上,韦伯提出了"理想类型"的观点以及"价值中立"的主张。韦伯对社会行动的分类、关于权威的分类和对科层制度的论述、关于新教伦理与资本主义发展关系的研究极大地影响了后来社会学的发展。韦伯是世界范围内最有影响的社会学家之一。

自孔德以来,经过社会学先驱们的努力,到20世纪初社会学的研究对象逐渐明确,研究方法不断系统化,它的科学性也逐渐得到学术界的认可。社会学作为一门学科基本形成。

(二)美国社会学的发展

社会学产生于欧洲,但蓬勃发展于美国。19世纪末至20世纪初,美国的工业化、城市化的快速发展带来了巨大的社会变迁,与此相伴随的是社会问题丛生。在实用主义的影响下,社会学在美国获得了蓬勃发展。早在1873年威廉·萨姆纳(William Sumner)就在耶鲁大学讲授社会学课程。19世纪末20世纪初,芝加哥大学形成了社会学的"芝加哥学派",大大推动了城市问题研究和社区研究。后来,塔尔科特·帕森斯(Talcott Parsons)将欧洲社会学理论引入美国,建立了结构功能理论,形成了结构功能学派,对美国和世界社会学的发展产生了长远而广泛的影响。另外,符号互动理论、社会交换理论等理论学派发展迅速,美国社会学的理论研究和实证研究都取得了快速发展。20世纪60年代以后,新的社会理论也不断在美国崛起。美国社会学的特点是注重应用研究,实证研究一直是美国社会学的主流,这是社会学被美国社会广泛接受的原因之一。至今,美国仍然是世界上社会学最发达的国家。美国社会学的成就大大地推进了社会学在世界范围内的发展。

(三)当代社会学的其他发展

1. 欧洲的社会学

欧洲国家的社会学对美国社会学乃至世界社会学都产生了积极影响,但在两次世界大战期间发展相对缓慢。第二次世界大战以后,欧洲国家的社会学得到明显发展,并形成了一些有自己特点的理论流派。在德国,作为批判理论代表的法兰克福学派在批判现实的资本主义社会方面令人瞩目。拉尔夫·达伦多夫(Ralf Dahrendorf)的社会冲突理论发起了对帕森斯的结构功能理论的巨大挑战,并成为当代社会学的重要流派。以尼克拉斯·卢曼(Niklas Luhmann)为代表的系统学派在学术界也有重要地位。在法国,皮埃尔·布迪厄(Pierre Bourdieu)的结构主义建构论以对文化资本和社会资本的研究,以及对实践、场域、惯习的分析在社会学界吹起一阵清风。另一位思想家米歇尔·福柯(Michel Foucault)通过对权力、权力的谱系学的分析,展示了后现代主义的观点和对现代权力观的否定。这些都是社会理论界的新理论、新思想,并在学术界、思想界发挥着重要影响。英国当代社会学家安东尼·吉登斯(Anthony Giddens)的结构化理论在弥合行动与结构的二元对立方面的努力也得到了社会学界的称赞。可以说,欧洲当代社会学家正在以其特有的形式影响世界社会学的发展。

2. 发展中国家的社会学

第二次世界大战以后,发展中国家的社会学也得到一定发展。这些国家的社会学家面对本国众多的社会问题,力图以西方社会学的知识为基础,研究本国的社会结构与社会进程。他们都有发展本土社会学的愿望,并形成了一些本土社会学理论。值得一提的是拉丁美洲国家的社会学家关于发展问题的研究。依附理论作为发展中国家社会学研究的一项成果,已成为世界社会学知识体系的重要组成部分。

概括地说,一百八十多年来,社会学作为一门学科已经得到了较大发展。它在服务于各国社会发展的需要及积累知识方面扮演着重要角色,社会学已成为重要的社会科学学科。从社会学发展的历史可以看出,社会学的快速发展常常与急剧而复杂的社会变迁相关。当今,人类社会的发展正面临巨大机遇和挑战,这可能是社会学再次获得快速发展的契机。

### 三、社会学在中国的发展

(一) 社会学的出现和传入

社会学基本上属于西学,19世纪末20世纪初传入中国。我国也有丰富的社会思想论及社会结构、社会变迁和人类理想,它们是中国社会学知识体系基础的重要组成部分。

春秋战国时期是我国古代社会思想发展的黄金时代,儒家、道家、墨家等诸子百家的社会思想竞相辉映,并对我国社会的发展产生了重要而持续的影响。大同思想是我国古代关于社会关系、社会生活理想的系统化论述。《礼记·礼运》中写道:大道之行也,天下为公,选贤与能,讲信修睦。故人不独亲其亲,不独子其子,使老有所终,壮有所用,幼有所长,鳏寡孤独废疾者皆有所养,男有分,女有归。货恶其弃于地也,不必藏于己;力恶其不出于身也,不必为己。是故谋闭而不兴,盗窃乱贼而不作,故外户而不闭。是谓大同。大同思想是对先秦儒、墨、道、农各家社会学说的总结和扬弃,大同社会也是中国历代劳动人民、进步思想家和社会改革家追求的目标。大同思想对中国近代思想家的影响尤为重大,康有为、孙中山等以追求大同社会之理想为志向,它与现代社会学者的追求也是比较一致的。

关于中国社会学的起点学界有不同的看法:一种观点认为从康有为的讲学算起,另一种观点认为应从严复翻译斯宾塞的著作开始。1840年之后,西方列强频频发动侵略中国的战争,中国沦为半殖民地半封建社会。一些先进的中国人开始向西方寻找真理,以救国救民。1891年康有为在广州长兴里万木草堂讲学,长兴学舍的学科分类有义礼、考据、经世、文章四种,在经世之学中列有"群学",与"政治原理学"并列。"群学"这个名词是借用了我国古代思想家荀子的"人能群"的思想,"群学"即组织、教育群众,拯救国家之学,是"经世济民,治理国家"之学。有学者认为这是中国社会学的肇始。

严复也是维新派的著名人物,曾任北京大学的首任校长。1877年他被清政府派到英国去学习海军知识,在英国期间,他留意考察英国的社会制度,认真阅读社会科学家斯密、卢梭、穆勒、赫胥黎及斯宾塞的著作,并于后来翻译了上述学者的一批重要著作,宣传社会变革。他在1897年翻译了斯宾塞的《社会学研究》的部分篇章发表在《国闻报》上,1903年译出全书并交由上海文明译书局出版,名为《群学肄言》。后来学者们认为,1897年严复翻译《社会学研究》是社会学传入中国的开始,严复是引入西方社会学的第一人。严复发现,社会学的思想与中国的传统文化有很多相通之处。他在《群学肄言》的序中说:"群学何?用科学之律令,察民群之变端,以明既往、测方来也。肄言何?发专科之旨趣,究功用之所施,而示之以所以治之方也。"在这里,"群学"就是社会学。严复在中国社会学发展史上占有重要地位。

日本"明治维新"向西方学习获得了成功,吸引我国一批进步青年和知识分子东赴日本求学,学习理论和富国强兵的本领。资产阶级民主革命家章太炎于戊戌变法失败后逃亡日本,接触到大批社会学著作。1902年他翻译了日本学者岸本能武太的《社会学》,这是中国首部整本引进的外国社会学著作。在中国学者中,谭嗣同最早提到"社会学"一词。他在《仁学》的"仁学界说"中写道"凡为仁学者,于佛书当通《华严》及心宗、相宗之书;于西书当通《新约》及算学、格致、社会学之书",但他并没有阐述过社会学。

(二) 20 世纪前半叶的中国社会学

社会学课程在我国高等学校出现始于 20 世纪初。1906 年《京师法政学堂章程》中列有社会学课程,我国近代最早的新型大学京师大学堂 1910 年的课程表中也有社会学课程的记载。现有案可查最早在中国讲授"社会学"课程的大学是美国基督教会在上海办的圣约翰大学,1905 年由美国人孟嘉德(Arthur Mann)讲授。一般认为,从日本留学回国的康宝忠 1916 年在北京大学讲授社会学是中国人在大学讲授社会学的开始。曾留学英国、后在北京大学任教的陶孟和与梁宇皋于 1915 年发表的《中国乡村与城镇生活》是中国学者撰写的第一本社会学著作。

20 世纪 20 年代以后,中国大学中的社会学系获得较快发展。1921 年厦门大学设立历史社会学系,1922 年燕京大学设立社会学系,清华大学则于 1925 年成立社会学系。截至 1930 年中国有 11 所大学设置社会学系,至 1947 年全国设立社会学、历史社会学的大学和独立学院共 21 所。在高等院校中,燕京大学的社会学师资队伍比较整齐。1927 年该校社会学系已有教授 15 名,其中外国教授 4 名,中国教授 11 名。该系创办的学术刊物《社会学界》成为社会学界的重要学术园地。在吴文藻任系主任时,该系吸收美、英等国社会学的最新成果,开展社区研究,积极推进社会学的中国化。该系教师参加晏阳初发起的华北平民教育运动、进行清河实验,为社会学的发展和社会改造做出了贡献。抗日战争时期,清华大学国情普查研究所在陈达的主持下,在云南进行了一些有较高水平的社会调查。云南大学社会学系和社会学研究室先后在吴文藻、费孝通的主持下做了一些深入的社区研究。

在社会学的引进和学科化过程中,孙本文做了大量工作。他撰写了一批社会学著作,介绍和阐述社会学的知识,他的《社会学原理》是 1949 年以前中国社会学界最重要的教科书和学术著作。他曾联络社会学同仁组成全国性的中国社会学社。孙本文是中国社会学发展史上最有影响的人物之一。

以马克思主义为基础的社会学也得到了一定发展。1922 年上海大学组建社会学系,瞿秋白讲授以马克思主义为理论基础的社会学课程。李达、许德珩也以历史唯物论为指导在大学里讲授社会学。此外,一些社会学者还积极参加了中华人民共和国成立初期的社会改造,如乡村建设运动等,表现出强烈的社会责任感。

(三)改革开放以来的中国社会学

中华人民共和国成立后,政府决定对教育体系进行革命性变革,以为社会主义建设服务。在向苏联学习等多种因素的影响下,1952年中央政府在对高等学校进行院系调整时,取消了社会学,社会学被迫中断。尽管1956年底至1957年初一些学者做过恢复社会学的努力,但没有成功。

1978年底中国共产党决定进行体制改革。1979年3月30日,邓小平在其《坚持四项基本原则》的著名讲话中指出社会学"需要赶快补课",正式开启了重建社会学的进程。在此之后,费孝通等社会学家努力推进社会学的学科建设,培养社会学的教学和研究人才,在1979年建立了中国社会学研究会(后改为中国社会学会)。1980—1982年,上海大学、北京大学、中山大学、南开大学等高等院校率先建立社会学系。1980年,中国社会科学院建立社会学研究所。此后,社会学在高等院校系统和省、自治区、直辖市的社会科学院系统得到了较快发展,社会学在经济体制改革和社会主义现代化建设中发挥了越来越重要的作用。到2020年初,全国高等院校建立社会学系(专业)近百个,与此密切相关的社会工作系(专业)约350个,大多数省、自治区、直辖市建有社会学研究所。社会学在国家经济建设、社会建设和社会发展过程中扮演着越来越重要的角色,通过长期的研究积累也产生了一些重要的理论成果。

## 第二节　社会学的研究对象

### 一、对社会学研究对象的不同看法

(一)社会学研究整个社会

美国社会学家亚历克斯·英克尔斯(Alex Inkeles)在《社会学是什么?》一书中说,要想了解社会学是什么,最重要的是要看那些经典社会学家研究了什么。

作为社会学的创始人,孔德对社会学研究对象的看法应该说对后人有一些影响。孔德认为,社会学要考察社会文明的历史过程。这种考察是全面的,包括社会基本制度、政治制度、经济交往方式和意识形态等。孔德把社会静学和社会动学作为社会学研究领域的基本分类。社会静学是对社会体系和社会构成要素的静态考察。社会动学是对社会进步过程的动态分析。孔德认为,人们之所以能从分散孤立的状态集聚为整体的社会,是因为人们的社会感情,而这种感情是社会学的研究对象,要通过对道德行为的实证研究揭示人们对社会感情的需要和个人本能之间的矛盾。孔德的社会动学从总体上描述社会发展的历史,这从两个领域进行:精神方面和物质方面。前者表现为人类理智和道德感的进步,后者表现为社会体制的进步。

可以发现,孔德认为社会学研究的具体对象是多元的。但是他的一些基本视角也是清楚的:把社会当作一个整体,研究社会的结构和社会进步。这对后来社会学家的观点和研究实践都有重要影响。许多宏观取向的社会学家强调要研究整个社会,他们持整体论观点,把社会看作一个整体去研究各种社会现象。马克思研究人类社会发展的规律,他的关于生产关系的总和构成社会的经济结构,物质生活的生产方式制约着整个社会生活、政治生活和精神生活过程的观点,是社会整体观的系统表达。有的学者认为,社会学的研究对象就是社会。

(二) 社会关系和社会结构

许多学者认为社会学是研究社会关系和社会结构的。按照马克思的观点,社会关系不是指个人间的关系,而是指不同属性的人之间形成的社会交往的形式。马克思特别关注人们在生产过程中形成的社会关系(生产关系)和在此基础之上产生的其他社会关系,关注阶级之间的关系。

德国社会学家格奥尔格·齐美尔(Georg Simmel)也注重社会关系。他认为,社会学并非要研究社会生活中的具体现象,而是要研究作为社会生活整体抽象的"人类的纯粹社会形式"。社会学是研究社会交往形式的科学,形式不仅是事物的质的规定性的抽象,而且是事物之间相互关系的抽象,而二者在本质上是一致的。齐美尔认为,社会学家应该从日常生活的交往关系中提取一般的交往形式,并加以适当归类,然后再对这些抽象形式做进一步考察。齐美尔虽然没有把社会关系作为直接的研究对象,但各种交往关系已成为他研究社会生活整体的基础。

社会结构是多数社会学家研究的对象。社会结构是与社会关系联系在一起的,它是从总体上分析社会整体内在关系模式的概念。按照尼尔·斯梅尔瑟(Neil Smelser)的概括,社会结构是指社会的不同类属之间的稳定的关系模式。

孔德所说的社会整体的构成（社会构成）指的是社会结构问题。马克思从经济基础出发分析社会的结构，这是对社会结构的宏观分析，服从于他想阐明人类社会发展规律的目标。如果说早期社会学家更偏重宏观分析的话，那么后来的社会学家则主要顾及社会结构的中观分析和微观分析。例如，帕森斯的结构—功能分析不但在宏观层面分析各社会子系统之间的关系，而且在角色层面上分析社会结构。至于从事阶层分析的学者，更是以社会结构分析为基础的。在多数社会学家那里，社会结构是他们分析问题的目标或工具。社会结构一般指社会中各群体之间的关系，包括职能部门之间、阶级阶层之间、不同利益群体之间的稳定的关系模式等。

（三）社会行动和社会过程

从动态的角度考察社会，宏观视野关注社会过程，微观上则是社会行动。孔德、马克思都关心社会过程，他们从不同的角度探究人类社会发展的规律。社会过程可以反映在宏观、中观和微观几个层面。

韦伯是第一个提出社会学研究社会行动的，他认为社会学的任务就是理解人们的社会行动。社会行动是指人们有意识的、注入了某种社会意义的，并与他人发生关联的行动。韦伯区别了社会行动的类型，力图说明资本主义的产生是一个理性化过程。

帕森斯则用社会行动来解释个体与社会之间的关系。他分析了社会行动的结构，试图说明以个人行动为基础的、持续的社会行动会形成和发展为社会行为规范和结构；这种社会行为规范和结构是静态的具体的实体，而社会行为规范反过来又制约和引导个人、集团（团体）的行动，从而力图将社会行动同社会结构联结起来。

符号互动论认为，社会的本质是人们以有意义的行动为中介的相互作用，社会学的任务就是理解处于一定社会情境中的人如何理解他人行动的意义，进而采取合适的行为。

应该说明的是，社会学所研究的社会行动包括了所有具有社会意义的行动，如经济交换、政治活动、社会交往以及精神领域的活动。在中观层面和宏观层面上，连续的社会行动就是社会过程，也就是社会变迁。

（四）社会制度

在孔德的社会学设想中，各种社会制度是在他的研究视野之中的，他指出的社会制度包括家庭制度、政治制度、经济制度等。斯宾塞认为,社会是一个有机体,它的主要器官系统包括家庭制度、礼仪制度、政治制度和教会制度。他在《社会学原理》中详细分析了这些制度对于维持社会这个有机体的功能。在社会学发展的早期,当人们去研究一个不太发达的具体社会的内在运行机制时,社会制度就成了研究的基本对象,与社会学密切相关的文化人类学把社会制度作为基本的研究对象。在现代社会研究中,具体的社会制度仍然是社会学研究的基本入手点。

### 二、本书对社会学研究对象的看法

(一) 对社会学研究对象的界定

在社会学发展史上,社会学家们从多个角度去研究社会,从而确定了各自的社会学研究对象。可以发现,在社会学的创立时期,社会学家多是将社会整体作为研究对象,当社会学作为一门学科被确立之后,学者对社会学研究对象的认识更加具体化,实际上这些不同的研究对象只是社会现象的某一个特定的层面。为了较全面地反映社会学的研究视角和特点,本书从综合的角度对社会学的研究对象进行界定,进而说明社会学是怎样一门学科。可以这样说:社会学是从变动着的社会整体的视角出发,通过社会关系和社会行动来研究社会结构及其功能、社会过程及其原因和规律的社会科学。

关于这一界定有如下说明。第一,社会学将各种类型的社会都看作整体。按照社会学创始人的说法,社会是有机体。所以,这里所说的整体是指社会学的整体观,它在分析具体社会现象时不是采取孤立态度,而是将其置于内部、外部的普遍联系之中。同时,社会整体又是处于变动之中的。第二,社会关系和社会行动是社会学研究的具体入手点。现代科学研究的重要方法之一是分析—综合方法。社会学之所以成为一门学科,是因为它找到了实证科学的方法,并用之于社会现象的研究。要对社会现象进行科学认识,就必须从其组成部分开始,对其进行认识和"测量"。社会现象的基本组成单位是具体的社会关系和社会行动,它们反映了作为社会成员的个体或社会群体之间的联系,这种联系在一定程度上反映了社会的结构、功能及其变动。第三,社会学要探索的是部分对于整体的意义、社会关系、社会结构变化的原因和规律,以及社会运行的规律性。社会学创立初期的学者主要致力于从宏观上认识社会兴衰之规律,后来的社会学家则从更具体的方面发现社会产生、发展、发挥功能、矛盾冲突及变化的规律。第四，社会学是一门社会科学，它是对社会现象的具体研究。社会学是因为社会问题的突显和人们探索解决这些问题的途径而产生的，社会学的具体研究主要是面对现实，其目的是增强对社会的理论性的认识，并在这种认识的指导下去改造社会，这是社会学的应用性特征。

（二）关于社会学研究对象的进一步解释

在一百八十多年的发展中，社会学形成了一些不同的研究取向。不同学者对于社会学研究对象的不同认识，一方面反映了社会现象的复杂性和多样性，另一方面反映了社会学者观察社会的角度和兴趣的差异。本书对社会学研究对象的上述界定指出了不同的研究角度，同时也力图在这些不同研究对象之间建立起一定的联系。因为在我们看来，研究者关于社会学研究对象的不同看法实际上是相互联系的。

社会学研究社会关系与社会行动的关系。社会关系是社会的基本构成要素。许多社会学者认为社会是由社会成员（个体成员或团体成员）在共同的活动中形成的社会关系体系。比如马克思认为，社会是生产关系和在此基础上形成的其他社会关系的体系，社会的关系体系包括经济关系、政治关系、一般的社会关系和思想关系，而且马克思在研究资本主义社会时也是从生产关系出发的。社会有机论者也认为，社会是由承担不同功能的部分组成的整体，它的各组成部分之间有一种功能上的联系。

社会关系是以社会成员之间的交往活动为基础的。马克思在阐述人类最基本的社会活动及其与社会的关系时指出，生命的生产——无论是自己生命的生产（通过劳动）或他人生命的生产（通过生育）——立即表现为双重关系：一方面是自然关系，另一方面是社会关系。因此，从发生学的意义上来说，社会关系是通过社会行动和社会交互作用而形成的。人们在某一社会生活（社会活动）领域中进行多次交往，进而形成某种较为固定的交往模式，这就是社会关系。这样看来，社会行动与社会关系是结合在一起的，社会关系只有在社会交往（相互的社会行动）中才能形成。同样，一定的社会关系形成之后就会对人们的社会行动产生规范的作用，即社会关系为人们的社会行动和社会相互作用提供了"模本"。可以说，社会关系与社会行动有强烈的依存关系：社会关系以社会行动为内容，社会行动以社会关系为形式；没有社会行动的社会关系和不受社会关系指导的社会行动都是不可理解的。这也就是说,将社会行动与社会关系分离开来只是出于某种研究的需要。

社会结构与社会过程之间的关系是社会关系与社会行动的关系的宏观表现。社会结构是指社会各群体之间稳定的相互作用的模式,是指社会现象的静态方面;社会过程则是指社会现象的动态方面。实际上,任何社会现象都具有静态的性质,同时又都处于变动之中。从即时性的角度来看,任何社会现象都表现为一定的形式和结构;从序时性的角度来看,任何社会现象都处于变动之中。因此,社会结构和社会过程也是社会现象的两个方面,社会过程和社会变迁的主体是社会结构,社会结构与社会过程(社会变迁)也是紧密地联系在一起的。

通过以上分析我们可以说,社会学是从整体的、相互联系的角度,从宏观与微观、静态与动态多个层面研究社会现象,并力图发现其中的规律。

### 三、社会学的研究领域与基本问题

#### (一)社会学的研究领域

社会和社会现象的复杂性、多样性决定了社会学研究领域的广泛性。从上述对社会学研究对象的分析中可以看出,各种社会成员的社会行动,他们之间的相互关系,社会的宏观和微观结构、宏观和微观过程,都属于社会学的研究范围。马克思曾经指出人类活动的主要领域即经济领域、政治领域、狭义的社会领域和精神领域,在这些领域中人们有复杂多样的社会活动或社会行动及社会关系,它们都是社会学的研究对象。

社会学的研究范围涵盖了人类社会活动的各种领域,如经济活动、政治活动、日常生活、教育科技活动、宗教活动等;人们从事这些活动的组织形式有家庭、工作单位、民间团体、族群和民族等;人们的活动既有分工也有合作,既有竞争也有调适;另外,社会学要研究宏观社会结构及其变动中的问题,如社会的阶级阶层结构、社会流动、社会控制、社会治理、社会规划和社会发展等。可以说,任何与人们的社会活动相关的现象都属于社会学的研究领域。

#### (二)社会学研究的基本问题

社会学的基本问题包括如下一些方面:个人与社会的关系,社会结构、社会问题与社会秩序,以及社会变迁,等等。

个人与社会的关系是社会学研究的最基本问题。这包括:为什么个人要加入各种社会群体并成为社会之一员?自然人是如何变为社会人的,其内在机制是什么?在这一过程中个人与社会的互动关系是怎样的?社会互动的机制是怎样的?在社会互动中社会文化与现实环境的作用是什么?人在社会互动中遵循的规则是什么?等等。

社会结构方面的主要问题有:社会的基本结构是什么?人们活动于其中的基本群体形式有哪些?初级社会群体在其成员发展方面的意义何在,它对社会运行的功能是什么?社会组织在现代社会中的地位怎样,它对组织成员和现代社会的意义是什么?社会的纵向结构是怎样的?社会阶级和阶层对于社会成员和社会运行有什么作用?社会采用何种制度去维持社会秩序和促进社会结构的积极改变?社会制度发挥作用的机理是什么,它又是如何发生变化的?等等。

社会问题和社会变迁方面的基本问题有:现实社会中有哪些社会问题,它们是如何形成的?社会问题对社会成员的生活和社会运行有什么影响?如何控制社会问题的消极影响?社会变迁的主要动因是什么,它的基本形式有哪些?社会问题对于社会变迁的意义何在?人类社会发展的前景如何?人类可否进行社会规划以减少无计划变迁对社会成员的危害?现代社会的变迁对于人的生存和发展的意义何在?社会发展的前景如何?等等。

可以发现,社会学关心的基本问题既包括对社会的认识,也包括对人类的关怀。正如美国社会学家查尔斯·赖特·米尔斯(Charles Wright Mills)所指出的,社会学研究的是"社会结构中的公众议题"。

## 第三节 社会学的学科特点与功能

### 一、社会学的知识体系与学科特点

#### (一)社会学学科的知识体系

社会学研究领域的广阔性,使其知识体系也相当庞大。社会学的学科体系包括既相互区别又有密切联系的三个部分:社会学理论、社会学研究方法和应用社会学。

社会学理论是对社会构成要素、社会关系、社会行动、社会结构、社会过程、社会制度、社会变迁等问题的理论性分析。不同社会学家从不同的角度阐述自己的理论,以说明社会存在的形式,社会的结构,社会变迁的原因、方向及规律,进而为人们全面认识社会提供某种参考框架。社会学理论的研究领域包括各种宏观的或微观的社会学理论、社会学史、社会思想史等，其表现形式是各种抽象的理论阐述。

社会学研究方法是从事科学的社会学研究所使用的方法和手段。社会学之所以成为科学，是因为将科学的方法引入对社会现象的研究。社会学研究方法包括社会学研究方法论、收集资料的方法和分析资料的方法等。社会学研究方法论是关于社会研究方法的理论，即说明在从事某项社会研究时为何采取某一种或某几种研究方法。社会学研究方法论主要包括实证主义方法论、反实证主义方法论和批判主义方法论。收集资料的方法包括社会调查方法、观察法和文献收集方法及实验法等，也可分为定量资料的收集方法、定性资料的收集方法。分析资料的方法包括社会统计方法、内容分析法和历史比较法等。

应用社会学是指将社会学理论和社会研究方法运用于某一社会现象、社会问题的研究。它是在一定理论指导下运用具体的方法和手段了解社会现象、社会问题的状况，揭示其内在逻辑，发现其成功之处和存在的问题，提出某种建议以改进社会的研究。应用社会学的研究领域十分宽广，这也是社会学具体服务于社会的途径。应用社会学的特点是理论与方法相结合去分析和解决具体问题，但应用社会学的作用不止于此，因为从应用社会学研究中也可以产生具体的、局部的社会学概念和理论。

（二）社会学的学科特点

1. 整体性观点

社会学的创始人一般把社会视为一个有机体，认为社会各部分之间存在不可割裂的有机联系，这就是社会学的整体性观点。整体性观点认为社会、社会现象内部存在复杂的联系，因此不能单独地研究它的某一部分。要研究某种社会和社会现象，就要把它放入复杂的关系之中，分析各种因素的相互影响，并从中找出主要方面和次要方面，以解释所研究的社会现象何以如此。这种整体观不仅适用于宏观社会研究，也适用于微观社会研究和各种社会现象的研究。

2. 方法和知识的综合性

社会学研究的问题域十分广阔，需要运用多种知识和方法。比如关于人的成长问题的研究要用到生物学、心理学等方面的知识，研究地区发展要用到经济学、地理学和环境学等方面的知识，研究社会阶层、社会控制要用到政治学、法学等方面的知识。总之，社会学研究要以社会学的知识为主，综合利用其他相关学科的知识和方法，这是由社会现象的复杂性所决定的。社会学的基本研究方法是社会调查，也要充分利用已有的文献资料；社会学注重定量研究，也注重定性分析，并善于把它们结合起来。社会学研究的综合性特点并不是说它只是各种知识的综合，本身没有主体性知识，而是说社会学在研究和分析问题时以本学科的知识为主，同时会借助于其他学科的知识，以更全面地认识社会现象。以社会学的知识为主又不囿于本学科是社会学的长处，也是其综合性特点的重要表现。

3. 科学性

社会学的科学性主要是指其研究方法的科学性。当一门"学科"尚处于以猜测和无实际根据的理论述说时，它还不能说是真正的科学。孔德提出的社会学之所以被认为是社会学学科之肇始，除了明确了这门学科的独特研究对象外，重要的是指出了研究社会的科学方法，即实证研究方法。经过一百八十多年的发展，社会学的各种研究方法已经比较科学化和系统化。定量方法在社会学研究中的运用大大提高了这一学科的科学水平。抽样调查方法和技术的发展、统计分析技术的发展将对社会现象之间关系的分析和判断建立在科学的数据之上，超越了理论性的甚至是主观判断的因果关系分析方法，使得对社会现象的研究更加科学。另外，社会学研究也注重科学的定性方法的运用，强调深入地理解社会现象所包含的意义。社会学强调用资料和事实说话，是其科学性、科学态度的表现。

4. 应用性

社会学的应用性是指其务实取向和追求。社会学是由于社会上存在诸多社会问题，学者们企图寻找解决问题的途径而产生的。这样，社会学一开始就有应用性的特点，即研究社会学的目的就是要解决社会问题、推动社会进步。社会学作为应用社会科学，其特点是不但注重理论研究，而且特别注重应用研究，要研究现实问题，提出解决社会问题的思路和方法。社会学之所以得到政府和社会的支持，就是因为它能发现问题和有助于社会问题的解决。当然，这并不是说社会学只注意现实问题而不注重理论建设。实际上，社会学在研究现实问题的同时也发展了自己的理论。

5. 建设性和批判性

社会学在建立之初有两个基本取向，即维护改良取向和革命批判取向。孔德创立的社会学基本上是维护资本主义制度,这一派社会学对社会问题也有批判,但其总体上是改良主义的。自孔德以来,西方社会学的主流价值并没有发生根本性变化,在某些具体问题上的批判态度和对整个制度的维护构成了西方主流社会学的基本特点。社会学的批判传统来自马克思对资本主义制度的批判。马克思指出了资本主义的基本矛盾,揭露了资本主义制度造成的社会分裂和对人的发展的压抑,对资本主义作了深刻的、实质性的批判。马克思对资本主义的批判影响了一些有社会主义思想的社会学家,法兰克福学派学者是批判取向的代表,他们指出了资本主义制度的非人道性,倡导建立更加人道的社会。

对社会学家而言,社会学的建设性和批判性是相互依存的两个方面。当社会学家指出社会的弊端时,他的取向是批判性的。也是在此基础上,他们希望建立消除了某些弊端的社会,这就是建设性取向。所以,批判常常是建设的前提,认识不到社会中存在的问题,不能清楚地分析其原因,就不可能有社会的进步。当我们认识到批判不仅仅是革命性地否定,也包括善意地指出社会之不足时,就很容易理解社会学兼有建设性和批判性这两种看起来矛盾、实际上相通的特点。

**二、社会学与相关学科的关系**

(一) 社会学与经济学、政治学和法学的关系

在学科分类中,社会学与经济学、政治学和法学等都属于社会科学。这种学科上的归属既说明了上述各学科之间的联系,也说明它们互有区别。

经济活动是人类的基本活动,经济现象是社会科学研究的重要领域。经济学是研究各种经济关系和经济活动规律的科学。它不但研究产品的生产、流转和消费过程,而且研究在这一过程中人的活动,研究的是围绕着经济利益而展开的人与人的关系,即人与人的经济关系。政治学是研究权力的形成和分配的学科,狭义的政治学研究国家、政府的本质及其为行使职能而建立的机构的活动,这里是指权力的形成、行使及运作。政治学研究的是人与人的权力关系。法学是以法为研究对象的社会科学,它研究法的起源、法律规范的制定与执行。法学研究的是人与人之间的法律关系。

上述学科都研究人与人的关系或者某一领域中的社会关系,这是与社会学相类似的方面。实际上,社会学也研究上述领域的社会关系,比如企业内部的社会关系,企业内部的非正式群体对效率的影响;政治组织内部的社会关系对政治

过程的影响；各种社会关系对法律制定和执行的影响等。但是上述社会科学与社会学有明显区别：这些社会科学只是研究社会生活的某一个方面，即经济、政治和法律侧面，即使研究社会关系也是围绕各学科的研究中心——生产的效率、权力的有效执行和法度准确有效而进行的。社会学则不然，社会学以各种社会现象为对象，综合地研究各种社会现象之间的联系。当然，随着现代社会的系统性变得越来越明显，多学科互补对于认识社会现象，包括经济、政治和法律现象，也变得越来越重要。学科交叉也产生了一些边缘学科，如经济社会学、政治社会学、法律社会学。这些学科的出现将会深化对相关社会现象的认识。

（二）社会学与历史学和人类学的关系

历史学是研究人类社会历史的学科，它通过确认史实而发现以往社会变迁、发展的规律。历史学的一个重要功能是以古鉴今。人类学是研究人类进化、发展规律的学科，人类学包括体质人类学、文化（社会）人类学和语言人类学三个分支。传统的人类学通过研究原始民族来认识人类和人类社会的进化史。可以发现，历史学、人类学都是从多个层面、综合研究人类和社会现象的学科，综合性、多层面的视角是它们与社会学的相似之处。

社会学与历史学、人类学也有明显不同之处。社会学与历史学有明显不同。正如李大钊所说，纵观人间的过去者便是历史，横观人间的现在者便是社会，所以可以把历史和历史学与社会和社会学相对比而论。这就是说，历史学是研究人类社会已过去事件与规律的学科，社会学则主要面对现实社会。另外，社会学与历史学的研究方法也明显不同。社会学与人类学也有不同。且不说体质人类学，就是与社会学最相近的文化（社会）人类学在研究对象、研究方法上也有不同。人类学一般以原始民族为对象，社会学以现代社会为对象；人类学主要运用田野工作方法，社会学主要运用定量研究方法，同时结合定性研究方法。随着人类社会进化和发展的加快，原始民族越来越多地进入现代社会，这使得人类学逐渐丧失原有的研究对象，于是人类学越来越多地进入现代民族研究。社会学也在一定程度上借鉴人类学的田野工作方法。社会学和历史学也在交叉和吸收对方的成果。

（三）社会学与历史唯物主义的关系

历史唯物主义是一种社会哲学，社会哲学是从哲学的高度对社会的基本矛盾、社会结构、社会变迁和发展规律进行理论分析的学说。历史唯物主义是马克思主义的社会哲学,马克思通过对人类不同历史阶段,特别是资本主义社会的基本矛盾的分析提出人类社会发展规律的论断。历史唯物主义的基本观点,包括生产力与生产关系的矛盾、经济基础与上层建筑的关系、社会存在与社会意识的关系、社会发展的规律等方面的观点,对于认识人类社会具有重要的指导意义。在一些宏观社会结构、社会发展规律的理论分析方面,历史唯物主义的论述和观点对社会学研究有直接的指导作用。但是,历史唯物主义并不能代替社会学研究。首先,社会学与历史唯物主义的研究对象有区别。社会学主要研究的是具体的社会现象,如社会群体、社会分层、社会问题等,而历史唯物主义并不研究这些具体问题。其次,社会学与历史唯物主义的研究方法不同,社会学主要采用社会调查、统计分析等方法,而历史唯物主义主要采用历史比较法、逻辑分析法。最后,二者的任务不同,社会学主要面对具体问题,而历史唯物主义研究的是社会发展的基本规律。

### 三、社会学的功能

功能是部分对整体所发挥的作用。社会学的功能是指社会学这门学科对于人类生活和具体社会运行所起的作用。社会学是经世致用的学科。严复曾经指出:"故学问之事,以群学为要归。唯群学明而后知治乱盛衰之故,而能有修齐治平之功。呜呼!此真大人之学矣!"社会学可以对社会的管理和治理、社会的发展和进步发挥重要作用。

(一)为社会发展战略的选择和政策制定提供科学依据

社会发展战略是一个国家或地方政府为促进经济和社会发展所做的战略选择,它是对发展方向、发展战略、发展方式的总体思考。选择正确的发展战略有利于促进经济与社会的协调、持续发展,有利于最有效地促进人民生活质量的提高和社会进步。长期以来,许多国家的政府只注重经济因素和经济发展,忽视社会因素对社会运行的影响和对经济发展的社会后果的考虑,从而导致其经济发展过程受阻,或者在经济增长的过程中产生大量社会问题。社会学以其综合研究之特点,全面地分析问题,也擅长分析经济增长的近期、远期后果。科学的社会学研究可以为决策者提供进行发展战略选择和政策选择的依据。中国特色社会主义进入了新时代,如何处理好经济发展与社会发展、效率与公平、发达地区与不发达地区等方面的关系至关重要。社会学研究可以在这方面做出贡献。

(二) 有利于制定和实施科学的社会规划

随着科学技术能力的增强,对各种因素进行综合规划以达到人们所预期的效果变得越来越重要。这样,对社会的规划就越来越成为人类发展的需要和人们的共识。人类对科学技术的掌握使得人们可以在一定程度上进行社会预测,并对经济社会发展进行规划。这种规划不仅是宏观意义上的,也是中层和微观意义上的。社会学以其科学性、综合性、多角度之特点,可以通过社会调查研究理清事物之间的关系,对社会的可能进程做出预测和规划,制定兴利除弊的措施,以达到最有利的社会效果。同时,社会学也可以利用科学的方法对经济和社会计划、社会政策及社会发展项目的实施情况进行评估,发现不足,提出改进建议,有效地促进这些计划、政策的落实和完善。比如,在城镇发展规划、城市公共服务和社会服务设施发展规划、城乡社会保障制度的设计和检验等方面,社会学都可以大有作为。

(三) 提供社会组织管理的相关知识

现代社会是组织起来的社会,形形色色的社会组织为人们提供了参与社会生活的场所。在现代社会中,人们的职业活动、政治生活、社会生活等几乎都是在社会组织中进行的。因此,了解社会组织的知识对于适应现代社会的生活、有效地对其进行管理是十分必要的。而任何组织都首先是由人组成的有一定目的的社会群体,人的因素是影响各种组织运行的重要因素。因此,了解人的需要、动机和行动的复杂性及其规律,了解由众多成员组成的社会群体、社会组织的特点,对于参与组织生活、设计组织活动、管理组织运行、进行组织治理都有重要意义。组织是复杂的小社会,而社会学在认识和了解组织方面有自己的优势。在社会现代化的过程中,社会组织管理和治理的现代化已变得十分重要,社会学研究可以为现代组织的管理和治理提供有效的经验,也可以为科学的组织管理和治理经验的积累提供方法方面的支持。

(四) 为建立健康、文明的生活方式和提高生活质量做出贡献

社会学研究的目的是增进人类福利和推动社会进步。社会成员普遍具有健康文明的生活方式和高质量的生活是社会进步的重要表现。然而,健康文明的生活方式并不是自然而然产生的,它是人们摒弃落后、消极的生活方式,进行认

真选择和学习的结果。在现代社会中,社会价值观变得越来越多样化,各种社会财富(尤其是物质财富)在价值观的驱使下发挥着积极或消极的作用。另外,随着现代化的发展,个人的价值将日益突显,这对个人如何参与社会生活、实现人类的集体性价值是一种挑战。怎样的生活方式是社会发展所需要的也需要被认真研究。社会学强调人的社会性,研究个人与社会的关系,研究各种社会生活的规律性,这对人们选择和形成健康、科学、文明的生活方式有重要意义。

(五) 促进科学的社会治理

社会学研究者追求社会理想,理想的社会是经济持续发展、政治清明民主、民众福祉充分、社会公平和谐、不断发展进步的社会,这也是人们向往和致力于建设的社会状态。但是从传统社会向现代社会的转型以及现代国家和社会的建设中充满了众多矛盾,需要系统地解决经济、政治、社会、文化等方面出现的问题,进行科学的社会治理。社会治理既是对社会领域的治理,也是社会力量参与的治理,它是国家治理体系和治理能力现代化的重要组成部分。社会学研究人的需要及其满足,个人与群体的关系,社会组织之间的关系,不同阶层之间的关系,政府与社会的关系,研究各种社会问题的成因及其解决方法,探究既激发社会力量活力又保持社会秩序之道,并从整体和系统的角度分析问题,其研究成果对于促进科学的社会治理具有重要价值。

【推荐阅读】

《社会学概论》编写组:《社会学概论》,人民出版社、高等教育出版社 2011 年版。

〔美〕戴维·波普诺:《社会学(第十一版)》,李强等译,中国人民大学出版社 2007 年版。

陈建远、施志伟:《现代西方社会学》,江西人民出版社 1988 年版。

韩明汉:《中国社会学史》,天津人民出版社 1987 年版。

〔美〕刘易斯·A. 科瑟:《社会学思想名家——历史背景和社会背景下的思想》,石人译,中国社会科学出版社 1990 年版。

《马克思恩格斯选集》第 1 卷,人民出版社 2012 年版。

〔美〕C. 赖特·米尔斯:《社会学的想象力》,李康译,李钧鹏校,北京师范大学出版社 2017 年版。

杨雅彬:《中国社会学史》,山东人民出版社 1987 年版。

〔美〕亚历克斯·英克尔斯:《社会学是什么?》,陈观胜、李培茱译,中国社会科学出版社 1981 年版。

袁方主编:《社会学百年》,北京出版社 1999 年版。

郑杭生主编:《社会学概论新修(第三版)》,中国人民大学出版社 2003 年版。

# 第二章

# 社会及其构成

社会学研究的是社会,它是看起来简单实际上却十分复杂的人类共同生活的现象。社会的本质是什么?它的基本结构怎样?其构成要素对社会有哪些影响?本章从最一般的意义上对这些问题进行基本的阐述和分析。

## 第一节 什么是社会

### 一、社会的含义

(一)我国典籍中的"社会"

在我国的古籍中,"社会"很少被作为一个概念来使用,出现较多的是"社""会"分用。我国古典文献中的"社"是指用来祭神的地方。《孝经纬》中说"社,土地之主也。土地阔不可尽敬,故封土为社,以报功也",即说社是祭祀土地神的地方。《古今类书纂要》对"社"做如下解释:"社无定日,以春分后戊日为春社,秋分后戊日为秋社。主神曰句芒。民俗以是时祭后土之神,以报岁功,名曰社会。"这里的"社"的活动反映了农业社会的特征。"社"也是古代的一种乡村基层组织。顾炎武在其《日知录》中指出:"社之名起于古之国社、里社,故古人以乡为社。"我国古代的"社"还指信仰相同、志趣相投的人而结成的团体,如"诗社""茶社";"会"则指集会、聚会,如庙会,有时也指民间团体。

"社"与"会"连用基本上是指志同道合者的聚会或由此结成的紧密或松散

的团体。例如，北宋孟元老在《东京梦华录》中描写秋社时说："八月秋社……市学先生预敛诸生钱作社会。"明朝冯梦龙在其《醒世恒言·郑节使立功神臂弓》中也说："原来大张员外在日，起这个社会，朋友十人，近来死了一两人，不成社会。"宋代的伊川先生程颐在《二程全书》与《近思录》中有"乡民为社会"之说，指的是有一定联系的乡民形成的社会生活形式。在中国历史上，社会也有民间的意思。《旧唐书·玄宗本纪上》记载："礼部奏请千秋节休假三日及村闾社会，并就千秋节先赛白帝，报田祖。然后坐饮，散之。"即使现在，人们常常说的"社会上"也是指民间的意思。另外，"社会"一词也有"世道"的含义。

总的来说，我国古籍中的"社会"基本上是指民间的、有一定联系的人形成的社会活动的形式。

（二）社会学中的"社会"

在社会学中，"社会"是西方社会学概念英文"society"的翻译语，而它又来自拉丁语"socius"（伙伴）一词。马库斯·西塞罗（Marcus Cicero）曾用"societas"来表示人类的共同体，后来这一概念用来表示人与人结合的存在关系，其含义变得越来越抽象。在罗马法中，"societas"指的是自然人格的自由契约关系，与之相对的概念是指国家社会的"universitas"。17—18世纪，欧洲的自然法论战就是争论上述二者何者居上，即谁更重要。随着欧洲资本主义社会的形成，一种与以前的专制主义国家相对立的人与人结合的新的关系形式普遍形成。于是，抽象的"社会"概念也就成为表现具体的资本主义社会的用语。

社会学产生之后，"社会"自然成为社会学的一个核心概念。在孔德那里，社会实际上成为社会学的研究对象，以至于在不太严格的意义上可以说，社会学是研究社会的。斯宾塞认为社会是超级有机体，是个体活动与族类活动达到一致的整体状态。他认为社会像生物体一样具有完备的器官构成和内部功能系统，这些器官和功能系统相互结合发挥作用，使社会成为有机的整体。由于社会相当抽象和庞杂，因此后来的以实证主义为传统的社会学家并不把宏观的社会作为研究对象，对"社会"这一概念的分析也并不深入。不过，大多数社会学者对此还是有一个基本的共识。

马克思曾经对社会的含义做过说明。他指出，社会（不管其形式如何）都是人们交互作用的产物。生产关系总和起来就构成所谓社会关系，构成所谓社会。① 在这里,马克思从一般的意义上指出了社会的本质,即社会是人们通过交往而形成的社会关系的体系。

中文社会学文献中所使用的"社会"这一学术概念来自日本学者的翻译。明治年间,日本学者在翻译"society"时借用了中国古典文献中的"社会"一词,他们认为程颐所说的"乡民为社会"与"society"有许多相同之处,于是将"society"译为"社会"。近代中国学者在翻译日本社会学著作时,沿用了这种译法,这样,中文的学术概念"社会"才有了现代通用的含义。

在社会学中,社会指的是由有一定联系、相互依存的人组成的超乎个人的、有机的整体,它是人们的社会生活的体系。大略地说,它有如下含义:第一,社会是由有意志的个体组成的,社会是人们共同生活的结合体,社会是人的社会。第二,社会是有意志的个体通过互动而形成的,社会是一个互动的体系,共同的兴趣和结合在一起带来的利益是人们结成社会的深层原因。第三,社会是由相关的社会关系积累、联结而成的,社会是社会关系的体系,这些社会关系是在具体情况下人们共同活动的规范。

(三)"国家与社会"语境中的社会

在政治学、社会学、法学等社会科学中,有一个重要的理论领域,即关于"国家与社会"关系的讨论,这里涉及对"社会"这一概念的理解。对"国家与社会"关系的讨论可以追溯到英国哲学家托马斯·霍布斯(Thomas Hobbes)和约翰·洛克(John Locke)的相关理论。霍布斯认为,人类在"自然状态"下处于无序的竞争之中,如果没有外部约束这种争斗就会演变成"每一个人对每一个人的战争"。人类摆脱困境的唯一出路是订立契约,放弃自己的权力,并把它交给一个中立的实体,这就是国家。所以在霍布斯看来国家是高于人们的自然聚合状态。洛克认为,人类的自然状态是一种自由平等、和平和睦的状态。每一个人与每一个人的契约形成公共社会,人们与统治者的契约产生政府(或国家),但国家必须服从于人们的公共目的,所以社会高于国家。此后,关于国家(政府)与社会(公民的自我组织)的关系,即何者更加重要的问题长期以来都是社会科学特别是政治学争论的焦点。这一问题也成为我国体制改革以来学术界讨论的重要话题,党的十八届三中全会指出要正确处理政府和社会的关系,实现社会治理体制

---

① 《马克思恩格斯选集》第1卷,人民出版社1995年版,第345页。

创新。在相关讨论中,学者们使用了"社会""市民社会"等概念。在这里,社会或市民社会是指与以强制力量为基础的国家(或政府)相对应的人类生活的存在形式,即人们生活的共同体或以自由契约关系为基础的人类生活形式。它是人们按照契约规则,以自愿为前提和以自治为基础进行经济社会活动的领域。党的十八届三中全会的正确处理政府和社会的关系的说法与西方政治学从权力对立的角度理解"国家与社会"的关系是有不同的。可以发现,在社会科学的知识体系中,"社会"一词有不同的含义,但在本质上是一致的。在"国家与社会"关系的语境中,学者们是从狭义上即从与政府相对应的意义上使用"社会"这一概念的。

## 二、社会的类型

### (一) 两种社会观

如上所述,社会是各种社会关系的体系,而社会关系只有靠人们的行动才能表现出来,于是,社会是不是实在的就成为有争议的问题。在这一问题上有两种不同的观点,即社会实在论和社会唯名论。

社会实在论也称社会唯实论。社会实在论认为,社会是实在的,是客观存在的。社会是由各种规范和制度构成的有机整体,社会外在于个人、超越个人,并对个人具有强制性。社会实在论认为社会并不简单地是个体之集合,而是客观存在的东西,是真实存在的关系实体。虽然人们并不能像物质那样拿出一个具体社会,但是人们却可以感受到社会的存在,这反映为生活于其中的成员要受到来自外部社会的客观的约束。孔德和斯宾塞是社会实在论的代表,迪尔凯姆对社会实在论做了具体论述。迪尔凯姆认为,在社会中起决定作用的是集体意识,个人因为具有这种意识而服从于社会。在他看来,社会是一个精神或道德的实体。帕森斯的结构功能理论认为,社会是由相互依存、相互作用的部分构成的系统,这个系统以其包括的规范、制度影响成员的行为。

社会唯名论的观点与社会实在论相反。它认为,个人和个人行动是实际存在的,社会只是个人行动的产物或互动的形式,只是一个名称;对社会的认识是以对个人的认识为基础的,认识社会最终也是为了认识个人。在个人与社会的关系上,社会唯名论坚持还原论观点,即认为要研究社会就必须去研究个人。在社会学中,韦伯的理解社会学带有社会唯名论色彩。

社会实在论和社会唯名论从两个不同的角度去看待社会,就得到两种不同的对于社会的本质性认识。社会实在论认为社会是客观存在的,在个人与社会的关系上,社会对个人的行为发挥主导作用,因此社会学的主要任务是研究社会的结构、社会制度和社会规范,研究这种既定的结构如何去指导、塑造其成员。社会唯名论则站在个人优先的立场上,认为人们的行动建构着社会,只有了解每一个行动者才能真正了解社会。这两种社会观各执一端,既有长处也有不足,在社会学研究中综合利用这两种观点会更有利于认识社会。

(二) 社会的类型

1. 宏观社会的类型

早期的社会学家倾向从宏观上去认识社会。孔德以人类智慧为标志将人类社会的发展分为三个阶段:把社会看成上帝的产物的神学阶段,用抽象的自然力来说明一切事物的形而上学阶段,以科学的方法去探索社会规律的科学阶段。斯宾塞以社会内部的管理类型为主要依据将社会分为军事社会和工业社会,军事社会的特征是其强制性,这表现为社会的各个组成单位的各种联合行动都是被强制的。工业社会的基础是自愿合作和个人的自我控制,其特征表现为个人自由。

马克思则以生产力与生产关系的特征为基础将社会分为原始社会、奴隶社会、封建社会、资本主义社会和社会主义社会。他认为,任何社会的基础都是生产力和由此形成的生产关系,生产关系的总和构成社会的经济结构(经济基础),在这之上有与之相适应的法律和政治的上层建筑(意识形态及制度),这就构成一定的社会形态。马克思认为,在生产力与生产关系的矛盾的推动下,人类社会从低级向高级发展。

这些宏观上的分类都是从认识人类社会发展规律的角度出发的,带有社会哲学的性质。后来的社会学家有的也从宏观上去观察和分析社会,比如丹尼尔·贝尔(Daniel Bell)的"后工业社会"、曼纽尔·卡斯特(Manuel Castells)的"网络社会"。在我国,社会学界对社会的宏观分类有传统社会与现代社会、农业社会与工业社会等。这些宏观分类指出了某种社会的最基本的特点,对具体研究社会现象有一定指导意义,但是难以对宏观社会做进一步的实证研究。

2. 具体社会的类型

社会学作为一门科学要求对社会进行科学的认识和理解,其中包括对其进行实证研究和深入理解,这种科学上的要求决定了实际的社会学研究对象应该比较具体。实际上,当我们说社会是由人们组成的社会关系体系和人们共同活动的系统的时候,指的是各种类型的社会形式。社会学研究的具体社会有:以血缘关系为纽带形成的社会生活共同体,如家庭、家族;以地缘关系为纽带形成的生活共同体,如邻里、村落、城镇、社区;以业缘关系为纽带形成的社会,如各种经济组织、政治组织、教育卫生组织、宗教组织等;因兴趣而形成的各种非正式群体等。社会学不仅研究这些具体社会的结构,也研究其过程。

社会学研究这些具体的社会形式并不是要以此替代对宏观社会的认识,而是力图从具体社会着手,科学地认识社会,通过积累对具体社会的研究达到认识较宏观社会的目的。这样,社会学认为,宏观社会与具体社会是相通的。见微而知著,社会学可以通过研究家庭而认识宏观社会的变迁,通过研究某些社会组织而发现社会制度的变化。

### 三、社会的特点

(一) 多样性

从上述介绍中可以发现社会具有多样性特点。社会的多样性不但表现为宏观社会和具体社会之差异,而且表现为人们的社会活动的多样性和组合方式的多样性。在不同的社会活动中,人们结成了不同性质的群体。比如,经济领域中的组织不同于政治领域中的组织。企业是一种具体的社会,政治组织也是特殊的社会,然而它们的结构、运行逻辑和过程会有很大不同。同是经济组织,因其产品不同、规模不同、所有制不同,其内部结构、社会关系、运行方式也可能有明显差异。比如,国有大中型企业、私有企业、外资企业内部的劳动者与管理者之间的关系、企业运营的方式会有各自的特点。至于中外家庭、古今家庭之间的差别更是明显的。

(二) 复杂性

人类社会与动物群体相比有十分明显的复杂性,这种复杂性是由组成社会的人的复杂性所决定的。人的复杂性对社会复杂性的影响源于人是有丰富需要的、有意识的行动者。人的需要的复杂性和人们必须借助群体的力量才能满足需要,以及人们所处具体环境的复杂性,共同决定了人们所组成的社会组织形式及其运行相当复杂。人是能动的行动者。人的能动行动不但受其需要的影响,还受其以往经验和他存在于其中的社会关系网络的影响。因此,社会中的行动实际上并不只是个体行动者的行动,而是以他为中心的网络系统的行动。这就使得具体社会中的人们的行动、其形式和内容十分复杂,这种复杂性或许只能用动态系统予以说明。

(三) 变动性

社会是变动不居的。这种变动性既表现为社会形态的更替、社会制度的翻新,也表现为社会运行机制的变化乃至于社会成员的行为方式的变化。一般来说,社会实在论和结构论的角度容易强调社会的稳定性,而从社会唯名论的角度看问题,关注的主要是行动者对既定结构和规则的改变。社会学为了认识和分析社会,常常把它视为某种静止状态,这是迫不得已的。实际上,社会结构是稳定的,但又无时无刻不处于变动之中。社会总是在变化的,要全面、客观地认识社会就必须看到其变动的一面。社会学从变动着的整体的角度研究社会,促使研究者的方法主动适应其研究的社会实际。

## 第二节 社会的构成要素与类型

社会是由不同的要素组成的。历史唯物论把人口、生产力和生产关系、地理环境作为社会发展的分析要素。孙本文曾经指出社会有四大因素,即社会及人类活动以地理、生物、心理和文化因素为基础,他的观点代表了社会学的综合学派。下面我们主要从社会学视角分析社会的构成要素。

### 一、作为社会行动者的人

(一) 人的两重属性

社会学所研究的社会是人组成的社会,人是社会的最基本的构成要素。对于人的本质,不同学科有不同的看法。例如,生物学把人看作生物个体,是动物进化的高级阶段;在社会学里,人被看作在一定的社会结构中、以角色规定为基础的社会行动者。

现实社会中的人是社会生物体。人是社会生物体这一观点指出人有两种属性:自然属性和社会属性。自然属性是人与生俱来的属性,即生物性。人的生物性表现为人首先是一个生物体,是有生命的动物。其次,人的生物性还表现在人的本能。本能是人生来就有的、满足生物体的内在需要的能力。英国心理学家威廉·麦独孤(William Mcdogall)认为本能是先天遗传的、固定的行为倾向和行为模式。由于本能,人能感知环境,产生适当的行为,以达到某种目的。他认为本能有十余种,比如逃避、母爱、支配、合群、食欲、创造、好奇、服从等。

人的社会属性是后天习得的社会性。人的社会性是指个体接受群体和社会的文化而表现为群体和社会成员的特征,是他遵照社会规范参与群体和社会生活的特性。人的社会性有如下几个主要表现:第一,制造工具和使用工具的能力。人类与动物的本质性区别在于人有制造工具和使用工具的能力,劳动使人与动物区别开来,而劳动工具的制造与使用是一个基本的前提。第二,人有能动性。能动性是基于自己的意愿选择行动的能力,人并不是被动地接受外界压力并适应之,人有改造外部环境的能力。第三,人类有共同生活的模式。这是一些复杂的、在共同生活中形成的互动模式,它们指导着人们的行为。

作为一个现实的、社会的人,其生物性和社会性同时集于一身。生物性是一个人存在和活动的物质基础,社会性则是人区别于动物的最本质的特征。人同时具有生物性和社会性这种状况决定了人的行动既受生物性影响,也受社会性影响。但是,人受生物性和社会性影响的领域和程度不同。人的有些行为受其生物性影响,但是在社会生活中,当他作为一个社会成员出现时,他的行动则主要受社会性影响,即遵照文化和社会规范的要求去行动。因为人的生物性并不能使人们形成社会,社会是在人们共同创造的行为规范的基础上组织起来的。所以,行为规范就成为人们进行共同活动的中介,而共享行为规范就是人的社会性的表现。

(二) 人是社会行动者

社会行动者(social actor)也称行动者,它指的是采取社会行动的人,即以文化和价值为基础,有目的、有意识开展活动的人。人作为社会行动者反映了他的主体性和能动性,也反映了他的客体性,人是主体性和客体性的统一。

人的主体性是指人可以主动地采取自己认为合适的行为的特征,即人是从事社会实践的主体。在现实社会中,人实际上是积极的行动者,他是有意志的、有选择性和创造性的行为主体。人的主体性表现为:人是有意志的(或有意识的)活动的主体,当然这不能被理解为人可以随心所欲地活动;人是对一定的行为进行选择的主体,即他在众多可能的活动中进行选择,当然,这种选择也是受客观条件制约的;人的活动具有一定的能动性和创造性,而不只是固守已有的模式,尽管这种创造性的程度有所不同。

人的客体性是指每一个人都是他人行为的对象,他必须在一定的社会关系中生活,并在一定程度上"接受"对方的行为并做出反应。客体性含有被动的意思,但它并不只意味着被动性,而主要是为了表明他人行为的对象性。在现实社会中,一个人既有主体性也有客体性,但它们在不同人身上的表现有所不同。

(三) 人是文化的承载者

人是以生物体的形式来到世间的,但是要想成为一个真正的人,即作为社会之一员参与社会生活,就必须依赖自己的社会性。人的社会性主要表现为个体要按照人们共享的知识和规范去参加社会活动,而这些知识和规范绝大多数是由人们在以往的共同生活中经过对比选择和积累并作为文化流传下来的。这样,一个合格的社会成员就成为某种文化的承载者。所谓文化承载,是说个体必须学习其所在群体和组织的知识和规范,进行实践,并可能在社会发生变化时去创造新的知识。可以说,作为一个社会成员的人必须是社会文化的承载者,否则他就不能进入群体生活和社会生活。文化承载也将个体与群体、人的当下活动与群体的历史活动联系起来,从而使人们的社会生活具有连续性、传承性,人类才有了历史。在这种意义上,个人的活动实际上成为人类历史的组成部分,个人也是作为文化的承载者去参与社会生活的。

## 二、社会关系

(一) 社会关系的含义

社会关系是社会结构的基本元素,马克思关于社会的定义指出了这一点。在马克思看来,人的本质是社会关系的总和,社会是人们的社会关系的体系。社会关系是人与人之间的具有一定普遍性的行为模式。在社会群体中,个人与个人之间的关系常被称为人际关系,这是一些具体的关系,对人际关系的研究主要涉及当事人的心理、情感和情境方面。社会关系则是从更加概括的意义上说明处于相同或类似社会位置的人共有的行为模式,比如父母与子女的关系、老师与学生的关系等。从结构的角度来看,社会关系是在社会中占有一定位置的社会角色之间的关系,即他们之间稳定的合乎社会期望的相互交往的模式。这就是说,社会关系为扮演某种角色的人提供了行为模式,而这种行为模式反映了社会

(世人)对角色互动的合理性的认可。比如对于什么是合适的父母子女关系,这实际上是有一套大体公认的行为规范标准的。按照这种观点,社会就是由多种相互关联的角色组成的,社会也就成为由多种社会关系结合而成的体系。

(二) 社会关系的类型

从结构的角度来说,社会关系是指角色之间的关系。社会角色的多样化使得通过列举具体角色来认识社会关系变得十分困难。在社会学中,一般从两个角度来认识社会关系:角色纽带的性质和角色之间结合(社会关系)的性质。从纽带的角度来看,社会关系基本上分为三大类,即血缘(血亲)关系、地缘关系和业缘关系。血缘关系是由于婚姻和生育而形成的人与人之间的关系,如家庭、家族成员之间的关系和亲戚关系。地缘关系是由于地域上的邻近和日常生活中的交往而形成的关系。业缘关系是由于事业上的原因而形成的关系,如同事关系、上下级关系。

从社会关系的角度来看,横山宁夫把社会关系分为结合关系(包括和睦关系、协作关系、共同关系、强制关系)、对立关系(包括反感关系、竞争关系、斗争关系、敌对关系)和统治关系(包括忠诚关系、依法关系、序列关系、隶属关系)。

在分析社会的结构时,前一种视角看到的是社会由哪些不同的成员和关系组成,后者看到的是这些关系中所包括的权力、利益关系。

## 三、社会行动

(一) 社会是一个行动的体系

社会行动是人们赋予其一定意义的、指向他人的举止。它实际上将相关社会成员联系起来。如果从社会角色背后的行动的角度看社会,那么可以说社会是一个其成员的复杂的行动体系。韦伯认为,社会关系存在于意向明确的社会行动之中,而社会行动是被人们赋予了意义的。他认为,要研究社会行动,就要理解行动者赋予行动的意义,他称之为"投入理解"。这样看来,社会关系体系也就是社会行动系统,二者可以看作形式(框架)和内容的关系。当然,像社会关系体系一样,社会行动系统也十分复杂。在一定的社会中,社会关系及反映这种关系的行为规范为人们的行动提供了方向,扮演特定角色的人则以自己对行为规范的理解而采取行动。没有社会行动就没有具有丰富内容的社会,也不会有社会的变动。社会行动的主体可以是个人、群体,也可以是各种社会组织,他们有自己的利益、追求和想法。这样,我们可以把社会看作具有复杂形式和内容的社会行动的场域,于是,研究社会就要分析这些社会行动的形式和意义。

(二) 社会行动与社会结构的形成

社会结构并不是一开始就有的东西,社会结构的形成是一个过程,英国社会学家吉登斯称之为结构化过程。吉登斯认为,结构是被反复不断地组织起来的一系列规则或资源,不断被纳入结构的包括人类行动者在具体情境中的实践活动,而行动者在行动时利用了丰富多样的行动情境下的规则和资源。他认为,行动者与结构的构成过程并不是相互独立的两个系列,而是体现了二重性。这种把行动与结构联系起来,并认为它们不断再生产的观点,更加接近对社会结构实际的认识。

# 第三节　文　化

## 一、文化的含义与分类

(一) 文化的含义

文化是社会的重要组成要素,人类社会与动物群体的重大差异就在于人类有丰厚的文化,文化传承对人类社会的维系和发展具有重要作用。

文化是一个十分复杂的现象,人们会从不同方面谈论文化问题,如文化教育、考古文化、生活方式等。"文化"(culture)是文化(社会)人类学的主要研究对象,这一概念来源于拉丁文"cultura",本义为"耕种出来的东西",与自然存在的东西相对应。15世纪以后,这一概念被引申使用于对人的品德和能力的培养。"耕种出来的东西"是经过人的劳动生产出来的东西,这一概念虽然带有明显的农业社会的色彩,但是它所赋予的人的创造物的含义却具有普遍的意义。在中国古籍中,"文化"一词是与"武功"相对应的。汉代刘向在《说苑》中说:"凡武之兴,为不服也,文化不改,然后加诛。"这里说的是古代文武对于治民的作用。

在学术上明确定义"文化"一词的,首先当推英国著名文化人类学家爱德华·泰勒(Edward Tylor)。他在1871年出版的《原始文化》中指出,据人种志学的观点来看,文化或文明是一个复杂的整体,它包括知识、信仰、艺术、伦理道德、法律、风俗,以及作为一个社会成员的人通过学习而获得的任何其他能力和习惯。英国人类学家布罗尼斯拉夫·马林诺夫斯基(Bronislaw Malinowski)发展了泰勒的定义,他认为文化是就那一群传统的器物、货品、技术、思想、习惯及价值而言的,他把文化分为物质文化和精神文化。美国文化人类学家阿尔弗雷德·克罗伯(Alfred Kroeber)等在考察分析了一百多种文化定义后给出自己的综合定义:文化存在于各种内隐的和外显的模式之中,借助符号的运用得以学习与传播,并构成人类群体的特殊成就,这些成就包括他们制造物品的各种具体式样。文化的基本要素是传统的思想观念和价值观,其中尤以价值观最为重要。

从以上界定中可以发现,泰勒主要从规范和精神方面来看待文化,指的是表现为人们的能力和习惯的东西。马林诺夫斯基则加进了人类制作的器物即物质文化,使文化的含义更加全面。可以概括地说,文化是人类所创造的物质的和精神的成果,它包括人类创造的器物和其他物质产品、技术和知识、规范和习惯、信仰和价值等。由此看来,文化具有十分丰富的内容,它是与自然物相对应的人类所创造的物质产品和精神产品的总和。文化是人类适应和改造自然环境,积累的共同的社会生活的经验。

(二) 文化的分类

如果把相关学科关于文化的概念做一些划分,可以发现文化有三个层次的含义:广义的文化指物质文化和精神文化的总和,这是对文化的最大尺度的理解。中尺度的文化主要指制度和规范文化,它是人们在长期的共同生活中通过创造、选择、积累而形成的行为规范、习惯和生活方式。小尺度的文化指科学文化知识,它是对文化的狭义理解。

有的研究将文化分为三类:(1)有形的、具有物质特征的物质文化,这些人类创造的器物不但具有实际的使用价值,而且带有某种文化价值;(2)以行为规范为主体的规范文化,这是人们的行为方式、办事规则和共处规范;(3)认知文化指人们的各种知识,包括态度、价值和信仰等。

我们还可以以文化发生的领域为标准对文化进行分类,如图2-1:

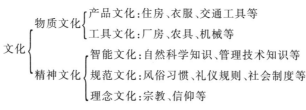

图 2-1 文化的类型

在上述文化的分类中,产品文化、工具文化基本上是人类处理人与自然关系的产物,而规范文化是处理人与人关系的经验。智能文化是人与自然关系的知识和人与人关系的知识的交叉领域,其中,自然科学知识属于前者,而管理技术(科学)知识属于后者。至于理念文化,一般与人类的宇宙观、人生观等理想相关。

当然,要对文化做出完全科学和清晰的分类并不容易,因为文化现象具有复杂性、综合性的特点,有些文化现象还具有复合性。正如英国人类学家雷蒙德·弗思(Raymond Firth)所说,文化就是社会,社会是什么,文化就是什么。由此可见文化之广泛性及文化现象之复杂性。这样说来,我们对文化的上述分类只是为了认识上的方便,也是一种较细的分类尝试。

从最宏观的层面上来划分,文化可以分为不同的类型,如农耕文化与工商文化、东方文化与西方文化等。这些文化类型是较大的群体在生产和生活活动中所拥有的文化的体系。虽然不同的文化类型之间会有一些共同之处,但是它们之间的差异是十分明显的。

不同学科会涉及文化的不同组成部分。考古学关注的是器物文化,并通过器物文化去理解逝去的生活。文化(社会)人类学综合地研究文化现象,关注制度、规范和信仰,它主要研究一定族群的生活方式。社会学则主要研究规范文化,即研究带有意义的社会行为规范对人们的行为及社会生活的影响。

## 二、文化的特性

(一)文化是由人创造出来和人们学习到的

文化不是纯粹自然的东西,而是人类活动的产物。人类是自然界的一部分,但是人类通过劳动成为独特的行为主体之后,就与自然界和外部环境进行着复杂的相互作用,这种过程、工具和结果都反映了人类的能力和价值,这就是文化,即与当时的生产力、生存环境、人类对外界的认知水平和改造能力相适应的文化。在这种意义上,文化就是人类的创造物。对于个体来说,文化不是其先天就有的特征和能力,而是后天学习的结果。这一点对于任何一个"后来人"来说都十分明显。一个人来到世上,他就进入了一个被以前世代积累起来的经验、价值、规范浸透的社会,他必须向社会学习这些东西以维持生存和生活。当然,每一个时代的人(包括后来者)都有可能在适应环境时改造环境,创造新的文化。

(二) 文化是人类生活经验积累的产物

在长期的共同活动中,人们不断形成各种经验。有些经验只具有局部性,在后来的生活实践中可能被抛弃,而那些更具有普适性的经验会经过多次实践检验和选择而被保留下来,成为指导人们从事经济和社会生活的规则。人们把这些具有普遍性的经验保留下来、传给下一代,这就是文化。文化是指人类创造的物质产品和精神产品,是对一个民族或族群来说具有价值的东西。

(三) 文化是群体共享的

文化是人类有意识活动的产物,但并不是人的所有活动都能被保留下来成为文化。文化带有群体性,即当某种行为方式和价值被群体接受和共享时,它们才成为文化并被保存和流传下来。在这里,文化的群体性实际上也是群体选择的结果,该群体(不管是族群还是其他社会群体)在选择中认同了某种行为的价值、接受了某种行为方式,并以此作为群体中普遍性的价值和行为模式,这就是文化。相反,个别人的怪癖或做法不能成为文化,因为它不会被群体认同,也不会被保存下来。在这种意义上文化具有群体合理性。

(四) 文化是由象征符号表示的

文化的核心是人类赋予的意义,这种意义需要通过一定的载体表现出来,这种载体就是具有象征意义的符号。符号是人类表达意思、进行交流的工具,包括语言、表情、姿势以及标志等任何有意义地表达某种事物的东西。符号是人类在共同的活动中,出于交流与合作的目的而形成的。当某种符号所承载的意义被普遍认可后,它就有了独立存在的价值,成为某种意义的象征,而各种符号的相互结合则表现了复杂的社会意义。比如,中国的象形文字是具有直观意义的符号,后现代派的抽象艺术是表达作者价值的符号,一种庄严肃穆的场合也是特殊的符号。文化尤其是精神文化是由包括器物在内的各种符号承载和表现的。

## 三、文化的结构与功能

(一) 文化的结构

1. 文化元素

文化元素指文化的最小而有意义的单位,它是能独立地反映某种文化意义的东西。在人类社会中,人们常常首先将自己行动的意义用某种器物或符号表现出来,这些器物和符号就是文化元素。例如,对传统的农民来说,镰刀、犁头是文化元素;对学生来说,笔和课本是文化元素。文化元素可以独立存在并表明某种意义,但是,不同的文化元素只有结合起来才会真正发挥应有的作用。

2. 文化丛

相关的文化元素相结合而形成的功能单位被称为文化丛,这种文化丛在时空中可以作为一个单位存在并发挥作用。比如,农民的犁头、耕牛、套具等形成一个文化丛,它们的结合可以发挥耕地的功能;学生的笔、课本、作业本构成一个文化丛或功能单位。文化丛是相关文化元素按照内在的功能逻辑进行整合的产物。这就是说,相关的文化元素之间的联系是有一定逻辑的,不符合逻辑的文化元素的堆放并不形成文化丛,也不能发挥作用。

3. 文化模式

文化模式是相关的文化丛经过有秩序、有条理的整合而形成的整体。社会学和文化(社会)人类学在两个层面上理解文化模式:第一种理解关注不同族群文化的本质性区别,比如东方文化与西方文化是两种文化模式(文化类型),不同民族(族群)也可能有自己独特的文化模式。第二种理解是从功能角度出发的,它是指任何文化体系中在较大时空范围内发挥功能的、由文化丛结合而成的整体。比较文化研究常常采用前一种理解,即发现不同文化类型之间的差异。某一族群的生活研究则采用后一种理解,其目的是分析文化的功能意义。

实际上,文化模式是分层次的。相关的文化丛通过有条理的整合,会形成一个在较大领域发挥作用的功能体系即文化模式,那些相关的、在一定领域内发挥作用的文化模式还可以结合成更大的文化模式。比如,传统的中国农村有指导人们婚姻行为的婚嫁文化,而且构成了一种文化模式。家庭生活的规则体系构成了家庭文化,也构成了一种文化模式。然而,它们都属于特定的婚姻家庭文化——一种更大的文化模式,而后者与独特的社会交往规范体系(也是一种文化模式)和农耕制度一起又都属于农耕文化这种最大的文化模式。又比如,东方文化和西方文化是两种不同的宏观的文化模式(文化类型),它们又各自分为不同领域的较低层次的文化模式,这些较低层次的文化模式反映着各自的价值和规范,也具体地反映着两种文化模式的差异。区分不同层次的文化模式的目的就在于,分析何种文化模式在何种范围内和何种程度上对人们的行为发生影响,从而指导人们的行为。

(二) 文化的功能

人类因共同生活的需要才创造出文化,文化在它所涵盖的范围内、在不同层面上发挥着重要作用。文化的功能主要包括如下一些方面。

1. 文化的整合功能

文化的整合功能是指它对于群体成员的行动所发挥的协调和促进合作的作用。社会群体中不同的成员都是独特的行动者,他们基于自己的需要、根据对情境的判断和理解采取自己的行动。然而这种满足自己需要的行动在何种程度上会得到其他成员的理解与合作,则要看他们的行动、行动的价值和意义在多大程度上被他人认可。在这里,二者之间沟通的中介就是文化,如果双方共享文化,他们能够有效地沟通,就有可能达成共识、促成合作。这里的有效沟通是指双方在关于文化的基本价值、对文化符号及其所代表的意义的共识基础上的沟通和互动。反过来,如果双方不能共享文化,即他们对行动、符号的意义和价值有不同的理解,他们不能有效地沟通,就难以进行合作。

文化的整合功能不但发生在价值认同的层面,还发生于规范认同的层面。所谓规范认同是指相关的行动者对应该如何行动的相同看法。比如,同事之间应该有怎样的关系,同事之间的何种行为方式是大家认可的,这种共识就是规范认同,它包含行动技术,更主要的是行动的意义。

2. 文化的导向功能

文化的导向功能是指文化可以为人们的行为指引方向。在群体和社会生活中,人们根据自己的需要可能会采取多种行为,而行为的选择会受共享文化的影响。文化包含着对人们行为的价值判断,即什么样的行为是应该的或合理的,什么样的行为是不应该或不合适的。合理的行为会得到认可和支持,不合理的行为会遭到排拒。这样,共享文化就向人们提供了可供选择的行为方式。通过共享文化,行动者可以知道自己的何种行为在对方看来是适宜的、可以引起积极的回应,并倾向选择有效的行动,这就是行为的导向。

3. 文化的维持秩序的功能

某种文化的形成和确立意味着某种价值观和行为规范的被认可和被遵从,这也意味着某种秩序的形成。只要某种文化仍然在起作用,由这种文化所确立的社会秩序就会被维持下去,这就是文化的维持秩序的功能。这对一个社会来说是十分必要的,一个没有深厚文化的社会可能会处于不停的、无方向的变动或混乱之中。文化的维持秩序的功能反映了文化的相对稳定性。当然,某种文化过于沉稳和成熟,可能会陷入保守,压抑成员的创新,阻碍社会的变迁。

4. 文化的传续功能

如果文化能世代流传,即一代代认同、共享其上一代的文化,那么文化就有了传续功能。任何文化都有传续功能,其机制是文化占有者通过社会化等方式"迫使"下一代或后来者认同本群体、本社会占统治地位的价值和行为规范。后者在接受这种文化的同时也就接受了在这种背景下生活的"经验"。一般来说,文化是成系统的,即文化的各个部分会结合成一个体系,这种系统化的文化更能保存人类的知识。正如马克思所说,任何世代都遇到了以往世代积累起来的经验与文化,这些经验和文化构成了新的世代的生存环境。新的世代适应这种文化环境的过程就是认同。

## 四、文化多样性与文化变迁

### (一) 文化的多样性

由于人们生活于其中的环境不同,人们谋生的手段和方式不同,因此他们所创造的文化也不同。这样,文化就具有了多样性,它表现在诸多层面。

从宏观层面看,文化可以分为不同的文化类型或文化模式,如从地域角度分有东方文化与西方文化,在东方文化内部又有国别文化;从经济类型角度分有游牧文化、农耕文化和工商文化等。这些与国家、地域相关的文化模式同地理环境及人们谋生的方式(生产方式)有密切关系。文化模式的差异反映在人对自然的观念及人与自然的关系、人与人的关系和日常生活方式等诸多方面。

在中观层面上,文化的多样性更加明显:不同阶层、不同职业群体、不同性别群体、不同年龄群体、不同地域群体等都有自己的文化,这表现为不同群体看待和处理问题的不同方式。比如,产业工人阶层与农民阶层在劳动方式和生活方式上有所不同,管理阶层(干部群体)与平民百姓对政治问题的感知和处理方式有所不同,山区地区农民与平原地区农民的生活方式有所不同,男女性别群体有不同的文化,老年群体与青年群体在看待事业和人生的态度以及处世方式方面也不同。

文化的多样性也是文化的差异性,它反映了人类社会的复杂性和人们生存与发展方式的多样化,反映了在不同条件下人们处理相关问题的经验与智慧。文化不仅有差异性,也有普同性。普同性是不同文化类型对同一类现象相同或相近的认知、评价,这既表现在物质文化方面,也表现在精神文化方面。比如,不同文化类型中的许多物质文化的形态、使用方式、意义的象征常常是相同的,它们在规范文化方面也有许多相同或相似之处。文化的普同性来自人类相同的需要结构和人们在满足需要时使用的相同或相近的资源和手段,这也与文化的传播和不同文化之间的互相借鉴有关。

(二) 文化的相对差异性

文化之间的差异是相对的,对文化差异性的看法包含了某种文化评价,这种评价会影响不同文化群体的交往。

1. 主文化与亚文化

主文化是指在一定族群中占主导或统治地位的文化,也称主流文化;相对地,亚文化是指在该范围内处于次要地位的文化。显而易见,主文化与亚文化是就一定范围的社会群体而言的,在这一范围内,大多数成员认同的价值观、采取的行为方式即为主文化,而只有少数成员认同的价值观、采取的行为方式则为亚文化。

主文化与亚文化之间的差异一般发生于局部,即人们生活的某一方面,也可能发生于诸多方面。比如,老一代更坚持传统,而年轻一代更容易接受新的观念和生活方式;同住一个地区的不同民族的生活方式有所不同,其中主体民族的文化是主文化,而少数民族的文化是亚文化。实际上,主文化与亚文化是和群体范围及生活领域相关的。群体范围、生活领域变化了,文化的主次关系就可能发生变化。

主文化作为正统有一定的行为导向功能,有时会对不认同主文化的成员施加压力。亚文化在某种程度上被视为"另类",与主文化相对比处于劣势,但有时它又具有新意,时过境迁,有的亚文化还会变为主文化。

## 第二章 社会及其构成

主文化与亚文化的区分有时并没有特殊的含义,因为在这些情况下不同的文化模式只是处理具体问题方式上的差异,没有对错优劣之分。比如,在城市中举行传统婚礼还是采用新式婚礼,节日饮食采用何种菜系,其处理方式之别一般不会造成冲突。但是在有些情况下,主文化与亚文化之别却有道德、价值方面的意义。比如,婚居与未婚同居两种行为模式有重大差别,有宗教信仰与无宗教信仰(或者两种不同的宗教信仰)之间的差异带有某种程度的本质性。在主文化与亚文化之间的差异具有本质性含义时,两种文化之间就会发生冲突。

2. 我族中心主义与文化相对主义

在不同族群文化具有差异时,某一族群的成员过分强调本族群文化,而对其他族群文化进行贬低和排斥的现象被称为我族中心主义。我族中心主义是指站在本族群文化的立场上,认为本族群的文化优于其他族群的文化,进而排斥和否定其他族群文化的现象。人们习惯于自己的行为方式和生活方式,对本族群的文化高度认同并有自豪感,这是正常的现象,并不是我族中心主义。我族中心主义是比较极端地强调本族群文化而否定其他文化的现象。比如,有的族群认为只有自己的信仰是对的,其他族群的信仰都是奇怪的和有问题的;希特勒曾认为,只有日耳曼人是最高贵的,并实施了对犹太人的大屠杀。我族中心主义以某一族群对另一族群文化的贬斥为特征,因此常常会导致不同族群之间的文化冲突。

与我族中心主义相对的是文化相对主义,或称文化相对论。文化相对论认为,文化没有高低优劣之分,文化之间的差异是相对的,因此不能站在本族群文化的立场上、用本族群文化的价值观念去评判其他族群的文化。要判断或解释他人的行为就应该依照他群(对方所属的族群)的文化逻辑或文化模式,并以此为标准。文化相对论反对强势族群对于弱势族群的歧视,强调族群文化之间的平等,这对保护弱势族群的利益、抵消我族中心主义的消极影响有一定意义。比如,在国际关系方面,强调文化的多样性、强调不同文化之间共存和互相吸收对方的长处就是文化相对论的表现。文化相对论强调,要认识其他族群的文化,就要把这一文化放到特定的、与这一文化相关的背景中去理解,从而会发现其合理性。可见,文化相对论是强调包容的。但是,在强调文化的相对性时也不能走向极端,不能用文化的相对性来维护落后的东西。比如,一些文化中涉及歧视妇女、虐待女婴的做法,无论如何也不能用文化相对论来支持这种做法。

### (三) 文化变迁

任何文化都不会永远保持不变,因为人们的实践活动在发生变化,而且不同文化之间会有交流。从最本质的角度来讲,文化的变迁来自人们的发现和发明。人们的新发现和新发明的成果可以是新的物质产品,也可以是新的思想(精神产品)。这些新成果会在一定程度上改变人们的生活方式、行为规范或价值观念。文化变迁的另一个原因是不同文化因接触而发生的文化传播。当一个群体向另一个群体借取了文化要素,并将之融入自己的文化时,自己原来的文化就发生了变化。文化传播的模式主要有两种:两个具有不同文化的群体的直接接触和经由媒介将某种文化传至另一个社会或群体。

两种文化发生接触可能会导致文化冲突。文化冲突是两种文化在接触时就价值观念、行为规范、行为方式等方面发生的互相反对、贬低和排斥的现象。当一个群体刻意要抵制和反对另一种文化时,它或者采取封闭的策略,或者对异文化进行否定性的批判或攻击。文化冲突可能发生在根本的价值领域,也可能发生于日常生活的表层,当然前者要激烈得多,同时这种由根本价值冲突导致的文化变迁要更加深刻。

两种文化发生接触也可能产生文化融合。文化融合是两个拥有不同文化的群体通过长期相互交往、相互吸收彼此的长处而趋于一致的文化现象。如果某一群体认同了另一群体的文化,就发生了文化同化。

在国家或大族群的文化交往中,持文化相对论的立场是比较合理的。每一个族群都珍视自己的文化,但是也要学习其他族群的优秀文化,以实现共同进步。费孝通所说的"各美其美,美人之美,美美与共,天下大同"就是这个意思。

### (四) 中国文化的特点与建设

一定的文化是特定的自然条件和社会历史条件的产物。中国处于一种半封闭状态的大陆性地域,有几千年的封建的小农经济历史,实行了两千多年的家族宗法制度。这些因素相互影响、相互支持和制约,形成了一个稳定的生存系统;与此相适应,孕育了伦理型的传统文化。

中国传统文化有如下一些基本特点:重实际求稳定的农业文化心态,以家族为本位的宗法集体主义文化,尊君重民的相反相成的政治文化,摆脱神学的务实的生活态度,重人伦轻自然的学术倾向。在基本的文化价值上主张天人合一、以人为本、刚健有为、贵和尚中。中国的传统文化是在以家庭为基础的小农经济的大背景下,通过多种思想流派的比较交流而形成的。儒家思想在中国文化中占有主导地位,道家思想在平民阶层中有相当广泛的影响力,后来的佛教也对中国文化产生了一定影响。中国文化是与西方文化很不相同的文化类型。

近代以来,中国传统文化受到西方文化的冲击,也发生了一些变迁。20世纪后半叶以来的社会主义制度作为一个重要因素影响着中国文化。

改革开放以来,中国与外界发生了全方位接触和互动,在此过程中,既吸收了其他文化优秀的东西,也受到了一些冲击。中国文化的整体性和自主性受到影响,这也影响着人们的基本生活和社会秩序,影响着社会的整合。中国文化正在经历新的、复杂的建构过程,这将是一个进一步弘扬中国优秀文化传统,确立主流价值体系地位,吸收其他文化的有益成果,与时俱进的发展和建构过程。

**【推荐阅读】**

〔美〕露丝·本尼迪克特:《文化模式》,王炜等译,生活·读书·新知三联书店1988年版。

陈宝良:《中国的社与会》,浙江人民出版社1996年版。

〔美〕C.恩伯-M.恩伯:《文化的变异——现代文化人类学通论》,杜杉杉译,刘钦审校,辽宁人民出版社1988年版。

费孝通:《"美美与共"和人类文明》,载费宗惠、张荣华编:《费孝通论文化自觉》,内蒙古人民出版社2009年版。

〔日〕横山宁夫:《社会学概论》,毛良鸿、朱阿根、曹俊德译,上海译文出版社1983年版。

〔英〕安东尼·吉登斯:《社会的构成:结构化理论大纲》,李康、李猛译,王铭铭校,生活·读书·新知三联书店1998年版。

梁漱溟:《中国文化要义》,学林出版社1987年版。

〔英〕马林诺夫斯基:《文化论》,费孝通等译,中国民间文艺出版社1987年版。

〔法〕艾德加·莫兰:《社会学思考》,阎素伟译,上海人民出版社2001年版。

孙本文:《社会学原理》,商务印书馆1935年版。

杨心恒主编:《社会学概论》,知识出版社1997年版。

张岱年、方克立主编:《中国文化概论》,北京师范大学出版社1994年版。

第三章

# 人的社会化

人是社会的主体,社会是人的社会,但是社会不是由生物人组成的。一个人要在社会中生活必须增强其社会性,这就是人的社会化过程。社会化反映着个人与社会的复杂关系,这也是一种有复杂意义的社会过程。

## 第一节 人的社会化的含义与内容

### 一、什么是人的社会化

(一) 人的社会化的概念

人有生物性与社会性两重属性,生物性是与生俱来的,社会性则是后天习得的。生物性是个体生存和发展的基础,社会性则在大多数情况下指导着人们的行为。社会是由个人组成的,但并不是由纯粹的生物个体组成的。组成社会并在社会中活动的是认同一定文化、遵从一定社会规范的社会行动者,即社会人。但是,人不是一来到世上就自然地认同和承载了社会文化,并能按社会规范去行动,而是通过后天的学习,获得社会文化,成为社会之一员,参与和创造社会生活。这样,人在社会中生活就必须增强自己的社会性。一个人从生物体变为社会人的过程就是人的社会化。

在社会科学和现实实践中,"社会化"一词被广泛运用。经济领域有生产社会化,生活服务领域有社会化服务。社会学中所讲的"社会化"(socialization)是指人的社会化。它是一个人学习社会的文化、增强自己的社会性、由生物人变为社会人的过程。这里所说的"社会的文化",包括他生活于其中的群体(社会)的多种形式的文化,主要是该群体、该社会的价值观和各种社会规范。一个人学习这些价值观和社会规范,认同了这些文化,也就是增强了自己的社会性,同时减少了由生物本能驱动的行为,从而能够作为社会人去有效地参与群体和社会生活。

(二) 人的社会化的含义

本书已经指出,社会是人们交往的产物,是人们经过长期的社会生活、通过选择和积累而形成的生活共同体,它是人们的社会关系的体系。社会作为人类活动的产物,它与纯粹自然的东西是根本不同的。一个人以生物体的形式来到社会上,实际上是遇到了一个异己的存在物,而这个生物体又必须在这个异己的社会中生活。在个体不能自足地产生社会生活经验的情况下,就必须学习社会中已经存在的经验,社会也有责任向个体传授已有的知识,这就是人的社会化。所以,从个人与社会的关系来看,人的社会化就是个体吸收社会经验,由二者分立走向融合的过程。这种融合是以个体减少自己对与生俱来的生物本能的依赖,了解和掌握社会知识,增强自己的社会性来实现的。具体来说,这种社会化就是个体要学习他将参与其中的各种具体群体(社会)的知识、规范、价值观念和技能,使自己成为群体成员或社会成员,参与群体和社会生活的过程。从这种意义上来讲,社会化是个人学习群体和社会的文化,发展自己的社会性,把自己整合到群体中去的过程。

"整合"(integration)是社会学家斯宾塞从功能主义角度提出的一个概念,它指的是社会各组成部分的一体化问题,是整体的各部分之间相互协调,结合成一个有机体的过程和状态。社会化就是减少或消除个人与群体和社会分立状况的机制,通过群体和社会对个体的教化及个人的学习达致他们之间的协调和整合。

在人的社会化过程中,所谓人的生物本能被抑制、社会性得以增强是从个体和群体发展的角度着眼的。一个人来到世间最初只是一个生物体,他表现出来的也只是生物性本能。随着个体的发展和被置于社会生活之中,人的行动越来越少地受本能支配而受其社会性影响,这表现为他在行动中受社会规范、社会文化的影响,这就是人在社会化。需要说明的是,人的社会性的增强并不是要压抑人的生物机体和降低人的生物机能,而是要使人的行动少受生物本能的影响,更多地遵循社会文化和行为规范,即他在参与群体生活和社会生活时,用社会规范指导自己的行动,以实现与他人的合作。人的社会化是一个过程,而且是一个较长期的过程。就时间和内容而言,人的社会化一般指人从出生到其成为基本合格的社会成员即青年的这一阶段。从广义上来说,一个人学习社会文化的过程是伴其一生的过程,人在不断地社会化。

社会学关于人的社会化的研究有三种角度,即个性发展的角度、文化的角度和社会结构的角度。从个性发展的角度来看,社会化是人的个性形成和发展的过程,这是社会心理学的立场。从文化的角度来看,社会化是群体和社会向个体传输文化,个体学习和认同文化的过程。从社会结构的角度来看,社会化是使个体变得具有社会性,而其结果是培养出合格的社会角色。由此我们可以发现,社会化问题在社会学研究中具有重要的地位。

**二、人的社会化的必要性和可能性**

(一) 人的社会化的必要性

1. 从个人角度看社会化的必要性

作为生物体的个体并不是自足的,即他不可能自己满足自己的需要。无论是在幼年时期还是在以后的生活中,他必须通过参与群体生活并通过群体来满足自身的需要。在未成年阶段,人需要从家庭和其他社会群体中获得基本的物质资源以维持其生命,也需要通过参与社会群体获得感情上的支持。20世纪早期,"狼孩"的发现和"被隔离情况下长大的孩子"在后来的成长中所遇到的相关问题充分说明了人在幼年期进行社会化的重要性。在成年阶段,人也必须通过参与群体而以群体的方式获取生活必需品,通过参与群体和社会生活获得应有的社会资格。个人要参与群体、与群体成员合作,就必须了解群体的文化、价值和规范。由此看来,个人要满足自己的需要、要生存,就必须进行社会化。从个体发展的角度来看,人也必须社会化。个人要获得发展,就必须继承人们以往创造的文化,不断学习人们创造的新经验、新知识,从而在社会之中获得发展。

2. 从社会角度看社会化的必要性

每个家庭和家族、每个组织和团体、每个民族和国家都在追求自己的延续和发展。一个社会要延续,就必然要求新加入成员了解已有的经验,认同社会的主导价值,遵循社会的行为规范,这就是对新加入成员的社会化。对于一个家庭来说,新一代的来临实际上是家庭世代继替的开始,为了使这种世代继替能顺利进行,长辈必然要对新一代进行教化。对于一个民族来说,也是如此。一个社会要发展,就必然要求其成员有较高素质,要求其在前人创造的基础上有新的发展。一个民族、一个国家要发展,也是如此。提高成员素质,提升他们的知识水平和技能,增强他们处理各种问题的能力,激发他们的创造力,也就是成员社会化的过程。

(二)人的社会化的可能性

对于个体特别是年轻的个体来说,社会化是可能的。这种可能性主要基于如下几个方面。

1. 人有较长的依赖生活期

与其他动物不同,人的幼年有较长的依赖生活期。新的个体要生存就必须依赖他人、依赖群体和社会。一般来说,人的婴儿期、幼儿期基本上是完全依赖期,少年期至青年期属于部分依赖期,即他在基本生活能力和谋生能力方面都比较欠缺,必须依赖他人。这种依赖性使群体和社会对新的社会成员实施社会化成为可能,即老的群体成员(比如父母)可以利用新成员的依赖性向其传授满足其需要的技能、知识和规范。这种传授包括细心教导、因势利导,也包括运用因依赖性而形成的权力,迫使新成员遵从群体和社会的规范。人的较长的依赖生活期使其学习群体和社会的丰富经验与文化成为可能。

2. 人有较强的学习能力

学习能力也是人的社会化的生物基础,这种学习能力是人类在长期的进化中积累而成的,现实的学习能力则是人的先天素质、社会历史遗产和个人努力三方面因素共同作用的产物。学习能力不但包括模仿能力,而且包括创造能力,后者是利用已有知识创造新知识的能力,也是人类优于动物之处。马克思曾经说过,在蜂房建筑上,蜜蜂的本事曾使人间许多以建筑师为业的人惭愧。但是最蹩脚的建筑师从一开始就比最灵巧的蜜蜂高明的地方是,他在用"蜂蜡"建筑"蜂房"以前,已经在自己的头脑中把它建成了。这种以人的发达的大脑为生物基础的学习能力是人的潜能,是十分丰富的。这种学习能力配上适当的社会条件,使人可以学习各种技能、知识和规范。随着个体的成长及其学习能力的开发,他就可以不断学习社会的知识,增强自己的社会性。

3. 人有语言能力

语言是人们在共同劳动及其他活动的过程中创造出来的,作为文化的一种形式,它是被同一群体成员共享或共同使用的。语言有文字语言、口头语言、符号语言、肢体语言等形式,语言承载了行动者(话语者)的某种思想、情感和价值,它是人类传达信息、沟通思想的工具。由于语言,特别是文字语言具有储存的性质,因此它可以将人类的经验保留下来。而后人因为具有使用这种语言的能力,所以可以学习以往世代的经验和知识。在同一时代,人们可以用共同的语言相互交流和沟通。语言不仅有助于人们相互交流,也有助于人们学习间接知识,从而扩大自己的视野。随着社会和科学技术的发展,语言也在发生变化,一方面更加丰富,另一方面更加精练。比如,学术上和社会生活中不断出现一些更有概括力的概念、缩略语,网络上也常常出现新的语言。由于人有语言能力,可以通过接受文化教育和参与社会生活等方式学习语言,因此人们就能够借助这些语言更有效地学习群体和社会的文化。

### 三、人的社会化的内容

(一)人类发展的任务

一个人从出生到老年会参与多种社会生活,也就需要学习多种知识。罗伯特·哈维格斯特(Robert Havighurst)在《人类发展》中将人的一生分为六个阶段,指出了各个阶段所要完成的任务。人在幼儿期,主要学习吃饭、穿衣、走路、说话,形成有关社会与事物的简单概念,学习区分善恶;在儿童期,通过游戏学习一些动作技能,学习与同伴建立良好的关系,学习文化知识,发展道德感;在青年期,要与同龄男女交往,准备选择职业,为结婚和组织家庭做准备,学习作为行动指南的价值与伦理体系;在壮年初期,要结婚、生育、教养孩子,选择并从事职业;在中年期,要养家糊口,对下要帮助子女成为能被人信赖的人,对上要照顾年迈的双亲,自己则要适应中年期生理上的变化;到了老年,要适应退休和收入减少的生活,适应配偶死亡带来的影响,并与同龄人建立良好的关系。哈维格斯特指出了人类在生命的各个阶段面临的任务和所负有的责任,任何一个人都不可能自然而然地具备完成这些任务的技能。人要顺利成长和发展,就要掌握相应发展阶段所必需的知识和技能,这就提出了人的社会化的要求。

## 第三章 人的社会化

### （二）人的社会化的基本内容

人的社会化是一个长期的过程，但主要指从出生到青年阶段的社会化，这一阶段的社会化有如下基本内容。

1. 学习生活的基本技能

一个人出生之后有相当长一段时间在生活上不能自理，无论衣食住行，都要靠别人的帮助才能完成。一个人连基本生活都不能自理，更谈不上广泛参与社会生活和创造社会财富。因此，作为一个人，其首要任务就是学习衣食住行方面的基本技能。对于吃饭、穿衣、走路这些与人的基本需要密切相关的技能，人并不能在短时间内学会，这与个体生物机能的发育相关，也与人的智力发展相关，一般需要几年时间。应该指出的是，衣食住行技能并不是简单的动作，而是一种文化，这些活动包含了人们赋予其的某种意义。比如，中国人吃饭用筷子、西方人吃饭用刀叉，穿衣要整洁，走路要规矩，都是包含文化意义的。

2. 学习谋生的基本手段

作为一个社会成员，人不但是一个消费者，还应是一个生产者。人不但要通过生产自食其力，而且要为家庭和社会做出自己的贡献。这样，人就必须学会谋生的技能，即通过劳动创造财富。不同时代人类通过劳动获取财富的方式不同。在农业社会，人们的主要生产方式是在自然条件制约下的农业耕作；在工业社会，机械化生产乃至自动化生产成为主导的生产方式。显而易见，在不同生产方式下，人们学习谋生手段的内容、过程和方法也是不同的。在自然经济条件下，家庭是基本的生产单位和生活单位，一个人学习谋生手段常常是通过自幼跟随长者耳濡目染或模仿，这一过程可以在十几岁时完成。在工业社会，生产技术变得越来越复杂，一个人谋生技能的获得需要通过正规的学徒、学校的学习和职业培训，这一过程一般到二十多岁才能完成。无论如何，人们必须通过学习才能获得这些谋生手段，这是人的社会化的一项重要任务。

3. 学习社会行为规范

社会行为规范是一定群体和社会的成员所要遵守的行为准则。为了保障群体生活的有序进行，人们通过长期摸索形成了与特定的群体活动相适应、说明其成员应该如何或不该如何行动的成文或不成文的规定与共识，这就是社会行为规范。社会行为规范是人们进行群体活动的伴生物，并作为一种潜在结构指导着群体成员的行为。在群体生活和人的社会活动中，行为规范是无处不在的，这也是人类社会性的证明。群体和社会的性质不同,活动的领域和情境不同,指导社会成员的行为规范也不同。比如,在传统家庭中,家庭成员应该遵守一系列基本规范,这些规范在儒家思想那里有明确的表述。对现代家庭来说,行为规范的弹性则比较明显。朋友圈子有大家默认的行为规范,国家则有法律、法规等各种规定来规范、指导公民的生活和活动。

社会行为规范是人们在共同生活中创造出来的,但是,并非所有的行为规范都是当事人创造出来的。对于后来者来说,社会行为规范是先于他们而存在的,他们必须学习和遵从这些规范才能有效地参与群体生活。学习和认同了这些行为规范,人们就会减少由其生物性所驱使的非规范行为,能与他人进行良好的沟通与合作,更有效地参与社会生活。

4. 明确生活目标

对于群体和社会来说,促进成员社会化的一项重要任务是向其灌输主导的人生观、价值观,引导其生活目标。任何群体和社会都对其成员寄予较高期望,这种期望主要表现为对其价值观、人生观的培养,即希望后来者成为群体所期望的人,这些集中表现为对人的生活目标即基本的生活目标的指点。这种生活目标的指点常常具体地表现为群体中的权威者对后来者未来人生道路和职业的指点,通过对人生意义和具体职业优劣之评价来引发后来者对某种人生道路的认同及对某种职业的兴趣和好感。在宏观上,这种指点则表现为对后来者人生发展方向的引导。群体对后来者生活目标的指点受群体目标、群体中权威者对自我人生历程的反思和社会发展趋势以及社会价值系统的影响。

5. 培养社会角色

社会角色是指与社会结构中的具体社会位置相一致、社会对占据该位置的人的权利和义务的规范性期望的体系。具体地说,社会角色是指一定群体和社会中有特定权利和义务、按照特定行为规范活动的人。比如,老师、学生、母亲、儿女等都是既抽象又具体的社会角色,他们都代表着社会所期望的一系列权利和义务以及行为规范。社会角色是社会结构中具体位置的表现,一个具体的社会就是由一系列相互关联的社会角色结合而成的。

从综合的角度来看,人的社会化就是要培养社会角色,即将一个人培养成群体和社会认为合格的角色。比如,父母希望儿女能够成才、成家立业,为家庭发展做出贡献;老师希望学生全面发展、成为优秀学生,将来成为社会栋梁。在这里,好儿女、好学生都是人们所希望的角色。社会化的基本任务就是培养人按照要求成为合格的社会角色。

社会角色是与社会结构、社会位置、社会关系相联系的,人参与一种社会生活,进入具体的社会和社会关系,就占有了一个社会地位或社会位置,也就要扮演与之相适应的社会角色。这样,群体和社会对后来者的教导和指点就是在培养一种社会角色。实际上,群体和社会关于生活技能、谋生手段、社会规范和生活目标的教导都是培养社会角色的组成部分。

## 第二节 社会化的机构与过程

### 一、社会化的机制与实施机构

（一）社会化的机制

机制是事物运行的内在机理和规律,即它的各个部分是如何相互连接,并作为一个整体共同活动的。人的社会化的机制是指人的社会化过程的内在机理,它是一个相当广阔的领域,包括社会化的实施者与社会化对象的关系模式、社会化对象的内在心理特征等。关于社会化对象在社会化过程中的内在心理过程及其特征的研究基本上属于社会心理学的范围,关于社会化的实施者与社会化对象的关系、社会化过程的文化和社会意义的研究则是社会学的领域。

对社会化过程中社会化的实施者与社会化对象的关系或机制的理解可以大略地分为三种:教化论、学习论和互动论。

教化论将人的社会化过程视为社会化的实施者对社会化对象实施教化的过程。按照教化论的观点,社会化的任务就是将不知不识的生物人教化成具有群体和社会文化的社会人。对于社会化对象来说,其社会性不是内生的,而是由外部灌输的。在社会化过程中,社会化对象基于其生物技能可能抗拒外部的社会规范,因此社会化过程就是由实施者强制性地对其进行教化,社会化对象是被动的。迪尔凯姆关于儿童建立道德感的看法是教化论的观点。行为主义也暗含着人的被动性的观点。

学习论将人的社会化过程视为社会化对象主动学习的过程。按照学习论的观点,社会化主要在于社会化对象的主动性,没有这种主动性,社会化的效果就会大打折扣。在社会化过程中,尽管外部环境(社会化的实施者)必不可少,但是社会化对象必须占主体地位。让·皮亚杰(Jean Piaget)的发展心理学强调人是积极主动的,认为人能够判断、规定和创造自己的行为。学习论不是主张放纵人的生物本能,而是强调社会化对象在社会化过程中所具有的重要地位。

互动论将人的社会化视为社会化的实施者与社会化对象的相互作用过程。互动论认为,人的社会化是一个由社会化的实施者与社会化对象共同参与和实现的过程。在这一过程中,社会化的实施者向社会化对象"灌输"知识、价值和规范,社会化对象的回应并不一定是完全被动地接受,而是对自己的行为有所选择,这种选择性的回应可能会在一定程度上改变实施者的灌输行为,从而使其以新的方式实施社会化。所以,人的社会化是在社会化的实施者与社会化对象的相互作用、相互适应和改变的过程中进行的。当然,在社会化的不同阶段,双方的作用和地位会有所变化。

(二) 社会化的实施机构

人的社会化过程有两个行为主体:施教者和受教者。社会化过程中的施教者是将群体和社会的文化灌输到新成员中去的一方,他们(它们)是不同类型的群体(实施机构),包括家庭、同龄群体、学习和工作组织等。受教者即社会化对象,是接受社会化者。社会化的实施机构主要有如下几种。

1. 家庭

对于未成年人来说,家庭是最重要的社会化的机构。家庭是人们来到世间进入的第一个社会群体,新成员因出生而自然属于某一家庭,已有的家庭成员也对新成员负有责任并寄予期望,这些都必然带来对新成员的社会化。人的一生大多离不开家庭,一个人在未成年时,甚至在结婚组成新家庭之前常常依赖于他出生的家庭。因此,家庭对婴儿—青年的社会化就是十分重要的。家庭对儿童—青年的社会化的内容是全面的,包括教导生活技能、教导社会规范、树立生活目标等。在前现代社会也常常包括教导谋生技能,并形成子承父业的现象。家庭对未成年人的教化是直接的,有时是潜移默化的。不仅是父母及长者的正式教导,家庭气氛及生活方式也会影响未成年人的社会化进程。中国儒家文化比较强调的家教就是要发挥家庭的社会化功能。

2. 同龄群体

同龄群体有时也称同辈群体,它是由年龄相近的人自发结成的群体,一般指幼儿—少年群体,同龄群体常常因家庭毗邻、家长之间的友好交往、一同学习或嬉戏等而形成，其成员虽然不完全固定，但其群体边界是存在的。同龄群体对于其成员的成长即社会化的影响是通过在游戏和共同活动中的角色扮演而实现的。在游戏中，他们互相传递各自的知识，尝试进行社会角色扮演，互相纠正和补充，这起到了学习知识和实践规范的效果。同龄群体对于儿童的身心发展具有重要影响。

3. 学校

学校是向学生传授科学知识、进行道德教育的场所，也是国家和社会用来传播社会的主导价值观的机构，它对儿童—青年的成长和发展具有重要的作用。学校对学生的社会化与家庭对儿童的社会化有所不同，这些差异主要表现于：第一，社会化的内容有所不同。家庭对儿童的社会化以教导生活的基本技能和行为规范为主，学校则以传授知识和传播国家或办学者的价值观为主。第二，社会化方式不同。家庭是以亲情为基础的社会群体，对儿童的社会化以感情为基础。学校是正式的社会组织，它对学生的教育是组织化的和具有强制性的。第三，社会化的具体目标不同。家庭对儿童的社会化目标是全面的和综合性的，学校对学生进行教育的目标则较具体和明确，主要是要学生掌握科学文化知识，提高其学习能力，当然也包括培养学生全面发展。学校教育和家庭教育是互补的，二者的协调对儿童—青年的社会化的顺利完成具有重要意义。需要指出的是，学校对学生实施社会化的效果受到外部社会环境的重要影响。

4. 工作单位

工作单位是以业缘为纽带的社会组织，它是现代社会结构的基础。在现代社会中，学生走出学校参加工作被认为是走向社会，所以工作单位是现代社会的重要代表。工作单位是组织人们进行职业劳动的场所，也承担着对职工，特别是青年职工进行教育和培训的责任。工作单位对青年职工进行社会化的主要特点是：第一，它是以劳动技术和工作能力为基础展开，补充着学校教育之不足，从而实现理论与实践的结合；第二，工作单位是代表国家或社会对职工进行价值教育，但职工对这种教育有一定的选择性；第三，工作单位的性质和内部工作环境对职工的观念和行为方式具有一定影响。

5. 大众传播媒介

大众传播媒介是以社会公众为对象，对其进行信息传播的工具，包括广播、电视、报纸杂志、书籍和网络媒体等。大众传播媒介以最大限度地吸引受众收听、收看和阅读信息为目的。在现代社会中,大众传播媒介对青少年的成长发挥着极为重要的影响。一般来说,大众传播媒介为青少年提供了更多的学习机会和更丰富的知识,但是大众传播媒介传播信息的新奇性、刺激性也会对青少年产生特殊的影响,因为这些内容比较符合青少年生理和心理的特点。在大众传播媒介商品化的情况下,媒体为了吸引眼球,更是刻意制造刺激性内容,如时髦、恋爱、打斗、凶杀,这些对青少年成长的影响是明显的。当今,消费主义意识形态在全球范围内蔓延,一些青少年的行为明显带有消费主义取向,在这种现象背后,互联网发挥着不可忽视的作用。电视、电脑、互联网对儿童青少年的社会化的影响是巨大而复杂的,如何处理好大众传播媒介与儿童青少年成长的关系已成为全球性问题。

## 二、基本社会化

### (一)埃里克森的人类成长阶段论

美国心理学家爱利克·埃里克森(Erik Erikson)把人生分为八个阶段,即婴儿期、幼儿期、学前期、学龄期、少年期、青年期或成年早期、成年期或中年期、成熟期或老年期。他认为,人在这八个阶段会遇到不同的人生任务,因此也就需要心理—社会成长以对特定的社会要求做出反应。人如果能够成功地做出反应,就会得到积极评价,进而产生积极的心理状态,这将对未来的发展产生积极影响。反之,如果不能成功地对人生任务做出积极反应,他就会产生负面心理,这将对未来的发展产生消极影响。例如在婴儿期,婴儿需要得到家人或他人的照料,如果他得到了良好的照料,就会对周围的人产生信任感,反之则会产生不信任感。人在幼儿期的重要任务是对自己的肢体进行自我控制,如果父母过多限制和责怪他,他就会产生羞耻感。学前期的孩子多乐于游戏,如果父母对孩子的主动性和创造性持负面态度,孩子就会产生内疚感。在学龄期,鼓励孩子的好奇心和探索活动会使其勤奋,压抑他会造成其自卑心理。少年期要学会扮演不同角色,实现角色认同,社会化不足会导致角色混淆。人在青年期将经历求爱与建立家庭,如果遭遇挫折就会产生孤独感。人到中年期要养家、教育子女,成功则有成就感,不成功则会产生停滞感。人到老年期常常会回忆和总结自己的一生,如果认为自己的一生是令人满意的,就会产生完善感,反之则陷入追悔和绝望的情绪之中。

## （二）儿童—青年社会化

在关于人的社会化的研究中,最重要的焦点是婴儿—青年社会化,因为这一阶段是生物人变为社会人即社会化的主要时期。我们把从婴儿期到青年期的社会化称为基本社会化。研究表明,这一时期每一阶段的成功社会化都会对人的发展产生积极影响。

1. 婴儿—学龄初期的社会化

人刚来到世间时既不能自理,也没有心理活动。在这一阶段,随着生物体的发育,家庭应该教给他基本的生活技能,并启发他的心智发展,包括教会他分别自我与非我。在幼儿期,个体的活动范围不断扩大,除了家庭生活外,同龄群体的游戏成为他们的重要活动。幼儿开始产生道德感,除了学习基本的生活技能外,还学习知识和行为规范,培养其道德意识是社会化的重要内容。学龄初期相当于小学阶段,学习知识是他们社会化的重要内容,而从家庭教育向学校—家庭教育的转变对儿童社会化的进程具有重要意义。

2. 少年期社会化

少年期(12岁至15岁)是社会化的重要阶段。在这一阶段,少年在生理和心理上都有一些明显的特点。这些特点是:生理上日趋成熟,但仍处于半幼稚、半成熟状态;思维能力和记忆能力有很大提升;兴趣广泛,好奇心强;自我意识形成,个人尊严意识建立,人生观和世界观开始萌芽。在这一阶段,少年有很强的独立意识,但因其生理、心理的不完全成熟而处于独立意识与依赖性相互掺杂的状态。因此,少年期社会化对于个体的成长来说十分关键和重要。少年不但要学习文化知识,而且要开始相对独立地实践社会行为规范,要对各种新奇的外部事物进行判断和选择。由于少年的好奇心强、社会价值多样化、经验很少,他们容易陷入选择困难,而一旦选择失误可能会给其成长带来严重的不利影响。正是因为如此,从社会化的角度来看,少年期是社会化的"危险期"。实现家庭、学校、社会几个方面的良好配合,给予少年适当的监护,保护他们的合法权益,鼓励他们健康发展,对少年成长来说十分重要。

3. 青年期社会化

青年期(15岁至20岁左右)是基本社会化的最后阶段。青年的特点是:在生理、心理上已接近成人,爱情萌芽产生,学习兴趣广泛,思维能力强,世界观、人生观基本形成。人在青年期有"六大高峰":体力高峰,机体的发展进入成熟阶段;智力高峰,记忆力和理解能力大发展,且二者产生最佳配合;特征行为高峰,人的性机能成熟,有求偶的要求;社会需要高峰,对衣食住行的要求急剧增长,对理想和前途思考较多;创造高峰,青年受传统的影响比成年人少,富于想象力和创造力;超常行为高峰,青年在情绪和思想上尚不稳定,容易发生越轨行为。由于青年期在社会化过程中的重要性,国家、社会和家庭都十分重视青年社会化,也格外关注青年社会化遇到的困难。

(三) 少年—青年社会化遇到的问题

少年—青年期是人的生理、心理迅速发展的时期,也是其广泛接触社会从而面临众多选择和挑战的时期。挑战主要来自如下一些方面。

1. 心理上的断乳

心理上的断乳也称社会性断乳,它是相对于母体对婴儿的生理上的断乳即停止母乳喂养而言的。心理上的断乳是指少年、青年在其成长的过程中力图脱离家庭及其他方面的监护,独立自主地进入某些社会生活领域。但是少年、青年自身经验不足,可能产生危机状况。这种危机不是生理性的,而是社会性的。它一般反映为少年、青年不愿向家长和师长述说自己的想法,自己因缺乏经验和主见而犹豫不决、焦虑不安,在行动上带有混乱的特征,正如《少年维特的烦恼》所描写的那样。这对少年、青年的成长来说犹如生理上的断乳,是一个危机,也是一次考验。心理上的断乳是一个人在成长过程中必须经过的阶段,它是一个人从依赖他人到相对独立,并进一步走向更加独立的中间环节。不同个体、不同家庭和不同社会条件下的个体、不同文化下的个体,心理上的断乳的威胁不同,这种危机所发生的层面、强度也不同。比如,农业社会中少年、青年所遇到的心理断乳的危机比在现代社会要小得多。现代社会的这种危机则变得普遍而明显。要减缓社会性断乳对少年、青年的冲击,施教者应主动加强与少年、青年的沟通。

2. 社会价值观念的多样化

社会价值观念是指社会群体、社会阶层、社会成员对社会现象的价值判断,即对某一现象的好坏、优劣、正确错误的判断。因为人们认同的文化不同、经历不同、所站的角度不同,所以他们对社会现象的评价也可能不同。在社会转型期,这种现象变得十分突出。价值观念的多样化为青少年扩大视野创造了条件,但是也给青少年的价值选择即从中选择合理的东西带来困难,因为青少年缺乏经验、知识尚不丰富。错误的选择常常给他们的成长带来不利影响,因此对新的

## 第三章 人的社会化

社会现象的认知、判断十分重要。比如,迅速发展的计算机网络(因特网)能有效地帮助人们获得信息,但是网络上的内容并非都对青少年有益,所以青少年如何对待"上网"就是一个需要认真探讨的问题。一些中学生甚至大学生因迷恋"上网"不能自拔,以致影响自己学业的现象并非鲜见。吉登斯曾经指出现代性对自我认同的影响,这对青少年来说更为严重。

3. 理想与现实的矛盾

青少年期是富于理想的人生阶段,这种理想来自社会中人生理想和社会理想的教育。任何社会群体、社会成员都有自己的理想,但是如何对待理想与现实之间的关系,不同的年龄群体有所不同。一般来说,有丰富社会经验和阅历的人会比较恰当地处理二者之间的关系,他们站在现实基础上对待理想、追求理想。因为经验会使他们对理想的可及性做出比较恰当的判断。青少年则不然,他们的知识不足、经验短缺,而且富于想象,所以他们往往缺乏对理想的可及性的合理判断,有时显得过于理想化。当怀有纯真理想的青少年走向复杂的现实生活时,非理想的现实会对他们造成强烈刺激,甚至影响他们的人生观、社会观和世界观及社会化。造成这种现象的原因是多方面的,但一种重要的、不可忽略的因素是青少年教育的过分理想化。政府和学校总是希望将比较理想的东西告诉青少年,用来模塑他们,但对社会现象的复杂性介绍不足。这就使得青少年在走进真实的社会,特别是面对不理想的现实时会有挫折感,有时甚至产生对自己所受教育的怀疑。当前在我国,理想与现实的矛盾比较严重地影响青少年的成长。

4. 社会的迅速变迁

社会的迅速变迁是青少年社会化遭遇困境的重要原因。在比较稳定的社会,人们对某一社会现象的看法也有较大的稳定性,会成为较为明显、稳定和一致的价值观,并且作为文化的组成部分发挥着社会化的作用。在这种情况下,青少年的社会化不会发生多大困难。但是,在迅速变迁的社会,各种新现象、新观点不断涌现,一些价值观念来不及沉积下来即被更新的观念所取代。这样,青少年实际上处于文化、价值、规范的流变之中,而难以形成比较固定的可以效仿的东西。有时,这些不断涌现又很快变化的东西还可能削弱社会主流文化的影响,而这对青少年社会化是一个威胁。对于后发展的开放社会来说,"时间压缩"的效应十分明显。时间压缩是指本来在某一社会中较长时间内发生的变化在另一社会中在较短时间反映出来的现象。改革开放以来,我国发生了明显的时间压缩现象,社会变化在加速,新的社会现象密集出现。在迅速变化的社会中,青少年的社会化也遇到了挑战。

5. 代沟

美国人类学家玛格丽特·米德(Margaret Mead)用"代沟"(generation gap)的概念来形容两代人之间在价值观念、行为方式方面的差异。她认为,整个世界正处于一个前所未有的局面之中——年轻人和老年人、青少年和所有比他们年长的人隔着一条深沟在互相观望。这条沟壑是人类亲手挖的,人类发明的技术把20世纪40年代中期以前成长起来的人与此后成长起来的人分开了。她认为,当新一代到了上大学年龄的时候,年轻人和老年人都是极为孤立的。老一代的魅力已不复存在,他们会莫名其妙地走入穷途末路,不会有继承人。站在沟的另一侧的年轻人面对着一个没有楷模和前例可援的世界。

如果从人的社会化的角度看,就会发现代沟给青少年的成长带来了严重问题。在价值观念方面,两代人会有很不相同甚至相反的看法;在生活方式、行为规范方面,他们也有许多不同。当青少年没有具备深厚文化根基的楷模可以效仿之时,文化继承意义上的社会化就不能进行,取而代之的可能是青少年在同辈之间的模仿和时髦的流行,这会形成亚文化,而且与以往世代积累起来的文化产生隔阂。当然,也有学者从文化和社会变迁的角度看待两代人的差异,认为在剧烈的、不可逆转的社会变迁中,正发生着"文化反哺"的代际革命。然而无论如何,青少年社会化的性质、机制及后果问题都值得重新思考。

### 三、继续社会化与再社会化

(一) 继续社会化

继续社会化是人们在基本社会化的基础上,继续学习群体和社会的文化,以适应社会生活、角色变化的过程。当一个人完成了基本社会化,并作为一个基本合格的社会成员进入社会生活之后,还会遇到许多新问题,需要扮演新的角色,完成新的人生任务。在此过程中,人们需要进一步学习新的知识,这就是继续社会化的任务。

继续社会化的原因在于,随着社会成员自身及环境的变化,他以往在基本社会化中所学到的知识已不够用,需要学习新的知识。这里又有两种情况:第一种,人在发展阶段中需要扮演新的角色,从而需要学习与这些角色相适应的技能、知识和规范。比如，人要结婚、组成家庭、为人父母、赡养父母、自己进入老年，关于这些人生发展不同阶段所需要的知识，基本社会化并未提供，因而人需要不断地学习和继续社会化。第二种，人在扮演同一社会角色时需要不断学习。随着知识和技术的发展，社会对不同角色的要求在发生变化，这也要求社会成员不断学习，以适应这种变化，实际上这是角色内学习。比如，技术人员必须学习新技术、熟悉新的职业规范，以面对知识老化问题；老年人要面对老年期所遇到的各种变化，包括生理方面、家庭结构方面的变化，也包括生活环境的变化，要学习新知识、调整自己的生活方式，以适应现实生活。

从通俗的意义上来说，继续社会化就是"活到老，学到老"。继续社会化所要学习的知识是多方面的，包括家庭生活方面的知识、职业活动方面的知识、社会生活方面的知识等。一般来说，社会学更加关注与人的角色转变相关的继续社会化，即当社会成员（社会群体）的角色发生重要变化时他们的学习和适应过程。比如，人到中年怎样经营自己及家庭的生活，步入老年时又是怎样去适应生活、打发时间的；体制变了，人们的工作方式也要发生变化，他们怎样去应对；一个人换了工作岗位，他怎样去尽快适应新岗位的要求，做好工作。这些都是继续社会化所要解决的问题。在信息社会到来之后，老年人要学习使用手机等电子产品和网络，这也是继续社会化的内容。可以发现，继续社会化是人们适应生活的变化而充实自己的过程，这是任何一个人都会经历的过程，它影响着人们的工作生活质量。

（二）再社会化

再社会化是人由于原来的社会化失败或其成果基本上已不适用，而重新学习社会的价值和行为规范的社会化过程，就是在某些重要方面对人的重新社会化。再社会化有如下两种原因和情况。

第一种，原来的社会化失败。某些人不再遵从原来社会化所倡导的基本价值和行为规范，认同和采取了反主流文化的行为模式。在这种情况下，主流价值的代表者认为原来对这些人的社会化失败了，为了维护社会的利益，必须对这些人重新进行社会化，在他们那里重新树立社会的主导价值和行为规范，即"回炉"。比如，犯罪分子即社会化失败者，他们违反社会倡导的基本价值，严重损害他人和社会的利益。职能部门和社会对他们进行强制性的改造，迫使他们放弃自己的价值观和行为方式，重新认同社会的主流价值，就是对犯罪分子的再社会化。这种再社会化是在当事人不情愿的情况下进行的,总的来说,他们处于被动地位,因此又称被动再社会化。

第二种,原来的社会化成果基本上已不适用。一个人在某种文化背景下完成了社会化,就会认同这种文化所倡导的主流价值与行为规范,并在社会生活中去实践这些规范。但是,当在甲类文化中完成了社会化的人进入与之不同的、异质性的乙类文化时,原来的社会化成果在一些重要领域就可能已不适用。在这种情况下,进入异质文化的人必须重新学习新的价值观念和行为规范以适应生活,这也是再社会化。比如,在儒家文化下成长起来的中国人进入西方社会,要在比较崇尚个人价值和竞争的文化中长期生活,他们就必须改变自己原来的某些观念和行为方式,像西方人那样去思考和处理问题,以顺利地同别人打交道和共事,这就是再社会化。在西方文化下成长起来的人要进入东方文化国家长期生活也是如此。当然,这种再社会化并不一定在其生活的所有领域都出现。他可能首先在工作和公共生活方面学习新的东西,而在家庭生活中保留原来的价值观和行为模式,所以这种再社会化并不一定是全面彻底的再社会化。与第一种再社会化相比,这种再社会化可以称为主动再社会化,因为要适应新的生活,他就必须主动去学习新的价值观念和行为规范。虽然这种"主动"也带有"被迫"的成分,但它与第一种情况下的强迫学习还是有所不同的。实际上,封闭农村的农民到城市务工在一定程度上也会遇到再社会化问题,因为在现代化的城市务工可能会遇到不同于在封闭农村务农时的劳动规则和生活方式。

## 第三节 社会化与个性发展

### 一、个性及其形成

#### (一)什么是个性

个性(personality)也称人格。按照研究人的社会化的社会心理学家的看法,人的社会化就是使个体通过社会化形成比较稳定的心理特征,而走出由本能支配的状态。在社会心理学家看来,个人的稳定的心理特征的总和就是个性。

在社会心理学领域,不同流派对个性有不同的看法。精神分析学派的创始人西格蒙德·弗洛伊德(Sigmund Freud)认为,人格是由本我、自我和超我三部分组成的。本我是最原始的人格部分,它包括人类本能的性内驱力和被压抑的倾向;超我是个体对社会的道德限制和楷模进行内化的结果,它是人的行动的检察官;自我是来自本我但又经受外部世界影响而形成的知觉系统,它既监督本我,又满足自我。弗洛伊德认为,人格是一个能量系统。在这个系统中,精神能量或性能量不断得以构成、再构成、寻找途径、贮存并释放。

美国社会心理学家高尔顿·奥尔波特(Gordon Allport)分析了众多个性的定义,认为可以从不同角度,比如个人特征、人的行为的整体性、个人对环境的适应性等方面来理解个性。他认为,个性是存在于个体之中的那些决定他对其环境予以适应的精神生理系统的动力组织。个性的本质特征在于其本性是一个开放系统,能够自由地同周围环境创造性地交换物质和能量,并具有某种自我平衡状态和内部不断增长的组织化趋势。

在社会心理学家看来,个性是人们行为的基础,也是个体行为差异的基础,个性对个体的行为具有某些导向作用,因此可以由一个人的个性特质和态度去预测他的行为。有的学者更进一步认为,一个人的行为是由他的个性和他所处的环境决定的。

个性作为个体的稳定的心理特征一般表现为倾向性,即在一定的、具体的条件下对个体的某种态度和行动的积极的、选择性的推动。个性主要表现在兴趣、气质、性格等方面,具有不同兴趣、不同气质、不同性格的人面对同一社会现象会有不同的反应,这种态度和行动上的差异性就是个性在发挥导向作用。

(二) 个性的形成

社会心理学家一般倾向认为个性(人格)是一个复杂的结构,他们都注意到个性的生理基础,也注意到社会因素的影响。总体而言,人的个性不是先天的,而是个体在后天的社会生活实践中逐渐积累而成的。个性以个体的生理素质为基础,但社会实践活动、社会化过程对个性的形成起着重要的作用。就人们的兴趣而言,可以发现,不同个体自幼就可能有不同的兴趣,即使双胞胎也是如此。总体来说,女孩子文静的比例远比男孩子高,男孩子好动、兴趣容易转移被认为是正常的,孩子生来就有的兴趣和态度方面的差异被认为是生理因素在发挥基础作用。这种差异不但表现在性别方面,也表现在体质方面。

社会因素对人的个性的影响是重要的和明显的。这种作用表现为,虽然人的个性有先天的生理基础,并且这对个体特点有基础性影响,但是人后天的社会实践活动,特别是社会化过程可以令那些基础性的倾向和特征有所改变,使得他的态度和行为的倾向性得到强化或被抑制。比如,父母可以通过一系列活动培养孩子的兴趣,鼓励孩子自主地做选择可以增强他的自信心;集体性的小组活动也可以使那些内向性格的人变得比较开放;一个自认为能力不强且内向的人在成为小组负责人后,经过锻炼可能会成长为外向的有较强能力的领袖;一个性格开朗的人遭遇一系列人生挫折可能会变得忧郁等。所有这些都表现为社会因素对个性的影响,可以说,人的个性是在生理素质的基础上,通过后天的社会实践活动而形成的。

## 二、社会化在个性形成中的作用

### (一)个性与社会个性

美国社会学家帕森斯认为,人格(个性)也是一个系统,社会通过社会化的机制将文化模式——价值、信仰、语言和其他符号内化为人格系统,使人格系统得以结构化,通过这一过程,行动者才愿意把动机的能量投放于角色之中,即愿意遵守规范,进而使人格系统与社会系统的结构相一致。帕森斯是从塑造角色的角度来分析社会化在形成人格(个性)中的作用的,这里反映的是社会对后来者的角色期待和塑造。

一个人在生理素质的基础上,经过较长时间的社会实践活动和社会化会形成个性。不同个体因其生理基础和所经历的社会实践活动不同,其性格会有某些差异,但是它们又会有许多相同之处,这是由文化在社会化过程中的重要作用造成的。在同一个群体或社会中,个体社会化的外部文化环境是相同的,群体或社会用同一种标准去要求、塑造同一类个体,其结果是同类个体有相似的个性。社会心理学家把同一群体中多数成员共同具有的心理特质和性格特点称为"社会个性"(social personality,或称"社会人格")。埃里希·弗洛姆(Erich Fromm)认为,社会个性是一个集团的大多数成员性格结构的核心,是这个集团共同的基本经验和生活方式发展的结果。不同性别、不同年龄、不同民族、不同阶级和阶层的人构成了不同的群体,他们都具有独特的心理和个性,即形成了不同的社会个性。这种社会个性被模式化,成为社会文化的一部分,并成为一种角色期待。比如,社会上有男人性格与女人性格、老年人性格与年轻人性格、东方人性格与西方人性格、农民性格与知识分子性格之分,实际上就是指的社会个性的不同。社会个性实际上是一个群体中成员个性的共同方面,建立在个体的个性基础之上,是群体中大多数人共有的个性特点。

(二) 雷同性格与人的能动性

人的个性是在社会化过程中形成的,社会化又是社会的权威机构对新成员进行教化的过程,于是这里就出现一个问题:社会化机构用共同的标准对其成员进行社会化是否会导致成员的雷同性格？雷同性格是指同一群体的不同成员的个性、性格高度相似的现象。从社会个性的角度看,雷同性格是社会个性所反映的群体成员个性中的共同部分大大超过不同部分而处于支配地位的现象。群体成员好像是一个模型造出来的,他们在态度、行为特征上高度一致,而缺乏差异。这种现象的出现不是不可能的。在群体和社会对其成员进行社会化时,如果过分地控制他们,压抑他们的不同想法,追求高度一致性,有可能造成一定程度的雷同性格。这样看来,雷同性格是对群体成员过度社会化的结果。过度社会化在个体身上会造成内向式性格,即成员缺乏自信和主动精神,缺乏创造性和独立见解;在群体方面,过度社会化会使其成员在看待问题的价值观、处理问题的态度和方式上高度一致,缺乏不同见解和对既定规范的任何挑战,使群体缺乏活力。显而易见,过度社会化可能会带来群体成员的高度一致性,但并不利于群体的发展。在大多数情况下,过度社会化是同集权体制、自上而下的严格的社会化方式相联系的。

在现实社会中,群体成员性格基本雷同的现象比较少见,因为要造就雷同性格就意味着对成员的有差异的生理基础作用的否定,就意味着要严格控制成员社会化的环境,使其具有封闭性。然而在现实中这是十分困难的。在现实的社会化中,个体不是作为完全被动的客体出现的,他实际上是一个能动的行动者。在人的生物性并未被完全压抑（实际上这也不可能）、对外部环境不能完全控制的情况下,人们基于有所不同的经历,借助于活跃的意识,会在社会化过程中发挥一定的能动作用,即在一定范围内选择自己的行为方式,长久下来就会形成有各自特点的个性和性格。群体成员有较大相似性,同时又容纳了某种程度的差异性的状况使群体具有活力,也有利于群体的发展。

### 三、个性与民族性

(一) 个性与民族性的关系

社会个性是一个群体的成员所共有的个性特征,当我们把一个民族或一个国家视为一个群体时,这种社会个性就是民族性和国民性。民族性是一个民族的大多数成员共有的个性特征,国民性则是一个国家的国民所共有的个性特征。在民族国家,民族性和国民性具有一致的含义。在多民族国家,民族性和国民性虽有差异但也常常被视为相近或相同,指一个国家的各民族成员在长期的共同生活中通过互动形成的共有的个性特征。

民族是人们在历史上形成的一个有共同语言、共同地域、共同经济生活以及表现在共同文化上的共同心理素质的稳定的共同体。一个民族的广大成员由于共同的生活环境、共同的生产方式和生活方式,会产生共同的价值观念和行为方式,其中包含了共同的个性特征。在多民族国家,由于民族文化的普同性与民族的交往和融合,各民族也会形成共同的个性特征。比如,通过千百年的交往与融合而形成的中华民族的文化实际上是汉民族与少数民族长期互动的结果,在这一过程中各民族相互取长补短,并形成有共同特点的文化特征。费孝通的《中华民族的多元一体格局》论证了这一点。当我们把这种共同的文化和个性特征放入国家层次分析时就是国民性。当然,在多民族国家,较大、较强民族的文化特征在交往和融合中可能会占优势,在共同的社会个性中也有较多体现。

(二) 关于国民性的研究

从文化人类学的角度来研究一个族群的众数的个性问题就是民族性或国民性的课题。第二次世界大战期间和在此之后,美国的一些文化人类学家开展了对现代国家的国民(如日本人、德国人、俄国人)的心理研究,并取得了一批成果(如本尼迪克特的《菊与刀》),这些成果为美国战后的国际政策提供了参考。美籍华人学者许烺光对中国人、美国人和印度人的生活方式进行比较,指出了其差别:中国人以情境为中心的处世态度、美国人以个人为中心的处世态度和印度人以超自然为中心的处世态度。社会学家英克尔斯从"众数人格"的角度研究了国民性,而这一研究是其关于人的现代化研究的组成部分。英克尔斯的国民性研究也影响到发展中国家和地区的同类研究,比如,我国社会学者和人类学者于20世纪七八十年代曾经掀起国民性研究的高潮,分析了国民性与现代化的关系。

(三) 中国国民性的特点

中国国民性概指华夏民族的性格特征。近代以来,许多学者研究中国的民族性、中国国民的特性、中国人的心理和性格等问题,基本上讲的是相同或相似的东西,即民族的社会个性或国民的社会个性。中国国民性基本上是以农耕文化为基础的。农耕文化与以家庭、家族、村落为特点的居住模式相结合,形成了相对封闭和保守的、以人伦为取向的文化,并内化为民族成员的心理和行为特征。学者对中国的民族性、中国人的性格有多种不同的概括,或褒或贬,这与研究者的视角和研究目的直接相关。

有的学者从在基本社会化过程中的个性发展的角度看中国人的个性特征:在婴儿期,个体一般受到宠爱和照顾,家庭成员容许其养成一定的依赖性;在孩童早期,家长要求个体抑制感情,不重视其自主自发的行为;在孩童后期,社会化要求个体懂事、顺从父母,避免亲子冲突,忽略其个性问题,并建立以耻辱感为主体的自察能力;在少年期,家庭要培养个体勤劳吃苦的习惯,使其学习人情关系;在青春期,社会要求避免其对性的过分表现,养成包涵、谦虚的观念;在青年期,家庭和社会要教导个体服从权威、尊重传统,缓慢地达到自立。

林语堂从比较平和的角度去概括中国人的性格,如老成温厚、遇事忍耐、消极避世、超脱老滑、和平主义、知足常乐、幽默滑稽、因循守旧。有的学者认为,在以儒家文化为传统的中国社会中,个人通过家族主义、地方主义和道德规范的整合而形成集体主义文化。从价值取向的角度来看,中国人重传统和权威、重农、重功名、重仁义忠孝,在这一总的价值系统的支配下,中国国民性有如下特点:看重权威、保守、依赖性、顺从、礼让、谨慎、勤俭、忍耐、安分。

随着经济和政治制度的变迁及外来文化的传入,特别是随着现代化进程的加快,中国国民性也正在发生某些变化。

## 【推荐阅读】

〔美〕克特·W.巴克主编:《社会心理学》,南开大学社会学系译,南开大学出版社1984年版。
〔美〕戴维·波普诺:《社会学(第十一版)》,李强等译,中国人民大学出版社2007年版。
费孝通:《中华民族的多元一体格局》,《北京大学学报(哲学社会科学版)》1989年第4期。
黄育馥:《人与社会——社会化问题在美国》,辽宁人民出版社1986年版。
林语堂:《中国人(全译本)》,郝志东、沈益洪译,学林出版社1994年版。
刘豪兴、朱少华:《人的社会化》,上海人民出版社1993年版。

〔美〕伊恩·罗伯逊:《社会学》上册,黄育馥译,商务印书馆 1990 年版。

〔美〕玛格丽特·米德:《代沟》,曾胡译,光明日报出版社 1988 年版。

沙莲香主编:《中国民族性(一)》,中国人民大学出版社 1989 年版。

杨国枢主编:《中国人的心理》,江苏教育出版社 2006 年版。

〔日〕依田新主编:《青年心理学》,杨宗义、张春译,知识出版社 1981 年版。

郑杭生主编:《社会学概论新修(第三版)》,中国人民大学出版社 2003 年版。

周晓虹:《文化反哺:变迁社会中的代际革命》,商务印书馆 2015 年版。

# 第四章

# 社 会 互 动

社会是人们的社会关系的体系,个体之间、不同群体之间既有分工与合作,也有竞争与冲突。人们在复杂的社会交往中追求着自己的目标,也推动着社会的变化。社会互动是社会存在的基础,本章让我们从这一最基本的社会现象入手分析社会。

## 第一节 社会互动的类型与意义

### 一、 社会互动的含义

(一) 社会行动及其类型

社会并不是社会关系体系的空架子,实际上,人们的多种多样的活动充实着这个体系。在社会学里,人们的这些丰富多样的活动被称为社会行动。正是各种社会行动和它们之间的相互作用构成了社会的基础。要研究社会,就要研究人们的社会行动。

按照韦伯的看法,社会行动(social action)是人们的有意识、有目的的行动,是指向他人,并以他人的符合自己预想的反应为目的的行动。韦伯把人的社会行动分为四类:目的理性行动、价值理性行动、情感行动和传统行动。目的理性行动也称工具理性行动,它是人们对作为手段的自己的行动和达到目标的可能性都进行过认真算计的行动,其本质是人们以这种行动为工具去最有效地达到自己的理性目的。价值理性行动是为了追求某种价值——伦理的、美学的、宗教的——而采取的行动。情感行动是基于情绪,尤其是感情而采取的行为。传统行动是由传统的约定俗成的习惯所决定的行动。在韦伯看来,目的理性行动具有最高的合理性。很明显,目的理性行动是以在西方占统治地位的经济人的利己主义为基础的,这种行动在现代社会里具有普遍性。

帕森斯对社会行动的结构做了深入分析,他认为作为"单元"的社会行动包括下列要素:行动者、目的、手段、条件和规范。行动者是作为行动主体的个人;目的是行动者所要达到的未来目标;手段是行动者达到目标可供选择的方式;条件是行动者面临的各种环境状况,包括行动者的生物要素和各种生态约束,这些客观条件影响行动者对目标和手段的选择;规范是指行动者认同的价值观、行为规范和其他观念,它们也影响目标和手段的选择。在这里,帕森斯把社会行动置于主观意愿与客观条件约束的共同作用之中,也反映出这种行动的社会性特征。

(二) 社会互动的含义

群体活动和社会过程是以互为条件和结果的社会行动为基础的。相关双方相互采取社会行动就形成了社会互动。社会互动(social interaction)也称社会相互作用或社会交往,它是个人之间、群体之间、个人与群体之间发生相互的社会行动和相互影响的过程。

我们生活于富于意义的世界,人们通过行动将自己的想法传递给别人,希望对方做出预期的回应,而对方则根据自己对前者的行动意义的理解做出反应,这就完成了一次社会互动。显而易见,这种社会互动是作为行动系统的社会的基础,它是最基本的社会过程,现实社会就是由形形色色的社会互动构成的。同事在工作中的合作、父母对子女的叮嘱和子女的应诺、师生之间的教学过程、朋友之间的会心一笑等,这些发生于工作和日常生活中的事情都是由社会互动来实现的。从宏观上来看,组织之间的合作、国家之间的合作与竞争也是社会互动。应该指出的是,这里所说的社会互动不是指人们本能的、无意识的相互行为。比如,在拥挤的公共汽车上,乘客随着车体的晃动而互相挤撞,这只是物理学意义上的相互作用,而不能算社会互动。

社会互动的载体是行动,但行动并不等于物理学意义上的动作,因为在社会生活中,不动声色也是有意义的,它也属于人的行动。另外,社会行动并不都是具体的、集束的。一个企业为了应付外部竞争所采取的战略调整可能由许多具体的行动组成,不同文化之间的交流则更不具体。还有,社会互动在时间和空间上不一定是两个紧密联系的行动。社会互动是指人们注入了意义的行动之间的相互作用、相互影响。在这一过程中,互动双方对行动所包含的意义的最低限度的相同理解是互动得以形成的条件。

### 二、社会互动的主要类型

社会互动是社会存在的基本形式,没有社会互动,人的社会性就无从表现出来,社会就不复存在。社会成员、社会成员的活动形式和内容以及这些活动的时空特征都是多样化的,因此社会互动也是千差万别的。社会互动可以分为人际互动和群体互动。人际互动是个人之间有意识、有目的的相互作用的过程。群体互动是群体与群体之间的相互作用。

#### (一) 社会互动的基本形式

1. 合作

合作是不同个人或群体之间为了达到共同的目的而互相配合的互动方式。当只靠单方的力量不能达到目的时,人们就寻求由多方参与、共同达到目的的行为方式,这就是合作。合作是人类最基本的互动方式,当人们不能单独抵抗外部的生存压力时,就采取了合作方式,群体是人类合作的基本形式。现代社会日益加剧的分工也提出了合作的要求,因为在劳动分工越来越精细的情况下,任何一个人都无法单独生产某种完整的产品。可以说,没有合作,个体就难以生存,也就没有社会。

根据合作的方式,我们可以把合作分为共同合作和分工合作。共同合作是各方共同参与某一事情,利用各方合力达成共同追求的目标,这是共时性的集体参与。分工合作则是共同目标被分解成若干小目标,由合作各方分别完成,最后各方集成共同目标,这种合作是分散性的,有时是序时性的。合作可以在个体之间进行,也可以在群体层面进行。个人之间的合作是合作的最简单的形式,群体之间的合作不但包括群体之间的结合,还包括各群体内部的整合。群体之间的合作比个人之间的合作复杂得多。

合作需要具备以下条件:第一,参与合作者有共同的目标,即他们都希望达到某一目标。第二,参与合作者不能单独地靠自己的力量去实现上述目标,必须相互依赖。第三,参与合作者有能力为达成共同的目标做出贡献,这种能力是多样化的,对各方来说是互补的。第四,参与合作者之间要有基本的信任,即彼此相信对方会为了共同的目标而做出自己的努力。这种信任可能基于参与合作各方以往共同活动的经验,也可能产生于外在规则的约束。

合作是多方共同努力的过程,伴随着参与者的相互理解,而合作的每一次成果都会对后来的合作产生影响。

2. 竞争

竞争是不同个人或群体各自为了获得同一目标物而进行的互动方式。这种目标物可能是财富、权力、名誉以及爱情等。竞争可以发生于各种层次,包括个人之间的竞争、群体之间的竞争、国家之间的竞争等。

竞争的形成以下述条件为基础:第一,存在企图占有同一目标物的多个个人或群体(参与竞争者),他们围绕想占有的同一目标物产生竞争点,对不同目标物的追求不会形成竞争。第二,参与竞争者都希望独自占有而不是共享这一目标物,即竞争具有排他性。第三,这种被争夺的目标物是稀缺的,即一方对它的占有就意味着其他参与方对它占有机会的丧失。

应该指出的是,竞争是针对目标物而言的,参与竞争者关心的是目标物的获得。竞争虽然含有双方相互排斥、相互对立的性质,但其目的不是反对参与竞争者本身。竞争是一种复杂的互动过程,一个参与竞争者的行为不但受稀缺目标物的诱惑影响,而且直接地受其他竞争者行为的影响。一方强烈的竞争意识和对方的竞争行为会加剧竞争,从而可能使竞争白热化。影响竞争行为、过程和结果的重要因素是竞争的规则。在参与竞争者达成共识(公认的合理规则)基础上的竞争是公平的竞争,它不但激发活力,还会形成秩序。缺乏合理规则的竞争是不公平竞争,并可能导致恶性竞争,恶性竞争会直接或间接地破坏社会秩序。

3. 冲突

冲突是人与人或群体与群体之间为了各自获得共同珍视的目标物而采取的斗争、压制、破坏以致消灭对方的互动方式。冲突与竞争的不同之处在于,参与冲突者将对方视为敌对者,并把注意力集中在敌对者而不是目标物上。冲突可能发生于不同层次和多个领域,从其性质上划分,冲突包括经济利益冲突、政治权力冲突、文化价值冲突等,民族冲突和国家冲突则是综合性的冲突。

冲突是一种反对或对立关系,它以共同珍视的目标物的稀缺性为基础。这种稀缺目标物引发冲突,而冲突一旦发生就可能使争夺的性质发生转移,即由争夺稀缺目标物变为压制、破坏以致消灭对方。参与冲突者视对方为"异己",双方在根本利益或价值上是对立的,不能共存。冲突作为一种互动过程有逐步升级的特点,这是由双方对来自彼此的行为刺激和片面解释造成的。在群体冲突中,冲突的升级还与群体的内部动员相关,同仇敌忾可以强化群体成员的对立意识。

冲突的最明显的特点是其破坏性,即冲突会造成财富的毁灭和人们的痛苦,这是冲突的非理性特征的表现。当然,冲突也有某种激励作用,它会最大限度地激发参与冲突者的能力;外部冲突可能起到加强群体内部团结的作用。

4. 调适

调适是具有明显差异甚至冲突的双方,通过相互沟通和影响,达致协调和相互适应的过程。调适的初始状态是相关双方关系的不协调,这种不协调存在于人们的感情、价值观念、行为方式、物质利益、权力支配等诸多方面,主要表现为本应协调共事的双方相互排斥和不合作、相互对立和冲突,这种状态不符合双方实现自己利益的要求。

调适是改变不协调现象,使双方从排斥、对立和冲突走向相互接纳的互动过程。调适的核心内容是改变双方对冲突问题的认识和行为,使双方变得可以互相接受和共处。这种改变有可能是不均衡的,即一方改变较多,而另一方改变较少,但是无论如何双方要向共识靠拢,通过寻找共同点而达致双方都可以接受的关系格局。

调适的深层动力来自双方改变现状的意愿,其核心过程是双方改变原来的看法和行为,这是持续的互动过程。在有些情况下,第三方的从中协调有利于调适的达成。

(二) 人际互动

1. 人际互动的含义

在社会生活中,个人作为社会角色的承担者在同他人交往时常常带有个人的特点,即个体性的因素会对人们之间的交往产生直接影响,我们把发生于个体之间的、带有明显的个人因素的相互作用称为人际互动。

人际互动具有如下特点:第一,互动发生于个人之间,互动双方是具体的个人,而不是某个集体的代表。第二,在大多数情况下,这种互动是直接地、面对面地进行的,即双方在互动中是"共同在场"的,即便有时这种互动也使用某种媒介。第三,互动双方都明白各自的角色,他们的行动的目标和手段是明确的。第四,互动双方的行动和反应都是及时的,能直接感受到互动的结果。第五,在这种互动中,感情具有一定的作用,这与面对面的互动形式有关。在社会生活中,人际互动可能作为一次互动而独立存在,也可能是持续互动的一个片段,这两种情况下互动的形式和机制可能不同。

2. 影响人际互动的一些因素

人际互动是个人之间面对面的互动,参与互动者的态度、心理、举止及相关社会因素会对互动产生影响。这里主要关注以下方面。

第一,人际吸引。人们理想的社会交往来自人际吸引,显然,具有较强人际吸引力的个人之间更倾向进行交往。如下一些因素会阻碍人际吸引:不尊重他人、对别人缺乏感情,以致把他人当作工具的态度;自私、自我中心主义,忽视他人的处境与兴趣;缺乏诚意,想控制他人;情绪偏激,嫉妒和多疑;过分自信者和过分自卑者都缺乏人际交往的吸引力;性情孤僻、感情冷漠者不易引起别人的交往热情;性情高傲者不肯迁就他人。显而易见,这些因素基本上都属于心理和性格因素。如果考虑到社会环境因素,人际吸引就更加复杂一些。但是,心理和性格因素对人际互动的影响是不可忽视的。

第二,身体语言。身体语言也称体态语,它是包括表情、姿势在内的所有用面部表情、身体姿态和动作等行动者意义表达的非语言符号的总称。笑着说话、眯着眼看、紧皱眉头、西方人的耸耸肩膀等都表示某种意义,而面部表情、眼神表达的意义最丰富,这些都作为符号影响人们之间的互动。像其他文化符号一样,这些身体语言在不同的文化中可能有相同的意义,也可能有不同的理解,而顺利的互动需要参与互动者对符号的意义有共同的理解。

第三,空间距离。人与人之间的空间距离也具有社会意义,人们在互动过程中用特殊的距离来反映他们之间的关系。爱德华·霍尔(Edward Hall)指出,在正常情况下有四种距离:亲密距离、个人距离、社会距离和公众距离。美国的中产阶级人士在相处时对参与互动者之间的空间距离有大致相同的看法,即在正常场合下,人们之间互动相距多远是可以被接受或被认为是恰当的,这反映了阶层的文化。

(三)集体行为:一种特殊的社会互动

在现代社会中,某种特殊场合会产生一种无规则的、以当时的场景为基础的、群体性的互动现象,如时尚、赶时髦、骚动等。社会学家将这种缺乏组织的一群人受到某一因素的刺激或影响而形成的共同行为称为集体行为或集群行为。"集体行为"(collective behavior)这一概念是由美国社会学家罗伯特·帕克(Robert Park)提出的。他认为集体行为是"在集体共同的推动和影响下发生的个人行为,是一种情绪冲动"。人们在参与集体行为时通常表示出对某种行为有一个共同的态度,并表现出类似的行动,这种共同的态度和类似的行动是人们在相互交往过程中通过彼此的情绪感染而形成的。

集体行为有如下特征:第一,群体性。集体行为是众多人共同的、一致的行为,比如时尚为相当数量的人效仿,谣言也是由多人传播的。第二,非组织性。集体行为虽然由许多人参与形成,但不是有组织、有计划的,通常是众人遇到新奇的、突发性的事件时临时采取的大体一致的行为。第三,突发性。这种群体性的行为常常是在现场突然发生的。由于人们事先没有思想准备,因此当突发事件发生而众人对此又相当感兴趣时,非常规行为就会发生,在场参与者在意见和情绪上互相感染,进而引发共同行为。第四,非常态性。集体行为是一些突发性、持续较短的行为。当参与者的情绪舒缓了、新奇的事情过去了时,集体行为也就结束了。

如果我们暂不考虑社会结构等外部条件而只关注集体行动本身,就可以发现它是一个复杂的社会互动过程。当突发事件发生时,那些有重大心理压力且有一致信念的人会去寻找解决问题的办法,但突如其来的事件使人来不及仔细地分析对策,而是相互寻求应对的办法。此过程伴随着众人的激动、七嘴八舌的意见,从而形成复杂互动的场面。在面对面的互动中,情绪的互相感染是一个明显的特点。在群体激动的情况下,如果有人率先采取了某种大致符合众人信念取向的行动,就可能被寻找答案的人所效仿,而形成众人的共同行为。

集体行为大多发生于公众场合,那些因受到环境压力而心理不安的人更容易参与其中。在现代社会中,迅速的变迁带来了较多社会结构上的不整合,许多人处于不安之中,加之社会生活的大众化,集体行为就容易发生。

### 三、社会互动的意义

(一)社会互动能促进人对自我的认识

人的社会化是在社会互动中完成的,从个性形成和人的发展的角度来看,社会互动对促进人们的自我认识有重要的作用。社会学家查尔斯·库利(Charles Cooley)认为,一个人的自我意识是在社会互动中形成的。他提出"镜中之我"(looking glass self)的概念,认为人们都是以他人为镜来认识自己的。在社会互动中,人们通过他人对自己行为的态度和反应来反观自己、认识自己,就像从镜子里发现自己那样。"镜中之我"的概念包含三个主要因素:第一,一个人要能够想象得出自己在别人眼中的形象;第二,一个人要能想象得出别人对这一想象所做的判断及评价;第三,一个人能对别人的判断及评价做出相应的反应。如果具备了上述三个要素,一个人就能够把自己视为一个对象,站在较为客观的角度来认识自己。按照库利的说法,一个人如果不同别人交往、进行社会互动,就不能客观地认识自己。

符号互动论的创始人乔治·米德(George Mead)认为"自我"(self)源于社会互动,并且主要从儿童社会化的角度分析自我意识的形成。他认为,儿童并不具有天生的自我意识,他们是在角色扮演中通过对语言等符号的学习,学会把自己作为客体而产生自我意识的;在这一过程中,他们将"概化他人"(generalized other)的期待内化,并成为自我评价和自我概念的基础。

(二)社会互动能满足行动者的需要

人的社会性决定了人必须在社会中生活,个体的非自足性决定了他必须与他人共同活动来满足自己的需要,要与其他社会成员互动。马克思从人类发展史的角度分析了需要的重要作用。他指出,需要是一个人的行动的基础和积极性的来源,人的需要不同于动物的本能性的机能,人的需要是社会性的,是以社会为背景和以社会为尺度的。

亚伯拉罕·马斯洛(Abraham Maslow)的人的需要层次理论从人本主义的角度阐述了需要对人的行为的激励作用。他认为,一般来说,人们都有下述需要:生理的需要、安全的需要、归属与爱的需要、尊重的需要和自我实现的需要。生理的需要是由于人的生物机体而产生的,包括衣、食、住及性的需要等。安全的需要是指个人追求身体安全、免遭威胁,包括防备生理损伤和疾病、希望有安全的生活环境等。归属与爱的需要是指人们渴望与他人建立良好的感情,渴望被接受、成为群体的一员而有归属感。尊重的需要即人们希望自己能得到他人较高的评价和尊重。自我实现的需要是人们希望自己的潜力得以发挥、抱负得以实现。在马斯洛看来,人的这些需要一般是按照一定层次排列的,这五种需要由

第四章　社会互动

低到高形成一种阶梯状态。马斯洛还分析了文化差异和行为动机的复杂性,他倾向认为上述理论具有较普遍的意义。

容易理解的是,不管是感情的满足与物质利益的获取,还是归属感的获得与自尊的实现,行动者都要与其他社会成员互动,通过有选择的社会互动满足自己的需要。

(三) 社会互动是社会构成与发展的基础

社会结构的基础是社会关系。从发生学的角度来说,社会关系是人们在长期的共同生活(活动)中形成的。在共同的活动中,人们选择了某些行为模式并使其结构化,成为社会关系的模式和社会结构的基础。马克思认为,劳动是人类最基本的社会交往(互动)方式,劳动创造社会并推动社会发展。吉登斯从行动与结构交织的角度对二者关系做了深入的分析,认为社会结构的形成是一个过程,这个结构化过程具有行动与结构的二重性特征,社会系统的结构特征对于由行动与结构反复组织起来的实践来说,既是它的中介,又是它的结果。可以说,没有人们之间的社会交往(互动),社会关系和社会结构就不可能形成。同时,社会互动(交往)又促进社会结构的变化,人们不断用自己的行动、通过社会互动建构着处于变动中的社会。

## 第二节　社会互动的理论

### 一、马克思的社会交往理论

(一) 社会交往的概念

与其他社会学家不同,马克思并没有自称为社会学者,但是在马克思的著作中却有丰富的社会学思想,社会交往理论就是其重要组成部分。

"社会交往"是马克思分析人类社会过程的重要概念,由于马克思的目的是阐明人类社会形成和发展的规律,而不像某些社会学家那样目的是在于分析日常生活,因此马克思的社会交往理论相对宽泛一些。在马克思那里,交往是指个人与个人、个人与群体、群体与群体之间的相互作用的所有方式,是人从事共同活动的过程。这包括人们之间的生产活动和产品交换、人们之间思想的交流和沟通、代际交流和文化传续,甚至包括民族、国家之间的文化交流和战争。所以,马克思是从最广泛的意义上来使用"交往"这一概念的。

马克思认为交往是由个人来完成的,但又不是单纯的个人交往。交往具有社会性,因为任何交往都是在一定的历史背景和现实条件下进行的。出于解释人类社会形成和发展的需要,马克思更多地关注劳动这一重要的社会交往形式,并把它视为人的实践。

(二)社会交往的意义

在马克思看来,交往对于满足人们的需要、促进社会的发展有重要意义。第一,交往是个体生存的需要。马克思认为,人们只能在社会中满足自己的需要,正是由于这一点,人们之间产生了交往。第二,社会交往是人自我显现的方式。马克思认为,人通过社会交往表现自己。作为社会性生物,人只有在社会中才能展示自己真正的天性,个人直接同别人的交往是其生命表现的一种形式,也是自我认识的一种形式,因为人是通过别人来反映自己的。第三,社会交往建构着社会。马克思认为,人们是作为处在生产力和需要的一定发展阶段上的个人而产生相互交往的,由于这种交往决定着生产力和需要,因此人们之间的交往每天都在更新着现存的关系。

马克思的交往理论是其实践唯物论的重要组成部分,而后者对当代社会理论家产生了重要影响。

## 二、符号互动论

(一)符号互动论的概念和基本内容

符号互动论(Symbolic Interactionism,也称符号相互作用理论)是一种通过分析日常环境中人们的互动来研究人类群体生活的社会学理论派别,它主要研究人们相互作用的方式、机制和规律。社会心理学家米德被认为是符号互动论的开创者,除了米德之外,威廉·托马斯(William Thomas)、库利等人也对符号互动论做出了重要贡献。后来,赫伯特·布鲁默(Herbert Blumer)和曼福德·库恩(Manford Kuhn)等发展了米德的思想,并形成了以布鲁默为首的芝加哥学派和以库恩为首的艾奥瓦学派,在研究方法等问题上形成了不同的看法。

米德认为,符号是社会生活的基础,人们通过各种符号进行互动,人们可以借助于符号理解他人的行为,也可以借此评估自己的行为对他人的影响。符号互动论认为,人的行动是有社会意义的,人们之间的互动是以各种各样的符号为中介进行的,人们通过解释对方行动符号所包含的意义而做出回应,从而实现他们之间的互动。

在符号互动论那里,符号是基本的概念。它是指所有能代表人所赋予的某种意义的事物,比如语言、文字、动作、物品甚至场景等。一个事物之所以成为符号是因为人们赋予了它某种意义,而这种意义是大家(相关的人)公认的。文字是一种符号,它是认识或使用该种文字的人的沟通工具。语言是最丰富、最灵活的符号系统,通过口头语言、身体语言,人们可以表达各种意义,实现人们之间的交往。物品也是重要的符号,比如,校徽是一个学校的标志,国旗是一个国家的象征。一定的社会情境也具有符号的意义。比如,中国人认为红色代表吉祥,于是人们把结婚的场合布置得红火热烈;政府召开重要会议时,会场一定是庄重严肃的。

在符号互动论那里,情境是指人们在行动时所面对的情况或场景,包括作为行动主体的人、角色关系、人的行为、时间、地点和具体场合等,人们可以将上述因素进行组合以表达自己的意思。实际上,任何具有意义的符号只有在一定的情境之中才能准确地表达其意义。同样,人们只有将符号视为一个系统,或者在一定背景下去理解符号才能真正领会其中的含义。比如,打人一巴掌这一动作在各种不同的背景下意义会不同,甚至完全相反。于是,解释行动的情境对于理解人的行动和进行互动十分重要。

托马斯认为,人们在自觉地行动之前总有一个审视和考虑的阶段,即要对他们所面对的情境做出解释,赋予这一既定情境以意义,他称此为"情境定义"(definition of the situation)。托马斯认为,一个人对情境的主观解释(或定义)会直接影响他的行动。在这里,主观的含义包括一个人把哪些因素纳入考虑之中和怎样去解释它们。当然,所谓的主观解释并不完全是主观的,实际上,一个人对情境的解释是他以往社会化成果的反映。

(二) 符号互动论的基本理论

20 世纪 60 年代,曾受业于托马斯、库利和米德的布鲁默全面系统地论证了符号互动论,总结了它的基本理论观点。

布鲁默认为,符号互动论有三个基本假设:第一,人们根据他们赋予客观事物的意义来决定对其采取的行动;第二,人们所赋予事物的意义是社会互动的结果,而不在于事物本身;第三,人们在应付所遇到的事物时是通过内部解释来确定事物意义的。在此基础上,符号互动论形成了如下观点:第一,人类的最本质的特征是用符号表示各种体验的能力,人是符号的使用者;第二,人类运用符号沟通,符号在人们的社会互动中发挥中介作用;第三,人们通过解释他人行动所具有的符号意义进行交流和互动;第四,在互动过程中,由于互动情境的变化,人们在不断地修改对事物的定义;第五,角色扮演是最基本的互动方式,人们在角色扮演中不断进行着内部解释,即想象站在对方的角度去理解其行动的意义。

这些理论观点是说,人们的行动是对外部事物(他人的有意义的符号行动)的反应。一个人如何理解这些事物所具有的意义,就会如何相应地采取行动,因此一个人的行为是受他对外部事物的理解指引的。人们对事物所包含的意义的理解并不是凭空或主观地做出的,而是根据自己或他人的经验做出的。这些经验可能是直接经验,也可能是间接经验,但都是社会互动的结果。在互动过程中,人们对对方的行动和整个情境进行解释,随着情况的变化,人们赋予事物的意义也会发生变化,引导互动的发展。在互动过程中,人们是以角色扮演为基础来判断对方行动的意义和自己所应采取的行动的,其中包括各自对双方责任、义务的理解。

在符号互动论看来,人们的日常生活构成了现实的社会生活。在日常生活中人们借助于各种符号进行互动。人们在共享文化的基础上进行社会互动就使社会呈现出有秩序的状态,这是社会的微观秩序。而关于微观社会秩序的研究对关于大规模过程和结构的宏观秩序的研究是有益的补充。符号互动论对社会日常生活中的互动给出了细致的分析,它的关于行动者赋予对象意义的观点对后来的标签理论、建构理论产生了重要影响。

### 三、拟剧论

拟剧论(Dramaturgical Theory)是从符号互动论中发展出来的具有自身特点的说明日常生活中人与人之间相互作用的理论。该理论的提出者是美国社会学家欧文·戈夫曼(Erving Goffman),他把社会比作舞台、把社会成员比作演员来解释人们的日常生活,其代表作是《日常生活中的自我呈现》。

戈夫曼认为,社会和人生是一个大舞台,社会成员作为这个大舞台上的表演者十分关心自己如何在众多的观众(参与互动的他人)面前塑造能被人接受的形象。拟剧论研究的是人们运用哪些技巧创造自己在别人心目中的印象。戈夫曼将人们运用各种技巧和方法左右他人的看法以在他人那里建立良好印象的过程称为"印象管理"。印象管理不仅包括用自己的行为去直接影响对方,也包括建造自己表演的舞台布景,这实际上是对互动情境的设计。戈夫曼认为,人们在社会生活中以不同的角色、在不同的场次进行表演,如果能够按剧本(预想的方式)表演就按剧本表演,当剧本不明确或不完整(情况更加复杂或发生变化)时就要随机应变,临时创作。

戈夫曼提出,为了表演,人们可能会区分出前台和后台。前台是人们让观众看到并从中获得特定意义的表演场合,在前台,人们呈现能被他人和社会所接受的形象。后台是相对于前台而言的,是人们为前台表演做准备、掩饰在前台不能表演的东西的场合,人们会把他人和社会不能或难以接受的形象隐匿在后台。在后台,人们可以放松、休息,以缓和在前台区域的紧张感。前台和后台可以是,但又不一定是一个固定的地方。比如,对于工作组织的成员来说,工作场所是前台,人们要按照工作规则行事,但下班以后聊天的地方就是后台了。有时,前台和后台原本是同一个地方,只是当情境发生变化时,前台变成了后台。人们工作之后回到家里,即进入了后台,在夫妻因为家务而唠叨甚至争吵时,如果有客人敲门进来,夫妻就会停止争吵,向客人显示出和睦的样子,这时,后台变成了前台。戈夫曼认为,人们不能将前台行为表现于后台,也不能将后台行为表现于前台,而是应该在不同的场合表现出该场合应有的行为,其标准是社会的规范,即社会对角色行为的规定。一个成功的社会成员就是要知道在什么场合应该怎么做,判断场合并以适当的方式去行动。实际上,在日常生活中,"观众"也知道表演者有前台行为和后台行为,但他们很少对表演者行为的可信程度提出质疑,或怀疑他在制造虚假印象。有时观众还会对表演者的无意的、不合适的行为"有意视而不见",以共同维护双方的"面子"。因为在社会互动中,观众也是表演者,他知道在特定情况下自己应该怎样做,即选择表现前台行为或后台行为。

应该指出的是,与戏剧中有所不同,在日常生活中人们的前台行为并不是"装"出来的,而是他们的正常生活的一部分。拟剧论强调了互动情境的定义及人们互动行为的复杂性和随机变动性,加深了人们对互动现象的认识。

### 四、常人方法学

常人方法学(Ethnomethodology)也称本土方法论或俗民方法学,是研究人们在日常生活互动中使用的方法的理论,其创始人是美国社会学家哈罗德·加芬克尔(Harold Garfinkel)。

常人方法学认为,社会学应该研究常识世界,研究日常生活世界中的实践活动。实践活动具有能动性。在日常生活中,人们的行动具有权宜性,即并不一定按照事先规定的规则行动,而是根据局部情况、场景条件,依赖自身的努力完成的。规范只是行动者理解与说明实践行动的参照。场景本身是行动的一部分,它与行动一样是社会成员通过努力获得的"成果"。

人们在日常生活中的沟通和社会行动具有"索引性",即当事人的实践活动运用互动双方共同完成且未经申明的假设和共享知识进行表达。由于日常语言和实践行动是以"索引性表达"的方式进行的,因此仅从遵守规则的角度来考虑行动问题并不合适。行动(或表达)的"无尽索引性"表明,它们的具体意义必须诉诸索引及行动表达的意义才能被理解。比如加芬克尔发现,日常谈话中人们之间的互相理解不仅基于当事人说出来的东西,而且根据大量谈话中未提到的因素,即言外之意。对这些言外之意的理解要依赖于谈话所涉及的当事人最近的互动发展过程及其前景预期,依赖于谈话发展的一系列时间上连贯的表达,依赖于谈话过程等。

常人方法学认为,在日常实践过程中,行动、说明(行动可被观察、被报道)和场景构成了复杂的整体,它们之间存在复杂的辩证关系,它们互为条件使实践行动具有反身性(reflexivity)。这就是说,行动与环境是处于不断相互建构之中的。于是,在常人方法学看来,对人们行动的理解应该是对其实践系统的理解。

吉登斯关于行动的"反思性监控"的概念,说明了作为一个持续过程中的人的能动行动的复杂性。他认为,人们是根据自己的动机而采取行动的,并且对自己的行动保持着理论化的理解,这使人的行动(包括后续行动)总是表现出目的性,这就是行动的反思性监控。然而人可能是在并非完全意识到的条件下行动的,这样,人的行动可能会产生一些意外后果,而这些包括意外后果的结果又作为前提条件影响人的下一个行动。由此可见,人的行动、社会互动具有复杂性。

### 五、社会交换论

(一)社会交换的概念

如何看待人们在社会生活中的交往和互动是社会科学家关心的基本问题。

第四章 社会互动

经济学家从"理性人"的假设出发,认为人与人的交往是在交换他们各自具有的有价值的东西,从早期的实物交换到后来的货币交易,以至于人们之间的各种合作都是如此。

有的社会学家也用交换的观点来解释人们之间的交往。比如,齐美尔认为,货币对社会关系有重要的影响,当人们感到各自的资源贵重时,就可能产生交换关系。行动者对某类既定资源的需要强度越高,这类资源对他的价值就越大。行动者越觉得对方的资源贵重,后者对前者的权力就越大。在社会交换中,行动者越是操纵情境,掩饰他对资源的需求,就越紧张,冲突的可能性也就越大。齐美尔的这些观点对后来的社会交换理论产生了重要影响。

现代社会交换论的代表人物是乔治·霍曼斯(George Homans)和彼得·布劳(Peter Blau),他们把人与人之间的互动看作交换行为。比如布劳认为,邻居交换恩惠,儿童交换玩具,同事交换帮助,熟人交换礼貌,政治家交换让步,讨论者交换观点,家庭主妇交换烹饪诀窍,等等。他们把自己的理论"公理化",使其成为有影响的社会学理论流派。按照交换论者的观点,社会交换是人们交换报酬和惩罚的互动过程。它是指期望从别人那里得到回报,并且一般也确实得到了回报的人们的自愿行动。社会交换与对收益进行纯粹算计的经济交换不同,社会交换建立在信任的基础之上,并且未对义务做具体规定。

(二) 霍曼斯的社会交换论

霍曼斯的交换理论具有行为主义的特点。行为主义认为,不论是动物行为还是人类行为,一切行为都可以用刺激—反应的公式来表示。霍曼斯认为,行为主义的观点也适用于人类社会组织,因为人的需求的满足来自他人,这样,人类行为就应该理解为互动的个人进行的报酬(或惩罚)的交换。他吸收了经济学的原则,即人理性地算计他们在某一市场中行为的长期结果,并试图在交易中获取最大的物质利益,进而提出了人类交换行为的基本原则。他提出了下述命题:人们愿意采取得到奖赏的行动;一种刺激越是与以往获得奖赏的行为的刺激相似,人们就越愿意对此做出反应;行动结果对一个人的价值越大,他就越有可能采取该行动;如果一个人近期经常得到某种特定报酬,则该报酬的追加对他的价值越小,他采取追求该报酬的行动的积极性就越低;如果一个人的行动没有得到他预期的报酬,就可能激起他的攻击行为。由此可见,霍曼斯的交换理论带有较强的功利主义色彩。

### (三) 布劳的社会交换论

布劳的社会交换论被称为结构交换论,因为他研究的重点不在于人际关系,而在于社会结构。他认为,交换的主体可以由个人扩展到群体和社会组织,于是交换可以创造社会制度和社会结构。

布劳认为,支配人与人之间交往的基本社会过程的根据在于原始的心理过程。人际交换开始于社会吸引,社会吸引是指一个人内在地喜欢另一个人,并对他有肯定性的情感,广义地讲,它指一个人出于任何原因去接近另一个人。如果一个人预期与别人的交往会带来报酬,他就会受到能提供报酬者的吸引,产生交往的倾向。布劳对"报酬"做了广义理解,认为报酬包括金钱、赞同、尊重和尊敬。但是,这个人要使能提供报酬者与自己交往就必须向对方证明自己具有吸引力,即对方如果与他交往就会从中得到报酬。这表现为一个人普遍试图给别人留下深刻的印象。如果他成功了,即对方接受了他,那么交往就会发生。双方一旦在交往中都得到了期望的报酬,则其相互吸引就会增强,进而建立起稳定的交往关系,这样就形成了群体。布劳的交换理论是以互惠为基础的,即交换遵循公平原则。他认为,如果在交换中某一方违反了公平原则,即未能履行互惠义务,那么被剥夺者就倾向消极地制裁互惠规范的违反者。如果交换不能实现公平的互惠,就会出现多付出者对少付出者的权力。

## 第三节　社会角色与社会网络

### 一、社会角色及其类型

#### (一) 社会角色概念的来源与含义

**1. 角色概念的来源**

"角色"(role)原本是戏剧中的名词,它指的是演员扮演的戏剧人物。这些角色各具特点,相互配合而演绎一个故事。在戏剧中,演员按照剧本的设计进行角色扮演。戏剧一般是以现实生活为基础的,因此我们也可以把社会看作一个大舞台,人们在这个大舞台上进行表演。

关于角色的研究在学术上有两个传统,即社会心理学的传统和人类学的传统。把"角色"作为一个学术概念来使用,首先源于米德的社会心理学研究。米德在研究儿童自我意识的发展时指出,儿童自我意识的发展经历玩耍阶段、游戏阶段和概化他人的过程,其核心是模仿和扮演角色。符号互动论在后来的发展中广泛使用了"角色""角色扮演"等概念,而戈夫曼的拟剧论在发展角色理论方面的作用更加突出。

在人类学方面,拉尔夫·林顿(Ralph Linton)把社会角色同人们在社会中的地位联系起来,即把角色同一定社会结构或社会制度中各种社会地位的权利和义务联系起来。这种研究角度得到了结构功能主义社会学家的支持和发展,帕森斯是其代表。虽然这两种研究角度的关注点有很大差异,但现实生活将它们统一了起来。

2. 社会角色的含义

角色也称社会角色。综合地说,社会角色是人们在社会生活中形成的与其在社会关系体系中所处的地位相一致、社会期望的一套行为模式。

社会角色是人的社会地位的表征。这里所说的社会地位是指人们在社会关系体系或社会结构中所处的位置。人们生活在一定的社会中,总会有自己的位置或地位,这种地位是由于人们之间的相互关系而形成的,它必须靠这种关系才能表现出来,而具体表现方式则是角色。比如,教师的社会位置只能通过扮演相应的角色来显现。社会角色是一套行为模式,人们的角色不同,其行为方式、行为模式也不同。这种行为方式、行为模式是与人们在社会结构中的地位或位置相联系的。

角色是一套有关权利和义务的规范。只有在一定的社会关系中人的行为才是社会性的,人们的合作形成了权利和义务关系,并且会以一定的行为表现出来。特定的人之间表现权利和义务的行为的定型化同时也是行为规范的形成过程,这些规范的集中化就形成角色,角色是集中反映权利和义务的方式。教师和学生是相关的角色,这些角色反映的是他们之间相互的权利和义务。

角色是人们对处于特定位置上的人的行为的期望。行为模式是人们共同活动经验的积累和结晶,当某种行为模式被认为是有益和有效时,它就逐渐被人们固定下来,成为指导人与人之间关系的规则。这些规则产生于现实生活,又是有益和有效的,所以它也具有社会期望的特征。

(二)社会角色的特点

第一,普遍性。社会角色的普遍性有两重含义:第一,社会角色普遍存在于各种社会之中,它与社会结构、社会关系相伴随。当不同个体结成社会关系、形成共同活动的体系时,社会角色就自然产生。第二,社会角色是同类社会成员共享的行为模式。社会角色是社会性的而非个人性的,它是指导某类社会成员而不是个别成员的行为规范。由于这种普遍性,这些规范常常涉及人们行为的主要方面。

第二,具体性。社会角色是具体的,它表现为对社会结构、社会关系中人的地位的具体确认,每一种角色都表现为众多具体的规范和行为模式。这些具体的规范并不一定是"正规化"、文本化的,但社会和角色承担者却知道在具体情况下人们应有怎样的行为。

第三,复杂性。社会生活的复杂性和多样性使得社会角色呈现出十分复杂的特点。社会角色是社会关系两端的人的行为模式,社会上有多少社会关系就有多少与之相应的社会角色。社会生活的多样化和社会分化的加剧都使社会角色日趋复杂。社会角色的数量和种类是难以计数的。

第四,表现性。社会角色作为指导人们行为的成体系的社会规范,是靠角色承担者的表演、扮演来表现的。只有人们进行表演才能说明这一角色的存在,否则它就只是潜在的。也就是说,社会角色是以符合其要求的人们的行为为基础的,只有这些行为才使角色表现出来。

### (三) 社会角色的类型

在一个大的社会体系中,社会角色的数量和种类是难以计数的,我们很难对社会角色做全面的分析。这里介绍几种重要的社会角色的类型。

1. 先赋角色与自致角色

角色与一个人在社会中的地位相关,一个人获得地位的方式不同,其角色类型也不同。那种建立在血缘、遗传等先天或生理因素基础上的、由先赋地位规定的角色被称为先赋角色。或者说,当一个人的角色不是由自身的努力,而是由出生这一先天因素所决定时,它就属于先赋角色,即先天赋予一个人的角色。先赋角色包括性别角色、由年龄因素决定的角色、由种族决定的角色等。一个人的性别、出生次序和种族是无法自主选择的,当他或她面对其他人时,就自然获得了某种角色:男人或女人、儿子或女儿、姐姐或弟弟、白人或黑人等。他们因此在社会中被置于不同的地位,也就获得了不同的角色,从而被要求去扮演这些角色。先赋角色主要反映的是个人获得角色的被动性。

第四章 社会互动

自致角色是经过个人的努力获得的角色。一个人通过自己的努力获得某种社会地位,相应地,他也就获得了某种社会角色。"寒门生贵子"是说出身贫苦的年轻人因为不息奋斗而终成事业,他由此获得的地位和与之相关的角色是自致性的。一个大学生毕业后或从政或经商或从事学术研究,能达到何种地位在很大程度上也是自致性的。社会学认为,自致地位和自致角色的获得与个人的努力有关,也与社会的制度有关。在现代的开放社会中,人们通过个人努力获得自己所期望的地位和角色的可能性更大。

2. 规定角色与开放角色

规定角色是指对个体行为、行为规范和标准有明确而严格的限定的角色。它具体指出了角色承担者的权利和义务、应该做什么和不能做什么,甚至指出应该做到什么程度,即对承担这种角色的人的行为进行了严格限制。在现代社会中,各种组织的角色规范要求都比较明确,某些重要职位的要求更加具体和严格,比如政府行政人员、警察、法官、医生、会计、社会工作者等。他们手中握有这样那样的权力,如果运用不当就可能会对其工作或服务对象(特别是脆弱群体)造成伤害。

在现实社会特别是日常生活中,社会对许多角色并没有明确而具体的规定,而只是指出了扮演这种角色应遵循的基本要求,这类角色承担者可以根据自己的理解,在一定范围内活动,这种角色叫开放角色。比如,对于亲戚、朋友、同事等角色的某些行为规范有很大伸缩性,只要不"出格"就行。开放角色的行为有较大的选择余地,即当事人可以根据约定选择他们认可的行为。

3. 理想角色与实际角色

对处于任何社会位置、承担某一角色的成员来说,社会都为其设计了一套应该遵守的、理想的、被期待的行为规范来指导其行为,这套行为规范即理想角色。理想角色是社会对处于社会关系中的人的行为的比较理想的期望。一般地,它是一种标准的和较高的要求。我国古代儒家思想总集《礼记》曾为每一个社会角色规定了行为标准,例如为人君者要仁,为人臣者要忠,为人父者要慈,为人子者要孝,等等。后来的"三纲五常"也是当时的统治者对人们意识形态上的角色的规定。现代社会也有大量的理想角色。理想角色是社会希望人们去践行的,在一定程度上有倡导、鼓励人们向某一方向努力的作用,所以有时会高于人的一般行为所达到的水平。社会倡导、鼓励人们依这些理想的行为规范行事,以达到更加完善的状态。

实际角色是处于某一社会位置上的人实践其所应遵行的角色规范而实际上表现出来的角色。尽管理论上说"人皆可以为尧舜",但是由于人的社会化程度、社会条件、现实情境等多方面的原因,人们并不一定都能按照理想角色去做或达到理想角色的要求。实际角色与理想角色之间的差距被称为角色距离。

## 二、社会角色的扮演

(一) 角色扮演的含义与过程

1. 角色扮演的含义

一个人承担某种社会角色,并按这一角色要求的行为规范去做叫作角色扮演。"角色扮演"这一概念最早是由米德提出的,米德从社会化的角度分析角色扮演对于儿童成长的意义,认为儿童的各种游戏(一般的玩耍或"过家家")都是在扮演角色,这有利于儿童的自我的形成。

正如前面已提到的,社会是一个大舞台,任何社会成员都面临角色扮演的问题。人们承担一种角色就会以某种形式去扮演。这是社会对社会成员的要求,也是他们获得应有权利、履行应尽义务的机会,是社会得以正常运行的基础。

2. 角色扮演的过程

角色扮演是一种社会行动,也是一种社会互动。角色扮演是包含当事人对角色规范的理解、对情境的定义或解释和做出反应的复杂过程。它包括如下一些基本阶段和过程。

第一,了解角色期望。

一个人扮演角色的前提是了解社会对自己要扮演的角色的要求即角色期望。社会为每一个人准备了与他所处的社会位置相一致的角色规范,一个人要扮演角色就必须知道社会要他做什么,即他的权利和义务是什么,这是对客观规定的了解和认知过程。对于一个有明确自我意识的人来说,了解角色期望是主体对客体的认识过程。比如,大学生毕业后要参加工作,就要了解工作单位对他的要求;一个人晋升之后要了解新岗位对他的新要求。当然,在现实生活中,一个人对某一角色规范的了解并不一定是在他承担那个角色之后才开始的,社会学习机制可能使一个人预先了解某一角色规范,甚至在许多情况下人们是在了解某一角色规范之后才选择进入该角色位置的。但是无论如何,一个人在扮演一个角色之前都要了解社会对该角色的期望。

第二,角色认同。

一个人了解角色期望之后就有一个对角色规范的接受问题,即他是否愿意按照角色规范去做。一个人接受角色规范的要求、愿意履行角色规范的现象称为角色认同。角色认同包括一个人对角色所规定的基本权利和义务的承认和接受,也包括承诺履行具体规范。但是,一个角色所涉及的范围是宽阔的和纵深的,因此其规范并不一定会马上全部呈现出来。所以,角色认同起初是一个人对其基本的、实质性的权利和义务的认可,随着角色活动的展开,个人对角色规范的了解越全面,其认同可能越深刻。在一般情况下,这两个层次的规范要求是一致的,因此角色认同是一个持续的过程。

角色认同是一个社会化过程,是社会通过一定的机构将角色规范加于角色承担者并让他去理解、选择的过程。因为这一情况相当复杂,所以同类的角色承担者对角色认同的程度可能会有不同。一个人对其承担的角色有认同就是有了某种责任感,他在承担某种角色时明确地意识到自己所负的责任,意识到社会及他人对自己的行为期待,并想努力去实践角色的状态称为角色意识。角色意识是角色认同的深化和进一步内在化。一个人认同他所承担的角色,有了角色意识,才能主动地去扮演角色。或者说,一个人的角色认同状况及其角色意识对他扮演角色的行为有内在的、重要的影响。

第三,角色扮演的具体过程。

角色扮演的具体过程是指角色承担者在具体的情境中去表现角色的行为。人们去实践角色规范就是一个在复杂的情境中行动和互动的过程。角色扮演的具体过程大致如下:一个人根据自己所扮演的角色的要求确定行动取向(包括他的角色认同);他要根据互动对象的特征和具体的情况进一步选择行动策略(包括现实的或已习惯化了的内部解释过程),采取某种具体行动;互动对象依同样的机制做出反应;根据互动对象的反应,行动者反思自己的前一个行动是否恰当,面对变化了的情境采取新的行动。在角色扮演过程中,社会为每一种角色确立的规范是对其行为方向、行为模式的指导,这是人们有效地扮演角色的前提。但是在扮演角色的具体活动中,行动者有许多创造和随机应变以处理新问题,这就是角色承担者的能动性。

## （二）角色扮演中的问题

由于人的活动的多样性、活动情境的复杂多变，以及个人能力的限制，人们在角色扮演中可能会产生一些问题，以致出现不能有效地扮演角色的现象。

### 1. 角色混淆

角色混淆是指人们对自己所要扮演的角色和角色的规范认识不清，从而将某一角色的行为与其他角色的要求混同的现象。这种现象常常表现为人们并非故意地使用了不应该的行为规范来处理与他人的互动。角色混淆的发生主要有以下原因。

角色认知不清。当人们对自己所要扮演的角色的规范认识不清时，在行为上就必然会出现混淆。任何角色都有一套与之相适应的行为规范，对角色的认知就是对角色的规范的认知。如果一个人的认识能力有限，他就可能会出现难以掌握角色规范中比较复杂的要求的现象。比如儿童可能会采用对待家人的行动来对待客人，不会说委婉的礼貌语，也不会根据复杂的情境采取微妙的行动。这是因为儿童的社会化还未能达到与现实的复杂生活相应的水平，天真的儿童经常会发生角色混淆。

场合或情境分辨不清。角色扮演通常与一定的情境相联系，某种情境中的角色行为不能用于另一种情境中。人们承担着多种角色，当他们活动的领域发生变化时，其角色行为也发生相应的变化。但是，人们会由于习惯于某种情境中的角色关系，有时把这种角色行为带进另一种场合，从而发生角色混淆。比如，有的人将工作中的上下级关系移至业余时间，下级在非工作场合对上级毕恭毕敬。有的人将工作中的角色行为模式带入家庭生活，或将日常生活中的行为模式带入工作中，不能随着活动场合的变化而改变自己的角色行为。在社会活动中未能及时"转场"是造成角色混淆的重要原因之一。

可以发现，角色混淆主要是人们在角色社会化方面出现了问题，一个人如果未能完成某一角色的社会化、对角色的了解和认知不足，或缺乏扮演角色的实际经验和技巧，就可能发生角色混淆。

### 2. 角色紧张

伴随着人的发展，他所参与的社会活动会增加，所承担的角色也会增多。一个人承担多种社会角色的现象称为复式角色。比如，一个人在工作单位是"处长"，在家庭中是"丈夫"和"父亲"，还是某兴趣团体的成员，等等。这样就呈现

## 第四章 社会互动

出他的复式角色。实际上,任何一个人几乎都有复式角色。但是,人们作为复式角色的承担者是有不同的。有的人参加了大量不同的社会活动,承担着许多社会角色,以致出现没有基本的时间和精力去扮演某些角色而疲于应付的现象,这就是角色紧张。比如,有的人兼职过多;有的人因分内工作过重而难顾及日常交往;有的人出于热心或功利目的过多地参与不同群体的活动,而这些群体的活动又不是可有可无的。这些都可能导致人们顾此失彼、不能有效地扮演角色,出现角色紧张的现象。角色紧张主要是个人的时间、精力、能力不适应他所承担的过多角色的要求造成的,这种现象可能是暂时的,也可能是长期的,长期的角色紧张会给人带来心理压力,导致心理疾病。

### 3. 角色冲突

一个人承担着多种角色,这些角色涉及的生活领域可能是互相分离的,也可能是密切地联系在一起的。我们把围绕着某一社会地位而形成的一组角色称为角色丛。比如,一个人从事教师职业,他与学生建立了师生关系,与其他教师建立了同事关系,另外还要同校长、行政部门和服务部门的工作人员建立各种关系,这样,围绕着教师这一职业就形成了角色丛。实际上,在一个人身上常常有多个角色丛。在一个角色丛中,各个角色的要求可能一致,也可能互相矛盾。

一个人同时承担了多种角色,而且其中的两种或多种角色对角色承担者的期待出现矛盾、难以协调,从而使角色承担者左右为难,这种现象称为角色冲突。中国文化中的"忠孝不能两全"就是指角色冲突。忠孝思想是中国文化之本,也是做人之本,但是在外的事业(忠)与孝敬父母(孝)常常难以兼顾。一个人既想成就事业,又想尽孝,在难以分身处理时就会发生角色冲突。在现实生活中,角色冲突经常发生。比如,职业女性难以全面关爱年幼的儿女,干部在秉公办事与面对朋友求情之间左右为难,等等。至于被夹在婆媳冲突中间的男人(同时承担儿子和丈夫的角色)的处境就更是典型。角色冲突反映了人们的社会生活多样化、复杂化的现实。

### 4. 角色失败

角色失败是一个人未能或无法成功地扮演某种角色的现象,这是角色承担者严重不称职或已不能继续扮演某种角色的情况。角色失败有两种情况:一种是角色承担者未能有效地按照社会的期望进行扮演,从而导致角色行为失败。为人父母者未尽到教育子女的责任而导致未成年子女违法犯罪,干部因贪污腐败而成为罪犯,学生因各种状况中途退学等,都是角色失败的例子。另一种是角色关系解体,即角色承担者无法继续扮演原来的角色。干部因贪污被开除公职,夫妻因种种问题难以相互适应而离婚,企业家因企业破产而不得不到其他企业打工等,也都是角色失败的例子。从角色扮演的角度来说,角色失败大多是因为角色承担者自身能力不足。

人们在角色扮演中遇到问题是正常的现象,但是要尽量避免产生严重问题。一方面,当事人要通过学习和实践增强角色扮演能力;另一方面,社会组织对其成员的工作安排应尽量顾及他们角色扮演中可能遇到的困难,为其创造较好的工作条件。

(三) 结构论与建构论的社会互动观

通过以上分析可以发现,角色扮演和其所反映的社会互动有其复杂性。为了从理论上进一步深入认识社会互动这一最普遍的社会现象,我们将对结构论和建构论关于社会互动的观点进行比较。

结构论把社会看成是社会关系的网络和体系,认为社会最根本的构成要素是社会关系,这些社会关系是既定的规范,是指导人们行为的原则,而社会角色是社会关系的承载者。这样,人们的行为就是按照既定的行为规范进行的,社会互动就是社会角色的互动,即人们按照角色规范有序地互动。帕森斯的结构功能理论是这一观点的代表。建构论则认为,人是能动的主体,社会行为规范是人们活动、建构的结果,而且人们通过实践不断地对社会规范进行建构。因此,社会互动不是按照既定的规则进行的,而是人们在参照行为规范的背景下不断创造的过程。符号互动论带有一部分建构论的特点,后来的社会建构理论在一定程度上是以符号互动论为基础发展起来的。

符号互动论内部也有观点上的差别。一种观点认为,在社会互动中,行动者对符号的解释和情境的定义对于其行动的选择具有重要的作用,而且在一个行动完成之后,行动者就会对情境重新定义。因此,互动过程具有创造性、建构性和可变性,布鲁默是这种观点的代表人物。另一种观点比较看重角色在社会互动中的指导意义。美国艾奥瓦大学的库恩认为,互动的个体往往受自我态度和各种角色期望的支配,虽然他并不否认人们的创造潜力。至于常人方法学则更加强调人们在互动中的建构作用。

那么应该怎样看待既有的行为规范和能动性在互动过程中的作用呢?许多

## 第四章 社会互动

社会学家企图对此进行解释。吉登斯的结构化理论认同结构(行为规范)的客观性,同时认为人们的能动活动可以改变既有的结构。布迪厄的实践社会学用人们在一定历史中形成的作为行为倾向系统的惯习与现实场域中人们的能动实践之间的相互影响来阐释结构和建构的关系。实际上,作为结构的行为规范与人的能动性之间的关系是复杂的。在人们开始进入互动时和人们对这种互动比较习惯时,上述两种因素的作用是不同的;人们面对比较重大的问题时和人们处理日常生活中的问题时,上述两种因素的作用可能有别;指导某项活动的规则的系统性和完善程度、行动者对这些规则的认同程度对人们是更多遵循规则还是更具创造性也有影响。

### 三、社会网络

(一) 社会网络的含义与特征

1. 社会网络的含义

在现实生活中,每个人不仅要参与多领域的社会生活,而且在任一领域都会形成多种角色关系,这样在人们身上就会形成纵横交叉的关系。我们把以某一社会成员或某些相互联系的社会成员为基础形成的纵横交叉的关系称为社会网络(或社会关系网络),并把承载众多关系的社会成员称为社会网络的结点。社会网络比较像日常生活中的"关系网",但是社会大体赋予"关系网"某种程度的负面含义。本书基本是从中性的含义上使用"社会网络"这一概念的。从实质上来看,社会网络是集中在某一社会成员或某些社会成员身上的、能够对其产生支持作用的社会关系体系。

社会网络是社会关系的系统,它因某一社会成员或社会群体的社会活动而形成和存在。对于这些社会成员或社会群体来说,社会网络是与其角色丛、复式角色和它们之间的交叉关系相一致的。正像社会角色是由具体的人来扮演一样,社会网络也有归属和领域特征,即它是谁的社会网络、是谁在哪个方面的社会网络。

社会网络有多元性,即可以进行多元分类。一般来说,人们更多地从社会关系性质的角度对其进行分类,比如亲属网络、朋友圈子、同事网络、兴趣群体和社交圈、生意圈等。也可以从规模的角度分类,比如微观网络、宏观网络等。

2. 社会网络的基本要素

社会网络是多种社会关系的集结。谁的网络、什么样的网络是分析社会网络的基本入手点。关系、结点、范围、密度、强度是社会网络的基本要素。关系是指人们之间的交往联系;结点是指多个社会关系的集结点,即参与某一社会网络的成员;范围是指社会网络的规模,即某种社会关系网络的边界,它是由人们之间的互动决定的;密度是指在一定的网络空间内某类关系的数量,在一定的网络空间内成员交往的对象越多,网络的密度就越高;强度是指在某一网络中相关者之间的关联程度,成员之间的交往越密切、相互依存度越高,社会关系和网络的强度就越大。实际上,每个人都生活在不同的、多元化的社会网络之中,有的密集,有的稀疏,有的联系紧密,有的关系松弛。这就是不同的社会网络。

(二) 社会网络的功能

1. 社会支持

社会网络实际上是一些支持性的社会关系的集合,它通过持续的社会交往形成,并对网络的拥有者发挥重要的支持作用。在某种意义上,社会关系网络是拥有者的社会资本。社会支持是来自他人的具有社会意义的支持,这种支持既可能是物质的,也可能是精神的;既可能是工具性的——朝向某种具体的功利目的,也可能是表意性的——善意的表达。社会网络以其所包含的相互信任和内在资源,借助于长期的、持续的社会交往而发挥其社会支持的功能。

2. 社会资源获得

从工具理性的角度来看,人们拥有社会网络,就可以便捷地获得社会资源。在一些涉及共同利益的群体或网络中,强有力的网络关系可以传递网络群体所拥有的资源,使资源不足者得到支持并实现自己的目标。马克·格兰诺维特(Mark Granovetter)区分了强关系和弱关系。在他那里,强关系指关系紧密、交流频繁的社会关系;弱关系指关系不甚紧密、联系不太频繁的社会关系。他的研究指出,在美国,弱关系在帮助人们找工作时具有重要意义。也有学者根据对中国的研究指出了强关系在帮助人们找工作时的重要作用。在现实社会中,人们都在扩大和强化自己的社会网络,动员社会资源,以实现自己的生活目标和发展目标。

(三) 社会网络与社会互动

1. 网络背景下的社会互动

社会网络与社会互动是相互建构的关系。任何社会网络都是在较长时段的、持续的社会互动中形成的。良好的互动使参与者之间产生信任感,具有信任

第四章 社会互动

的互动会进一步强化信任关系。这些信任关系集结在个人或群体之上，或在一群人中交叉，就形成他们的社会网络。这样来看，社会网络就是人们互动和交往的产物，人们的交往建构着各自的关系网络。反过来，已有的网络也对拥有者的行动发挥指导作用，支持、激励或限制他的社会交往。网络关系是一种多方面的关系，网络中的各种关系相互交织或相互影响，所以网络中的互动或交往要比简单的交往更复杂。

2. 中国人的关系网络与交往模式

与西方文化相比，中国文化更注重人与人的关系，以至于学者们认为中国文化是关系主义的。中国人注意建构良好的人际关系，而有的人甚至为了达到自己的目的去"拉关系"。就日常生活而言，中国人对人与人的关系是分类的，这就是近优于疏，最亲近可信的是血缘关系，接着是地缘关系。费孝通用"差序格局"的概念说明中国文化和社会结构的特征，用"推己及人"描述人们之间的亲疏和交往关系，这些是对中国乡土社会的本质性认识。有学者用"人情""面子"来解释和构建中国人的互动模式，也有学者研究了中国社会中的义利关系。当然，社会生活是分领域的，处于社会关系中的人们之间的交往界面和情境也是复杂的，于是中国人的交往模式具有多样性。改革开放以来，随着对物质利益的日趋看重，中国人的交往模式也在发生变化。

3. 互联网对社会交往的影响

在社会网络领域，最富有新意、最具有挑战性的是互联网对人们交往行为的影响。互联网是以现代通信技术为基础形成的信息交流网络。20世纪中后期以来，信息技术快速发展，电脑、手机的普及和网络传输升级改变了人类的工作方式和社会生活，卡斯特称之为"网络社会的崛起"。互联网的快速发展及其在社会生活中的广泛应用使人们之间的交往超越了传统的时空界限，丰富了人们的交往方式，扩展了人们的互动空间，并对人们的互动和交往产生重要影响。借助互联网的互动具有匿名性、便捷性、符号化、群体化等特点，它可能使人们之间的互动变得更加快捷和频繁，也可能使原本直接的互动变得间接。依托智能手机、个人电脑等形成的各种"群"和"网"，提高了人们之间信息沟通的效率，但是也可能给拥有过多"群"和"网"的人们带来阅读疲劳等负担。由于手机和电脑的工具性，人和人之间面对面的深入沟通和交往变少了，社会互动特别是人际互动所包含的情感交流、深度沟通的意义随之弱化。互联网的匿名性可能会促进人的自主性,进而使互联网传达的信息也变得复杂化——它们可能是真实的,也可能是虚假的。它容纳着人们多样化的信息表达,包括在现实生活中难以表示的行为;满足着人们更加多样化的获取信息、表达意见的需求。同时,由于互联网的开放性、网上发布信息的弱责任性,某些人热衷于猎奇、编造耸人听闻的故事、散播虚假信息,以吸引读者眼球、追逐流量,进而自我获利。这种现象实际上是在毒化社会交往,削弱人们之间的社会信任。互联网所形成的网络空间(网络社会)在快速发展中也有规范性不足等特点,如何利用好互联网及其形成的网络空间促进人们需要的合理满足和社会的发展,又不至于破坏社会秩序,这是个人、家庭、社会组织和政府都十分关心的一个现实问题。

## 【推荐阅读】

边燕杰主编:《关系社会学:理论与研究》,社会科学文献出版社 2011 年版。

〔美〕彼德·布劳:《社会生活中的交换与权力》,孙非、张黎勤译,华夏出版社 1988 年版。

费孝通:《乡土中国 生育制度》,北京大学出版社 1998 年版。

〔美〕欧文·戈夫曼:《日常生活中的自我呈现》,冯钢译,北京大学出版社 2008 年版。

黄光国等:《面子——中国人的权力游戏》,中国人民大学出版社 2004 年版。

贾春增主编:《外国社会学史(修订本)》,中国人民大学出版社 2000 年版。

〔美〕曼纽尔·卡斯特:《网络社会的崛起》,夏铸九、王志弘等译,社会科学文献出版社 2003 年版。

〔美〕刘易斯·A. 科瑟:《社会学思想名家——历史背景和社会背景下的思想》,石人译,中国社会科学出版社 1990 年版。

〔美〕查尔斯·霍顿·库利:《人类本性与社会秩序》,包凡一、王湲译,华夏出版社 1989 年版。

〔美〕林南:《社会资本——关于社会结构与行动的理论》,张磊译,上海人民出版社 2005 年版。

陆学艺主编:《社会学》,知识出版社 1991 年版。

〔德〕马克思、恩格斯:《德意志意识形态(节选本)》,中央编译局编译,人民出版社 2003 年版。

〔德〕马克斯·韦伯:《经济与社会》上卷,林荣远译,商务印书馆 1997 年版。

〔澳〕马尔科姆·沃特斯:《现代社会学理论(第 2 版)》,杨善华等译,华夏出版社 2000 年版。

第五章

# 初级社会群体

人类的本质属性是其社会性,群体生活是人的社会性的直接表现。群体作为个人与社会之间的中介,对于个人的发展和社会的运行有重要意义。以下几章我们将从不同的角度,通过群体来解析社会,本章首先分析初级社会群体。

## 第一节 社会群体及其类型

### 一、社会群体的含义与特征

（一）什么是社会群体

人的本质和人类社会的特征说明,社会性的人只有在一定的社会关系中才能表现出自己的本质,人只有在社会群体中才能过社会人的生活。这样,人们怎样结成群体、人们在群体中怎样生活、个人与群体的关系如何就成为必须研究的问题。

社会学把人们生活于其中的群体称为社会群体。什么是社会群体？简单地说,社会群体是处于社会关系中的一群人的合成体,这里所说的合成体是指结合而成的整体。考虑到社会群体的主要特征,可以说,社会群体是指人们通过互动而形成的、由某种社会关系联结起来的共同体,在这个共同体中,成员具有共同身份和某种团结感以及共同的期待。

上述界定对"社会群体"这一概念做出很多限制,无非是说社会群体不是社会中的所有"群体"形式。我们来做一下区分。首先,社会群体并不是偶然聚集起来的一群人。在社会生活中,人们由于各种际遇凑在一起的现象是经常发生的,比如在大众娱乐场所聚集起来的一群人、外出旅游临时结伴而行的一群人。这类群体可以叫作偶遇群体,但不是我们所说的社会群体,因为在上述情况中,人们之间没有形成较稳定的社会关系。其次,统计群体也不是这里所说的社会群体。统计群体是社会对具有某种共同特征,甚至相同身份的众多社会成员的称谓,比如大学生群体、农民工群体、老年人群体、困难群体等。这些所谓"群体"同样没有持续的互动和社会关系的支撑,实际上它们是同一类人的集合概念。

(二)社会群体的特征

社会群体作为人们共同生活的一种社会形式具有如下基本特征。

1. 成员间有直接、明确和持久的社会关系

一定的社会关系是社会群体存在的基础。社会关系是人们之间稳定的互动模式,它是成员之间权利、责任和义务的反映。社会关系是人们共同生活和社会互动的结果,有了这种社会关系,成员们才能稳定、有序地交往,才构成群体。应该指出的是,社会群体内的社会关系是直接的和持久的,它具体地反映于群体成员的共同活动。

2. 群体成员有共同的身份与群体意识

身份是人们在社会中的某种标识,比如大学生、农民、教师都是身份。共同的身份是指在某种社会背景下人们的身份是相同的,比如同一所大学的学生、老乡、一家人,这些都使其成员有了共同身份。群体意识是指群体成员对该群体的认同感,即他们认为自己属于该群体并对之负有责任,他们与这个群体利益相关。具有共同的群体意识意味着成员之间相互认同,意识到他们共同属于这个群体,即群体成员获得了一致的身份感。

3. 有一定的群体边界

群体边界是不同群体之间互相区分的界限,群体边界由具体的人员反映出来,即某人属于或不属于该群体。实质上,群体边界是由群体认同感和相互依存的权利、责任和义务确定的。同一群体的成员之间具有认同感,共享某种权利和义务,而不同群体的成员之间缺乏认同感,不共享特定的权利和义务,这就产生了群体边界。成员的从属和他们对群体的认同使群体边界变得清晰。人们常用

第五章　初级社会群体

成员的从属来看待群体的边界,但是认同感、共享责任和义务对于群体边界的确定更具本质性。

4. 群体成员有某种共同的期待与行动能力

群体成员的共同期待是指这些人聚集起来结合成一个群体,并有某种共同的期望,希望达成某种共同的目的。人们结合成群体总是有目的的,这就是要满足参与者的需要。在许多情况下,个人的需要的满足必须以与他人的合作为中介,于是结合成群体并有效地合作成为个人达到目标的手段,共同的合作期望使人们走到一起并结合成群体。在有些情况下,人们结合成群体是为了满足表意性的需要。群体具有行动能力是说当群体需要成员为群体利益做出努力时,他们可以去行动。一个没有行动能力的群体,不是真正的社会群体。

**二、社会群体的类型**

人们是在各种各样的社会群体中生活的。社会生活十分复杂,群体生活的形式也相当复杂。我们不可能历数人类社会群体的所有类型,以下只从个人与群体关系的角度对社会群体进行必要的分类。

(一) 按群体的规模分类

社会群体由一定数量的人员组成,有学者指出社会群体是指由两个或两个以上的人组成的。确实,两个社会成员之间就会形成社会关系,就有了社会群体存在的基础,但是齐美尔指出两人群体与三人群体有不同。齐美尔认为,在两人群体中互动是直接的,群体的性质完全取决于构成它的两个人的性质,不存在超出个人之外的群体结构。三人群体与两人群体有很大不同,它在互动性质、群体结构等方面都有新的特点。

按规模常常把社会群体分为小群体和大群体,但是这实际上并没有形成一致的划分标准,即多大规模的群体是小群体,多大规模的群体为大群体。这种分类主要是基于小群体研究,为了认识人类群体活动的特点和结构。一些学者进行了深入的小群体研究,例如库尔特·勒温(Kurt Lewin)的群体动力学研究、威廉·怀特(William Whyte)的街角社会研究等,这些都促成了小群体的分类标准。实际上,关于与之相应的大群体概念和研究一直没有突显出来,因为它与其他类型的社会研究(如组织研究)重合了。

### (二) 按成员之间关系的亲密程度分类

成员之间关系的亲密程度不同,群体的性质也不同。我们把成员之间关系较亲密的群体称为初级社会群体(或首属社会群体);相对地,把成员之间关系不那么亲密的群体称为次级社会群体。初级社会群体包括家庭、邻里和朋友圈子等,次级社会群体包括各种各样的组织等。后者是人们为了共同的事业而合作的形式,它并不强调成员之间关系的亲密程度。

### (三) 按群体内部行为规范的正式程度分类

任何社会群体内部都是有行为规范的,它是约束成员和成员共同活动的基础。但是,不同群体的规范形式也有不同。有的社会群体主要是靠感情、道德、习惯、信任来维持的,这些规范一般是不成文的;有的社会群体的内部规范则主要由成文的规定表述并在此基础上发挥作用。我们把前一类群体称为非正式群体,把后一类群体称为正式群体或社会组织。

### (四) 按群体形成的基本缘由分类

人们结成社会群体可能出于多种缘由,其中有基本缘由和次要原因。社会学对社会群体的分类十分看重基本缘由,因为它是人们结成群体的主要纽带,也反映了群体的基本性质。社会学将人们结成群体的缘由或纽带主要分为三种,即血缘关系、地缘关系和业缘关系,由此形成三类社会群体。

血缘群体是人们基于血缘关系形成的社会群体,成员间的关系是由婚姻、生育来确定的。家庭、家族、部落是其具体形式,这是人类进入文明社会以来最基本、最持久的群体形式,从而成为社会的基础。

地缘群体是由于相邻而居形成的社会群体,相邻而居使不同的成员或群体产生生活上的联系,结成相互依存的关系,从而形成地缘群体。地缘群体中有的是从血缘群体发展而来的,有的则纯粹基于地理原因,这两种地缘群体在内部结构和运行上也有差别。

业缘群体是由于职业和劳动方面的原因形成的社会群体。随着社会分工的发展,劳动从家庭生活中分离出来,社会上出现了越来越多的专门组织人们从事劳动的群体(或组织),这就是业缘群体。业缘群体或工作组织是现代社会最主要的社会群体形式之一。

除此之外,社会上还存在趣缘群体,这是人们因共同的兴趣和爱好而形成的群体,但它在人类生活和社会结构中的地位尚难同前三类社会群体相提并论。

(五)其他分类

在社会学研究中,学者还使用其他分类提出了一些社会群体的概念。

内群体和外群体。美国社会学家萨姆纳为了描述群体成员对自己人与他人的感情而使用了"内群体"和"外群体"两个概念。内群体是指一个人所属的、对其有认同感和忠诚的群体,内群体也称"我们群体"。在内群体中,组成这个群体的成员之间有亲密感、团结意识和认同感。相对于内群体来说,那些不属于"我们"的群体是外群体,那是由非"我们"的社会成员结合而成的群体。萨姆纳认为,人们常常对自己的内群体有较高评价,而对外群体有所怀疑甚至抱有敌意。

参照群体。参照群体也称参考群体,它是人们在确定自己的地位时与之进行比较的群体,是人们在决定自己的行为和态度时参照的群体。显然,参照群体不是人们自己所在的群体。罗伯特·默顿(Robert Merton)总结了对参照群体的两种理解:规范意义上的参照群体和比较意义上的参照群体。前者是为个体(自己)提供行为标准的群体,即个人以参照群体的行为标准和模式作为自己行动的标准。后者主要是用来比较,然后做出高低优劣之评价,这种参照群体主要具有社会分层方面的意义。

弱势群体。在社会学、政治学和社会政策领域,"弱势群体"已经成为一个基本概念。当某一群体在社会的经济利益、政治权力分配中处于被排挤地位而且地位低下时,这一群体就属于弱势群体。这里的地位低下既具有相对意义,也具有绝对意义。所以,弱势群体一般是指在经济、政治和社会领域中竞争能力和地位较低的群体。

### 三、人类结合成社会群体的原因与机制

(一)人类结合成群体的一般原因

人类为什么要结成群体?这是一个与人类社会形成原因同样重要和基本的问题。高级动物都有群体生活的经验,但人类结合成群体有不同于动物群体的社会原因。虽然至今人类结合成群体的社会原因并不完全清晰,但是我们仍然可以指出其基本点:对付外在压力和合作的需要。

共同对付外在压力、寻求安全感和互相支持是人类结合成群体的重要原因。

对于这种源自生理安全的需求,人们采取了群体的方式予以满足。当人们感觉到外部环境对自己的安全造成威胁时,就有结合成群体的倾向。不管是原始的自然环境对人们生存的威胁,还是社会环境给个体心理的压力,都会形成结群的倾向。

合作的需要是指人们在满足各自需要时可以互相借力。当个体靠自己的力量不能达到目标时,就会寻求与他人合作,这种合作的经常化就会形成群体。荀子说:"人,力不若牛,走不若马,而牛马为用,何也?曰:人能群,彼不能群也。"他认为:"人之生也,不能无群。"这可能从最朴素的意义上说明了人们为什么会结合成群体。人们结合成群体,可以做单个人难以完成的事,这就是社会群体形成的最重要原因。关于这一点,马克思、恩格斯在分析劳动在人类社会形成中的基础作用时也有过论述。

## (二) 群体凝聚力

群体凝聚力是群体成员之间互相吸引并整合为一体的力量,它是不同个体结合成群体的基本要素和内在机制。群体凝聚力是群体得以维持的原因,它的形成是一个由个体之间互相吸引变为个体对群体依赖的过程。群体凝聚力的发展一般表现为如下三个层次。

第一,人际吸引。群体成员由于共同的兴趣、愿望或目标而相互了解、共同活动,形成相互之间的认同。这种心理和行为取向使群体成员之间形成某种程度的团结,愿意在一起。当然,对于不同需要的人来说,这种人际吸引的内容和程度也是有所不同的:有的产生于兴趣、爱好、好感,有的则产生于工具性目的。

第二,群体规范的形成与遵从。人们之间持续的互动会形成行为规范,这是互动的参与者都接受并共同认可的、指导相互行为的规则。这些规范的形式可能有所不同,有的是非正式的,有的是正式的。但是人们形成较为稳定的行为规范并且遵从它是群体形成的重要标志,它是群体结构化的表征。

第三,认同群体目标。成员个人目标上升为群体目标,或成员把群体的目标自觉地作为自己的目标,这是群体得以形成和维持的基本动力。在很多情况下,成员的个人目标与群体目标并不完全吻合,如果成员意识到个人目标的实现需要通过群体目标而达成,那么他就会认同群体目标,群体的凝聚力就强,就会产

第五章 初级社会群体

生一致的群体行为。而群体行动的成功和成员对成功的分享进一步强化相互认同和群体认同,群体的凝聚力会进一步增强。

以上是从一般的角度分析群体凝聚力的形成及其发展。实际上,不同类型的社会群体的凝聚力的形成、发展和强化机制会有所差异。在有的情况下,人们结合成群体就是目的,或者群体的形成就是目标本身,成员并没有其他目标。这时,人际吸引和相互认同就十分重要。如果群体是工具性的,即人们结合成群体是出于某种明确的、利己的目的,那么正式规范的形成及遵从对群体凝聚力的形成就更加重要。群体凝聚力的形成还与群体内外的诸多因素有关,如成员之间的信息沟通、群体受到的外部压力及群体在同类群体中的地位等。

(三) 群体过程

群体过程是指群体的形成和运行过程。在群体内部动力的研究方面,库尔特·勒温的群体动力学给出了基本的理论解释。他认为,群体是一个行动的场,个体的行为受其个性及环境的影响。这一研究为后来的群体研究,特别是小群体研究奠定了基础。

人类群体的形式是多种多样的,学者运用社会测量学、人类结群实验方法,通过小群体互动等方式认识社会群体和群体过程。阿尔弗雷德·拉德克利夫-布朗(Alfred Radcliffe-Brown)总结性地阐述了群体的基本过程:人们通过勘察群体、自我概念的变化、加入群体而成为群体成员,因为命运或任务的相互依赖而强化群体,通过完成任务而维持关系,强化群体凝聚力,习得与发展群体规范。在这里,群体过程不再只是心理过程,而与社会认同密切相连。

(四) 群体中的权力

受功能主义的深刻影响,大量关于社会群体的分析是将它视为人们实现目标的手段,即人们为了实现某种目的而结合成群体。事实也大多确实如此。但是,把群体假设为成员为了共同的目标而达成共同认识,并进行协调合作的想法也存在危险。因为群体过程存在矛盾和不一致,也存在强制性的权力。当群体并不是人们完全自愿地结合成的时候,这种权力就显得更加突出。这就是说,在分析社会群体时,注意到权力关系是必要的,权力关系的形成也是群体结构和群体过程分析的一个重要方面,虽然在许多情况下权力并不是社会群体内部关系分析的主要视角。

## 第二节　初级社会群体的特征与功能

### 一、初级社会群体的概念与特征

（一）初级社会群体的概念

在人类社会生活中,初级社会群体是最基本的社会群体形式,也因此成为社会学研究的重要对象。

美国社会学家库利首先提出"初级群体"(primary group,也译为"基本群体"或"首属群体")这一概念。他指出,初级群体是指成员间有面对面的交往与合作的群体。这些群体之所以被认为是初级的,其意义是多方面的,但主要是指它们对个人的社会性和个人的理想的形成来说是基本的。库利认为,初级社会群体的典型是家庭、儿童游戏群体和邻居。在他看来,这些群体是人类合作及友谊产生的土壤,是培育人类友爱和同情心的园地。初级社会群体是培养人的品德的地方,它能使未成熟的和自私的人逐渐理解别人的需要和愿望,适应先人后己的社会生活。在这些群体中,人们为了整体利益的最大化可以放弃个人利益,同情心和情感纽带将人们联系在一起。他认为,如果做不到这一点,社会生活就是不可想象的。

基于上述理解,我们可以做出这样的界定:初级社会群体是由面对面的交往形成的、具有亲密的成员关系的社会群体。

库利提出的"初级群体"概念是与他关于人类社会的组织及社会秩序的分析联系在一起的。在他看来,初级社会群体反映了人们最简单、最基本的社会关系,是社会的基本构成单位。库利提出的"初级群体"概念成为社会学的一个经典范畴,在此基础之上学者们提出了"次级群体"的概念,从而推进了关于社会群体的研究。

（二）初级社会群体的特征

以家庭、儿童游戏群体和邻居为代表的初级社会群体有如下基本特征。

1. 规模较小

初级社会群体一般规模较小。规模较小是与较频繁的交往及较亲密的关系联系在一起的,因为只有如此小的规模,才会达到关系亲密的效果。在群体中,规模的扩大会导致群体成员之间关系数量的急剧增长,而在大量成员结成关系的情况下,群体难以形成普遍的亲密的人际关系。

2. 成员间持续、直接而全面的交往

初级社会群体成员之间主要的互动方式是面对面的、直接的。这种互动有如下特点:第一,它是直接的,没有其他人做中介,互动双方直接联系。第二,人们在互动中的行为举止、一颦一笑不仅传递着信息,也传递着感情,因此这常常是带有感情的交往。情感的增强有时是附加产物,有时则是交往的目的本身。第三,这种交往是经常性的,是成员间主要的互动方式。第四,这种互动是全面的,即它不是局限于双方的某一种兴趣,而是不可避免、不可分割地涉及他们的社会生活的多方面。这种互动是综合性的,双方都以完整的人格出现,即全人交往。

3. 人际关系亲密

人际关系亲密是初级社会群体的最重要的特征。由于成员不是以功利性的目的加入其中,成员有共同利益,再加上持续的、面对面的互动,因此成员之间存在比较亲密的关系。虽然在群体中也可能存在某些不协调,但是群体气氛的主流不是利己主义的。亲密的人际关系在群体成员中形成了"我们"感,这使得在群体中生活的成员具有不可替代性,即他的角色是不能随意被他人替代的。

4. 非正式控制

初级社会群体也有对群体成员的行为进行指导和约束的规范,但是这些规范不像正式组织那样由正式的明文规则组成,而是由习惯、道德、群体意识等构成。通过人的社会化,群体成员共享了群体价值、认同了群体规范,因此自觉是初级社会群体成员的重要的行为特征。在违反群体规范的情况下,群体成员也基本上是用不成文的规则(包括情感和心理压力)去处理问题的。

## 二、初级社会群体的类型与维持

(一) 初级社会群体的类型

初级社会群体的主要类型是家庭、儿童游戏群体和邻居以及朋友圈子。以下对它们做简要介绍。

1. 家庭

家庭是人类最古老、最基本的社会组织形式,它是建立在婚姻和生育基础上的社会群体。一般地,家庭是作为一个统一的单位在社会生活中出现的,家庭成员之间关系密切、群体意识强,它是最典型的初级社会群体。关于家庭,我们后面将进行专门的详细介绍。

2. 儿童游戏群体

库利是从儿童社会化及其社会性形成的角度来看待初级社会群体的,儿童游戏群体在儿童成长中具有重要地位,它是一种重要的初级社会群体。

儿童游戏群体是由在一起玩耍的儿童自然形成的社会群体。这种群体的规模一般不大,儿童的年龄相近、大多性别相同。参加这一群体的儿童的兴趣比较相近,即能够玩在一起;居住位置上的靠近对他们比较随时的共同活动发挥着促进作用;从家庭背景上看,儿童的父母辈之间一般不存在明显的矛盾和冲突,不反对儿童玩在一起,家庭之间的互相亲近和联系也有助于这些家庭的儿童形成群体。

儿童游戏群体有利于儿童的成长,在这种群体中,儿童扮演各种角色,并在角色扮演中学习各种规范。另外,没有任何固定目的的玩耍正是儿童成长的重要途径。在不同社会背景下,儿童游戏群体会发生重要变化。在传统社会,这种群体的自发性更强,更朴实。在现代社会,成人对这种群体的影响表现得越来越明显。

3. 邻居

邻居是人们由于居住地域上的邻近而在日常生活交往中形成的初级社会群体。并不是任何相邻而居者都形成初级社会群体,作为初级社会群体的邻居是指家庭之间有密切交往者。实际上,邻居作为初级社会群体一般是与传统社会中血缘相近的家庭聚集而居的现象相联系的。当然,这不排除其他家庭因长期相邻而居、互相帮助、全面交往而形成关系亲密的群体的情况。邻居作为初级社会群体,其形态不像家庭、家族那么具体,其规模大小不一,地域邻近也无明显限制。但是,作为初级社会群体,各家庭间的生活有很多关联,从而形成利益相关的群体。"远亲不如近邻。"邻居在日常生活中守望相助,对儿童进行教导与看护是其基本的功能。

在传统社会,邻居的初级社会群体特征十分明显。在现代社会,社会分工的复杂化、居住格局的变化、社会流动的加剧都给相邻家庭之间经常性的、深入的交往带来障碍,邻居的初级社会群体特征正在淡化。

4. 朋友圈子

朋友圈子是志同道合、兴趣相投的人形成的社会群体。这类社会群体主要是基于成员的共同志趣而形成的，他们聚集起来并不是为了功利性目标，而是为了性情上的舒适，在某种程度上，形成松散的、无约束的群体就是目的。成员在这种群体中是自由的、放松的，由此获得的满足感也常常是不可替代的。成员具有非利己动机，所以大家可以长期在一起，无话不说，互相支持，从而形成关系比较密切的群体，具有初级群体的某些特征。

(二) 初级社会群体的形成与维持

初级社会群体的形成看似自然，实际上包含了群体成员的积极活动，它是成员共同努力的结果，可以认为初级社会群体的形成与维持必须需要成员积极的共同努力。男女结合可以形成家庭，但令人满意的家庭常常是需要共同建设的。相邻而居者也并不一定会自然而然地相互帮助、相互关照。初级社会群体的形成与维持需要参与者的共同努力，主要包括如下一些方面。

经常性的交往。经常性的、持续的交往是初级社会群体形成与维持的基本前提，舍此成员就没有相互之间的深入了解，甚至已有的了解和理解也变得淡薄。成员之间的交往越持久，他们所形成的关系就越深。

非利己的动机。初级社会群体既不是因互相利用而形成的进行内部利益交换的群体，也不是为了获取外部利益而结成的联盟，它是与人们的日常生活相联系的。非利己的动机可以促成长期的共同活动，形成相互关怀的关系。

开放和宽容。群体成员一定的开放和宽容态度是互相接纳、协调相处的前提。如果一个成员以提防、尖刻的态度与他人相处，他就不会被接纳，更谈不上群体成员相互认同、形成亲密的人际关系了。与人为善、互相包容是初级社会群体形成与维持的重要条件。

### 三、初级社会群体的功能与变化

(一) 初级社会群体的功能

1. 个人社会化的基本场所

由于初级社会群体是一个人最初参与并在其中长期生活的群体，因此它对儿童、少年的成长和人格的养成具有极其重要的功能。库利是从人性成长的角度来看待初级社会群体的作用的。他认为，在社会化的过程中，一个人的"镜中之我"观念的形成是关键,而这一过程与初级社会群体的生活有紧密联系。他认为,在初级社会群体中,人性逐渐产生,初级社会群体是人性的养育所。

2. 个人走向社会的桥梁

家庭、儿童游戏群体等初级社会群体都是小社会,但一个人最终还要进入更大的社会,即作为社会成员参与更广泛的社会生活。人类社会是复杂的,其他社会群体、公众社会对成员的要求与初级社会群体有很大不同。虽然有的也承担着社会化的功能,但是总的来说,它们对成员的要求是较为普遍化和标准化的,是更具社会性的。一个人要能较好地适应复杂社会的需要,就必须经过初级社会群体的生活阶段。可以认为,初级社会群体是人们进入社会这个大舞台的预备阶段,它是个人走向社会的桥梁。

3. 满足人的多方面需要

任何社会群体都是为满足人们的某种需要而存在的,初级社会群体则能够满足人的多方面需要。初级社会群体与其他社会群体的一个重要区别是其功能的综合性,它能满足人在生存安全、社会交往、精神愉悦等多方面的需要,而不是像某些社会组织那样功能单一。另外,初级社会群体与其他社会群体相比,明显是以人为本的,即它全面地、真正地关心成员,尽量地满足成员的需要,而不像在某些社会组织中那样,成员与组织基本上是一种交换关系。

4. 有助于维护社会秩序

初级社会群体是人类社会基本的组织形式,它的状况对实现社会秩序具有重要作用。一方面,初级社会群体的稳定和有效发挥功能可以满足其成员的需要,从而减少对整个社会秩序的压力。如果一个社会中的初级社会群体的功能是有效的,那么整个社会就会表现出基本的秩序。反之,初级社会群体的衰败会给社会秩序带来严重威胁。另一方面,成员对初级社会群体的认同感、归属感、荣誉感和责任感,会使得其自觉维护群体利益,做有利于群体的事,认同社会的主流价值,这也有利于实现社会秩序。还有,在许多情况下,国家是靠家庭、邻里组织来管理基层社会的。比如,在传统的农业社会,中国长期以来是"家国同构",家庭、家族在很大程度上承担着管理其成员、进行社会控制、维持社会秩序的功能。

5. 初级社会群体的负功能

初级社会群体作为人们社会生活的基本形式和社会运行的重要基础,并不

第五章　初级社会群体

总是对其成员的成长和社会发展发挥积极的作用。在某些情况下,它可能会产生负面影响,这主要反映在如下一些方面。初级社会群体的过分强化可能会抑制个人的发展。群体与成员的亲密关系、群体对其成员需要的过度满足可能造成个人对初级社会群体(主要是家族)的过分依赖,从而抑制个人在社会中的发展。另外,当初级社会群体的某些价值与社会发展的要求不一致时,成员对群体的忠诚可能会损害社会利益,如狭隘的"家庭本位主义""小集团主义"就是如此。

(二)初级社会群体的变化

在传统社会,初级社会群体比较发达,不论在群体形式还是功能方面,初级社会群体都居于重要的、不可替代的地位。进入现代社会以来,初级社会群体呈现出逐渐衰落的景象。这与工业化、城市化和现代价值观念的影响直接相关。工业化造成了高度的社会分工,也肢解着传统社会的经济和社会生活;城市化带来了人们的迁移和住所较为频繁的变化,撕裂着亲属之间的联系,制约着亲密的邻里关系的形成;现代化崇尚的工具理性突出了个体的价值,但也侵害着公共生活,这不利于初级社会群体价值观念的形成,更不利于形成共同体性质的初级社会群体。

在现代社会,初级社会群体的衰落表现在如下一些方面。

1. 初级社会群体的某些功能外移

随着社会分工的加剧,社会上出现了一些专门机构来承担原来由初级社会群体(特别是家庭)实现的功能,比如教育功能、娱乐功能等。这些替代性社会组织的出现减轻了初级社会群体的压力,也使人们在更多方面走出初级社会群体,从而减少了对它的依赖。这样,初级社会群体也就不再像从前那样满足成员的多种需要了。

2. 初级社会群体内部的成员关系趋于松散

在现代条件下,人们的经济和社会活动越来越不囿于传统的社会组织。人们普遍参与社会生活,他们在初级社会群体中的深入的、面对面的交往随之减少,一些交往活动也趋于形式化。这样,初级社会群体中成员之间的关系已不如从前那么亲密了。

3. 某些初级社会群体名存实亡

工业化、城市化和现代化对某些初级社会群体具有颠覆性的影响,这使得一些初级社会群体名存实亡或归于解体。在这方面,邻居表现得最明显。

初级社会群体的衰落所造成的影响是多方面的。一方面,人们从初级社会群体中获得的温情的、充满人性的关怀变少,社会秩序的维持将遇到更多挑战;另一方面,这又给人们带来更多的可能性,人们的生活也会变得更加丰富多彩。

## 第三节　初级社会群体的典型——家庭

家庭是绝大多数人在出生之后即生活于其中,并且按中国的传统在有生之年始终与之共存的初级社会群体。从理论上说,"家庭"是一个随着社会的变迁,其内涵和外延都在不断变化的概念。下面我们对家庭这一初级社会群体做初步讨论。

### 一、家庭的含义与类型

#### (一) 家庭的含义

"家庭"释义虽有多种,但大同小异。李剑华、范定九主编的《社会学简明辞典》释"家庭"为:以一定的婚姻关系、血缘关系或收养关系组合起来的社会生活的基本单位,在通常情况下,又体现为一种经济的团体。婚姻构成最初的家庭关系,这就是夫妻之间,父母和子女之间的关系。也有学者认为,家庭是以婚姻关系为基础、以血缘关系为纽带的社会生活组织形式。

从婚姻家庭历史演变的角度来看,在一夫一妻制的前提下,《社会学简明辞典》的"家庭"定义是可用的,而且,将"家庭"定义为"社会生活的基本单位"可能更准确。也有一种说法认为"家庭是社会的细胞",这种说法出自恩格斯的《家庭、私有制和国家的起源》中"个体婚制是文明社会的细胞形态,根据这种形态,我们就可以研究文明社会内部充分发展着的对立和矛盾的本质"[1]。当我们将家庭比作"社会的细胞"时,是包含"社会的缩影"这一含义在内的。家庭放大即社会,家庭内部的人与人之间的关系与社会中人与人之间的关系同质,家庭承担的功能是社会正常运行需要满足的条件。但是社会现代化进程的一个特征是

---

[1]　《马克思恩格斯选集》第4卷,人民出版社2012年版,第76页。

社会与家庭的分离,家庭的部分功能已经或正在外移,家庭正日益变成个人私生活的场所。也就是说,家庭与社会已经不同质。① 因此,家庭是社会生活的基本单位这一说法比较适合目前(中国)家庭的现实情况。

这就引出了下一个问题:"家庭"的内涵不是静止不变的,也就是说,家庭是个历史的范畴。把家庭看作一个经济团体,这特别适合以小生产方式为特征的传统农业社会。因为在这样的社会,每一户人家就是一个生产的组织单位,从事生产是家庭得以生存的首要前提。每一个家庭成员首先承担的是一种经济角色,"男耕女织"就是这样的家庭分工的最好注释,这就决定了家庭内部的人际关系带着浓厚的经济关系的色彩。到工业化时代,随着近代工商城市的兴起和工厂制度的确立,社会分工日益专门化,原来承担生产任务的家庭(如手工业者的家庭手工作坊)的生产功能外移。这样,绝大多数的城市家庭已不再是生产的组织单位,家庭的经济功能只保留了消费这一部分,家庭的内涵当然会随之发生变化。中华人民共和国成立之后,随着妇女走出家门参加社会生产劳动、政府对男女平等的大力提倡与立法保障,中国城市家庭的部分功能(如抚育幼儿及文化教育)继续外移,夫妻关系和代际关系趋于平等。20世纪80年代开始的经济体制改革也使城市家庭日益变成私生活的场所。城市家庭在某种程度上向威廉·古德(William Goode)所言的"夫妇式家庭"(这样的家庭有三个特征:择偶自由、婚后小家庭独居、对夫妻双方亲属同等看待)靠拢,从而导致与小生产方式相适应的、传统的父系(父权)家庭制度的瓦解。

(二) 家庭类型

家庭类型也称为家庭结构类型,指家庭是由哪一种或哪几种家庭关系组成。费孝通在《论中国家庭结构的变动》一文中,依据中国所谓的"小家庭"(西方的"核心家庭")的变化将中国家庭分为:(1)不完整的核心家庭(核心家庭中原有配偶中的一方死亡或离去,或是父母双亡的未婚儿女);(2)核心家庭或小家庭(一对夫妻和其未婚子女共同生活);(3)核心家庭之外还包括其他成员(首先是配偶死亡后与已婚子女共同生活的寡母或鳏父);(4)联合家庭(子女成婚后仍

---

① 关于这一讨论可以参见李东山:《家庭还是社会的细胞吗?——试论家庭的社会地位变迁》,《社会学研究》1990年第3期。

与父母一起生活,或者兄弟成婚后并不分家,费孝通将此称为"大家庭")。① 这是一种分类方法。现在的社会调查通常采用的家庭结构分类是:(1)核心家庭(一对夫妻与其未婚子女共同生活的家庭);(2)夫妻家庭(只有夫妻两个人过,子女或老人缺损或由于某种原因不在一起生活的家庭);(3)主干(直系)家庭(三代或四代同堂,每代至多只有一对夫妻但最小一代上面那一代的一对夫妻必须健全);(4)联合家庭(同一代中有两对夫妻在一起生活的家庭);(5)隔代家庭(祖孙两代共同生活而中间一代因为某种原因缺损或不在的家庭);(6)单亲家庭(未婚子女与其父母的一方共同生活,另一方或者因离婚或者因死亡而残缺的家庭)。如果细分的话,主干家庭还可以分为完整的(每代的夫妻均健在)和残缺的(下面子女这代夫妻完整,上面老人这代只有一方),夫妻家庭可分为空巢和未生育。现实生活中其实还存在其他家庭类型,因为数量非常少,所以就不典型了。

家庭类型或家庭结构在某种意义上是一种人为的分类,即它只是具有一种操作上的意义(为了统计分析的需要,根据一定的标准如共同生活做出的认定)。在现实生活中,中国城乡的家庭结构是多种多样的,并且,家庭生命周期的每一阶段中都存在变动的可能。比如,当子女结婚的时候,子女和父母会面对一个选择:是合住还是分开住?即使这些子女当时选择了和父母分开住,当他们生了孩子后,从照顾的需要方面考虑,他们也可能会再次做出选择,搬回家与父母合住。亲情是父母和子女都需要的,情感和伦理的因素使得父母和他们的成年子女即使分开居住,相互之间也会有频繁的互动,这包括物质和精神生活方面的相互支持和相互帮助。而且一旦外界环境发生变动,父母家庭的凝聚力就可能大大增强,这种凝聚力会帮助成年和已婚子女依托父母家庭来应对社会环境的变化,这是在许多中国城市中可以看得到的。

另外我们还应注意的是,家庭结构只是一种形式,它可以具有不同(家庭制度)的内容。比如,父系(父权)的家庭制度下也有核心家庭这样的家庭类型,已婚的儿子与父母家庭分家、独立生活之后,若儿子的孩子此时未成年,一般是生活在核心家庭中。而且,现在中国城市中的绝大多数主干家庭,父母和子女家庭

---

① 参见费孝通:《从事社会学五十年》,天津人民出版社1983年版,第144页。

之间在经济上是独立的、关系上是平等的,男性长者不再具有以往家长式的权力。这样的主干家庭可视为一个夫妻家庭(父代)与一个核心家庭(子代)的叠加。

## 二、家庭的功能及其变迁

(一)家庭的功能

家庭的功能是指家庭在社会生活中所起的作用,这种作用因国家及社会发展阶段的不同而异。① 一般来说,家庭功能包括如下一些方面。

生物功能。家庭的生物功能包括性生活的满足和生育两个方面。性行为是人的本能,但它的满足方式却是社会性的。家庭的成立使夫妻之间的性生活建立在合法的基础之上,从而为人的健康发展和社会秩序的稳定提供了基础。

经济功能。家庭的经济功能包括生产和消费。在传统社会,家庭是基本的生产单位,生产组织与生活组织合一,家庭通过组织生产满足家庭成员的生存和发展的物质需求。在现代社会,家庭的生产功能外移,家庭的主要经济功能表现为组织消费。在家庭之外获得收入并组织消费是家庭存在的物质基础。

抚育功能。在一般家庭中生育子女是一项重要任务。在传统社会,生育子女与家庭和家族的延续联系在一起,也与人们的养老期望紧密相关。养育子女不仅是一项社会责任,也是人们对未来的寄托。生育子女还有利于家庭的稳定。在这方面,儿童少年社会化、对儿童少年的关怀和培养是家庭的一项重要功能。

赡养功能。在传统社会,养老责任是由家庭来承担的,当年老的父母不能以自己的劳动养活自己时,子女就自然地承担起赡养老人的责任。对老人的赡养包括物质上的供养和精神上的慰藉,家庭成员因为相互之间的亲和性而在赡养老人方面发挥着不可替代的作用。就是在现代社会,社会福利制度的发展也不能完全替代家庭的赡养功能。

休息与精神满足功能。在现代社会,家庭作为人们工作之外活动的另一重要场所,发挥着休息和满足家庭成员精神需求的功能。

以上是在一般意义上所说的家庭功能,它们反映了家庭作为初级社会群体的特征。实际上,家庭承担的功能及其方式与家庭生命周期、社会发展的阶段以

---

① 李剑华、范定九主编:《社会学简明辞典》,甘肃人民出版社1984年版,第394页。

及文化等因素有关。

家庭功能受到家庭生命周期的制约。家庭生命周期对家庭功能的制约表现为，在不同阶段某些家庭功能会突出显现，但过此阶段又会隐匿或淡化。比如，当一个家庭新成立时，生育和随之而来的抚育就是突出显现的功能。但是到了家庭的主要成员（夫妻）步入中年，随着孩子的长大、开始工作，抚育功能逐渐消失。等到夫妻双方步入老年，赡养又被提上了家庭的日程，成为此时主要的家庭功能。

家庭的功能会因国家和社会发展的不同阶段而异。在工业高度发展的国家和地区，许多家庭不从事家庭经营，家庭生产功能已经消失。在社会福利制度比较完善的国家，家庭的赡养老人的任务要弱一些。家庭的功能还受到民族文化、社会政策等因素的影响。比如，中国现代城市家庭的生育功能与传统社会中家庭的生育功能已明显不同，中国的家庭赡养功能与西方国家也有很大差异。

（二）家庭功能的变迁

家庭功能的变迁是指在社会影响下，家庭功能出现变化，包括功能替代、功能内涵的改变、功能外移、旧功能消失与新功能出现，以及家庭的主要功能随着家庭生命周期的阶段而发生改变等。

考察家庭可以有宏观和微观两种角度。其中，宏观角度是将家庭看作一种集合，即把它看作由社会中所有家庭组成的整体，这样的整体在抽象层次上的体现就是家庭制度。宏观角度的第二层意思是，将家庭置于社会发展变化的背景下考察，即考察社会的发展变化对家庭制度演化的影响。因此，当我们在宏观意义上讨论家庭功能的变迁时，首先必须注意这一前提。根据这样的前提，家庭功能不是孤立的，在某种意义上，它应是家庭的一个侧面，它和家庭结构、家庭关系存在内在的联系，即它们都从一个侧面体现着一定社会的家庭制度的内涵，而一定社会的家庭制度又是与该社会的生产方式相适应的。这样，家庭功能的变迁就有了新的意义：在一定条件下，家庭功能的变迁是家庭制度变迁的体现。

这里，我们对"核心功能"这一概念稍作解释。所谓家庭的核心功能是指在家庭诸功能中与一定的生产方式相适应、具体体现一定社会的家庭制度和家庭本质的功能。只要社会的家庭制度不变，核心功能就保持不变。在传统的小生产的农业社会，家庭本质上是社会劳动组织的基本形式，男性家长是生产的组织者，因而父系（父权）的家长制就是传统的农业社会的家庭制度。与此相应，生产功能就是核心功能,它体现了小生产前提下农村家庭的本质。在现代城市社会,小生产方式已经为大机器生产方式所取代,绝大多数家庭不再是组织生产的单位,因此家庭的生产功能丧失,父系(父权)的家庭制度因而丧失其根本基础。伴随着妇女走出家门参加社会生产劳动并取得经济上的独立,男女两性的关系也趋向平等。这时,核心功能的改变(新的核心功能取代原来的生产功能)是不可避免的。毫无疑问,这样的变化也正标志着家庭制度的变迁。由于社会发生变迁时,家庭功能相对来说总是最先随之变化的[①],而家庭结构则保持着相对稳定,因此我们可以把家庭功能的变化看作社会影响家庭的主要表现。可以发现,随着传统社会向现代社会的转变,家庭的许多基本功能如生育、生产、抚育、赡养等也在变化。

### 三、家庭的变迁

(一) 家庭变迁的含义

家庭变迁首先是家庭制度的变迁。这种变迁具有某种质变的性质,是与社会生产方式的变化相联系的。家庭制度的变迁具体地体现在家庭功能与家庭关系的变迁方面(核心功能的替代,主从型的夫妻关系被平权型的夫妻关系所代替)。其次,家庭变迁还有非质变的一面。比如,在社会影响下,某种功能增强或减弱,家庭规模扩大或缩小,家庭关系随着家庭人口的减少从复杂转为简单,等等。如果从微观上看,这样的家庭变迁就是与家庭的生命周期相联系的,并呈现出一种周期性的变化。所谓家庭生命周期是指单个家庭从诞生、发展直至死亡的整个运动过程。它随家庭组织者的年龄增长和需要不同而呈现出明显的阶段性,并受家庭组织者寿命的制约。因此,我们在微观角度讨论家庭变迁时,经常是根据单个家庭的外显特征的变化来把握的;从宏观角度考察家庭变迁时,则将家庭作为一个集合(整体)来把握,并且将家庭变迁和社会变迁联系在一起分析。

(二) 家庭变化的趋势

威廉·古德在其名著《世界革命与家庭模式》中曾提出一个有名的观点:

---

① 参见〔奥〕迈克尔·米特罗尔、雷因哈德·西德尔:《欧洲家庭史——中世纪至今的父权制到伙伴关系》,赵世玲、赵世瑜、周尚意译,华夏出版社 1987 年版,第 63—81 页。

"在迈向工业化和城市化的世界革命过程中,不同类型的扩大家庭趋向于向夫妇式家庭制度的某些类型转变。"①古德还发现,一个国家在迈向现代化的过程中,必然伴随的变化便是家庭制度向夫妇式家庭制度的某种类型转化。②他不同意把家庭制度作为因变量的家庭制度随着工业和经济发展而变化的观点。他指出,工业化和家庭的变化是两个平行的过程。

古德在深入研究的基础上,指出了世界家庭模式变化的主要趋势,虽然他并不认为这些趋势在各国会在短时间内实现。这些趋势有:母系制衰落,共同的亲戚群体(部落社会的世袭制)的影响减弱,嫁妆或聘金的流行程度下降,越来越多的配偶年龄相近,近亲结婚现象减少,离婚率升高或趋于中值,妇女独立就业的人数不断增加,妇女的权利增多,父母对子女恋爱和择偶的控制减少,两性关系更自由,西方国家的未婚同居现象增多,妇女的婚龄上升,出生率降低,家庭法远远走在公共舆论之前。

### (三) 经济社会变迁下中国家庭的变化

从中国的情况看,在迈向现代化的过程中,仅仅在夫妻关系趋向平权这一夫妇式家庭制度的根本特征方面出现了古德所说的家庭变迁,而在家庭结构方面则尚未证实古德的预言。即使在北京、上海这样已经高度现代化的超大城市中,家庭结构也仍保持着多样性。而且,中国社会的变迁有其特点,因而中国城乡家庭的变迁也有自己的特点。

#### 1. 当前中国社会变迁的特点

在讨论中国目前的社会变迁时,社会分化和变动是必须注意的首要前提。自 20 世纪 70 年代末开始的经济体制改革以及农村的工业化和现代化进程,加速了中国城乡社会的变迁和分化。从社会角度来说,这意味着资源的重组和再分配及市场竞争机制的建立;从个人角度来说,这则意味着城镇劳动者永远告别了"铁饭碗"的时代,将浮沉于市场经济之中。这种变化的一个显著特点是其不可预测性,另一个显著特点则是变化迅速。进入 21 世纪,上述趋势依然存在,城乡家庭收入普遍增加,收入分化日益明显。由于市场经济的影响日益增大,人们

---

① 转引自〔美〕马克·赫特尔:《变动中的家庭——跨文化的透视》,宋践、李茹等编译,浙江人民出版社 1988 年版,第 38 页。
② 同上书,第 41 页。

## 第五章　初级社会群体

对风险与不确定性的心理承受能力也相对增强。剧烈的变化使人们的利益意识日益明晰,其谋取个人与家庭利益的欲望也更加强烈。正是因为这样,农村剩余劳动力在寻求更大利益的欲望驱动下大量外流,这对城乡社会产生了深远影响。另外,财税体制改革也给农村社会带来了新的冲击,加上中西部农村乡镇及村级财政困难等,这些都会对家庭产生直接或间接的影响。

2. 社会变迁对家庭变迁的影响及城乡家庭变迁的特点

经济体制改革导致的社会变迁以及社会转型对城市家庭的影响首先在于,它改变着家庭的收入水平与收入格局,改变着家庭成员的职业及与此相连的家庭成员的社会地位,改变着家庭成员的价值观念。这三方面的变化进而影响家庭的各个方面——家庭的诸项功能、家庭结构与家庭关系。在这里,家庭的收入水平与收入格局、家庭成员的职业与社会地位、家庭成员的价值观念是中间环节,即社会影响家庭的入口。一段时间以来,城市家庭的收入格局继续维持着性别差异和代际倾斜的趋势,并对家庭关系产生微妙的甚至是不可忽视的影响。年轻一代的独立倾向增强,他们在结婚后会首先选择小家庭居住,这将进一步加强家庭小型化的趋势。主干家庭的比例还在进一步下降,而一对夫妻加一个孩子的核心家庭、夫妻家庭则占据主导地位。无疑,在这样的趋势下,由独生子女政策导致的"四二一"模式在城市居民预期寿命越来越长的情况下将导致养老方面的问题。另外值得注意的是,家庭小型化导致了母家庭和子家庭的分离,而这也可能导致家庭成员之间关系的淡化。同时,城乡社会流动的加剧、家庭观念的变化与家庭成员独立性的增强也有可能弱化家庭的凝聚力,从而导致城乡离婚率的上升。

一段时间以来,在各地发生的城市扩张导致的农村城镇化使失去耕地的农民不得不以"洗脚上楼"的方式转变为新城镇居民,这样迅疾的改变也给这一人群带来诸多文化和心理方面的不适应。住房格局与收入来源的改变使得农村原来的父系(父权)的家庭制度中家长控制家庭经济支配权和重大决策权的模式转变为母家庭、子家庭各自经理的新模式,母家庭和子家庭之间的联系也有可能减少。

对于农村来说,由于经济的长期高速增长,东部沿海发达地区可以提供更多的、较高收入的就业岗位,这为中西部地区农村劳动力的流入提供了可能。随着劳动力大量流入东部地区和大中城市,中西部家庭也出现了显著变化。能走的青壮年劳动力几乎都出去打工了,流入城市的"80后"和"90后"向往城市生活,这可能改变农民工以往在家乡和打工地之间的"候鸟式生活"方式,导致大量"留守家庭"的出现。留守家庭的一大特点是其部分家庭功能的弱化甚至缺损。一方面,在外打工的年轻父母不可能承担对仍留在家乡的子女的日常教育责任,而留在家乡的(外)祖父母通常只能照管(外)孙子女的生活,无力对其(外)孙子女进行文化教育。这样,留守儿童的教育成为当前中西部农村地区的一个突出的社会问题。另一方面,如果夫妻双方中一方在家乡留守,那么夫妻相互之间的权利和义务的实现会出现困难,这可能造成家庭的不稳定。从家庭结构来说,家庭成员长期在外,原有的家庭结构因为共同生活成员的减少而出现了不确定性和模糊性。留守家庭由于家庭部分成员(甚至是主要成员)长期在外,其家庭凝聚力有可能下降。

大量青壮年劳动力的外出打工改变了家庭成员的职业结构,同时也使农村家庭的收入结构发生了根本性变化。打工收入是以个人收入的方式进入家庭的,这就使得以家庭为单位的"统收统支"弱化。家庭的"当家人"的权力被削弱,家庭成员的独立性则增强,这是对父系(父权)家庭制度基础的侵蚀。由此可见,由于非农化进程的加速,中西部地区农村也发生了家庭制度变迁,这样的变迁与东部发达地区农村有着殊途同归的意味。

我国的家庭和家庭制度正在经历重要变化,在新的经济社会条件下,加强家庭建设、提升家庭生活幸福感已经成为党和政府以及全社会必须面对的问题。

【推荐阅读】

〔美〕戴维·波普诺:《社会学(第十一版)》,李强等译,中国人民大学出版社2007年版。

费孝通:《乡土中国 生育制度》,北京大学出版社1998年版。

〔美〕威廉·J.古德:《家庭》,魏章玲译,社会科学文献出版社1986年版。

雷洁琼主编:《改革以来中国农村婚姻家庭的新变化——转型期中国农村婚姻家庭的变迁》,北京大学出版社1994年版。

〔美〕马克·赫特尔:《变动中的家庭——跨文化的透视》,宋践、李茹等编译,浙江人民出版社1988年版。

〔奥〕迈克尔·米特罗尔、雷因哈德·西德尔:《欧洲家庭史——中世纪至今的父权制到伙伴关系》,赵世玲、赵世瑜、周尚意译,华夏出版社 1987 年版。

潘允康:《社会变迁中的家庭:家庭社会学》,天津社会科学院出版社 2002 年版。

杨善华编著:《家庭社会学》,高等教育出版社 2006 年版。

杨善华:《改革以来中国农村家庭三十年——一个社会学的视角》,《江苏社会科学》2009 年第 2 期。

杨善华、沈崇麟:《城乡家庭——市场经济与非农化背景下的变迁》,浙江人民出版社 2000 年版。

〔英〕布朗:《群体过程》,胡鑫、庆小飞译,方文审校,中国轻工业出版社 2007 年版。

# 第六章

# 社会组织

在现代社会中最有代表性的群体类型是社会组织,这是建立在理性主义之上的群体活动的形式。社会组织的广泛存在改变着人们原有的自然组织状态,从而使人类社会变得更有组织性。本章介绍社会组织的基本结构和运行逻辑,研究社会组织的复杂性及其变化。

## 第一节 社会组织的特征与结构

### 一、社会组织的定义与特征

(一) 社会组织是现代社会的基本现象

现代社会是以工业化和科学技术的快速发展为动力的,工业化和科学技术的发展带来了社会分化和高度的社会分工,也带来合作的要求。为了进行经常性的、稳定的合作,人们建立了各种各样的社会组织:工厂、学校、医院、社会团体等。审视一下自己和周围人的社会生活,我们可以毫不惊奇地发现,人们生活在各种各样的社会组织之中,哪怕是儿童和老年人也都多多少少地与社会组织相联系。在现代社会,人们的活动根本离不开社会组织,不管是生老病死,还是日常生活小事。社会组织网笼罩着整个社会,它满足着人们的需要,也对人们形成约束。有人甚至认为,现代社会发展的历史就是社会组织发展的历史,社会组织既是社会变化的产物,又促进着这种变化。现代社会是组织起来的社会,社会组织是现代社会的代表。

当然,这并不是说传统的农业社会中没有社会组织。实际上,中国秦朝以来的中央政府和官僚体系是举世闻名的,其军队也是纪律严明的。但是,现代社会中的社会组织要普遍得多、复杂得多,作用也大得多。20世纪中期以后,作为对中国散乱不整、屡遭欺凌历史的反思,中国社会被高度组织起来。80年代以来,在现代化快速发展的情况下,各种类型的社会组织适应多样化的需要纷纷涌现。现代社会生活已离不开社会组织。正如美国著名管理学家彼得·德鲁克(Peter Drucker)所说,现在的年轻人必须了解组织,就像他们的先辈必须学习耕作一样。

(二) 社会组织的含义

在社会科学中,社会组织有广义、狭义之分。广义的社会组织是指人们从事共同活动的所有群体形式,包括家庭、氏族、秘密团体、政府、军队和学校等。狭义的社会组织是指为了实现特定的目标而有意识地组合起来的社会群体,包括企业、政府、学校、医院、社会团体等。社会学研究的社会组织主要指狭义的方面。

社会组织简称"组织"(organization)。在中国,人们对"组织"这一概念并不陌生,比如人们经常说"有困难找组织"。但是,人们在这里说的组织主要是指党团组织,有时也表示人们所在的机关、单位。在社会学中,组织所指涉的对象范围要宽得多。

在社会学中,社会组织是指追求同一目标的成员相互协力以实现共同目标的社会群体。当追求明确的、经常性的目标的个体发现单靠个人的力量不能达到目标而需要进行经常性的、有规律的合作时,社会组织就产生了。按照理性主义的看法,社会组织是人们为了降低经常性合作的不确定性或风险性而做出的选择。人们组织起来的目的是更有效地达到目标,所以组织是一种社会经济体。

组织并不都只是追求同一目标的人们共同选择的产物,在一些情况下,组织还是有权力的人们为了达到某种目的而将成员集结起来的方式。这种组织虽然也有更有效地达致目标的功能,但是人们被组织起来的目的、机制却与前者有所不同。应该说明的是,社会学里所讲的组织并不只是结构化的形式,即人们为了实现目标而形成的、比较稳定的合作形式;组织还是某种过程,即人们形成上述结构,并在这种结构中合作达成目标的过程。

### (三) 社会组织的特征

社会组织是与初级社会群体相对应的另一类社会群体。与初级社会群体相比较,社会组织有如下一些显著特征。

第一,社会组织是人们有目的、有意识地组织起来的社会群体。人类群体因自然形成或有意识组合而分为两种:初级社会群体有一定程度的自然形成的特征,社会组织却是人们为了达到某种目的而有意识组建的。

第二,社会组织的目标比较简单、明确。初级社会群体的目标常常难以说明白,因为它们的功能往往是综合性的。社会组织则不然,它们的目标要清楚得多。比如工厂、学校、医院、政府都有十分清晰明确的目标。社会组织目标的明确性和简要性是由其"功利性"决定的:从社会分工和组织成员合作的目的性来看,简单明确是必要的。

第三,组织成员之间的关系不那么亲密。初级社会群体的最重要的特征是成员之间关系的亲密性。社会组织是一种利益群体,成员之间主要是业缘关系,是以共同利益的获取为基础并进行利益划分的合作关系。所以成员之间的关系纽带是利益而不是感情,其关系远不如在初级社会群体中亲密。

第四,社会组织成员的可替代性强。社会组织是一种事业群体,成员之间只是事业上的合作关系,而不像在初级社会群体中那样有多方面的互相依赖关系。社会组织成员的可流动性、可替代性强。只要某人能履行工作职责,做好本职工作,就可以成为社会组织的一员。这与初级社会群体,特别是家庭中成员具有较强的固定性是不同的。

## 二、社会组织的类型与构成要素

### (一) 社会组织的类型

社会组织是多种多样的,我们可以按很多标准对之进行分类。常用的分类标准有功能、规模、复杂程度、内部权力结构的特点等。以下从社会学的角度着眼,对社会组织的分类做简单介绍。

帕森斯从宏观社会体系的角度来分析社会组织。根据社会组织在社会生活中承担的职能,帕森斯将它们分为四大类:经济生产组织、政治目标组织、整合组织和模式维持组织。按照帕森斯的看法,经济生产组织是把经济利益放在首位的组织,但不局限于从事物质生产,实业公司是这类组织的典型。政治目标组织是形成和部署社会权力的组织,政府机关是其代表。整合组织是调节冲突的组织,所有以减缓社会冲突、进行社会控制为目的的组织都属此列,法庭和法律职业实体是其代表。模式维持组织是具有文化、教育功能的组织,教化社会成员认同社会文化、维持原有的制度和行为模式。学校和教会被认为是这类组织的典型。

布劳等人从组织运行的受惠者的角度把组织分为互利组织、服务组织、经营性组织和公益组织。互利组织以组织成员的互惠为目的,如工会、俱乐部等。服务组织是向其顾客和社会中与该类组织有直接关联的人提供专业性的、良好的服务的组织,如医院、学校、社会工作机构、律师事务所等。经营性组织是营利性组织,如公司、银行等。公益组织是以一般公众为受益对象的组织,包括政府机构、邮局等。

阿米泰·埃兹奥尼(Amitai Etzioni)根据组织中的权威性质或组织对成员的控制方式将组织分成三类:强制性组织、功利性组织和规范性组织。强制性组织是建立在暴力基础之上的、以强迫的手段使成员服从的组织,在这种组织中,强制是用来控制低层成员的主要工具,比如监狱、精神病院和军队。功利性组织是通过金钱和物质报酬对成员进行控制的组织,这主要指工商企业组织。其组织成员为了功利目的而加入组织,组织则以经济利益对之进行激励和控制。规范性组织是用规范对成员进行控制的组织,通过规范的内化,组织实现了对成员的控制,宗教组织是这类组织的典型。

以上是从社会学的角度进行分类,这些分类服从于社会学家对社会结构、社会体系的理论分析。除此之外,组织还有以下分类:按规模可以分为小型组织、中型组织、大型组织和巨型组织;根据内部结构和关系的复杂程度可以分为简单组织和复杂组织;等等。还有基于实际工作需要而进行的分类,例如,我国在全国基本单位普查中按产业性质和机构编制的性质对组织进行分类,从现代社会结构和治理关系的角度可以分为政府、企业和非营利组织。

(二) 社会组织的构成要素

1. 通过一定手续加入的成员

社会组织作为实现人们所追求的共同目标的群体,需要有一定数量的、通过一定手续加入的成员。履行一定的手续有多种功能:确认和强化成员对组织目标的认同;明确组织与成员各自的权利和义务;明确社会组织边界,强化成员对组织的归属感;有益于组织对成员的有效管理。

2. 明确的目标

任何社会组织都有明确的特定目标,它们可能是具体目标也可能是宏大目标。清晰的目标是组织成员聚集、结合在一起的基础,也是组织内部进行合理分工、合作的基础。没有目标的社会组织是不存在的,没有明确目标的组织会缺乏具体的行动方向,也不利于整合其成员共同努力。

3. 规范的章程

社会组织的章程是关于组织的性质、目标、任务、结构、组织原则、组织成员的权利和义务以及组织活动规则的规定。规范的章程是指比较正式的规定,是成文的和成体系的。规范的章程是由社会组织构成的复杂性决定的,来源不同、追求个人利益和整体利益的人们要共同活动,就必须有明确的规范,这种规范好像社会组织中的"法律",指导和维系着组织的运行。

4. 权威的领导体系

按照社会学家韦伯的说法,权威是获得认可的权力,社会组织中的权威由具体的职位来表示。对于由来源不同、追求个人利益的人组成的社会组织来说,权威的必要性是不言而喻的。权威的领导体系确立了不同层级成员之间的权力关系,从而保障组织内部的秩序和共同行动的可能性。韦伯认为,权威就其形成而言分为法理型权威(rational-legal authority)、传统型权威(traditional authority)和魅力型权威(charismatic authority)。法理型权威是通过人们认为合法的程序而形成的、具有合理性的权威;传统型权威是由于世袭等而形成的权威,下级对上级的臣属和忠诚是其权力特征;魅力型权威是由于个人具有超人的才能而形成的权威。在现代社会组织中,法理型权威占主导地位。

5. 物质基础

任何组织的运行都需要一定的物质条件,包括资金、设备、活动场所等。不同的社会组织对物质基础的要求也不相同。

### 三、社会组织的结构

(一)什么是社会组织的结构

结构是指事物各部分之间相对稳定的关系。社会组织的结构(简称组织结构)是指社会组织各构成部分之间相对稳定的关系形式。它指的是,一个社会组织由哪些部分组成,各部分在组织整体中所处的地位,以及它们在组织运行中发挥作用的相互关系。

社会组织是一个分工合作的体系。内部的纵向分工和横向分工形成了承担不同职能的"团块"或部门,这些团块和部门围绕实现组织目标形成了相对稳定的互动模式,相互联结的这些部门就构成了社会组织的整体结构。社会组织的结构既包括正式结构,也包括非正式结构,正式结构是社会组织的主要结构。

社会组织的正式结构是为了实现组织的目标而设置的,并由组织规章正式规定的各层次、各职能部门之间的稳定的关系模式。组织的正式结构具体表现为各层次、各部门之间的分工合作关系。它一般可以用组织图来表示:各职能团块通过纵向的权力分配和横向的职能分工联系起来,反映组织的基本结构。当分工和权力延伸至更基层的部门乃至员工时,就形成了组织的整体结构。

组织的正式结构反映各部门之间、组织成员之间的正式关系即工作关系,它是为了有效地达成组织目标而慎重安排的结构,所以组织的正式结构具有明显的理性色彩。在对组织的正式结构的研究中,研究者一般更加重视其纵向结构,即权力或管理结构。具有一定规模的社会组织常常纵向划分为决策层、管理层(又可分为高层管理和基层管理)和执行层。各层级之间的权力和服从关系构成了组织的具体的权力结构。所以,组织的正式结构是包含了权力结构的职能结构体系,这个结构的基本特点是层级之间、部门之间、成员之间相互关系和行为的合目标性与合规则性。

(二) 组织的非正式结构

社会组织中除了正式结构外,还存在非正式结构。这是组织中存在的、由非工作关系(非正式关系)形成的互动模式。布劳将由非正式关系连接形成的群体称为非正式群体或非正式组织。非正式群体的存在造就了组织的非正式结构。非正式群体主要有两种:一种是将血缘关系、地缘关系、同学或朋友关系带入组织形成群体,或因组织成员的共同兴趣而形成某种群体。另一种是在正式的工作关系中衍生出来的群体,日常工作中经常性的联系可能会加深成员之间的相互了解,并使之在此基础上产生好感、信任,进而形成非正式关系。在这里,非正式关系可能与正式的工作关系结为一体。在这种情况下,成员处理工作问题时也会采取正式规定以外的方式。

在组织社会学中,非正式群体和非正式结构研究是一个核心问题,它们的存在反映出作为社会缩影的组织的复杂性及其实际特点。组织的非正式结构的发现提醒人们：社会组织并不是人们凭意愿设计而成的纯粹的理性结构，它是一个复杂的社会。由于文化的特殊性，中国的组织研究更强调这一点，关注组织中的私人关系、派系、关系网等。研究者似乎相信，非正式群体的大量存在是中国的社会组织的文化和制度特征。社会学常常从理性、权力的角度研究社会组织，研究集权组织、科层组织、分权组织等，我们稍后将进行介绍。

（三）管理视角的组织结构类型

尽管非正式结构是不可忽略的，但是在研究组织结构时应该首先关注它的正式结构。从组织管理学的角度来讲，一个多世纪以来，人们主要采用直线型、职能型、直线—职能型、事业部型、矩阵型等组织结构形式。

直线型组织是组织中的职位完全按垂直系统直线排列、上级对下级进行指挥、下级对上级负责的组织结构形式。在这种组织中，每个人只有一个上级，信息在垂直方向上单线传递。直线型组织是最早出现的、最简单的组织形式。

职能型组织是以组织成员工作中所需要的主要技能为基础把人们集合起来的组织形式。在组织运行中，职能部门借助于其职能系统直接向下级行政部门和单位下达任务和命令，进而形成由职能部门指挥下层部门运行的情形。

直线—职能型组织是直线型组织和职能型组织的结合。这种组织形式强调自上而下的行政主管的统一领导，同时注意发挥职能系统在专业、技术方面的作用。

事业部型组织是现代大型企业通常采用的组织结构形式，即整个组织分为几个从事不同事业（项目或行业）的二级组织，即事业部。整个组织有统一的领导和决策机构，但是各事业部又有相对独立的利益、市场（服务领域）和自主权，从而形成集中决策、分散经营的组织形式。

矩阵型组织是指组织在结构方面采取了类似矩阵的形式。组织采取职能部门与项目小组交叉管理的方式：每个员工既接受职能部门技术上的领导和监督，又接受项目负责人的领导和管理。当某个项目的任务发生较大变化、人员与任务的搭配不太合适时，组织可以改变项目的人员配置。

除了上述组织结构类型外，还有复杂的混合模式。应该说，并没有绝对优越的组织结构形式。不同性质、使用不同技术、处于不同环境的组织为了有效运行，可能要采取不同的组织结构，这就是权变的组织理论的观点。

上述关于组织结构类型的讨论主要是针对企业组织而言的,它似乎只是关注组织的职能结构。实际上,组织的正式结构还要受到社会体制等因素的影响。显然,上述组织结构类型并未完全反映中国大多数组织的状况。我国的组织既有职能结构体系的,也有党团系统的,我国的社会组织结构具有一定的特殊性。

（四）组织结构类型的发展变化

传统的组织结构基本上是以经济学的专业化分工和政治学的权力一元化理论为基础的。随着对组织成员和环境的逐渐重视,组织结构采取了更加有机的、多元化的方式。20世纪70年代以来,随着经济全球化进程加快、新的科学技术的运用和市场竞争的加剧,组织的管理结构也发生了新的变化。从工商企业组织的角度来看,这种发展变化主要表现为横向公司和网络化组织。

横向公司是从横向上加强联系的组织形式,其特征是围绕工作流程或过程而不是围绕部门职能建立组织结构。由于主要工作按横向关系安排,传统的以职能系统为主的层级结构变得不再那么重要。除了人力资源、财务等必要部门外,其他与生产直接相关的职能系统层级都被减少,组织结构变得较为扁平,即组织结构扁平化。

网络化组织是以自由市场为基础的灵活的组织形式,它的一个重要特点是可在需要时实行生产外包、对外购买部分部件（物质产品或服务）。这种组织模式以自由市场模式组合替代传统的纵向层级组织,具有较大动态性。网络化组织的出现是对组织边界的挑战,也是对传统组织结构和理论的挑战。

## 第二节 组织目标与组织运行

### 一、组织目标的含义与功能

（一）组织目标的含义

按照功能主义的定义,组织是人们为了实现共同的特定目标联合起来的社会群体。这里预设了组织成员有共同的目标,并为之共同努力。

埃兹奥尼认为,组织目标是组织致力于达到的某种想望的境界,是指向未来的,是组织所希望达到的状态。管理学家则从更加具体和可操作的角度看待组织目标,认为组织目标是组织奋力争取达到的希望的未来状态,它包括使命、目标对象、指标、定额和时限等。这里的使命指组织在社会系统中所承担的责任，即它在社会分工体系中所应有的社会功能；目标对象是对这种使命的具体化，即它要在哪方面有所作为；指标和定额是指在更具体方向上要达到的水平；时限是指实现某一目标的时间限度。

也有研究者认为，组织目标是组织的拥有者致力于达到的想望的境界。这里强调了组织目标的归属，即它是谁的目标。

（二）组织目标的功能

组织目标对于组织的存在、运行和发展具有重要作用，主要表现在如下一些方面。

1. 组织目标是组织存在的合法性根据

组织是社会分工的产物，一个组织之所以合法地存在是因为它承担了某种社会职能，而这种合法性首先表现在组织目标上。也就是说，只有当一个组织的目标被承认之后，它才具有了政治的或社会的合法性，即它的存在是必要的、合理的和可接受的。

2. 组织目标为组织成员之间的分工合作提供了基础

组织成员是围绕组织目标而结合起来的，组织目标也就成了组织成员和部门之间分工合作的基础。那些符合组织目标的工作被认为是合理的，这样，整个组织就是以组织目标为基础的、理性的分工合作体系。

3. 组织目标是衡量组织成员和组织活动成效的标尺

从某种意义上说，社会组织是一个社会经济体。它要有效地追求目标，然而组织成员和组织活动是否有效，必须反过来通过与组织目标比较来衡量。组织活动的结果越接近于组织目标的规定、与组织所希望的状态越吻合，组织的活动就越有效。

4. 组织目标是不同性质的组织相互区分的标准

政府和社会对不同的社会组织有不同的期望，给予的待遇也有不同。比如，政府对营利组织、公益组织和社会福利服务机构的要求不同，给予的支持也不同。政府对公益组织实行免税、公众向社会福利服务机构捐赠都是以这些组织的目标为根据的，是以对其组织目标（包括宣称的正式目标和实际目标）的考察为基础的。

（三）组织目标的结构

如果既把组织看作承担一定社会职能的社会单位，又把它看作人们为了某

## 第六章 社会组织

种利益而结合成的协作共同体,那么组织目标就可以分为对内目标和对外(外向)目标。对内目标是要满足组织和组织成员的需求,对外目标则是要满足社会(外部环境)的要求。除此之外,实际上组织中存在个人目标与组织目标、整体目标与部门目标等多重关系。

1. 个人目标与组织目标

个人目标即组织成员的目标,它是组织参与者个人追求的目标。在一般情况下,一个人是由于认同组织目标而加入组织成为其中一员的,但是个人毕竟有自己具体的追求。这样,怎样看待组织目标与个人目标的关系就成为值得研究的问题。关于组织利益(目标)与个人利益(目标)关系的看法有一种基本的分野:个人主义取向和集体主义取向。

个人主义取向在组织利益与个人利益的关系问题上偏向个人利益,甚至否定组织利益。经济学家曼瑟尔·奥尔森(Mancur Olson)认为,对组织进行系统研究的逻辑起点是它的目标,但是组织一般是否有特定的单一目标还是一个问题。然而有一个目标是大多数组织都有的,即增进其成员的利益。他认为,组织的实质之一就是向其成员提供普遍利益。按照这种看法,组织是获取个人利益的工具,组织本身没有利益,也就无所谓组织的独特目标了。

集体主义取向在个人利益与组织利益的关系问题上并不否认个人利益的重要性与合法性,但它同时认为组织有自己的利益,这种利益是超乎个人目标的,而且组织的整体利益高于组织成员的个人利益。虽然组织目标是通过组织成员的行动来实现的,但它又是超越成员个人目标的。组织利益包含了组织成员利益,但并不等于个人利益之和。比如,组织的存续和发展是宏观目标,组织的资本积累和扩大再生产也不一定同组织成员的个人利益完全一致。

2. 整体目标与部门目标

组织的整体目标是指作为一个系统的社会组织的目标,部门目标则是指组织各职能部门或基层单位所要达成的目标。组织的整体目标与部门目标之间有密切的关系,在组织的正式规定中它们是高度一致的,因为部门目标基本上是由整体目标分解而成的。

实际上,部门也常常有自己的目标,这种目标可能与组织的整体目标的要求有差异。这种现象的原因有:第一,部门或基层单位更接近组织成员,为了调动他们的积极性,部门或基层单位常常比宏观组织更注意组织成员的利益,并在部门目标中体现个人利益。第二,部门为了自己的利益压低或抬高组织上层分配的目标。部门与组织所站的角度不同,所以它们对部门目标的定位也不同。组织的部门目标与整体目标之间的差异带来了组织目标整合的问题。

3. 组织目标的系统结构

格罗斯曾这样区分组织目标的类别:利益的满足,即满足组织中有权力者的利益需求,尽管它们有时是互相冲突或重叠的;劳务或商品的产出,即组织提供顾客所需要的产品(有形的产品或无形的服务);追求效率或获利;对组织生存能力的投资,即为了组织的存续和发展而进行投资;调动和获取资源以支持组织的运行;遵守法规,这些法规包括国家的法律条文、组织及其各个部门的正式或非正式的规章制度;合理性,即从理想性、可行性和持久性上看,组织的运行是令人满意的。毫无疑问,组织的上述目标是有机结合在一起的。

我们通过前面的分析应该认识到,组织目标是一个复杂的系统。组织目标可分为对外目标和对内目标。对外目标是社会组织在社会分工体系中的职能的表现,它要满足社会对它提出的要求,这就是生产出合格的产品。对内目标是满足组织成员和部门的要求,同时满足组织自身发展的要求。成员目标包括物质待遇、同事间的和谐关系、发展机会等;组织自身发展目标包括组织运行的效率,上下级之间、部门之间的协调关系,组织动员资源的能力以及自身发展能力的增强,等等。组织的对外目标和对内目标是联系在一起的,组织的整体目标、部门目标和成员目标也是有机地联系在一起的。于是,组织目标成为一个系统结构。

## 二、组织的运行

(一) 组织过程

社会组织并不是组织成员及物资设备的简单集合和组合,它是组织成员为了实现同一目标而协同努力的集体。将组织要素组合成一个整体以实现组织目标的过程叫作组织过程。它包括如何把不同的参与者组合成一个整体和如何使这个整体有效地运行两大内容。

将独立的个体组合成一个共同活动的整体的过程被称为组织化。至于组织化的机制,不同的立场有不同的解释。帕森斯站在组织结构优先的角度看待组织与成员的关系,他认为,组织要使成员个人认同组织的目标和规则进而去有效地实现组织目标,基本的办法是使其认同组织的价值和角色,而这就需要对组织成员进行社会化,同时需要运用制度和规则对其进行约束和控制即制度化,这样,组织就成为一个有效的功能体系。

从成员的角度看组织形成的机制,组织和参与组织的个人(组织成员)就成为不同的利益主体,这样,组织化机制就是组织与组织成员之间、组织成员之间的相互磨合的过程,人们在合同制度之下探索着合作的方法和过程。

管理学家亨利·明茨伯格(Henry Mintzberg)从管理和技术的角度指出,组织过程的机制包括组织成员的相互调整、领导对下属的直接监督、工作过程的标准化、工作技能的标准化和产品的标准化,通过这些机制组织得以有效运转。

如果把组织过程视为一个社会过程,其机制就复杂得多。这里包括:组织的参与者通过互动和沟通达成共识,形成规范或认同规范,在权威的指挥下进行分工、合作;成员扮演角色和相互磨合与适应;领导者行使权力进行协调和控制,解决内部冲突并实施组织可容纳的变迁;等等。这一过程不应该被看作完全定型的、正式化的过程,因为这一过程中存在复杂的互动关系。组织的参与者依据或参照既定的规则承担一定的职责,但在具体实践中又受诸多因素的影响,这就是现实的组织过程。

(二) 组织中的激励

西方的组织理论、组织管理理论基本上坚持理性主义假设。按照这种观点,组织成员是在组织的制度、规则之下基于自身利益进行理性选择的行动者。这样,组织就要设计出各种方法去刺激成员的积极性,以使其为组织目标的实现做出贡献。在组织管理实践的基础上形成了一些有价值的激励理论,主要包括需要型激励理论、过程型激励理论和公平理论等。需要型激励理论以马斯洛的需要层次论为代表,这类理论认为,只要确实了解组织成员的需要结构,就能设计出有效的激励方法。过程型激励理论认为,个人行为的积极性与他对组织的工作过程、成果的分配过程的看法有关,当个人认识到他的工作与其利益密切相关时,他的工作积极性就高。公平理论则认为,如果组织成员感到自己得到了公平对待,他就有积极行为;反之,他就变得消极。

在组织管理学中,激励是指刺激、鼓励组织成员为实现组织目标而努力的活动。组织管理学家切斯特·巴纳德(Chester Barnard)提出了"诱因"这一概念。他指出诱因是组织吸引成员为实现组织目标而做出贡献的东西,并把它分为物质诱因和非物质诱因、客观诱因和主观方面的诱因、给予特定个人的特殊诱因和非个人化的一般诱因等。后来，赫伯特·西蒙(Herbert Simon)进一步分析了诱因及其构成、它对组织运行的影响，他认为组织的诱因包括工资、吸引力、声望、参与机会等所有可以吸引成员为实现组织目标而努力的因素。

总的来说，组织所拥有的诱因既包括经济性的诱因，也包括非经济性的诱因。前者包括工资报酬、可转化为货币的物质福利待遇；后者则是指满足组织成员精神追求的因素，包括成员对理想的追求、融洽的人际关系、组织带来的较高的社会声望、较多的发展机会等。组织如果能够向其成员提供足够的诱因，组织成员就会为组织做出贡献。巴纳德和西蒙认为，组织向其成员提供有吸引力的诱因，成员为了满足自己的需要而为组织目标的实现做出贡献，二者之间应该形成一种相对平衡的关系。再加上社会组织在外部关系上的投入—产出平衡（在获得外部资源和提供合格产品之间实现平衡），社会组织就能够存续下去，这被称为组织平衡理论。

### (三) 组织中的政治

在组织中，权力和权威是基本的要素，但是在以加强有效管理为目的的组织研究中，"权力"的概念被弱化了，似乎组织只同分工、责任、绩效考核、激励等相联系，组织成员已完全认同自上而下的权力，权力已被合法化成了权威。以功能主义为基础的组织观就是如此。

实际上，组织运行研究中还有另一种视角，就是组织的政治学分析。这一视角认为，组织并不是和谐的整体，而是充满利益冲突的。在这种情况下权力或政治就是主要分析对象。当对组织过程进行具体分析时，那些不协调、强制、冲突就会大量进入研究视野。于是在组织研究中，权力关系、支配关系被突显出来。在这里，"权力"的概念已超出纯粹的政治权力的解释范围，而与不平等、依赖、支配、控制密切地联系在一起。

按照这种思路，实际上关于组织的所有标准化理论，无论是组织设计、组织发展还是其他领域都是政治的，甚至组织绩效也是一个政治问题。按照这种观点，组织并不是整合的，而是存在多元的利益群体；组织中的决策不是逻辑化的、理性的，而是利益冲突的结果。这样，组织运行就是充满矛盾和冲突，并试图处理这些不协调关系的过程。

### 三、社会组织与环境的关系

（一）什么是社会组织的环境

早期的组织理论主要以研究组织的内部规则、组织成员的积极性为主，几乎不考虑外部因素对组织运行的影响，这种研究组织的观点被称为封闭的组织观。20世纪60年代以后，环境对组织的影响、组织与环境的关系问题成为组织研究的重要问题，组织问题与其环境相联系的研究观点就形成了开放的组织观。

"环境"是一个相当开放的范畴，这给界定环境带来困难。我们可以认为，社会组织的环境是存在于组织之外的、对组织具有现实或潜在影响的所有因素。不同的组织有不同的环境，但任何组织的环境都相当复杂。例如，企业组织的环境包括原料供应商、劳动力市场、银行及其他金融机构、顾客和客户、相关产业的竞争者、新技术生产者、政府及其政策、行业组织、社会文化和思潮等。

从更一般的意义上分析，组织的环境主要包括相关组织、制度和文化。相关组织环境是指那些与某一组织有关联的组织实体和消费群体，如经济组织、政治组织、中介组织、公益组织等，它们的行动会对某一组织产生影响。它们可能是同一行业的，也可能是不同行业的；可能是同一层次的，也可能是不同层级的。相关制度环境主要是指权力部门所制定的相关政策和规则，以及同类组织间的契约和习惯性做法，它们对相关组织的行为给予支持或进行约束，这些通常被称为制度环境。相关文化环境主要是指在组织活动范围内起作用的伦理和价值观念，这与组织的性质、组织所处的宏观社会系统有关。

在大多数情况下，组织的环境要素不是单独发挥作用，而是以集结的方式出现并发挥作用的。比如体制改革中的企业组织，它所面对的环境不仅是政府的新政策、企业与政府的新型关系，而且包括新的劳动力市场和产品销售市场等。同时，环境又处于或者平缓或者剧烈的不断变化之中。于是，组织的环境就变得相当复杂，它对组织的影响也相当复杂。

一个显见的事实是，在现代社会中，组织的环境带有扩展性特点，一些原来无关的因素正在变为组织的环境，而且各种环境因素对组织的影响也变得难以预料。于是，社会组织不得不去认真分析和对待环境的影响。

## （二）环境对社会组织的影响

### 1. 社会系统的观点

在社会学家中，帕森斯是较早关注组织环境的研究者。帕森斯从社会系统的角度研究社会组织，认为组织是一个系统，同时也是更大社会系统的子系统；组织具有开放性，它必须处理与环境的关系。帕森斯关于组织与环境关系的观点服从于其结构功能主义理论范式。他认为，社会组织受更大社会系统的影响，它必须采取行动适应环境，同时实现自己的内部整合。

关于环境对组织的影响的看法与看待组织和环境关系的界面有关，这种界面越多，组织受到环境的影响就越复杂。弗里蒙特·卡斯特（Fremont Kast）等人把组织看作由结构子系统、社会心理子系统、目标与价值子系统、技术子系统和管理子系统组成的复杂系统，而且组织处于开放的环境超系统之中。这样，组织就在多个层面同环境产生了关系，组织的结构、组织中的人际关系、组织的目标和价值、组织所采用的技术以及组织的管理方式都会受到环境的影响。组织理论家汤普森也指出，组织中的不同部分受环境的影响程度是不同的。

一般地，人们更加关注环境对组织结构的影响。当环境因素力量足够强大时，受它影响的社会组织在结构上会发生如下变化：第一，组织的结构进行适应性调整时，原来的部门或内部单位会承担更多的职能，以适应与外部交流的需要。比如，政府进行机构改革时，原来的部门要转换职能。第二，在有必要时，组织会设立专门处理同环境关系的部门。比如，在走向市场经济体制的过程中，企业设立了公共关系部、市场部。组织结构的这些变化是为了了解外部信息、增强本组织的适应能力。

### 2. 资源依赖的影响

在组织同外部环境的关系中，资源一直是最重要的焦点之一。因为对于所有以服务社会为职能的社会组织来说，从外部获取资源和向环境输出产品是组织最基本、最重要的活动。资源是组织的生命线，足够的优质资源是生产优质产品的必不可少的基础。关于这一点，我们看一下国际争端和组织之间的竞争就十分清楚。

资源依赖理论是关于组织之间资源依赖关系及其对组织影响的理论。爱默森曾经指出，一个组织在资源上过分依赖其他组织就会生成权力，即过分依赖会丧失权力。正因如此,组织都试图控制资源。一些学者基于开放系统的观点提出了组织的资源依赖理论。他们指出,组织都是依赖外部资源而生存的,过度的资源依赖会生成权力。当组织因对资源的依赖而受到威胁时,它就会设法去控制外部资源而减少其依赖性。组织减少依赖性和不确定性的策略有与资源占有者签订长期合作合同、加入行业协会和废除垄断制度等政治性措施。

随着经济、政治环境的日益复杂和不稳定,组织要对全部资源进行有效控制已变得十分困难。为了获得资源,减少不确定性和恶性竞争造成的巨大损失,实力相当的组织开始联合起来共同分享稀缺资源,于是产生了组织间的协作。组织间的协作强调建立组织间的信任关系和伙伴关系,即同原来具有竞争关系的组织建立合作关系,互相承诺,共享资源,减少恶性竞争,这样可以在更大范围内更具竞争力。原来的独自控制资源变成通过组织间的协作获得资源,这是组织资源依赖理论的新发展,也是组织适应外部环境而发生的变化。

3. 文化环境的影响

文化是大多数成员共享的价值观念,当大多数成员遵循某种价值观念行动时,就逐渐形成一种制度,这种制度影响认同这种文化的成员的行为。这种观点被用于组织间关系、组织同外部环境关系的分析,就形成了组织的新制度主义观点。

在组织的新制度主义那里,个人重复某种行为和它被自己及他人赋予相似意义的过程称为制度化,这种共同认识就是社会文化。有的学者强调在广泛的制度环境中产生作用的文化规则对于组织的重要性。他们认为,在现代社会中,由职业权威和科学权威确立的规范、制度实际上是理性的神话,即它们是无须证明的、合理的;这些制度也应该被其他组织效仿和遵行。

新制度主义强调,组织是一个开放系统,环境影响组织的行为,被社会性地建构起来的观念体系和规范制度对组织产生强大的控制性作用,它不但影响组织的结构,也影响组织的运作。企业竞相进行 ISO 9000 认证、高等学校纷纷实行学分制等都是制度文化对组织产生影响的例子。

上述关于组织与环境关系的分析主要指出了环境对组织的影响。实际上,从组织间关系的角度来讲,社会组织是互为环境的,这就是说,组织也影响环境。

## 第三节　社会组织的管理

### 一、家长制

**（一）家长制的特征**

在组织管理的历史上最早出现的是家长制，它是建立在下级对上级的个人效忠、服从和信赖基础上的组织管理方式，是与封建家庭制度相似的管理制度，也是前资本主义阶段比较普遍的管理方式。

家长制作为一种组织管理方式有如下特点：第一，组织管理的权力高度集中于组织上层，不向下分权。一般地，这种组织的规模较小，组织的最高管理者作为创始人或者以最高领导人自居而独揽大权。第二，组织的领导人把组织当作自己的私人领地，不容别人干涉。第三，最高管理者或领导人基本上凭个人经验进行管理。这种组织缺乏科学管理思想，领导人以其人生经验、工作经验作为决策的重要参考依据。第四，管理行为有较大的随意性。最高管理者的个人情感、好恶常常对组织的活动产生重要影响。第五，组织缺乏严格的办事规则，没有明确的组织规范，或者正式的组织规则形同虚设，组织管理基本上是人治、"家天下"。

组织中的权力掌握在极少数上层人手中，大多数组织成员只能执行命令，而没有过问组织事务的权力。这会产生两种效应：一方面，组织的运行效率高，组织中的一致性强，在领导人比较英明的情况下，这会促进组织的快速发展。另一方面，这可能会给组织的发展带来障碍。家长制会极大地抑制组织成员的积极性和责任意识，不利于充分动员组织资源去实现组织目标。在组织实行高层领导人治的情况下，下属常常会依据上级的情感、好恶而行事，缺乏科学的办事规则，损害组织发展。另外，家长制培育奴性、抑制组织成员的创造精神，常常使得组织守旧而不适应外部复杂多变的环境，不利于组织的顺利发展。

**（二）家长制存在的条件**

家长制是一种比较落后的组织管理方式，它的存在与一系列经济、政治和文化因素有关。手工作坊式企业普遍采用家长制的管理方式，其组织规模小、内部分工不发达、技术比较单一、外部环境比较稳定，家长制可以应付。同时，这种状态与最高领导人的地位获得有关。这种组织多是由最高领导人一手创办,或者领导人以其资历和努力对组织发展做出过独特贡献,在组织中处于绝对权威的地位。另外,组织成员存在"臣民"思想。组织成员不把组织作为自己成就事业之所,而只是"听差""混事","不在其位,不谋其政",这使家长制得以平安存在下去。家长制是一种独裁制,随着经济、政治、文化和环境的变化,家长制变得越来越不适用,必须发生改变。

**二、古典管理理论**

随着资本主义大生产的发展,组织的规模迅速扩大、组织内部的分工也变得日益细致,这就对组织管理提出了新的要求。19世纪后期至20世纪初出现的用科学的方法进行组织管理的经验和理论,被称为古典管理理论。其代表是泰勒的科学管理理论、法约尔的一般行政理论和韦伯的科层制理论。

(一)泰勒的科学管理理论

科学管理理论是美国管理学家弗雷德里克·泰勒(Frederick Taylor)为企业管理设计的一套价值理念和管理方法。它推崇经济合理性和个人主义的价值观,认为只要给工人合理的报酬就能刺激他们的积极性,从而提高企业的效率,并带来劳资两利的效果。以这种假设为基础,泰勒通过科学实验设计了一套提高工人工作效率的方法,包括工作程序的标准化、确定工作定额和计件工资制等,并形成了以工人的工作任务为中心的管理方法,这套管理方法后来被称为"泰勒制"。科学管理理论是建立在"经济人"假设之上的,即认为工人为了挣钱才工作,只要多劳多得,就能激励工人勤奋工作、提高效率。这种管理方式确实有利于刺激工人的积极性和提高工作效率,所以得到普遍实行。但是它把工人看成是挣钱的机器的观点和不人道的做法也遭到广泛批评。

(二)法约尔的一般行政理论

亨利·法约尔(Henri Fayol)是法国工业实业家和管理学家,他提出了一般行政(管理)理论。他最早把行政分为计划、组织、指挥、协调和控制五个环节,并提出行政管理的十四条原则,即组织中进行分工、权力与责任相称、组织中要有纪律、坚持统一指挥、实行统一领导、个人利益服从整体利益、报酬公平、权力集中、组织成员按职位形成等级链、建立以职位为基础的秩序、组织内部的公平和公道、人员的稳定性、发扬成员的创造精神、成员之间的团结。法约尔认为,他提出的行政过程和原则不仅适用于企业,也适用于政府、军队和其他组织,因而是一般行政理论。这种行政(管理)思想和原则至今仍被广泛应用于各种组织管理实践。

（三）韦伯的科层制理论

1. 科层制理论的出发点与主要内容

科层制(bureaucracy,也译官僚制)是韦伯根据纯粹理想型的理念提出的社会组织内部职位分层、权力分等、分科设层、各司其职的组织结构模式和管理方式。

韦伯认为,理想的组织应该具有以下特征:第一,组织内部有清楚的分工,而且明确规定每一个成员的权力和责任;第二,职位分等,组织的职位之间形成自上而下的权威体系,下级接受上级的指挥;第三,行政管理人员是因具备某种专业技术资格而被选中的,他们有专业资格;第四,行政管理人员是专职的公职人员,组织中的职务是他们的职业;第五,行政管理人员的升迁根据年资或政绩,取决于上级的评价;第六,组织内部有严格的、统一的纪律,下级要接受上级的监督。韦伯认为,这种制度在企业、慈善机构和事业组织、政治组织或宗教团体中都适用,并认为纯粹从技术上看,这种结构和制度是实施统治的最合理的形式。

从韦伯对科层制的特征的描述中可以发现,科层制在组织结构和运行机制方面有如下内容:第一,组织有严格而缜密的规则,它指导各个职位上的人员的行动,组织成员的行为都有章可循。这样,组织成员就是照章办事,组织中的管理就是对规则的管理。第二,组织成员都是有专业资格的,他们以此工作为职业而且胜任工作,于是组织是一个能人结构。第三,组织是以工作为核心的,以事为本,遵循事本主义原则,排除了人的感情,以保障组织的运行效率。可以发现,这种组织结构和管理制度是非人格化的,也是具有工具合理性的。

2. 科层制的功能

韦伯认为,科层制是理想型的组织结构和管理模式。这里的"理想型"是指并非建立在对实有事实和经验的概括之上,而是参照某些事实主观建构的概念类型。虽然这种科层制并不是现有组织的写照而是带有理想成分,但是所有领域的现代团体的发展都与科层制的行政管理相一致。在韦伯看来,依照科层制原则组织起来的机构是合理的,这种合理性表现为它能体现组织追求高效率的目标。通过对科层制特征的分析可以发现,科层制在保证其成员行为的准确性、稳定性和可靠性方面优于其他管理方式。能人结构、紧密联结与配合、事本主义原则共同保障了科层组织的有效运转和既定目标的有效达成。这也正是科层制的功能之所在。

科层制也有负功能。其原因是：第一，正如默顿所指出的，由于严格的纪律、烦琐的规则，组织成员只能照章办事，会形成"官僚主义人格"，他们有时会忘记组织的目标，甚至把规则当作目标，从而出现"目标置换"现象。第二，由于组织按专才选用人员，因此当那些专家遇到规则未能涉及的问题时可能会束手无策，从而出现"训练出来的无能"的现象。第三，组织中严格的分层及权力的明确划分使上下级之间的沟通变得烦琐。下级遇到新情况时可能会因层层向上请示而贻误时机。第四，由于事本主义原则，组织成员被限制在一定工作范围内，缺乏感情沟通，久而久之会影响其积极性。

3. 基于科层制的相关研究

对于科层制可能引起的非人格化的负面影响，韦伯也有所关注，但他对科层制可能产生的更多消极后果认识不足。关于科层制这一社会学的核心论题，许多社会学家开展了自己的研究。布劳认为，科层制本身并不像韦伯说的那么理性化，他通过自己的研究发现，科层组织中也有非理性成分，而且这种非理性成分对组织的运行发挥积极作用。菲利普·塞尔兹尼克（Philip Selznick）通过研究发现，科层组织中存在非正式机构，它们在外部力量的影响下可能使组织目标发生偏离。阿尔文·古尔德纳（Alvin Gouldner）的经验研究证实了默顿最初的假说。米歇尔·克罗齐耶（Michel Crozier）的实证研究指出了科层制的"恶性循环"。这些研究对韦伯的科层制的理性化假说提出了质疑。总的来说，韦伯的科层制是资本主义社会的理性化的理想模式，也成为分析西方社会和现代社会组织的重要概念和模式，它甚至成为现代组织发展的理论模型。但是，它与社会现实之间的差距常常成为人们攻击它之处。应该说，正是韦伯的科层制理论为后来现代组织理论的发展奠定了基础，同时，正是对这种理论的批评、质疑使组织理论不断丰富。

早期的科层化（官僚化）管理方式主要表现在国家的政权系统之中，有人认为中国秦朝以来实行的中央集权制是科层制的雏形。至于科层制在当今中国的命运，如果考虑到封建主义对我国行政管理的深重影响，那么我们或许应该引入科层制原则，当然也要注意抑制它的消极影响。

### 三、行为科学的管理理论

#### （一）霍桑实验的发现

行为科学是用科学的方法探究人的行为动因的学派,它发端于20世纪20年代的霍桑实验,40年代以后被理论化。行为科学最初是对工人的行为及其原因进行探究,以调节企业中的人际关系、提高生产效率的科学研究。后来,它涉及人的需要和激励、对人性的假设、人的成长等诸多方面,并对组织管理实践产生了重要影响。至今行为科学学派的管理方法仍然被广泛运用。

从20世纪20年代开始,社会心理学家乔治·梅奥(George Mayo)及其研究小组在美国西部的霍桑工厂进行了连续几年的实验,以求发现影响工人积极性的因素。通过实验,他们有如下几个重要发现:第一,工人是社会人。工人工作并不只是出于经济上的考虑,除了金钱收入,他们还有感情及心理方面的需要。第二,组织中存在非正式群体。正式组织中存在以感情联系为基础的非正式群体,它对组织成员的行为乃至正式组织的效率产生着重要影响。第三,提升士气可以提高工作效率。人际关系对组织成员的积极性有重要影响,因此领导者应该注意设法满足工人的需要,以鼓舞工人的士气。这样,霍桑实验得出了一项重要结论:社会因素是影响工人生产积极性的决定性因素。这种认为职工不但有经济方面的需要,而且有广泛的社会需要的观点被称为"社会人假设"。这种假设改变了旧的"经济人假设",经过马斯洛的人类需要层次论和其他研究成果,逐渐形成了一套以"关心人"为中心的全新的管理思路和方法,并对后来的组织管理实践和管理理论的发展产生了重要影响。

#### （二）组织中的非正式群体

霍桑实验的发现提出了如何看待正式组织中的非正式群体的作用的问题,这成为一些社会学家(如布劳)研究的重要议题。非正式群体的存在对于群体成员来说有积极的支持作用。第一,它给群体成员以感情上的支持,给他们以安全感。非正式群体一般是由于感情上的需要而形成的,它的出现首先满足了成员感情上、心理上的需要。第二,它给群体成员以工作方面的支持和帮助。组织成员在工作方面需要帮助,不但需要来自上级的指导、同事的协助,而且需要来自非正式群体成员的支持。比如组织成员在一些敏感问题上互相提醒、在工作中提供特殊的关照、在遇到不利处境时帮助承担责任等。当然,非正式群体也会对其成员的行为有所约束。

非正式群体对正式组织的作用表现为两个方面：一方面，当非正式群体并不是为了对抗组织的权威而出现时，它基本上是无害的。因为这时非正式群体的存在缓解了组织因功能不足而造成的组织成员心理上的郁闷等情绪，成员可以心情愉快地投入工作。还有，有时正式组织中的领导人可以利用非正式群体去了解和传播信息，这使组织更有弹性，组织运行更有效率。另一方面，当非正式群体以对抗正式组织为目标或它的目标与正式组织的目标相冲突时，非正式群体的存在就会对组织的运行造成干扰。

（三）X 理论和 Y 理论

行为科学管理理论强调"以人为本"的管理，主张不应把人看作被动的，而应该努力激发人的积极性。管理学家道格拉斯·麦格雷戈（Douglas McGregor）从人性的角度对以往的管理模式进行分析，提出"X 理论"和"Y 理论"两种假设。X 理论的假设是：一般人天生厌恶工作、逃避责任、缺乏抱负和创造性、追求安全，因此必须对其加以强制、控制，并以惩罚相威胁，才能使他们为实现组织目标而付出适当的努力。Y 理论的假设是：一般人并不是天生不喜欢工作，在恰当的条件下他们愿意承担责任，并视参与实现目标为一种成就和报酬。他们能实行自我指挥和自我控制，并且多数人具有解决组织中问题的能力。

麦格雷戈认为，人们被怎样对待在很大程度上是一种自我实现的预言。也就是说，如果管理人员假设被管理人员是懒惰的，并像他们似乎是懒惰的那样去对待他们，那么他们就会是懒惰的。反之，如果管理人员假设被管理人员是有能力和负责任的，并用相应的方法去对待他们，那么他们就表现出较高的积极性。麦格雷戈认为，Y 理论更能在管理上取得成功。

X 理论和 Y 理论是对人性的两种比较极端的假设，但实际情况相当复杂。有人认为，实际上职工的需要是多种多样的，甚至是互不相同的，单纯使用任何一种理论都不太适合，于是提出了权变理论（也可以称为超 Y 理论）。这种理论认为，人们带着各种需要和动机来到工作单位中，但主要需要的是胜任感。员工可以用不同的方式来获得胜任感，如果个人与任务和组织相适应，其动机就可能得到实现。管理者必须研究什么样的性格特点适合何种任务和组织，以提升员工的胜任感，进而提高组织效率。

## 四、组织的社会责任与社会资本

### (一) 企业社会责任

企业社会责任(corporate social responsibility,CSR)是指企业在创造利润、对股东承担法律责任的同时,还要承担对员工、消费者、社区和环境的责任;是指决策者在实现自身利益的同时,还有采取措施保护和增进社会整体利益的义务。企业社会责任强调在生产过程中对人的价值的关注,强调企业对消费者、环境和社会的贡献。企业承担社会责任的思想在古典政治经济学家亚当·斯密那里就已经出现了。后来,学界倾向认为,社会责任是指在给定的时间内社会对组织所具有的经济、法律、伦理、慈善方面的期望的总和。现在学界和实务界对企业社会责任的看法并不完全相同。持狭义定义者认为,企业的社会责任包括为职工提供安全的生产条件、向职工支付合理的工资、生产合格的产品、依法纳税。持广义定义者认为,在前面的基础上,企业还要承担社会慈善、环境保护、公益等方面的责任。

企业社会责任问题是与企业的非人性化管理及过分的市场化联系在一起的。在资本主义初期,企业社会责任问题并未被提上议事日程。20世纪90年代以来,随着经济全球化和市场竞争的加剧,企业社会责任问题凸显出来。一些民间团体组织起来反对"血汗工厂",也促进了现代企业制度的发展。实际上,企业承担社会责任不但可以增强职工对企业的归属感和积极性,而且可以为自己树立良好的社会形象,形成良好的外部支持条件。

### (二) 组织中的信任

组织是其成员协作的体系,组织的不同层级之间、同一层级成员之间的互相信任可以提高组织的运行效率,促进组织的和谐与稳定发展。弗朗西斯·福山(Francis Fukuyama)认为,信任是组织发展、国家和地区经济繁荣的基础,他从文化的角度理解信任问题,认为高信任度的文化可以促进经济繁荣。

美籍日裔学者威廉·大内(William Ouchi)认为,日本企业从20世纪中期以来就表现出相较于美国企业更大的竞争力,这来自日本企业不同于西方的独特的管理方式和企业文化。他认为,美国的组织管理有如下特征:对员工的短期雇佣制、机构内部快速的评价和升级制度、员工专业化的经历道路、上级对下属的明晰控制、在职权范围内的个人决策、个人负责制、企业与员工的工作的局部关系。这些促进了员工之间的竞争和工作效率的提升。日本企业则不然。日本企业实行终身雇佣制、机构内部缓慢的评价和升级制度、员工非专业化的经历道路、上级对下属的含蓄控制、集体决策、集体负责制、企业与员工的全面的整体关系。日本企业的上述管理模式比较突出的是注意上下级之间关系的和谐,体现的是集体主义文化。集体主义保障了内部和谐,塑造了员工对企业的忠诚,也提高了企业抵御风险的能力。大内认为,美国应该向日本学习某些东西。20世纪80年代以来在组织管理领域形成的建设组织文化的热潮也与此有关。

(三) 组织的社会资本

将组织发展同社会因素联系起来的一个新的理论关注点是社会资本理论。它是关于相互信任、支持性关系对行动者达成目标的活动所起作用的理论。

"社会资本"是20世纪80年代中期以来在组织社会学、经济社会学、社区发展等诸多领域被广泛运用的概念。系统的社会资本概念即社会资本理论由法国社会学家布迪厄提出。他认为,社会资本是实际或潜在资源的集合,这些资源与相互默认或承认的关系所组成的持久网络有关,而且这些关系或多或少是制度化的,这种网络从集体拥有的资本的角度为成员提供支持。美国社会学家詹姆斯·科尔曼(James Coleman)认为,社会资本是个人之间的关系,它由信任、义务与期望、信息网络、规范和权威等组成,是存在于人际关系结构之中并能为结构中的个人实现目标提供便利的东西。科尔曼认为,为某一目的建立的组织可以服务于其他目的,因而形成可以使用的社会资本。这种社会资本发挥着减少成本、提高效率的作用。如果没有社会资本,个人或组织的目标就难以实现或须付出极高的代价。显然,社会资本有利于组织的内部团结,有利于通过相互支持实现组织目标。

**五、组织管理中的参与和治理**

(一) 组织是一个协作体系

在韦伯那里,权威是由组织的等级制度确定的,下级只能服从上级。但是实际上许多组织并不是严格如此。组织管理学家巴纳德较早意识到权威的接受性问题。他认为,组织是由多个人组成的协作体系,是由两个以上的人为了达成一个以上的目标、以特定的关系组成的。他认为,一个命令是否具有权威,取决于接受命令的人而非"权威者"或发布命令的人。他提出权威被接受的四个条件:接受者能够而且的确理解命令;接受者认为这一命令与组织的目标没有矛盾;接受者认为从整体上来讲,这个命令同他的个人利益是一致的;接受者在精神和肉体上能够执行这个命令。显然,在这里巴纳德赋予下级一定的选择机会。

### (二) 组织中的参与决策

在传统的组织结构中,决策是组织上层的特权,决策权与一个人在组织中的行政等级密切相关。对于传统的权威结构的合理性,许多学者提出了质疑。

作为研究决策问题的管理学家,西蒙支持参与式决策。西蒙认为,组织是与权威相联系的、众人参与选择的决策系统;决策行为是普遍的,它存在于人们的所有有意识的活动之中,因此人人都是决策者。西蒙把组织目标看作一个复杂的系统,而目标的确定是行动者共同抉择的过程,这当然包括下属甚至一线的员工。在这里,西蒙并不否认权威的作用,同时他特别注重成员对组织的认同和忠诚。

管理学家德鲁克也倡导参与决策,他提出的目标管理就是吸收下属参与制定自己的工作目标,并以此来指导下属工作的管理策略。

### (三) 社会组织的治理结构

20世纪90年代以后,治理理论在组织领域得到广泛运用。治理不同于管理,它至少在两个方面与管理有明显差别:管理强调官方权威,认为权威是维持秩序和达成目标的基础;治理则认为权威未必只来自官方权力,多方合作才是维持秩序和达到目标的条件。管理是自上而下的权力行使过程,而治理强调上下互动,强调通过合作、协商、伙伴关系和认同来对公共事务进行管理。

治理问题的讨论首先发生于政治领域,即政治学家强调非政府组织、市民社会的发展对参与社会管理、实现良好社会秩序的意义。在经济领域,治理理念被用来建立良性的经济秩序,包括企业内部的秩序。在一定的组织系统中,治理就是要形成由相关各方共同参与的协商、合作关系,或某种各方共同认可的行为规则和秩序,这些被称为组织的治理结构。良好的治理结构对组织管理和组织发展具有重要意义。

## 第四节 中国的社会组织

### 一、中国社会组织的历史发展与管理经验

（一）中国社会组织的历史发展

中国历史上曾是一个以小农经济为基础的成熟的农业社会，社会组织很不发达。历史上比较发达的是政府组织。秦王朝建立了强有力的中央集权政府，并形成了从中央到地方的比较严密的官僚体系。鸦片战争以后，具有一定现代意义的社会组织逐步得到发展。

中华人民共和国成立以后，随着一批国有企业、学校、医院的建立和发展，社会组织得到了进一步发展。在计划经济时期，中国实行高度集中的计划体制，在城市和农村出现了许多既承担生产职能，又承担政治职能和社会职能的"政企不分""政社合一"的组织。单位组织是这类组织的典型代表。

不同层次、不同类别的社会组织密切联系，形成了组织体系，包括纵向组织体系和横向组织体系。纵向组织体系是由自上而下的权力联结而成的组织体系，组织之间是层级关系、上下级关系，这是我们所说的"条条"或"系统"。横向组织体系是以功能依存为基础而形成的组织系统，组织之间基于共同生存和利益而形成密切联系。纵向组织体系和横向组织体系的结合就形成综合组织体系，行政辖区内的组织体系是典型的综合组织体系。

改革开放以来，中国的社会组织格局发生了重大变化。在农村，家庭联产承包责任制的普遍推行导致政社合一的人民公社制度解体。在城市，通过经济体制改革，国有企业逐渐转变为现代企业，其他类型的经济组织也快速发展。随着社会体制改革的深入，各种民间组织得到一定发展。

（二）中国的组织管理经验

中国的现代社会组织不发达，但是历史上的一些与管理有关的思想还是为现代组织管理做出了贡献。比如儒家的人本思想、兵家的权谋、易经的变换都对现代组织管理有重要的借鉴意义。20世纪60年代毛泽东倡导"鞍钢宪法"，在企业中实行"两参一改三结合"，即实行干部参加劳动、工人参加管理，改革不合理的规章制度，工人群众、技术人员、领导干部三结合的群众路线。这一民主管

理制度不仅指导了中国企业的发展,提高了组织效率,也产生了一定的国际影响。不过,中国实行市场化改革以来,"鞍钢宪法"的民主管理制度受到严重挑战。

## 二、中国的单位组织

### (一) 中国单位组织的特点

20世纪80年代以来,中国计划经济时期的组织管理模式受到国内外社会学家的关注,并产生了一系列研究成果。美国社会学家安德鲁·华尔德(Andrew Walder,又译沃德)关于中国国营企业的研究开创了单位组织和单位制度研究。此后,中国学者在这方面的研究日益深入。

单位制度是中国在20世纪50年代以后实行的以企事业组织为单位,承担政府的社会分工目标并对其成员进行全面管理的制度,执行这种制度的企事业组织被称为单位组织,简称单位。单位制度是国家对社会进行管理并推动其运行的一套制度,靠着这一制度,全国成为一个以中央政府为最高权威的特大的组织体系,单位组织则是具有相对独立的职能、向上负责,并对其成员进行行政管理的部门。

单位组织有如下特征:第一,功能合一。任何单位组织都有自身的专业分工,同时承担政治管理职能和社会职能。它组织其成员进行专业活动,又代表政府对其成员进行全面管理,同时满足成员的多种需要。第二,组织资源的非流动性。组织中的人力、物力和财力资源归国家所有,国家将一系列管理制度(如身份制度、档案制度等)加之于组织,因而资源难以在组织间自由流动。第三,组织成员对组织有很强的依赖性。由于组织掌握了其成员所需要的多种重要资源,而组织之外没有这些资源,因此成员形成对组织的依赖。第四,行政等级性。单位组织都具有行政等级,由此决定它在政府那里获取的资源多少和权力大小。这也使整个国家成为一个特大的行政管理体系。

### (二) 中国单位组织的功能

中国的单位制度和单位组织是计划经济的产物和核心,它们是在继承了中国共产党在革命根据地时期的军事共产主义制度的基础上,根据20世纪50年代以后国家建设的任务而形成的。单位制度与计划经济体制、集中管理和官本位的传统密切相关。

单位组织发挥了如下功能：实现了资源的有效动员和综合利用，单位组织对组织的人力、物力和人的潜力进行了有效动员和开发，并将其应用于国家的工业化建设，取得了明显的效果；为组织成员提供较好的福利待遇，使组织成员具有较强的向心力，促进了成员对组织的忠诚，实现了组织对成员的有效管理。

单位组织也有明显的负功能。单位制度是一种向上负责的体制，它的行政性特征削弱了单位组织的专业特征，带来专业上的低效率。"单位办社会"使得组织负担沉重，专业效率低。单位组织的行政等级性刺激了组织的膨胀冲动，每个单位组织都希望在级别上提高、在规模上扩大。正如帕金森定律所指出的那样，以提高组织等级为目的的组织膨胀会导致组织运行的低效率和官僚主义。

（三）中国单位制度的改革

经济体制改革以来，我国的单位制度也发生了一些变化。国有企业的用工制度改革、社会保障制度改革使企业逐渐回归到主要承担经济职能，走向市场的经济竞争机制正逐渐弱化企业的行政色彩，由于多种经济成分并存，人们可以在单位组织之外获得自己所需要的资源，这也削弱了单位组织的独尊地位。一些国有企业经过改革，甩掉"包袱"，轻装上阵，在市场竞争中获得成功；另一些改革后的国有企业处于"后单位制"状态，经济效益降低，在老国有企业比较集中的地区出现了养老保障、退休职工归属感等问题。类似的改革也在事业单位中逐步展开。我国的国有企事业组织正在失去其全能特征，向适应市场经济体制的专业化的方向发展，但是由此而来的社会问题也必须引起足够的重视。

### 三、中国的民间组织

（一）民间组织的概念

在中国的政府文件中，"民间组织"也被称为社会组织，这是从国家与社会关系的角度着眼的。但是为了避免与本章前面使用的、国际上通用的"社会组织"的概念相混淆，下文仍用"民间组织"的概念。中国的政府文件中，民间组织与社会团体具有几乎相同的含义，指的是公民自愿组成，为实现会员共同意愿，按照其章程开展活动的非营利性社会组织。民间性、非营利性是民间组织的主要特征。在法律意义上，民间组织是指依法登记成立的各种协会、学会、民办非企业单位和基金会等，不包括未经登记、完全民间的"草根"组织。

## （二）民间组织的特征

中国的民间组织有组织性、民间性、非营利性、自治性和服务性等特征。这与莱斯特·萨拉蒙（Lester Salamon）指出的非营利组织的特征是一致的。组织性是指，它有比较明确的目标和行为规则，并在政府的某个部门履行了登记手续；民间性是指，它不是政府组织，而是政府之外的社会组织；非营利性是指，它不是为了谋取自我经济利益而存在的，这与企业组织有本质性区别；自治性是指，它既不直接受制于政府，也不受制于其他组织，而是实行自我管理；服务性是指，它从事公益服务、社会服务。

应当指出的是，中国的民间组织虽然与萨拉蒙所指的非营利组织的特征基本一致，但是在程度上有自己的特点，主要是它的民间性、自治性不足。这种现象的原因主要有两个：其一，相当数量的民间组织有一定的政府背景，是在政府的直接支持下建立的，甚至是政府一手操办的；其二，中国的民间组织发展比较晚，由于受经费、人员等因素的约束，在发展过程中遇到一些问题。

## （三）民间组织的地位与发展

国际上关于非营利组织地位的研究属于国家与社会关系的范畴。这里主要有政治学和三个部门两种视角。从政治学视角来看，政府与非营利（非政府）组织的关系被看成是双方在应有责任的承担和互相监督以及合法权利上的竞争和博弈关系。在这种视角下，非营利（非政府）组织与政府的基本关系有两个方面：伙伴关系和压力群体。前者指的是双方在公共服务方面的合作，后者指的是，非营利组织向政府提出政策建议，包括具有挑战性的建议。三个部门视角是从社会分工的视角来看，政府、企业（市场）、非营利组织（社会）被看成现代社会中基于社会分工的三个部门。这三个部门各司其职、承担社会责任，它们不能互相替代，而是要在其他部门功能不足（失灵）的领域发挥应有的作用。非营利组织与政府的合作有两种主要类型：国家法团主义是以政府为主、非营利组织为辅的合作模式，社会法团主义则是以非营利组织为主、政府为辅的合作模式。在不同国家、不同领域，二者的关系是不同的。

当前，中国民间组织与政府的关系是国家法团主义的模式，这是从原来的"强政府、无社会"向"强政府、弱社会"格局转变的过程。在行政体制改革和社会体制改革的过程中，朝向"小政府、大社会"的发展目标，政府正积极促进民间组织的发展，并通过政府购买服务等手段向民间组织让渡某些社会职能。民间组织也发挥自己的能动性,在公共服务、社会服务中展现出不可替代的作用。这样,中国的民间组织得到一定发展。

为了推进现代国家治理体系和治理能力现代化,创新社会治理体制,近些年来政府加强了对民间组织的支持和监管。一方面,政府放宽了对某些民间组织的登记手续限制,实施政府购买社会组织服务,中国的民间组织获得了新的发展机遇。另一方面,政府出于规范服务、维护社会秩序的考虑,加强对民间组织的监管,促进了民间组织的能力建设。但是,不少地方的民间组织发展中还存在诸多问题,主要包括:政府对作为社会领域重要代表的民间组织的作用认识不足、定位不准,对其缺乏科学、清晰、稳定的发展政策;地方政府对民间组织持明显的管控思维,信任不足,忽视民间组织的独特创新功能;地方政府对民间组织创新服务的重要性认识不足,政府购买民间组织的社会服务乏力,民间组织的发展处于停滞状态。从民间组织方面看,有的官办特点明显,不能创造性地发挥服务功能;大量民间组织筹资渠道单一,从而较多依赖政府;有的服务能力不足,社会合法性受到质疑;有的内部治理存在一些问题。

中国正处于复杂的市场化改革和社会转型过程,国家与社会的关系在调整,在总体上,民间组织正在发展,且带有中国自己的特点和转型特征。

## 【推荐阅读】

〔美〕彼得·布劳、马歇尔·梅耶:《现代社会中的科层制》,马戎等译,学林出版社2001年版。

〔美〕弗莱蒙特·E. 卡斯特、詹姆斯·E. 罗森茨韦克:《组织与管理——系统方法与权变方法(第四版)》,傅严、李柱流等译,陈旭明、李柱流校,中国社会科学出版社2000年版。

〔法〕克罗戴特·拉法耶:《组织社会学》,安延译,社会科学文献出版社2000年版。

〔美〕赖特·米尔斯、塔尔考特·帕森斯等:《社会学与社会组织》,何维凌、黄晓京译,浙江人民出版社1986年版。

〔美〕T. 帕森斯:《现代社会的结构与过程》,梁向阳译,光明日报出版社1988年版。

〔美〕W. 理查德·斯格特:《组织理论:理性、自然和开放系统(第4版)》,黄洋等译,华夏出版社2002年版。

王亚南:《中国官僚政治研究》,中国社会科学出版社2005年版。

〔德〕马克斯·韦伯:《经济与社会》上卷,林荣远译,商务印书馆1997年版。

中国青少年发展基金会、基金会发展研究委员会编:《处于十字路口的中国社团(2000年)》,天津人民出版社2001年版。

# 第七章

# 社会阶层与社会流动

人们以群体的形式共同生活,社会群体和社会组织是社会学分析的重要对象。同时我们还应该看到,社会是分层次的,人们在社会生活中的地位有高低之别,而且这种高低之别影响着社会结构的变动。这就是社会学研究的另一个重要领域——社会阶层与社会流动问题。

## 第一节 社会分化与阶级

### 一、社会分化

(一) 社会分化的概念

在任何社会,成员之间或社会各部分之间都不可能是完全相同的,而是存在这样那样的差别。英国社会学家斯宾塞用进化论的观点看待人类社会的进程,认为人类社会也像生物界一样是从简单到复杂、从低级向高级发展。他认为,随着社会总体的增长,社会产生分化,进而促成整合。在斯宾塞看来,分化就是社会在增长或发展过程中产生或形成差异的现象。

社会分化(social differentiation)是指原来承担多种功能的某一社会单位变为承担单一功能的多个单位,以及诸社会单位由地位相同变为地位相异的现象。它有两个重要特征:功能专门化和地位多样化。功能专门化是指原来的同一社会单位承担多种不同的功能,后来变为由不同单位或不同部门分别承担某一种功能。比如,在传统社会,家庭作为社会单位承担着生产、教育、保障等多种功能。在现代社会,家庭的上述功能外移,分别由不同的社会机构各自承担某一种功能。地位多样化是指在原来社会结构中地位相同或相近的社会单位变得越来越不同。比如,在现代化的过程中,有的农民变为工人、商人,有的依然是农民;原来经济状况相似的家庭逐渐产生了贫富差别;等等。

通俗地说,社会分化就是由相同变为不同。社会学将事物具有相同特点的现象称为同质性,而将事物相互不同的现象称为异质性。社会分化就是社会的异质性增加的过程。

(二)社会分化的类型

我们可以从不同的角度来考察社会分化的类型,从原因的角度看有基于自然因素的分化和基于社会因素的分化,从社会结构的角度看有水平分化和垂直分化,等等。

1. 基于自然因素的分化

社会分化是具有社会意义的分化,当人们的自然(生物)特征被赋予某种社会意义时就形成社会分化,它表现为社会给予具有不同生物特征的人不同的价值评价,从而他们也就具有了社会差别。这方面的社会分化主要有性别分化和年龄分化。

性别分化是基于生理性别而产生的社会分化,即不同生理性别被赋予不同的社会评价,生理性别就具有了社会意义,这种性别称为社会性别。在大多数情况下,性别分化表现为对女性的性别歧视。在原始社会,男女分工是自然分工,私有制使得女性地位降低。在中国的封建社会,女性地位低下被各种社会制度所强化。至今歧视女性的现象仍相当普遍,各种非正式的规定、观念建构着女性的弱势地位。

年龄分化是基于生理年龄而产生的社会分化。年龄分化在老年群体那里表现得比较明显。在传统社会,老年人的社会地位较高,老年人的财产所有权使其在社会中处于优势地位。在当代社会,随着社会竞争的加剧、个人独立意识的增强和家庭结构小型化,老年人的社会角色常常被贬低,社会地位走低,老年人被漠视、被歧视的现象相当明显。

2. 基于社会因素的分化

基于社会因素的分化是指社会给予具有某些社会特征的人特定的评价,从而使他们处于不同的社会地位的现象。基于社会因素的分化有很多,教育和职业是社会分化的重要因素。现代教育是人们通过接受教育机构的知识传授和能力训练,获得知识和经验,增强理性、判断力和创造力的过程。一般地,人们受教育水平越高,知识越多,判断力和创造力越强,就越能适应社会的需要并得到发展。所以,受教育水平是人们之间社会分化的重要因素。

职业是劳动者所从事的具体工作的种类,它是社会分工的产物。对于职业上的社会分工,迪尔凯姆专门做过研究,并指出了社会分工的功能。职业本来没有高低之分。但是,当社会的权力集团在政治、文化上对不同职业进行评价并产生影响后,就会形成职业地位的纵向分化。中国传统社会重农抑商,贬低商人的社会地位;现代社会对农民的不公平待遇则使农民在经济、政治等方面处于劣势地位。

3. 水平分化与垂直分化

水平分化是指社会成员之间产生的在经济、政治和社会地位方面并非不平等的分化,这种分化只是他们在职能上的差别。比如,大学生毕业后,有的从事科学研究,有的从事行政工作,有的进入经济领域,他们在职业上的分别就是水平分化。水平分化一般表现为社会分工和生活的多样化。

垂直分化是指社会成员之间产生的,在经济、政治和社会地位方面具有等级意义的分化,这种分化表现为社会不平等。所谓社会不平等并不只是指政治权力上的差异,也包括社会成员在经济地位、社会声望等社会评价层级上的差异。比如,在公务员系统,职位有高低之分;同时参加工作的同学,后来有的当了厂长,有的下岗失业;等等。社会学更加重视对垂直分化的研究,因为垂直分化常常蕴含着社会矛盾和社会动力。

在社会学研究中,与"水平分化"和"垂直分化"相对应的一组概念是"异质性"与"不平等"。异质性指的是社会主体或社会现象之间的差异。当差异性具有层级或高低强弱的意义时,这种异质性就是某种意义上的不平等。水平分化是一般的异质性,而垂直分化则是不平等。

4. 阶级分化与阶层分化

社会学的社会结构分析特别关注群体性分化特别是群体性垂直分化现象,这就是社会的阶级和阶层。阶级分化是社会划分为阶级,阶层分化则是社会成员分属于不同的阶层。阶级分化与阶层分化是最具社会意义的社会分化。因为阶级和阶层与人们的经济地位、政治权力、社会声望密切相关,其中可能蕴含着不平等乃至社会冲突,所以这些分化尤其引起政治家、学术界和社会的关注。社会阶级和社会阶层(社会分层)也成为社会学研究的重要课题。下面我们将对这两种分化做较细致的阐释。

## 二、马克思主义的阶级理论

### (一)马克思主义的阶级定义与划分标准

马克思主义的阶级理论在社会学领域占有重要地位。马克思主义的阶级理论以对资本主义社会的阶级分析为基础,他的阶级斗争理论、社会批判的观点和方法对社会学的发展都具有重要的意义。列宁系统地阐述了马克思主义的阶级定义,他指出:所谓阶级,就是这样一些大的集团,这些集团在历史上一定的社会生产体系中所处的地位不同,同生产资料的关系(这种关系大部分是在法律上明文规定了的)不同,在社会劳动组织中所起的作用不同,因而取得归自己支配的那份社会财富的方式和多寡也不同。所谓阶级,就是这样一些集团,因为它们在一定社会经济结构中所处的地位不同,所以其中一个集团能够占有另一个集团的劳动。

上述阶级定义将生产资料的占有作为阶级划分的物质基础,认为生产资料的占有在很大程度上影响人们在生产中的地位,进而影响他们对劳动产品的占有。在马克思主义看来,占有生产资料的集团剥削了非占有者的劳动成果,于是形成剥削阶级和被剥削阶级。这样,划分阶级的主要标准就是对生产资料占有的多少,以及人们在社会劳动组织中的地位和作用(处于指挥地位还是被指挥地位)、他们占有劳动所生产出的社会财富的方式和多少。应该说明的是,马克思主义的上述分析主要是以工业资本主义社会为基础的。马克思指出,由于生产资料占有上的差别,资本主义社会分裂为资产阶级和无产阶级两大阶级。

### (二)马克思主义的阶级理论的基本内容

马克思主义的阶级理论有丰富的内容,概要地讲主要包括如下内容。

第一,阶级是一种社会历史现象,它与生产力发展的一定阶段相联系,它以剩余产品的出现为前提。阶级的本质是剥削。私有制造成了社会大分工,也造成了社会大分裂。

第二,阶级是有相同的经济地位和共同利益的社会集团,共同的利益使人们具有共同行动的可能性。阶级成员的共同行动能力取决于两点：一是阶级成员的阶级意识，即阶级成员是否认识到彼此有共同利益，是否有阶级认同。强烈的阶级认同有利于阶级成员的共同行动。二是阶级内部的组织化程度，即阶级成员之间直接或间接联系的紧密程度。组织化程度高的阶级有较强的共同行动能力。

第三，阶级内部可以划分为不同的阶层，同一阶级的不同阶层在对待问题的态度上有差异，但其根本利益是一致的。

第四，阶级斗争是阶级对立的必然产物，当阶级矛盾不可协调时，就可能爆发社会革命。社会革命是阶级斗争的最高形式。在私有制条件下，阶级斗争和社会革命是社会结构变迁和社会发展的动力。

第五，阶级消亡有赖于消除阶级产生的基础，消灭私有制和生产力高度发展是阶级消亡的基础。阶级消亡意味着消灭社会不平等，这也是人的解放和全面发展的前提。

### 三、当代社会中的阶级划分

#### （一）新中间阶级

19世纪后期特别是20世纪以来，随着科学技术的发展及其在经济和社会生活中作用的增强，资本主义社会的阶级结构也发生了重要变化，其突出特征就是管理阶层的出现，它被称为"新中间阶级"。由于作为"新中间阶级"的管理阶层既不占有生产资料，又不从事体力劳动，因此按照马克思的阶级划分标准，其阶级归属就成为一个问题。

随着科学技术的进一步发展，管理阶层的规模在不断扩大，它在社会生活中的作用不断增强，并且正在成为资本主义社会结构的重要组成部分。这样，如何认识新中间阶级的阶级地位就成为一个重要的理论和现实问题。

#### （二）新马克思主义的阶级观

在资本主义社会的经济结构、生产资料的占有方式发生重大变化的情况下，一些学者在马克思主义的阶级划分标准基础上提出了新的模式，以分析发达资本主义社会的阶级结构。

埃里克·赖特（Erik Wright）首先用生产资料占有状况将人们分为占有者和非占有者（工资劳动者），然后在这两类内部再做划分。生产资料占有者根据其是否亲自劳动和是否雇工被分为三类,即资产阶级、小业主和小资产阶级。工资劳动者则根据其组织资产的能力和资格认定性技能进行划分。他所说的组织资产的能力是指经由科层等级而形成的占用和调配剩余的能力,资格认定性技能是指由资格证书所确定的技能。赖特根据上述标准将工资劳动者分为九类。总的来说,赖特认为生产资料占有状况在阶级划分中居于首要地位,资格认定性技能则处于次于生产资料占有状况和组织资产的能力的从属地位。他的这一阶级划分方法对分析发达资本主义社会的阶级结构有一定适用性。

正如赖特所做的那样,实际上许多西方学者在分析现代资本主义的阶级结构时赋予"阶级"以新的含义。一些学者为了科学研究,采用了更多指标来测量阶级,比如他们认为可以从如下一些方面去分析人们的阶级归属:职业、收入、财产、个人声望、交往、社会化、权力、阶级意识和社会流动。有的学者认为,20世纪80年代初期美国社会分为六个阶级:(1)由投资者、继承人、总经理组成的资本家阶级;(2)由高级管理人员、专业人员和中等实业家组成的上中层阶级;(3)由低层管理人员、半专业人员、工头等组成的中层阶级;(4)由操作性工人、办事人员等组成的工人阶级;(5)劳动贫穷阶级由体力劳动者、低薪水的操作性工人等组成;(6)下层阶级由失业者、领取救济者组成。(1)占全部家庭的1%;(2)占14%;(3)和(4)共占60%;(5)和(6)共占25%。

实际上,这里的"社会阶级"概念已经包含了韦伯等人对阶级的定义,因为在韦伯那里,"社会阶级"与"社会阶层"是没有明确区别的概念。应该说明的是,20世纪90年代以来,随着全世界范围内社会的两极分化现象更加突出,阶级分析成为社会学研究的一个热点。

## 四、等级、身份与种姓

(一) 等级制度

等级制度是奴隶社会、封建社会中将阶级差别用居民等级划分固定下来的制度。按照这种等级制度,不同级别的成员享有不同的政治权利。这种制度在欧洲的前资本主义社会比较流行,它不但包括上等阶级对下等阶级的经济剥削,而且包括下等阶级对上等阶级的人身依附。等级制度将上述经济关系、政治关系固定化,维持着等级化的、不平等的社会制度。等级制度是一种不平等的制度,它与资本主义社会中的不平等不同,因为资本主义社会规定,公民在法律面前一律平等,现实中的不平等是由市场竞争等原因造成的。

中国封建社会也有过等级制度,如古代贵族爵位有公、侯、伯、子、男五等。东汉后期地主阶级中有望族与庶族之分,望族在政治、经济方面有特殊的权力。魏晋时期的九品中正制也是一种等级制度,它力图保证统治阶级成员的纯正性,并导致了"上品无寒门,下品无势族"的门阀政治。

### (二) 身份制度

"身份"一词有两种含义:一种指在不同的情境中对角色所做的区别,即人们在角色关系网络中所处的地位,它是在社会互动中使用的概念。比如,人们常常会思考自己以何种身份出现在某种场合。另一种指人们对社会结构中某一位置的评价,这是关于社会声望和社会名誉的评价。比如,我们有时会说,某人是一个有身份的人。显然,身份的后一种含义是从社会分层意义上理解的。按照韦伯的说法,身份是在社会声望方面可以有效得到肯定或否定的特权,它与出身和职业、所受教育和生活方式有关。身份差别是重要的社会分化,不同身份的社会成员有不同的权利和机会。20世纪50年代以后,我国对干部、工人、农民三种职业群体给予了不同的经济、政治和社会待遇,实际上也是一种身份制度。

### (三) 种姓制度

种姓制度(caste)是一些国家所采取的封闭型的社会分层制度。在这些国家,一个人在社会层次中的地位是一出生就确定了的,即先赋的,而且这种地位终身不变。这就是说,一个人的社会地位完全取决于其出身。在种姓制度下,不同种族之间是相互隔离的,不同种族之间的婚姻或性关系是被禁止的和违法的。族内婚是种姓制度的一个特点,这被认为有助于保持本层次内血统的纯正性和划清层次之间的界限,从而巩固种族之间的等级关系。印度是种姓制度比较典型的国家。在传统印度,种姓从高到低依次为婆罗门(僧侣)、刹帝利(武士和贵族)、吠舍(农夫和商人)和首陀罗(奴隶式的农民)。

## 第二节 社 会 阶 层

### 一、社会阶层的含义与特点

#### (一) 社会阶层的含义

阶级社会存在社会阶级,阶级内部也存在更小的层次。非阶级社会则存在基于各种标准的、处于不同等级的社会集团。社会学把由经济、政治、社会等因素而形成的,在社会的层级结构中处于同一层次的社会群体称为一个社会阶层。在同一社会阶层内部,成员在阶层划分的基本方面具有相同或相似的特征,不同阶层的成员在这方面则有明显差别。从纵向上来看,一个社会是由不同的社会阶层组成的。

虽然不少西方社会学家常常把社会阶层与社会阶级视为相同的范畴,但是这两个概念从用途上来看还是有不同的,在一定程度上或许应该把它们区分开来。在社会学中,关于社会阶级的分析有两个传统,即马克思的传统和韦伯的传统。正如前面已经介绍过的,马克思是从分析人类社会中的重大不平等关系,即剥削关系的角度来看待社会阶级问题的。他分析阶级的本质也是要指出社会不平等、社会不合理的事实,并期望去改变这种现象,所以马克思的阶级分析中有明显的价值取向。

韦伯在分析资本主义的社会结构时也使用了"社会阶级"的概念,但是他的社会阶级概念并不是要揭示阶级的实质,而是要分析社会中有哪些阶级,它们所处的地位如何、生活机会怎样等问题。在韦伯那里,社会阶级的概念与社会阶层的概念是一致的,他对社会阶级(社会阶层)的分析不像马克思那样有强烈的价值取向。

(二) 社会阶层的多元特征

如果说马克思对社会阶级的划分主要是以经济因素为基础的话,那么社会阶层的划分则具有多元特征,即社会阶层不但是指经济方面的不平等,而且包括政治和社会生活方面的不平等。比如,某一职业在社会上有较高评价、某一社会群体在社会权力系统中有较高地位、不同受教育水平的社会群体有不同的社会地位,这些都是社会阶层的体现。这也就是说,经济因素、政治因素和社会因素都可以成为划分阶层的标准。

社会阶层具有多元性,几乎任何社会特征都可以作为社会阶层的分析视角,比如职业、受教育水平、政治权力、经济状况等。从经济角度看,工资收入、资产多少、拥有的住房数量等也可以作为社会阶层的划分标准。另外,既可以用单一标准来分层,也可以结合几个相关标准进行综合分层。

(三) 社会阶层研究的意义

与社会阶级分析比起来,社会阶层研究的范围要宽得多,社会阶层研究也有其特殊意义,主要表现在如下一些方面。

第一,社会阶层分析是阶级分析的深化。马克思主义认为,阶级分析是对阶级社会的主体分析。实际上,阶级内部还是可以再细分的,这就是阶级内部的分层,比如毛泽东对于中国社会阶级的分析。这种分析是阶级分析的细化和深化,它有利于更加全面、深入地认识社会阶级。

第二,社会阶层研究是阶级分析的必要补充。在阶级社会,阶级结构是社会的主体结构。但是,在基本阶级之外还有一些非基本阶级和社会阶层,比如,知识分子是一个特殊的社会阶层,它并不完全属于哪一个阶级。这样,只进行阶级分析就不完全,而社会阶层分析是阶级分析的必要补充。

第三,在非阶级社会,阶层分析是认识社会结构的基本视角。在非阶级社会中,阶级分析已不再是认识社会结构的基本方法。社会阶层分析能够更准确地认识社会结构,而且是社会结构分析的基本方法。

第四,社会阶层研究不是简单的学术性活动,实际上,社会分层反映不同社会阶层的经济社会地位和生活状况、社会态度和行为取向,以及不同阶层之间的关系,而这又与社会秩序、社会发展密切相关。

## 二、社会分层的理论与标准

### (一) 社会分层的理论

#### 1. 韦伯的社会分层理论

社会分层(social stratification)是根据某种标准社会成员被分入相应社会阶层的过程。社会分层借用了地质学的"成层"概念,但社会分层又具有特殊的含义,它指社会成员因各种条件而进入各社会阶层的客观过程。社会分层是一个客观的社会现象,同时也与人们用何种标准将社会成员分到哪些层次有关。

在西方社会学家中,马克斯·韦伯的社会分层理论处于最重要的地位。韦伯认为社会阶层(他称之为社会阶级)的划分有三重标准:财富(经济标准)、权力(政治标准)和声望(社会标准)。

韦伯认为,财富是指社会成员在经济市场中的生活机会,即人们在市场上以其经济收入和财富来交换商品和劳务的能力。很明显,具有较多财富和较强经济能力的人在市场上具有较大优势,即处于更有利的地位。这里需要说明的是,财富并不等于经济收入,通过继承而得到的财富同样能够证明自己的经济地位。

## 第七章 社会阶层与社会流动

应该指出,在社会分层的经济标准方面,韦伯同意马克思的看法,即生产资料占有权是确立阶级的首要基础,对生产资料的占有不同会造成社会分化。但是,韦伯主要从更直接地反映一个人的经济地位——财富多少的角度来分析问题,他认为,人们只有在市场上才能实际反映自己的优势。

社会分层的政治标准是权力。在韦伯看来,权力是处于社会关系中的行动者在遇到反对时也能实现自己意志的可能性。权力是一种强制力。韦伯认为,任何有组织的社会生活中都存在权力,而权力分配反映了政治领域的不平等。他认为,这种权力不仅取决于人们对生产资料的占有,在现代社会,它也与科层组织中的管理职位有关。

声望是社会分层的社会标准。声望是指人们在其所处的社会环境中获得的声誉和尊重。韦伯认为,声望与人们的身份有关,也与知识教养、生活方式有关。他把身份同市场消费联系起来,认为身份是根据消费的原则来划定的,它以特定的生活方式为特征。在西方社会学中,具有相似身份和生活方式的人被称为身份群体。不同身份群体在社会生活中具有不同声望,也具有不同的社会地位。

韦伯认为,上述三个标准是相互独立的,每一个都可以单独作为社会分层的标准。但是,它们有时是相互联系和可以互相转化的。比如,财富上的差别可能与权力上的差别直接相关,市场机会也与声望有某种关系。由此,韦伯的社会分层理论被称为三位一体的分层理论,在社会分层研究领域有广泛影响。

2. 其他分层理论

皮蒂里姆·索罗金(Pitirim Sorokin)的多元分层论。索罗金是较早使用分层概念的学者,他把分层看作由社会等级造成的个人或家庭地位的垂直分化的状态。他认为,社会的各个领域可以形成无数的多样层次序列。它们大致可以按职业、经济、政治三个方面来分类排序,而这三个方面又由不同的要素组成。在他看来,这些序列在原则上都是独立的。

约翰·戈德索普(John Goldthorpe)的分层理论。英国社会学家戈德索普的研究领域主要是现代社会的阶级结构。在方法论上,他不局限于经验主义立场,而是融入相当分量的理论直觉。他的阶级划分标准融合了市场处境和工作处境两个方面:市场处境包括各种收入及就业、职业保障、晋升机会等条件;工作处境则包括各种组织资产(权威与自主程度)。他认为,虽然人们可以归为不同的阶级,但这些阶级并不一定带有等级排列的意味,因为各个阶级之间存在地位重叠。戈德索普以及其他一些社会学家在分层研究中关注阶层的封闭性和流动性。

关于社会分层还有一些重要的理论和研究，如尼科斯·普兰查斯（Nicos Poulantzas）认为应该从经济、政治和意识形态三个方面研究社会阶级；戴维·洛克伍德（David Lockwood）从市场地位、工作地位、身份地位三个方面研究职员的阶级地位；其他一些学者从知识和技术的角度研究"后工业社会"的社会分层；等等。

（二）社会分层研究的标准与方法

1. 社会分层研究的综合指标

在社会学研究中，社会分层标准是指用何种指标和尺度去测量社会成员或社会群体的地位。考察社会分层的标准是多元化的，依据不同的分层标准可以推出不同的社会分层结构。在社会分层研究中，采用何种标准来划分层次要看研究者关注的问题。同一类型的社会分层研究应该采用最能说明问题实质的指标。为了全面地反映社会分层的状况，综合性的社会分层标准会比单一的分层标准更有效。

社会分层实践常用的综合指标是社会经济地位，它是通过测量人们的收入地位、教育地位和职业地位，计算其综合值来反映他们的社会阶层地位的指标。在使用这一指标时，首先要给出收入、受教育水平和职业的分层或量度标准，这种标准应该符合社会的普遍看法，同时要确定三个方面的权重。在对每一个方面进行测量之后，还要把每个（类）人的三个方面的得分加起来，通过总分数来确定他们的阶层地位归属。这一指标之所以有综合意义，是因为它反映了社会分层的几个主要方面，而且这几个方面基本上是相对独立的，这能够更全面地反映人们的地位特征。

在美国，有的社会学家用更多的指标去研究社会分层，如财产多少、是否拥有房产及房产类型、受教育程度、消遣方式等。有人认为，阶层是拥有共同生活方式的一群人，因此倾向用描述生活方式的指标去研究。这既源于客观现实，也与研究者的研究目的相关。

社会阶层研究一般会得出从高到低、类别有限的阶层排序，以说明从该角度看社会是由哪些阶层构成的，它还能进一步说明这种阶层结构的合理性程度。

2. 职业分层

在实际研究中,社会学家使用较多的分层指标是职业,这种研究被称为职业分层或职业评价。职业分层或职业评价是指通过人们对某种职业所对应的经济收入、权力地位和社会声望等的评价而对多种职业进行排序的分层方法。职业具有客观性,在某一特定的社会中,它有相应的经济收入、权力地位和社会声望,因此它也有一定程度的综合性。我国学者在对中国社会阶层进行划分时,以职业分类为基础,以组织资源、经济资源和文化资源的占有状况为标准,这也反映了职业所具有的综合意义。

职业分层或职业评价的基本做法是,研究者请研究的参与者对列出的数十个职业进行评分,然后根据他们对各种职业的赋值进行加总和平均,再进行排序,以反映职业地位之高低。这种做法的好处是每一个职业的评分比较细致,其不足是难以将众多职业划为几个阶层。因为当职业较多时,各相邻职业评分之间的差距不大,难以划分为不同阶层。陆学艺等把当代中国职业群体划分为十大阶层,从高到低依次为:国家与社会管理者阶层、经理人员阶层、私营企业主阶层、专业技术人员阶层、办事人员阶层、个体工商户阶层、商业服务业员工阶层、产业工人阶层、农业劳动者阶层和城乡无业、失业、半失业者阶层。这是一个有重要影响的社会分层研究。

可以理解的是,由于各国(甚至是不同地区)的经济状况、社会背景不同,社会文化和价值观不同,因此不同国家和地区对于同一职业的地位评价也会有所不同。但是,各国社会分层的研究结果也反映出了明显的一致性:那些具有较高技术水平、受教育水平以及在社会中具有较高权力地位的职业的社会地位评价较高,而从事体力劳动、技术水平较低和缺乏权力的职业的社会地位评价都较低。

职业分层隐含的问题包括某一社会阶层结构的合理性如何,这种阶层结构会带来何种社会后果等。从学理上来说,社会分层标准对分层结果有直接影响,这样,选取何种指标作为社会分层的标准就是值得认真研究的问题。

3. 社会分层的方法

社会学实施社会分层研究的方法主要有客观法、主观法和声望法。

客观法是用可以直接测量的客观标准,如收入、受教育水平等对人们进行层次划分的方法。收入、住房条件、受教育水平等是客观存在的现象,因此通过对这些标准的测量就可以比较符合实际地对社会成员进行分层。这种社会分层研究方法可以较少受个人价值观念的影响。

主观法也称主观评分法,它是人们根据某种标准对自己的情况进行归类,指出自己所属群体和阶层的方法。主观法主要用于测量人们的阶层归属意识,即测量他们的阶层认同状况。但是由于看问题的角度不同,人们的自我主观评价可能与客观情况有所偏离。

声望法是由熟悉社区情况的人按照事先规定的标准,对本社区成员做出评价并进行阶层归类的方法。声望法可以对社区成员的声望进行排列,也可以此了解各种因素对声誉的影响,并发现公认的声望分层标准。声望法分层有助于了解哪些职业或群体的社会声望较高,适用于社会(社区)公共活动的组织。

上述三种社会分层的研究方法各有其用途,出于科学研究的目的,客观法较多被使用。

(三) 地位一致与地位相悖

在用不同标准对同一些社会群体或职业进行层次划分时,所得到的结果可能比较复杂:某一社会群体或职业在不同的分层体系中的地位顺序可能一致,也可能不一致。这里可能产生两种比较极端的情况:一种情况是,某一社会群体或职业在不同的分层体系中位置的排列顺序大体是一致的,我们称这种状况为社会分层中的地位一致。比如,高层行政管理人员、科学家、大学教授在经济、教育、社会声望分层中都处于较高地位,他们在职业分层中的地位顺序是一致的;拾荒者、失业者、流浪者在上述几方面的地位都较低。另一种情况是,一些社会群体或职业在不同分层体系中位置的排列顺序完全相反,这种状况称为社会分层中的地位相悖。比如,改革初期对私营企业主的评价就是如此,他们在经济分层中地位较高,而在政治和声望分层中地位较低。

地位一致和地位相悖现象具有重要的社会含义。地位一致实际上反映了各种社会资源在不同社会群体中分配相对集中的情况,即各类资源优先被某些群体占有,而另一些群体则很少占有。在社会对分层标准看法不一致的情况下,社会分层中高度的地位一致可能蕴含着社会冲突。地位相悖反映了各种社会资源在不同社会群体中分配较为分散的状况,它使得不同社会群体可能在不同资源分配体系中各得其所,从而在一定程度上弱化社会不平等,它反映了社会结构的多元化。

### 三、社会分层的功能

社会分化和社会分层都是普遍的,作为一种社会现象它具有多种功能,不同学派对社会分层的意义有不同解释。

（一）功能论的看法

功能主义源于社会有机论,它认为,社会是一个整体,各个部分分别承担着特定功能以保证社会有机体的稳定和延续。在功能论看来,社会分层是客观存在的,分层在维持社会秩序和发展方面具有积极的意义。帕森斯认为,社会是一个系统,其分化是必然的,社会组织中不可能只有一种职位。另一位社会学家金斯利·戴维斯（Kingsley Davis）则认为存在某形式的社会分层是必要的。因为在社会中某些社会角色需要由天才或经过长期训练的人来扮演,而不是人人都可以成为外科医生、核物理学家和军事战略家。社会需要的特殊角色要承担更大的责任和风险。为了吸引他们承担这些责任,社会就必须向这些角色的扮演者提供更多的财富、权力、声望,或三者兼而有之。社会资源的这种不平均分配是有其社会功能的,当然这会在无形中形成社会分层。戴维斯的分析是要解释社会分层现象,而不是为之辩护。

功能论在崇尚个人成就的社会中得到较多拥护,但是这种理论也有明显的缺陷,主要表现为它难以对某些先赋地位现象做出合理解释。比如,对于一个继承家产但无所作为的富翁,其社会角色并不重要,但其经济地位很高;美国黑人的低社会地位在很大程度上是先赋的,而不是个人能力所致。实际上,在那些不开放社会,社会分层并不能保证最有才干的人去扮演最重要的角色,因为父辈的社会地位总会以某种方式影响子代的地位获得;甚至在某些开放社会也是如此。这样看来,社会分层可能有其负功能。

（二）冲突论的看法

马克思比较系统地阐述了社会冲突思想。马克思认为,以生产资料占有为基础,社会上形成了对立的社会阶级。社会上占统治地位的意识形态也支持着这种社会分层。在马克思看来,剥削是形成对立的社会阶级的基础,它是一种不合理的社会结构,因为它不是使人们互相关心,而是使人们互相仇恨,进而导致人的异化。总之,马克思对这种对立性的社会分层（社会阶级的对立）持批判态度,并致力于改变这种状况。

辩证冲突学派社会学家达伦多夫反对功能主义的社会观,他认为社会并不是和谐的,而是充满了冲突。现代社会结构不是根据生产资料占有与否来划分的,而是以对权力的占有为基础。在现代社会,权力成为最重要的资源,根据对权力资源的占有形成了两个阶级:占有很多权力和权威的统治阶级与被迫服从的被统治阶级。这种分化存在于各种社会组织之中,即由于对权力和权威的占有,组织成员分为两个集团——有权者和无权者,他们之间围绕着权力的斗争是持久的,因此组织只不过是强制协作的联合体。在某一强制协作联合体中,统治角色与服从角色有清晰的界限和分化层次,这导致两个集团之间的对立和冲突。整个社会存在多种形式的统治与服从关系,因而,社会冲突也是多样化的。

总的来说,社会冲突论认为,社会分层制度是由有权者的利益促成的,它是有权集团的价值标准的体现,这种分层实际上包含着不平等,而且它妨碍社会理想地发挥其功能。

(三) 社会分层与社会平等问题

1. 社会分层的机制

社会学的社会分层研究旨在阐明:一个社会的阶层结构是怎样的,这种结构的合理性,或它会对社会稳定和发展产生何种影响。这里就涉及社会分层的机制和社会平等问题。在如何看待社会分层的问题上,一个争论的焦点是地位获得的机制问题。实际上,对社会分层持怀疑以至反对的态度的人并不针对是否需要社会分层,而是关注为什么会导致不合理的分层。这就暗含着一种假设:由合理的机制导致的社会分层是可接受的和必要的。地位获得是指社会成员或群体如何获得其期望的社会地位,这里当然有多种影响因素。地位获得与社会分层是密切联系的。研究者基本上认同了下述观点:那种基于出身等先赋地位的地位获得和社会分层制度是不合理的,现代社会需要自致性的社会分层制度,即人们通过自己的努力获得应有的社会地位、适当的社会评价。

2. 社会分层中的不平等程度

在社会分层研究中,不平等是一个本质性问题,社会分层的结果提出了不平等程度的问题。对社会分层的批判性观点认为,阶层间不合理的、过分的不平等蕴含着社会冲突。既然社会分层是客观的,它又以不平等为基础,那么怎样看待社会分层与不平等的关系呢？一个理想化的解释就是,在社会分层中保持适度不平等。所谓适度不平等就是社会认可的不平等,它首先建立在机会平等的地位获得之基础上,其次,社会有一种平衡过分不平等的制约和补偿机制。

3. 现代社会的理想分层结构

任何社会都有其分层结构,社会的统治者和民众都希望有一种理想的社会结构,这种分层结构可以激励社会成员达到自己的目标,同时可以促进社会进步和发展。传统的、不发达社会的社会分层结构是金字塔型的。现代社会的理想分层结构应该是反映个人的努力和社会贡献,并为人们的地位获得提供机会空间的。也就是,极富有群体和极贫穷群体数量相对较少,以中等收入群体(中间阶层)为主体的"橄榄型"结构。在这种社会结构中,阶层之间在经济、权力方面的差距(不平等)较小,内在冲突也较小,社会结构处在相对稳定的状态之中。在制度上,这种社会结构以机会平等、成员发展、合理的社会流动和社会保障制度为支撑。

### 四、中国的社会分层

(一) 传统社会与计划经济时期的社会分层

1. 传统社会的社会分层

我国有两千年的封建社会史,小农经济和以儒家思想为主的传统文化造就了含有价值评价的分层结构:士、农、工、商。在阶级结构方面,地主和农民成为社会的基本阶级。近代以来,受西方经济及文化的影响,中国的社会结构发生了变化,资产阶级和无产阶级有所发展。20世纪20年代,毛泽东对中国社会的阶级和阶层做了系统的分析,反映了那个时代我国的社会阶级和阶层结构。他用马克思主义的观点分析了各阶级、阶层的经济地位和对待革命的态度,这种分析是为革命斗争服务的。

传统中国社会的分层比较简单,社会流动的规模较小。人们向上流动主要是靠读书和战功,但机会十分有限;战乱和灾荒使大量小农破产,但他们已处于社会最低层,无所谓向下流动。因为统治阶级通过开科取士吸纳了知识精英,小农经济又有很强的自我修复机制,所以中国社会结构呈现出明显的稳定性,甚至成为一种"超稳定结构",社会分化、社会流动都不甚显著。

2. 计划经济时期的社会分层

1949年后我国的阶级结构发生了重要变化,首先消灭了地主阶级、没收了官僚资产阶级的垄断资本,接着对民族资产阶级实行社会主义改造,到1956年下半年我国基本上消灭了剥削阶级;我国的社会结构由工人阶级、农民阶级和知识分子阶层组成。与此同时,我国开始形成干部、知识分子、工人、农民四大阶层。干部、工人、农民的阶层地位相对固定,知识分子阶层则因政策的变化而处于变动之中。通过户籍制度、社会保障制度,这四个阶层实际上成为四大身份群体,他们在经济来源、收入、政治待遇以及社会地位方面有明显差异。

除此之外,我国还形成了其他几个身份系统:户籍身份、所有制身份和单位身份。户籍身份是由户籍制度确立的身份等级,它与户口登记制度连在一起,包括城镇户口和农村户口。城镇户口优于农村户口,持有城镇户口者处于较高地位。所有制身份是由人们所在工作组织的所有制性质确立的身份,包括全民所有制和集体所有制,前者优于后者。单位身份是一种不成文的身份,由工作单位在国家经济和政治生活中的地位的重要性确立。这三个身份系统设置种种规定,阻碍了人们在不同身份之间的流动。

(二)改革以来我国的社会分层

1. 我国社会分层的复杂化

经济体制改革以来,长期在我国占主导地位的、政治至上的社会分层理念发生了改变,财富越来越成为人们追逐的主要目标。另外,农村经济体制改革导致农民经济收入快速增长、乡镇企业大量出现、大量农民进入城市务工经商,这对原有的社会分层格局造成了冲击。还有,城市经济体制改革,特别是经济全球化影响下产业结构的调整,在很大程度上改变着城市乃至全社会的分层结构。可以说,经济体制改革以来,我国原来比较简单的社会分层结构复杂化了。

这种复杂化主要表现在如下几个方面:第一,原来的以政治为标准的社会分层在一定范围内依然存在,同时经济分层在较大的范围内变得越来越重要。第二,受上述因素的影响,原来的阶层内部发生了分化,这种分化甚至是十分剧烈的。比如,国有企业的职工之间的收入和福利待遇可能相差很大。第三,社会出现了新的社会阶层,比如私营企业主阶层、失业者阶层等。第四,社会贫富差距加大,社会分层的矛盾和张力增大。

这种复杂化在陆学艺等人的社会分层研究中有初步表现,他们在指出中国社会十大阶层后,又把社会阶层分为五大社会经济等级:社会上层、中上层、中中层、中下层和底层。除了少数阶层(如办事人员阶层和城乡无业、失业、半失业者阶层)全体只属于一个等级之外,其他阶层的成员都会分属于两个至三个不同的社会经济等级。一些学者指出,经济体制改革以前我国有"反分层化现象",即社会在收入分配方面呈现出平均主义特征。而现在,整个社会、阶层内部、工作单位内部的收入差距明显扩大。这种现象引起党和政府的关注,并影响着各方面的决策。

2. 关于中等收入问题

在社会分层和社会结构研究中,中等收入群体(或中产阶级、中间阶层)是重点研究课题之一。之所以如此,是因为它在稳定社会结构和社会发展中占有重要地位。中间阶层是处于社会中间位置的人群(阶层),中等收入群体是指处于高收入群体和低收入群体之间的群体,在不太严格的意义上,这两个概念可以互换。这是由那些中低层公务员、知识分子和科技工作者、企事业单位的中下层管理者以及靠技术和能力获得中等收入的其他人士组成的阶层。一般来说,中间阶层、中等收入群体的家庭境况较为殷实,具有上进心和一定的发展潜力,希望社会稳定。所以,庞大的中等收入群体是社会稳定和健康发展不可或缺的,是橄榄型社会结构的中坚。改革开放以来,我国经济获得较快和持续发展,人民的经济收入显著增加,生活水平明显改善,中等收入群体的规模不断扩大。但是因为我国经济社会转型很快,内外环境变动因素较多。所以,我国经济社会的持续稳定和健康发展必须关注中等收入群体的稳定性及其规模的进一步扩大的问题。

与中等收入群体相关,社会财富分化加剧、财富向资本一极加速积累、低收入人群经济状况改善缓慢,这些会成为影响社会稳定的问题。

## 第三节 社会流动

### 一、社会流动的含义与类型

(一)社会流动的含义

既然社会成员在财富、权力和声望方面有高低之分,而且处于较高位置者更可能实现自己的愿望,那么人往"高处"走就成为人们普遍的价值观念。社会学中,人们在社会结构空间中从一个位置向另一个位置的移动被称为"社会流动"(social mobility)。人们生活于一定的由社会关系网络形成的结构之中,他们在这个社会结构空间中位置的变化就是社会流动。

社会流动不同于纯粹物理空间的位置变动,而是指人们具有社会意义的在社会结构空间中位置的变化。在社会分层的背景下,社会结构中的位置代表了一定的社会资源和机会,所以社会流动实际上是指人们在获取经济、权力和声望等资源方面机会的变化。

社会流动所说的在社会结构空间中位置的变化可以是地理性的,也可以是非地理性的。某些在地理空间中的移动也可能带有社会地位变化的意义,比如在计划经济时期,农村青年被招工进城成为工人,就是社会流动。人们在本组织、本部门级别上的变化是非地理性的,也是社会流动。所以,判断某种变动是否属于社会流动,关键是看当事人在社会结构空间中获取或占有他所期望的资源的机会是否发生了变化,看人们的流动是否对社会结构产生了影响。

社会流动是多样化的。社会流动研究一般更加关注人们职业、职位的变化,因为职业、职位是人们的社会地位的主要依托,它对获取经济、权力和声望资源具有重要意义。另外,社会学也关心人们的大规模的社会流动。

(二) 社会流动的类型

1. 垂直流动和水平流动

以社会流动的方向为标准,社会流动可以分为垂直流动和水平流动。

垂直流动也叫纵向流动,它是指人们在同一社会分层结构中的不同社会阶层之间的地位变动。垂直流动还可以进一步分为向上流动和向下流动,向上流动是指从较低阶层进入较高阶层,向下流动则相反。垂直流动的基本假设是:在同一社会分层体系中,处于较高层级的人有比较多的获取自己所期望的资源的机会。社会地位的变化可能有多种含义,垂直流动主要指的是在该社会地位分层意义上位置或机会的变化。垂直流动是人们获得资源的机会的变化,所以它是人们最关心的,也是社会学研究最关注的社会现象。

水平流动也叫横向流动,它是指人们在同一社会阶层内部的位置变动。这种变动对于当事人获取或占有经济、权力和声望资源的机会没有明显影响,但具有社会意义。比如,一名干部在本单位内职权相当的部门之间调动,一名工人为了交通上的便利而换工作等。

2. 群体流动和个人流动

以社会流动主体的特征为标准,社会流动可以分为群体流动和个人流动。

群体流动是较大规模的社会流动。这种流动可能是有组织的,也可能是无组织的,可能是向上流动,也可能是向下流动。但是,群体流动研究的关注重点是流动规模可能对社会结构产生的影响。比如,城市化加速过程中大量农民进城务工经商,"文化大革命"期间知识青年上山下乡等。虽然这种流动会对当事人的生活际遇产生重要影响,但群体流动研究更关注大规模流动对社会结构的影响。

个人流动是个体的社会流动,它反映了一个人在社会阶层结构中地位的变化。个人流动对个人和家庭来说是重要的,典型的个人流动也能反映社会的重大变化。

3. 代际流动和一生流动

以社会流动的参照基点为标准,社会流动可以分为代际流动和一生流动。

代际流动是指子代相对于父辈而言社会阶层地位的变化。当子代的职业、在社会分层结构中的地位与父辈相比发生变化时,也就形成了代际流动。这种流动可能是群体性的,也可能是个体性的。在一个开放的、不断进步的社会,代际流动在总体上表现出向上流动的趋势,即子代的职业和社会地位总体上要比父辈高。在一个封闭的、比较停滞的社会,代际流动则较缓慢,子代的职业和社会地位带有更多先赋性特点。

一生流动是指某一社会成员在整个人生过程中社会地位的变化,它反映了该社会成员的主要人生历程。个人生活史的研究常常关注这种流动。

## 二、社会流动的模式与影响因素

(一)社会流动的模式

1. 开放式流动

开放式流动是社会成员在各阶层、职业间流动而不受制度性限制的社会流动模式。在现代社会,社会成员享有公民权,他们可以根据自己的能力和愿望去从事合法的职业活动,而不受人为的、排斥性的制度限制。也就是说,所有的职业、职位是对全体社会成员开放的,人们可以自由流动。

2. 封闭式流动

封闭式流动是社会成员只能在一定范围内流动的社会流动模式。在传统社会,由于社会资源的短缺,统治者和上层社会为了维护自己的利益而设置种种制度,把人们的职业流动,特别是低收入群体的职业流动限制在一定范围之内,即只允许其在有限的范围内流动。这种流动模式常常是把社会成员分为几大类别,同时在类别之间建立壁垒,限制人们向上流动。

3. 混合式流动

混合式流动是在一个社会中既有开放式流动又有封闭式流动的社会流动模式。社会成员可以在一定范围内,甚至是在一些社会阶层之间进行流动,但是他们不能进入另一个封闭的领域,这就是混合式流动。比如在中国封建社会,平民可以由仕途或军功而为将相,但他们一般不能封王,在由平民到将相的范围内的流动是开放的,但社会的最高层对平民来说是封闭的领域,除非他们造反自立为王。

(二) 精英的流动

1. 什么是精英

在社会流动研究中,研究者们除了关注作为宏观社会过程的大规模的社会流动外,还特别关心精英流动。精英是在某一方面或某一活动领域具有特殊才能、杰出能力的成员。对于精英并没有一套指标去测量,但是一个人在某个领域有超凡的、出类拔萃的表现则是他属于精英的最有力证明。人类社会生活的多样性决定了精英的多样性,我们可以称各个领域中具有超凡才能的人为精英。比如,有经济精英、政治精英、军事精英、学术精英、技术精英和艺术精英等。精英是在相关领域分层中占据最上层地位的少量人物,他们的行动对于该领域的变化具有不可替代的作用。在社会分层研究中,人们更注意政治方面的精英。美国社会学家米尔斯提出了"权力精英"的概念,分析了权力精英对美国社会的影响。在我国的社会学研究中,精英概念的使用更泛化一些,即有较强的相对意义。

2. 帕累托的精英循环理论

意大利社会学家、经济学家维弗雷多·帕累托(Vilfredo Pareto,又译帕雷托)是最早对精英问题进行系统研究的学者。他认为,"精英"这一概念与道德或名誉无关,它只是指在一定活动圈子中"具有最高才能指数的人"。他把精英分为两种:由在政府中直接或间接发挥相当作用的人组成的统治者精英和由其他人组成的非统治精英。他认为,只有在具有理想的社会流动和完美的职业开放社会中,精英的地位才能与卓越的才智相关。而现实情况是,遗产继承、家庭关系等阻碍着人们在不同社会阶层之间自由流动,因此精英称号与非凡才智相背离。为此,他宣扬最大限度的社会流动和职业开放。

帕累托认为,精英称号与能力之间的不平衡是精英衰败的表征,这种不平衡的潜在原因是低级阶层中优秀分子的聚集和高级阶层中劣等分子的聚集,而更深层的原因是社会流动不畅和精英循环受阻。由于社会的变化和精英能力的丧失,精英地位与能力已不均衡,这就要求精英循环,即非上流阶层的某些人转变为新的精英人物而替代老精英。如果统治精英或非统治精英拒绝来自公众的更具才华的成分的输入,就会产生精英循环受阻。其结果是:或者社会秩序衰败、国家和社会失衡,并导致社会堕落;或者新的精英用暴力推翻过时的、无能的统治精英。

(三)影响社会流动的因素

1. 社会结构的性质

影响社会流动的因素是多元的,社会结构的性质是其中之一。社会结构的性质是指社会结构在本质上是封闭的还是开放的。如果一个社会在制度安排上不鼓励,甚至限制社会成员的流动,那么社会流动的频率和多样性就会受到限制;反之,一个社会中的社会流动就会活跃得多。我们曾经提到先赋地位和自致地位,实际上注重先赋地位的社会不太鼓励社会流动,现代民主社会的社会流动则是活跃的。

2. 经济和社会的发展程度

经济和社会的发展程度直接影响社会流动。在经济不发达的社会,人们常常在比较封闭的范围内生活,而在经济比较发达的社会,新的机会不断出现,社会流动也频繁得多。在工业化、城市化启动和快速发展时期,社会流动规模的扩大和速度的提高都是相当明显的。当前,我国正在经历由农业社会向工业社会的转型,随着经济全球化加快,我国产业结构发生前所未有的大规模调整,这些都大大影响着社会流动。

3. 教育的普及与发展

在某种意义上可以说,教育是向上流动的推进器。在传统社会,教育发挥了为仕途铺路的作用,中国的"学而优则仕"是这一现象的经典总结。现代社会是以科学技术和教育为基础的社会,教育的普及和发展使受教育者获得向上流动的可能性。一些发达国家已经是"文凭社会",那些获得较高文凭、毕业于较著名大学的人,其向上流动的机会比其他人要多。正因如此,人们期望获得较好的教育,尽管"文凭社会"也有许多负面的影响。

#### 4. 家庭背景

家庭背景对于人的社会流动的影响是明显的。家庭的经济状况、父辈的政治和社会地位会直接影响子代的地位获得,这是先赋因素在发挥作用。在家庭(父辈)背景对子代地位获得的影响的研究方面,美国社会学家布劳和奥蒂斯·邓肯(Otis Duncan)做过一项经典研究。他们在1962年关于父亲对儿子职业获得影响的研究成果揭示:父亲的受教育水平和职业对子代的职业获得有直接或间接的重要影响。

关于家庭背景对子代地位的影响,法国社会学家布迪厄的文化资本理论给出了深入分析。所谓文化资本是指借助不同的教育行动传递的文化物品,这种文化物品具有再生产的性质。布迪厄认为,不同社会经济地位出身(家庭出身)的学生在学业成就方面是有差异的,家庭出身不仅通过经济收入来影响求学的学生,而且文化资本的传承也是阶级再生产中非常重要的一环。那些从家庭中继承了丰厚文化资本的人更容易积累自己的文化资本,而文化资本是可以转化为经济资本的。

#### 5. 社会网络资源

社会网络理论对人们成功地获得更好的职业和地位给出了一种解释:人们所拥有的社会网络资源影响他们的地位升迁和成功。从中国的情况来看,社会关系网络对人们的社会地位获得的影响是明显的,一个人所拥有的支持性的社会关系越多、关系越有力,他在职业和地位方面获得成功的机会就越大。这种现象与中国文化和社会结构的特征密切相关,林南的研究证明了这一点。布迪厄的社会资本理论也对人们在职业和地位上的成功做出了一定的解释。

### 三、改革以来我国的社会流动

#### (一)社会流动的一般状况

经济体制改革以来我国的社会流动十分明显。农村经济体制改革所释放的剩余劳动力大量进入城镇,有了获得更好经济成就的机会。20世纪90年代中期以来,每年进城务工经商的农民规模超过两亿人。他们中的绝大多数虽然尚未获得与城市居民相同的身份,但是在经济收入方面已大有改善。他们中的一些已经变为产业工人。城镇化使原来的某些农民变为城市人口,他们的生活方式发生了变化。

第七章　社会阶层与社会流动

在城市内部,所有制结构、产业结构的调整和人们的价值观念的变化,大大地促进着城市劳动者的职业流动。从全民所有制单位流向私营企业和外资企业、从行政机关转向经济部门成为职业流动的突出特点。另外,曾经作为城市就业主体的工人阶层的地位也发生了重要变化。经济发展进入新常态和深化政府的行政体制改革以来,我国的社会流动出现了新的变动趋势。

全社会体力劳动者的比例下降,从事技术性劳动和服务性职业的群体扩大。城乡居民的物质生活水平明显提高,中等收入阶层规模扩大。可以说,改革开放以来,我国的社会流动总体上是向上流动。

(二) 精英流动

面对苏联和东欧国家发生的巨大变化,一些学者开始研究经济转型国家的精英流动问题。其关注点是这些社会原来的精英发生了哪些变化、新的精英与原来的精英的关系等。这方面主要有两种理论观点:精英循环与精英再生产。

精英循环理论认为,社会主义国家改革过程中的精英是非连续的,即现在的精英并不是原来的精英。原来的政治精英通过改革并没有变为改革后的经济精英,而一些非精英人物变成了经济精英或政治精英。有的学者发现,中国原来的农村基层干部并没有变为农民企业家,而一些从来不是干部的普通农民成为企业家,进而成为农村基层干部。于是,农村的精英人物发生了循环和流动。

精英再生产理论认为,社会主义国家改革过程中的精英是连续的,即同一批人由一种精英转化为另一种精英。具体地说,在改革过程中出现了大量原来的政治精英转变为市场经济中的经济精英的现象。精英再生产理论暗含一个假设:在改革过程中政治精英所拥有的政治资本变成了经济资本。这种理论的现实基础在我国改革过程中表现得比较明显。

(三) 低收入群体的社会流动问题

一个社会的进步和发展要看广大国民的经济社会生活水平的改善情况,其中低收入群体的生活状况更值得关注。在我国,低收入群体主要包括一般农民、城市低收入群体、失业群体、低收入退休职工、残障人士,以及缺乏技能的进城务工人员等。尽管改革开放以来,我国城乡居民的物质生活水平有了普遍提升,但是不同群体在经济收入和财富的增加、公共服务的享有和发展机会方面还是有很大差异的。在市场化竞争和消费主义加剧的情况下,低收入群体甚至部分中低收入群体仍处于边缘状态,缺乏向上流动的机会,于是社会出现"结构固化"现象,这种"结构固化"甚至影响到了他们的后代。严重的社会两极分化和低收入群体"结构固化"对社会稳定和健康发展是不容忽视的威胁。政府应该制定、完善公共政策和社会政策,改善中低收入群体的生活状况,增强他们的能力,为他们提供更多参与经济社会活动的机会,打破"结构固化",使中低收入群体真正公平地共享改革和发展的成果,促进社会稳定和谐。

(四) 当前我国社会流动中的问题与制度建设

在世界范围内,流动和流动性已经成为社会学、经济学、政治学、地理学以及心理学等学科关心的重要课题,流动性也被看成是后现代社会的一个特点。在市场化、城市化加速的现实背景下,我国社会学研究更加关注各种类型的社会流动及其效应,比如人口在地理—社会空间上的流动、人们的工作和职业流动、社会阶层的流动,进城农民工的社会融入和社会排斥、移民群体的社会适应,大量贫困地区的农民、经济衰退城市的中青年劳动力非组织化地流向发达地区的现象,以及由此带来的不稳定就业、居住与城市社会管理方面的问题等。在改革开放和社会转型中,中国正呈现出前所未有的社会流动状态。与市场化、城市化、社会分化相伴随,无序的社会流动还在加剧,这给流动群体的生活、社会管理带来了不可忽视的挑战。面对现实问题,我们迫切需要对过时的户籍制度、流动人口管理制度等进行改革。在规范和指导社会流动方面,我们需要更有效的制度安排,需要建构更加包容并能促进社会公平和社会进步的社会结构。

【推荐阅读】

边燕杰主编:《市场转型与社会分层:美国社会学者分析中国》,生活·读书·新知三联书店 2002年版。

〔美〕戴维·波普诺:《社会学(第十一版)》,李强等译,中国人民大学出版社2007年版。

〔美〕戴维·格伦斯基编:《社会分层(第2版)》,王俊等译,华夏出版社2005年版。

〔美〕丹尼斯·吉尔伯特、约瑟夫·A.卡尔:《美国阶级结构》,彭华民、齐善鸿等译,孙明海校,中国社会科学出版社1992年版。

李培林主编:《中国新时期阶级阶层报告》,辽宁人民出版社1995年版。

李强:《当代中国社会分层与流动》,中国经济出版社1993年版。

陆学艺主编:《当代中国社会阶层研究报告》,社会科学文献出版社2002年版。

〔美〕格尔哈特·伦斯基:《权力与特权:社会分层的理论》,关信平等译,吴忠校,浙江人民出版社1988年版。

毛泽东:《中国社会各阶级的分析》,载《毛泽东选集》第1卷,人民出版社1991年版。

〔德〕马克斯·韦伯:《经济与社会》上卷,林荣远译,商务印书馆1997年版。

〔澳〕马尔科姆·沃特斯:《现代社会学理论(第2版)》,杨善华等译,华夏出版社2000年版。

# 第八章

# 社 区

人们总是生活在一定的地域空间之中的,空间不但是人们现实的、实际生活的承载者,而且具有社会意义。社会学关注人们生活于其中的社区,关注农村社区和城市社区的变化,以及农村和城市的发展。

## 第一节 社区概述

### 一、社区的概念与构成

（一）社区概念的来源与演变

在现实社会中,人们总是在一定的地域空间内与他人共同生活的,社会学中相关的范畴是社区。社会学中的"社区"概念由德国社会学家斐迪南·滕尼斯（Ferdinand Tönnies）首先提出。1887 年滕尼斯写了 *Gemeinschaft und Gesellschaft*（《共同体与社会》）一书以论述社会的变迁。他认为,这是两种不同的社会生活状态,其中前者（gemeinschaft）是指由具有共同习俗和价值观念的同质人口形成的关系密切、富有人情味的社会组合方式,后者（gesellschaft）是由契约关系和理性意志形成的社会组合。他用这两个概念来说明这两种社会组合中人们之间社会关系性质的不同:前者是相互依存关系,即共同体状态;后者是利益关系,人们因谋求自己的利益而结合。滕尼斯认为社会在由前一种状态向后一种状态变化。1955 年该书英文版以 *Community and Association* 为名出版,即用"community"来解释"gemeinschaft"。

19世纪末20世纪初,美国发生了大规模的、急剧的城市化运动。在研究城市中人际关系密切的生活共同体的过程中,美国社会学家发现这种现象与地域有一定的相关性,使用了"community"一词,同时也使用了"society",并以此与滕尼斯的两个概念相对应。20世纪30年代,美国芝加哥大学社会学家帕克来华讲学,介绍了当时美国社会学研究的新趋势——关于"community"的研究。之后,我国社会学者在翻译英文文献时将"community"译成"社区"。

(二)社区的含义

由"社区"概念的演化过程可以发现,学者根据自己的研究需要赋予它基本相同但又有差异的解释。滕尼斯在提出"gemeinschaft"这一概念时,是指一种成员之间唇齿相依、感情深厚、关系和谐,靠习惯和共同的价值来维系的社会生活形式,其中并没有明确的地域含义。美国社会学家使用的"community"概念与滕尼斯使用的"gemeinschaft"概念的意义十分相近,但他们根据美国社会学研究的实际,较为明确地赋予其地域方面的含义。中国学者在翻译使用"社区"这一概念时也注入了对中国实际的理解,将"community"译成"社区"是得当的。

虽然各国学者对社区的理解不完全相同,但是,几乎所有学者都认同它所具有的共同体含义。共同体并不一定要强调地理区域的含义,比如有的学者使用"知识分子社区""学术社区""宗教社区"等概念,实际上指的是知识分子共同体、学术共同体、宗教共同体。在这里,共同体是指具有共同价值规范和一致追求的人组成的社会群体。但是在关于现实生活的研究中,人们常常强调它的地域含义,因为人们总是以一定地域为基础共同生活的。有人对社区定义进行统计比较后发现,大多数定义都包含三个方面的含义:社会互动、地域和共同约束。结合中国实际可以认为,社区是聚居在一定地域内的、相互关联的人群形成的共同体。

社区与社会是既有联系又有区别的概念。社区和社会指的都是人类生活的群体形式,从这种意义上说,社区也是一种特殊的社会形式。但是社区强调了共同体和地域两个特点,这与一般的社会形式是不同的。社会侧重一般的社会关系体系,与社会相比,社区更强调具体地域内的人群关系,强调这种关系的亲和性。

### (三) 社区的构成

社区作为一种社会实体由以下基本要素构成。

第一，以一定的社会关系为基础组织起来的人群。社区具有社会性，其实质是相互关联的一群人，即具有一定规模的社会群体。由一定的经济、社会和文化关系联系起来的人群共同参与社会生活，这就是社区的基础。相当数量且具有相互联系的人群是社区存在的首要条件。

第二，一定的地域。地域是人们活动的场所，是人们进行共同的社会生活的依托。地域为人们提供基本的生存空间，这不仅包括土地资源，而且包括该地域中的各种设施。如果没有这种地域所提供的资源，人们共同的社会生活就难以进行。社区的地域有时比较明确，有时比较模糊。村落共同体的地域范围十分清晰，城市中以具有共同价值观念的人群为基础的社区的地域范围就相对模糊。

第三，共同的社会生活。共同的社会生活是社区的本质特征，这是指人们共同的社会活动或社会互动，包括经济、文化、社会和精神方面的活动。这些活动是该地域中人们联系的纽带，使人们形成共同利益，相互认同。在这些活动中，日常生活和文化活动占有重要地位。

第四，社区文化。社区文化是社区居民在长期的共同生活中积淀而成的社区居民共享的价值观念和行为规范的总和。它既满足社区居民的需要，也为他们的共同生活提供规则和约束。在比较典型的社区，社区文化常常表现为社区风俗、基本相同的价值观念。作为一种底蕴，共享的社区文化在维持社区的存续方面发挥着重要作用。

第五，居民对社区的归属感和认同感。归属感和认同感是社区居民对自己所属社区的依恋感和责任感。这种归属感和认同感是社区居民愿意成为社区之一员的心理倾向，而其基础则是居民在共同的社会生活中得到的支持以及成员之间良好的感情，即成员之间的亲和性。居民对社区的归属感和认同感可以称为社区意识。居民的社区意识是社区之所以形成和存续的心理基础，也是衡量社区发育程度的最重要的指标。

## 二、社区的类型

按规模分类。规模是社区分类的重要标准，因为人口规模及密度、地域等对人们的共同生活和相互认同的程度有直接影响。按照人口规模与地域两个特征可以把社区分为中型社区和微型社区。中型社区如小城镇,微型社区如自然村落、居民小区。实际上,如果从社区的所有构成要素来看,大中城市的居住区就并不成为"社区",因为其缺乏成员之间比较深入的交往,也缺乏共同的价值观念和亲和性,而那些规模适度的居民区更具有社区的特征。

按形成方式分类。社区有自然形成的,也有人为规定的。自然形成的社区可以叫自然社区,它是人们由于聚地而居、共同生活,而从内部自然而然地生出共同意识,并形成对居住地的归属感和认同感的社区。例如很多自然村、城市中某种历史悠久的生活群落就是自然社区。人为规定的社区一般是政府基于管理的需要而划定的,可以叫法定社区或行政社区。在这种社区中,社区的居民规模、社区的边界是由管理者根据多种因素划定的。在这一基础上,社区居民通过共同活动形成具有一定认同感和归属感的生活共同体,其具有某种程度的社区特征。我国城市中的居民委员会就是一种法定社区。一般来说,在法定社区中,自上而下的权力关系作用较强,居民的社区意识、认同感和归属感不如自然社区。

按综合标准分类。如果把社区看作人们进行社会生活的共同体,那么用综合标准对其进行分类就更有意义。所谓综合标准就是要考虑社区居民的活动特征、居民之间的相互关系、社区文化等因素,不同社区会有自己独特的生活方式。根据综合标准一般把社区分为农村社区和城市社区,它们是生活方式不同的两类社区。在社会学历史上,这是社区研究关注的两种典型社区。

虚拟社区。在当代社会,借助互联网的发展形成了一种新的社区,即互联网社区,与城乡的实体社区相比,互联网社区具有虚拟性,可以叫虚拟社区。需要说明的是,这里所说的虚拟社区不是网络使用者基于某种兴趣、感情表达和信息发布而随意建立的某种"群"。虚拟社区是由网民在网络空间进行交往而形成的具有某种身份认同和互动功能的网络系统。在这里,"社区"不是指向地理上的面对面交往,而是指向网民的同质性和相互的身份认同。虚拟社区有如下特性:以计算机、移动电话等高科技通信技术为媒介;由具有共同兴趣及需要的人组成;成员身份相对固定,相互之间能感受到彼此的存在;互动具有群聚性。虚拟社区最重要的形式是"BBS"(bulletin board system,电子公告板)。曼纽尔·卡斯特在《网络社会的崛起》中以"真实虚拟的文化"阐述了网络社会的特征。

虚拟社区有别于我们现实地生活于其中的由亲朋关系、邻里关系和基本的物质、精神生活组成的实在社区。在虚拟社区中,人们在很大程度上以某种虚拟的身份进行互动。虚拟社区并不等于虚假社区。虚拟社区在本质上是一种虚拟现实,人们在虚拟社区中的互动具有虚拟性和现实性双重特征,虚拟社区中的交往也具有某种程度的趋真性,因此在一定意义上虚拟社区具有社会实在性。实际上,在一定程度上,虚拟社区的许多场景是实在社区和社会的反映和重现。在这种意义上,虚拟社区与现实生活社区相互交叉。

虚拟社区的成员身份和活动具有虚拟性,互动原则是自由、平等、民主、自治和共享。在虚拟社区中成员是自由的、开放的和较少受约束的。在这种意义上,虚拟社区与实在社区有很大区别。虚拟社区是高科技时代的产物,它丰富着人们的现实生活;而虚拟社区参与成员的匿名性和弱责任性可能会带来虚假的东西,它产生的社会影响是复杂的。

### 三、社区研究

(一) 芝加哥学派的社区研究

在社会学发展史上,开创社区研究之先河并对之进行深入探索的当数芝加哥学派。芝加哥学派是指主要由美国芝加哥大学社会学系培养出来的学者组成的,因注重经验研究、倡导并从事社区研究而形成的一个学术派别。该学派繁荣于20世纪二三十年代,其代表人物是罗伯特·帕克等。

芝加哥学派学者的一个重要特点是把社会作为实验室,深入实际去观察社会,并对此做出解释。他们走出学校对芝加哥市进行研究,调查涉及种族关系及城市社会问题,形成了以社区为对象的研究传统。芝加哥学派开创了参与观察法,并创造了人文区位学(Human Ecology)理论。这一理论把社区视为社会活动的空间单位,研究社区居民及其活动的区位分布,通过区位关系来反映、透视社会关系。人文区位学在研究方法上注重深入社区实地观察,进行实证研究;在理论模式上注重研究区位结构与社会生活的相互影响,主张通过对区位结构的调整使成员加强联系、消除隔阂,从而形成共生关系。芝加哥学派的社区研究不但对美国社会学的发展产生了深远影响,而且对世界社会学的发展发挥了重要作用。

(二) 我国的社区研究

我国的社区研究是在20世纪30年代首先由以吴文藻为首的燕京大学社会

学系的师生发起的。受芝加哥大学帕克教授来华讲学的影响,有感于当时中国高等学校的社会学课程主要介绍外国的东西而不切中国实际,吴文藻写了一系列文章介绍社区研究,主张通过社区研究来加深对中国社会的认识,促进社会学的中国化。为了推动社区研究,他还派出许多学生到农村进行实地调查。

经过十多年的努力,到20世纪40年代我国的社区研究有了较大发展。其标志是从事社区研究的社会学者人数增加,社区研究的理论和方法得到了发展,产生了一批有较高学术水平的社区研究的成果。这时的社区研究主要是农村社区研究,其研究成果对认识中国社会很有帮助,是社会学中国化的重要组成部分。

20世纪70年代末我国的社会学恢复重建以后,社区研究重新开始。当时恰逢农村经济体制改革,农村发展问题备受关注,所以社区研究主要是对农村社区的研究。随着中国社会管理体制的转变,城市基层社区组织与管理课题被提上议事日程。受改革实践的推动,20世纪90年代中期以来城市社区的研究也得到了明显发展,并在一定程度上推动着城市社区建设实践。社区概念被广泛接受,有关社区的理论被关注,并被运用于农村社区发展和城市建设实践。近些年来,随着农村城镇化和城市重建带来的问题增加,城乡社区治理问题得到政府和社会的关注,相关研究成果不断涌现,这表明,社区研究在我国达到了新的水平。

(三)社区研究的角度

社区研究也叫社区分析,它是在一定时空坐标中描述该社区居民赖以生活的基础与社会结构,并发现其内在逻辑或规律的研究工作。

1. 人文区位学的研究角度

人文区位学也称人类生态学,它是借用生物学的生态理论来研究社区环境的空间格局及其相互依赖关系的理论。它把社区看作一种生态秩序,即在社区中,人们由于资源的匮乏而相互竞争,当竞争到一定程度后,他们就会互相依赖而共生。"竞争"和"共生"是古典人文区位学分析社区的两个核心概念。现代人文区位学强调文化对人类行为的重要作用,有的学者试图把社会因素和次社会因素结合起来分析社区生活。从人口分析出发,将社区视为一个整体,认为其组成部分的区位关系处于经常的变动—平衡状态之中,强调环境的重要性,这些构成了人文区位学社区分析的特点。

## 2. 文化人类学的研究角度

文化人类学也称社会人类学,它是研究人类文化的起源、发展变化过程和文化差异与类型的学科。文化人类学在研究社区时,注重对社区文化和生活方式的考察。它认为,社区生活是一种文化现象,有自己的内部结构和变化规律;通过对社区文化类型的总结和比较,可以深刻认识社区的特点和变迁。

## 3. 社会系统理论的研究角度

社会系统理论把社区看作社区成员(个人、群体、机构)相互作用的系统,认为社区的日常生活总是通过社区中的社会关系网络来组织的,各种社会关系经过长期发展,形成各种组织与制度,并成为社区的要素。这些要素相互依存、相互作用就形成了社区的结构。社会系统理论注重从以下几个方面研究社区:研究社区系统的结构;研究社区内各社会单位和部分的相互关系,它们是如何协调和运转的;研究社区居民的交往和相互作用,即把社区当作居民共同生活的系统来研究;把社区视为人们社会生活的场所,研究这些活动的社会范围及疆界特征,研究人的活动与场所的关系,实际上是研究有地域特征的人们活动的系统。

# 第二节 农村社区与城市社区

## 一、农村社区

我国是农村社区最典型、发达的国家,由于这一原因,以下关于农村社区的讨论基本上以中国为例。当然,中国的情况并不能完全代表世界各国农村的状况。

### (一)农村社区的特征

农村社区也称乡村社区,是指主要以农业活动为基础聚集起来的人们生活的共同体。它可以是一个小的村落,也可以是由几个毗邻的村落组成的社会区域。

#### 1. 农村社区的生存基础

农村社区居民的生存基础是土地、山林等,或以其他方式直接利用土地而获取生活资料。受自然条件的影响,土地的产出率比较低,因此需要投入较多劳动力,农村社区是大多数有劳动能力的人从事农业劳动并以此为主要生活来源的社区。传统的农业主要指农田种植,"大农业"的概念也包括林业、牧业、副业和渔业。以土地资源为基础,人们聚集而居,共同经营、生活,形成社区。

2. 农村社区的居住和群落特征

从外部特征来看,传统的农村社区基本上采取以村落为单位的家族聚居方式,即村落之间有明显的边界,居民在村内聚族而居。造成这种区位结构特征的原因有:第一,居民以农业或土地为生活资料的主要来源,占有一定数量的土地成为该地区居民生存的必要条件,因此村落镶嵌在耕地之中,村落之间有一定距离。第二,村内聚族而居是与家族的繁衍相联系的,同族就近而居形成了村内不同家族的群落。第三,人们为了寻求安全,相邻而居,以利于生活上的相互帮助。随着人口的增加,农村的居住和群落结构也在发生变化,土地所有权的变化也是影响居住和群落结构的重要原因。

农村社区有三种产生方式:自然起源、社会组合及农村建设。自然起源型社区是由于农业家族的繁衍而形成的社区,这一般表现为历史悠久的单姓村。社会组合型社区是由若干个农业家庭或家族联合而成的,这些家庭由于多种原因迁移聚居而成为社区,这一般表现为有几个家族的杂姓村。农村建设型社区是由于某地区的农业开发而形成的社区,为了开发某一荒芜的土地,不同地区的人聚集于此,定居而形成社区,例如屯垦形成的村落。

3. 农村社区的生活特征

农村社区居民的生活有如下特征:第一,自给性强。传统的农业生产以自给自足为特点,较少商品交换,自给自足也减少了农民对外部的依赖性,带来了封闭性。第二,成员之间比较熟悉。在自然村或行政村,人们因为世代相邻而居,生活上互有来往,所以相互之间比较熟悉,一般关系比较和睦,甚至附近的村落之间也是如此。第三,生活简朴。土地产出率低,农民被束缚在土地上,所以农民量入为出,生活比较简朴。第四,比较保守。受自然经济的影响,农村居民比较相信经验,特别是直接经验,他们对新鲜事物的接受是谨慎的。第五,同质性高。由于同村或相近地域内的农民从事大体相同的生产活动,又长期居住在一起,因此他们在生活方式上有较高的同质性。另外,同一社区的成员长期生活在一起,从事相同的活动,所以其价值观在很大程度上是一致的。第六,生活节奏的自然化。农村居民的生产活动与生活活动受自然气候条件的影响较大,因而带有时令的特点。第七，有乡土味的社区文化。生产活动与生活活动的相互交织，"生于斯，长于斯"的群体生活，形成了以婚丧嫁娶和农业时令为基础的共享的社区文化。

上述特征是就典型的传统农村社区而言的。随着农村产业结构的调整、农民经济活动的变化和城乡之间的交流，农村居民的生活特征和农村社区的面貌也发生了明显的变化。

(二) 中国农村社区的社会结构

1. 农村的社会关系结构

血缘关系是农村社区中占支配地位的社会关系，社区居民大多数可以在本社区内找到与自己有血缘关系的人。这种血缘的联系可能是直接的，也可能是间接的，同祖同宗是这种血缘关系的基础。在传统的农村社区，相邻而居的地缘关系常常与血缘关系相重合，这是由世代繁衍和同族相邻而居的传统造成的。

血缘关系在社区的经济、政治和社会生活中发挥重要作用。一般地，血缘关系的亲疏对人们的经济活动、政治活动的取向有明显影响。在社会生活领域，血缘关系的作用表现得更加明显，许多日常生活是以家族为基础来组织的。费孝通认为，传统中国是乡土性的，他将这种基于血缘关系之亲疏而形成的人们在经济和社会生活方面关系有差别的现象称为"差序格局"。

2. 农村社区的政治结构

中国的传统社会是一个农业社会。在封建社会，"皇权不下县"，国家权力对农村的渗透作用较小。在很长时期内，农村的政治是社区政治，即以社区事务为主体的政治。家庭是基本的政治活动单位，政治活动与经济活动、社区公共活动交融在一起，人们在政治活动中的地位与他们在经济活动、社会生活中的地位相连。明显地，那些在经济上占有优势地位的人在政治活动中占有较重要的地位，那些具有较高社会地位的人，如地方士绅和家族中辈分高的德高望重者，在社区政治生活中也扮演着重要角色。这样，传统的农村社区的政治基本上是建立在无为政治基础上的长老统治。

1949年以后，国家政治较多地进入农村，农村政治在一定程度上被纳入国家政治的范畴。社会主义的集体所有制通过政治力量把原先分散的农民集合起来开展集体劳动和参与政治活动。人民公社时期,人民公社、生产大队、生产队"三级所有、队为基础"的政社合一体制不仅在生产中起作用,也在农村社区管理中起作用。同时,国家通过在农村组建党、团、妇女组织,促进了农村社区生活的政治化,并形成了根本不同于传统农村的政治结构。但是,村落是有悠久传统的共同体,所以村落政治在很大程度上受社区生活的影响,并带有社区的特征。改革开放以来,中西部农村的一些行政村也出现了基层组织弱化的现象。

3. 农村社区的职业结构

传统农村的职业分化程度很低,男耕女织式的自然分工是职业分化的主要形式。几乎所有家庭都以农业生产为生计的主要甚至是唯一来源,这样,务农几乎成为农村社区中唯一的职业。在我国农村,务工、经商只是农民家庭经济收入来源的补充。集体经济时期,受国家的城乡分工政策的影响,农村职业结构更加单一。直到20世纪70年代,由于社队企业的发展,农村的产业结构、职业结构才发生新的变化,农村社区也随之发生新的变化。

(三) 农村社区的变迁

随着科学技术的发展和城市的影响变化,农村社区也在发生或快或慢的变迁。农村社区的变迁是经济、政治和社会生活以及社区文化的全面变迁。一般来说,农村社区变迁是由经济活动的变化导入,但是政治因素、城市文化传播对农村社区变迁的影响也不可忽视。

如果说20世纪50年代至70年代中国农村的变迁主要受国家政治影响的话,那么80年代以后则主要是受经济因素的影响。四十多年来中国农村的变迁是巨大的,各地农村的分化也十分剧烈。总体来说,农村社区的变化表现为:农村的产业结构发生了重大变化,非农化现象十分明显;在发达地区,农村居民的居住方式和生活方式发生了显著变化,表现出较普遍的城镇化特征;国家政治对农村社区生活的影响作用变小,不发达地区农村的非组织化现象比较明显;电视等大众传播媒介在农村普及,农村中青年进城务工,城市文化和现代文明对农村年轻一代产生了重大影响,从而给农村社区原有的价值体系带来挑战。受市场经济的影响,不发达地区农村比较普遍地出现了"三农"(农业、农村与农民)问题,农村的"空心化"现象比较严重,一些农村呈凋敝状态。"不发达地区农村往哪里去"正成为新的"乡愁"。

## 二、城市社区

### （一）城市社区的含义与特征

#### 1. 城市社区的含义

在中国汉语中，"城市"是由"城"和"市"两个概念组成的，城是指都邑四周作防御用的墙垣，市则指进行商品交换的场所。在社会学中，城市社区是指在一定地域范围内，大多数从事工商业或其他非农产业的一定规模的人口组成的人类生活的共同体。

城市人口众多、地域范围大，在什么意义上城市可以称为"社区"是值得讨论的问题。当我们使用"城市社区"这一概念时基本上指的是两种情况：一种是规模不大的城镇，另一种是城市中居民有共同生活、相互熟识的一定区域。在这两种情况下，居民有共同的价值观念和生活习惯，他们之间有良好的感情和相互认同感。显然，"城市社区"与"城市"是两个不同的概念，前者注重生活共同体的含义，后者则泛指人们从事非农活动的地域空间。

应该说明的是，社会学对城市的研究并不局限于城市社区，而是把城市当作不同于农村的社会体系。本书也是如此，我们分析城市社区，同时会对城市做一些介绍，因为城市社区与城市发展有着不可分离的密切联系。

#### 2. 城市社区的特征

第一，城市社区成员的异质性较高。异质性是不同个体、群体在某些特征方面存在差异。与农村社区相比，城市社区成员的异质性较高，这是由城市社区居民的结构决定的。在许多城市特别是大中城市，大多数居民并不是土生土长的，而是由于多种原因、通过多种渠道从外地迁入的。他们不像农村社区居民那样相互之间有血缘关系，他们来源不同，生活习惯不同，职业也不同，这些都使得城市居民之间异质性较高。

第二，社区居民人际交往中的感情色彩较弱。除了由本地居民长期聚居而形成的社区外，城市社区居民之间的交往不太深入、情感性较弱，这是与居民之间异质性较高这一特点相联系的，也与城市生活节奏快、人们交往范围宽广有关。

第三，城市社区居民的生活空间相对独立。除了大院落式的社区外，在一般情况下，城市居民的工作和日常生活在时间和场所上有较明显的区分。他们的工作系统、工作内容和空间不同,共同的公共活动有限,注重私人生活空间,这些影响居民之间的深入交往。

第四,城市社区之间的界限不太清晰。在滕尼斯那里,社区(共同体)并不强调地域的意义。但是当我们把城市社区与农村社区(村落)相比较时,可以发现,城市社区的地理界限并不清晰。除了居民大院之外,城市社区的范围可大可小,伸缩性强。

(二)城市社区的类型

根据不同的标准,城市社区可以分为不同类型。美国社会学家早年的城市社区研究是以居住人群的族群和职业特征以及社区在城市中的区位来分类的。比如,芝加哥学派的社会学家研究芝加哥城的外国人移民社区的结构和生活,有学者研究城市郊区社区的生活特征,也有学者研究城市中的贫民窟。这些研究虽然不是严格按照"社区"的含义展开的,但是一般都观照了这些研究对象的"共同体"特征和意义。

我国城市结构和社会管理的特殊性使得社区分类具有特殊的意义。我国的城市社区有如下几种主要类型。

第一,居民大院。居民大院是众多家庭长期生活在一起而形成的聚落,是一种生活型社区。这种院落周围有某种形式的围墙,与外部隔离,院内家庭居住空间相连并共享一定的公共活动空间。家庭之间和居民之间的日常交往比较密切,彼此熟识。由于城市空间的限制,这类大院落在传统城市中比较常见,也叫"大杂院"。

第二,单位社区。单位或工作单位是指计划经济体制实行之后,在城市建立起来的国有或集体所有的大中型企业和事业单位,也包括政府部门和军事领导机关。按照国家政策和计划,这些工作单位为自己的职工修建房屋,供其家庭居住,于是就形成了或大或小的"单位大院"。在城市管理体系中,这些单位大院原先叫作"家属委员会",协助单位处理职工家庭少量的后勤和福利方面的事务。后来,随着国有企业的市场化改革,这些家属委员会改制为居民委员会。由于同一工作单位的职工和他们的家属长期居住在一起,再加上他们在工作和生活方面有很多交集,因此彼此十分熟悉和了解,有一定的集体意识,形成一种特殊的社区。

第三,行政性社区。行政性社区是指由于行政管理等方面的目的,通过法律和行政程序建立起来的居民组织及其管辖区域。中华人民共和国成立之后,城市中陆续建立起大量的居民委员会,这就是行政性社区的典型。按照我国法律规定,城市居民委员会是基于居民相互邻近的居住状况和便于居民自治的原则,由一定规模的居民户组成的。居民委员会的职能是居民自我管理、自我教育、自我服务,也是城市基层政权的重要基础。居民委员会辖区的居民家庭相互邻近、彼此熟悉,加之居民委员会承担着居民自我管理、自我教育、自我服务的职能,组织社区活动,活跃社区居民生活,所以该辖区具有社区(共同体)的某些性质和特点。同时,居民委员会协助政府承担了部分行政事务,所以它又有比较明显的行政特点。这是当前我国最普遍地覆盖所有城市、发挥作用最显著的社区类型。

第四,商品住宅区。商品住宅是指由房地产开发企业建设并出售、出租给使用者,供其居住的房屋。当这种房屋具有较大规模、相当数量的购置、租赁者(家庭)居住其中时就形成商品住宅区。商品住宅的购置、租借者(居民)来自不同方面,他们互不熟悉,又缺乏生活上的交流,所以较少具有社区的特点,在一段时间内难以形成真正的社区。虽然这类住宅区有时也被称为"社区",并设有带"社区"字样的机构,但实际上它们并不真正具有社区的特征。

(三) 城市社区的结构

1. 城市的区位结构

从芝加哥学派开始,城市研究就特别注重区位研究,包括城市的区位结构和社区的区位问题。城市的区位结构是指人们的不同类型的活动空间在城市中的分布方式,即城市居民的工作、生活和其他活动场所在城市地域中所处的相对位置及其空间结构。由于各国文化传统不同,不同城市形成的过程不同、城市的规模不同,因此城市的区位结构也不同。例如,许多城市在空间结构上是环形,中心多为商业区,往外是由工业和部分居住区构成的过渡区,再往外是不同阶层居民的居住区。一些城市是多中心结构,一个大城市可能会形成几个相对独立的空间结构,每一部分又都有自己的次中心和相关的功能结构。

我国的城市结构有自己的特点。一般来说,我国城市的中心是行政管理区,往外是商业区和居民住宅区,再往外是工业区。从区位结构上看,大多数城市是以政治为中心的。当然,这并不是说我国各种城市的区位结构是相同的,实际上,地形结构会极大地影响城市结构。

城市的区位结构与城市社区的区位格局有密切的关系。社区是人们生活的地理空间和社会空间,所以人们更愿意居住在地段价值高、工作生活比较便利、商业服务和公共服务质量较高的地区。因此,不同社区的成员可能享受不同的资源、获得不同的服务,同时不同社区也会具有不同的品位。

在城市社会学研究中,区位空间被赋予了社会的和政治的意义。亨利·列斐伏尔(Henri Lefebvre)论述了城市空间的物质属性、精神属性和社会属性,并用社会空间理论对资本主义的城市发展进行批判。戴维·哈维(David Harrey)揭示了资本主义社会中政治经济与城市地理、城市社会弊病的关联性。社会学家研究城市中的移民社区和贫民窟现象可以看成是从文化、权利、族群关系等角度对社区的讨论。中国学者关于"城中村""外来人口居住区"和"回迁社区"等的个案研究也是对快速城市化过程中边缘社区的讨论。

2. 城市社区的内部结构

传统的理想的社区被看作社区成员之间关系和谐、具有共同习俗和价值观念的同质性群体(共同体),这也是学者和社会对于社区生活状态的期望和憧憬。传统的城市社区具有同质性特点,但也难以完全避免产生某种矛盾。这种理想的共同体在工业社会及其后的现实表现是学者所关心的。齐格蒙特·鲍曼(Zygmunt Bauman)的《共同体》阐述了这种理想的共同体在现代社会和后现代社会的遭遇,一些研究者指出了现实社会中社区这种"地域性生活共同体"存在的内部矛盾和问题。比如,有的学者指出在现实的社区生活空间中存在不平等,也存在社会隔离和社会排斥现象。在现实社会中,社区并不是独立于外部社会的存在,社区有时是社会结构的某种反映或缩影。布迪厄的隔离理论被用于城市社会实体空间的研究,其认为实体距离是社会距离的表现和强化,而社会隔离是由社会阶级(阶层)造成的。城市中各种形式的隔离实际上是人们社会经济地位的差异在空间上的彰显。所以,人们即使同住在一个地区或社区,也可能由于他们的社会经济地位不同而产生社区生活中的隔离现象。

我们可以看到,在同一社区中,不同职业、不同社会经济地位的成员在社区事务上有不同的观点;也可以看到某些城市居民(包括房东)对外来者的不同形式的社会排斥现象。另外,从政治社会学的角度看,社区中的权力分布不是均衡的,人们在社区公共事务中的参与程度和作用也不同。

### (四) 城市社区的变化

在传统社会向现代社会变迁的过程中,城市社区的特点和作用的变化是明显的。正如滕尼斯所描述的,在传统社会,原来的街坊、小镇上的居民因为互相熟悉、具有亲和性的感情和共同意识而形成社区(共同体)。在我国的传统城市中,长年累月住在一起的街坊也具有社区的特征,例如老北京四合院中的居民。城市社区的普遍的、显著的变化源自工业化的发展和政府力量的介入。由于工业化的高速发展,人们用于邻里交往的时间变少,居住地变化所带来的社会流动使人与人之间变得陌生。在这种宏观背景下,城市家庭和居民之间的交往减少、情感交流减少,再加上价值观念的多样化,城市社区成员之间的"共同体感"减弱,共同体性质的社区也就变得徒有其名。美国学者罗伯特·帕特南(Robert Putnam)的《独自打保龄》反映了美国社区精神的衰落。政府力量的介入使政治因素在社区运行中发挥重要作用,这也可能在一定程度上削弱原有的、自生的社区精神。

改革开放以来,特别是实行经营城市、国有企业改革和房地产行业市场化政策以来,我国原来的许多城市社区已"物是人非",一些新建的城市商业住宅小区几乎完全由陌生人组成,这样的住宅小区显示出物质化(设施化)而非社会性特点。出于行政管理的需要,城市社区的构成、权力结构和运行体制都越来越多地呈现出行政化色彩,社区原有的共同体特点明显减弱,这给居民社会生活和社会管理带来新的挑战。社区的衰落不符合居民、社会和政府的利益,于是自20世纪80年代以来,许多国家出于各自的目的都在强调和推动城市社区建设。

### 三、城乡关系

在一个国家内部,农村与城市是互相联系的。城市社区和农村社区的特点及其变化与一个国家的社会经济形态、经济社会发展阶段有关,也与政府所实施的城乡政策有关。为了说明城乡社区及其变化的经济社会背景,我们简单地阐述一下城乡关系及其变化。

### (一) 城乡关系的历史演变

城乡关系是城市和农村这两类人们生存的空间在一个国家或地区内的依存关系。从历史发展的角度来看,城乡关系经历了或正在经历从对立走向差异,再走向融合的过程。

城乡对立。城市是在农业和农村发展的基础上产生和发展起来的。然而,城市一旦形成,城乡对立就产生了,即城市的统治阶级依靠强力剥削农村劳动者阶级。这种对立是建立在政治统治和军事暴力之上的,其直接行为是对农村的经济剥夺。城乡对立是人类社会发展史上的一种异化状态。马克思、恩格斯在分析资本主义社会的矛盾时,不但指出了资本主义社会尖锐的阶级对立,还分析了城乡之间的对立。他们认为,私有制条件下的城乡对立是城乡关系的基本形态,城乡对立应该被消灭。

城乡差别。城乡差别是城乡(城市和农村)两类社区的居民在经济收入、政治地位、文化教育和发展机会等方面存在差异的现象,但这种差异未形成对立。一般来说,城乡差别是城市居民的生活状况在总体上优于农村居民。在现代社会,城市在经济、政治、文化方面的中心地位使得政府把投资的重点放在城市。因此城市居民不仅增加了就业机会,也因政府改善城市公共设施、发展文化教育和服务业而获得较多生活福利,这吸引农村居民向城市流动。

城乡融合。城乡关系的理想状态是城市和农村取长补短,城乡平等和协调发展,实现城乡融合。城乡的一体化协调发展是把城市和农村放在一个系统中来考虑,全面规划、协调发展。在设计它们的发展时要做到优势互补,并使它们的发展成果相互联结、相互为用,从而形成城乡发展相互促进的良性循环。这种发展模式可以避免城市或农村片面发展带来的弊端。城乡一体化协调发展也会直接或间接地对城乡社区的健康发展产生积极影响。

(二)计划经济体制下我国的城乡关系

20世纪50年代,我国逐步形成计划经济体制。由于诸多原因,我国城乡之间的差距十分明显,这突出地表现为:城市劳动者有较稳定的工资收入,享受公费医疗、养老保险,子女有较好的受教育机会等,而农村居民在这些方面得到的利益很少。在当时的"三大差别"中,城乡差别居于核心位置。

我国城乡差别的形成原因有:第一,生产力差异。我国农村人口众多,农业生产率低,经济落后;城市的工副业生产率高,经济相对发达。第二,政策向城市倾斜。20世纪50年代初,国家实行优先发展重工业的方针,不但将投资重点放在城市,而且通过工农业产品的剪刀差向农村收取其积累,支援城市建设,这在一定程度上扩大了城乡差距。第三,城乡两种所有制和城乡分工。在计划经济时期,政府将城市中的大多数企业列为全民所有制单位,给予国家财政支持和保护,而将农村经济组织定为以社区为基础的集体所有制,很少给予国家优惠政策。后来,国家实行城乡分工,农村主要(几乎完全)从事农产品生产,供应城市居民生活,为城市工业提供原材料,在不平等的交换制度下,农村居民没有获得应有的好处,这也扩大了城乡差别。第四,不同的社会保障制度。政府在城市实行高就业、高福利、高补贴的就业保障政策,保障了城市居民的生活,而农村居民则没有获得优惠。第五,户籍制度的影响。国家实行户籍制度,限制农民向城市流动,固化了城乡差别。所谓户籍制度是指20世纪50年代末中央政府在全国实行的城乡分别的户籍登记制度,后来在城市户籍上附加了一些福利制度,并逐渐演变为限制农村居民流入城市的硬性规定,致使城乡差别制度化。

(三)我国的城乡二元结构

二元结构是指在一个国家、地区或实体内,同时存在两个有重大差别的部分,而且两者互相隔离、难以沟通的现象。发展经济学家威廉·刘易斯(William Lewis)在研究发展中国家的经济时提出了"二元经济"理论。他认为,发展中国家普遍存在农业部门和工业部门相互分隔的现象:农村从事农业生产,城市从事工业生产。这就是二元经济。二元经济是这些国家经济不发达的表现,他认为,随着经济的发展,这种现象会发生改变。

借用上述说法,我国社会学界提出了"城乡二元结构"的概念。所谓城乡二元结构是指,城市和农村在经济类型和经济发展水平、城乡居民的收入水平、享受的社会福利待遇和受教育机会,乃至在政治权利和社会权利方面存在重大差别的现象。这一概念高度概括了我国的城乡差别,反映了计划经济体制对我国城乡关系造成的负面影响。

改革开放以来,随着农村经济及城镇化的发展以及户籍制度的松动,城乡二元结构的格局有所变化。但是,由于户籍制度的深远影响和偏重城市对经济的拉动作用,至今我国的城乡二元结构还没有发生根本性改变。近些年来,政府开始放宽农村居民进城定居的政策,以吸引部分有(经济)能力的农村居民(主要是中青年)到城市落户置业,这对改变城乡二元结构有一定贡献,但是对城乡社区的建设和管理产生了复杂影响。

## 第三节 城乡社区发展

### 一、农村发展与农村社区发展

(一)我国的"三农"问题及其发展

1."三农"问题的产生

农村社区实际上主要是以村落为基本单元、从事经济活动和组织社会生活的群落空间。研究农村社区离不开对农村居民生活的经济基础、生产方式、生活方式和社会活动空间的考察。在中国社会学界,这些被归纳为包括农业、农村、农民的"三农"问题研究。这里,农业是以种植、养殖为主的经济产业,农村(或乡村)是农村居民生活的场所,农民包括所有农村居民。在传统农村,农村居民的生产和生活是有机地联系在一起的,那里展现的是以种植业为基础的比较落后的经济、熟人之间的经济和社会交往、质朴和具有地方色彩的乡土社会生活。

工业的发展和城乡之间的经济社会交流促使农村发生变化。政府的政策也促进了城乡之间的分化,拉大了城乡之间的差距。从实行计划经济体制开始,我国的"三农"问题产生并不断加剧。20世纪50年代,政府确立的优先发展重工业的战略、农村合作化运动、户籍制度使经济社会利益向城市倾斜。广大农村居民被国家力量组织起来,从事农业生产,国家对农村的索取大于投入。于是,在城乡二元结构下,农业落后、农村发展缓慢、农民从业单一的"三农"问题出现了,从70年代开始,随着乡镇企业的发展,某些农村的"三农"问题略有缓解。

2."三农"问题的发展

20世纪70年代末80年代初,政府启动了以家庭联产承包责任制为主要内容的农村经济体制改革,农民获得了自主经营的权利,农村的产业结构向多元化、非农化方向发展。农业经济的落后、收益低下和土地资源的短缺,城市经济体制的改革和城市的较高就业收入,促使大量农村中青年劳动力进城务工经商。一些年轻的农村劳动者常年在城市"打工",成为没有城市户籍的城市常住人口。进入21世纪,中国的市场化、城市化加速,加快推动农村城镇化成为促进国家经济快速发展的重要政策选择。在这种背景下,许多大中小城市通过征地拆迁将城郊农村土地变为城市用地,将土地上的农民转为市民,这一庞大群体的生活方式发生了重大变化。在优先发展城市、农村改变缓慢、城乡居民收入和公共服务差距悬殊等多种因素的共同影响下,在农村特别是中西部农村地区,中青年劳动力持续进城务工经商,人才和资源外流,部分土地被闲置以致荒芜,一些乡村基层组织功能严重弱化,来自政府的公共服务不足,儿童、老人、妇女的"三留守"现象严重。农业不兴、农村不振、农民不富,"三农"问题给农村发展、城乡协调发展乃至社会稳定带来严重威胁。

在现代化进程中,农村发展问题是各国普遍遇到的社会问题。英国工业化初期的"羊吃人"现象、发展中国家农村的衰败、发达国家的农业工业化带来的"农民的终结",各国都在依据自己的国情寻找农村发展的出路。改革开放以来,中国农村居民的经济生活得到了明显改善,但是"三农"作为一个整体问题仍然困扰着中国政府和社会。至2019年年底,中国乡村常住人口约5.5亿,"三农"问题如何解决,这是党和政府、社会以及农村居民必须认真面对的问题。

(二)新农村建设与乡村振兴

1. 新农村建设与乡村振兴战略

长期以来,中国农村问题被认为是经济落后和贫穷问题,这使得改革开放以来,许多"中央一号文件"都是针对农业发展的。实际上,农村发展问题主要涉及"三农"问题,人的问题、城乡关系、农村经济和社会发展的活力是最关键的部分。进入21世纪,以城市经济体系为引擎的中国发展遇到了新问题,并迫切需要解决城乡关系、农村综合发展方面的问题。中共中央、国务院作出决定,贯彻落实科学发展观,统筹城乡经济社会发展,实行工业反哺农业、城市支持农村和"多予、少取、放活"的方针,按照"生产发展、生活宽裕、乡风文明、村容整洁、管理民主"的整体要求,建设社会主义新农村。

面对新的国内外形势和全面实现现代化的目标,党的十九大报告提出实施乡村振兴战略,指出农业农村农民问题是关系国计民生的根本性问题。当前中国农业农村基础差、底子薄、发展滞后的状况尚未根本改变,现代化经济社会发展中最明显的短板仍然在"三农",最薄弱的环节仍然是农业农村。面对现实,党的十九大报告指出要坚持农业农村优先发展,按照产业兴旺、生态宜居、乡风文明、治理有效、生活富裕的总要求,建立健全城乡融合发展体制机制和政策体系,加快推进农业农村现代化。中共中央、国务院印发《乡村振兴战略规划(2018—2022年)》指出,乡村是具有自然、社会、经济特征的地域综合体,兼具生产、生活、生态、文化等多重功能,与城镇互促互进、共生共存,共同构成人类活动的主要空间;通过制定和实施多项政策措施,科学有序推动乡村产业、人才、文化、生态和组织振兴,推动农业全面升级、农村全面进步、农民全面发展。这是一个超越了以往主要关注农村经济发展的具有社会学视野的综合性发展框架,它的实施将会有效地缓解"三农"问题,促进乡村振兴和城乡协调发展。

2. 乡村振兴中的农村社区发展

社区发展在乡村振兴中占有重要位置。对于作为乡村振兴主体的农村居民来说,它意味着农村产业结构的调整,农村劳动者职业能力的提升,农民收入水平的不断提高,农村公共服务设施的改善,城乡统一的社会保障制度体系的建立,人居环境的改善,农民精神文化生活需求的满足,农村社会秩序的重构,以及农村居民对乡村公共事务的参与,等等。乡村振兴要落到实处,必须以有效的社区发展作支撑。《乡村振兴战略规划(2018—2022年)》指出了加强乡村基层党政建设的关键作用、农村居民在乡村振兴中的主体地位和作用。

具体到农村社区发展,联合国的社区发展原则有一定的借鉴意义,它包括如下一些基本内容:社区各种活动必须符合社区基本需要;全面的社区发展需要制订多目标的行动计划,需要各方面协调行动;推行社区发展之初,改变居民的态度与改善物质环境同等重要;要促使居民积极参与社区事务,提高地方行政的效能;选择和培养有能力、有作为的乡村领导人才对社区发展十分重要;要重视妇女和青年的参与;强调自力更生,社区发展项目也要争取政府的支持;社区的社会经济发展要与国家的政策和发展战略相吻合。

在农村发展方面,韩国的新村运动的某些做法值得借鉴。当下我国农村社区发展应该在基层政权和村级组织建设、发展合作经济、乡村社会关系重建与优秀传统文化传承方面做出更多努力。

(三)农村城镇化

1. 城市化的含义和动力

城市化也叫城镇化,它是人口向城市聚集,城市数量不断增加,城市规模不断扩大的过程。一般来说,它是指农村人口改变其居住地,从农村迁入城市的过程。城市化不是指个体行为,而是关注在一定区域内城市人口所占比重的变化。衡量某一国家或地区城市化程度的指标是城市化水平,它是指该区域内城市人口占总人口的比重。

人口从农村转入城市或一个居民聚居区由农村变为城镇是城市化的外在表

现。实质上的城市化是指转入城市者能够像城市人那样生活,这反映在劳动特征、时间安排及生活方式等方面。美国社会学家路易斯·沃思(Louis Wirth)认为,从本质意义上来讲,城市化是人们生活方式的变化。

城市化的动力主要有以下几个方面。

第一,工业化。工业化是指工业(特别是制造业)在国民生产总值中的比重,以及工业就业人数在总就业人数中的比重上升的过程。工业的生产效率比农业高,所以发展工业是各国各地政府的优先选择。大中型工业企业一般建在城市地区,工业发展需要的大量劳动力主要来自农村。同时,农村土地资源不足、农业生产率的提高造成农村剩余劳动力,这些剩余劳动力需要寻找出路。这样,工业化吸收了农村剩余劳动力,促进了城市的发展。有人将农村剩余劳动力产生并希望向外转移、城市因工业发展而吸纳农村剩余劳动力,从而推动城市化发展的理论解释称为城市发展的"推拉理论"。

第二,城乡差别。城市优于农村的物质生活、文化生活吸引着农村居民特别是农村青年人,当农村居民具有进入城市的机会和能力时,城市的扩展就成为必然。我国制度化的城乡差别极大地强化了农村居民进入城市、成为城市居民的愿望。

第三,城市的中心作用。近现代以来,城市作为经济、政治、文化和科学技术的中心,在国家的发展中发挥着越来越重要的作用。在现代社会,国家之间的竞争在很大程度上是科学技术的竞争,而科学技术的发明和应用与城市的发展有直接的联系。正是因为如此,各国都特别注重城市的发展,并制定出有利于城市发展的政策,这在一定程度上推动了城市化进程。

第四,社会管理机构和科学文化事业的发展。政府管理部门和其他有关行政机构的膨胀,科学、文化、卫生等公共和社会事业的发展,需要更多人员加入其中,这也是农村居民进入城市的重要途径。

2. 我国的农村城镇化道路

长期以来,我国实行了谨慎的城市化政策。经济体制改革以来,农村剩余劳动力大量出现,非农产业快速发展,这给城市化的发展带来新的契机。根据发达农村地区小城镇的发展经验,费孝通曾提出以发展乡镇企业为依托、积极发展小城镇的主张。其主要着眼点有两个方面:第一,小城镇可以发展为农村剩余劳动力的"蓄水池",减少对城市的压力。第二,它也可以成为农村的经济、政治和文化中心,带动农村的发展。发展小城镇的主张得到了政府的认可,并变为农村城市(镇)化的一项政策,这项政策对推进农村城市化发挥了重要作用。

随着我国城乡经济的发展和我国加入世界贸易组织,农村城市化问题变得更加紧迫。政府开始大力推进城市发展和农村城镇化。一方面,政府促进乡镇企业向小城镇集中,一些地方施行并村建镇;另一方面,大中型城市郊区农民通过征地等方式转为市民,这使得我国的城市化水平持续提高。但是,这种农村城镇化也存在一些突出问题。第一,一些新的建制镇的工商业比较落后,这些地方的城镇化只是名义上的;第二,一些地方政府实施"土地财政",大搞征地拆迁,"土地城镇化"快于人口城镇化,致使一些居民的生计产生问题,造成不少后遗症;第三,大量农业转移人口难以融入城市社会,市民化进程滞后。受城乡分割的户籍制度影响,大量农民工及其随迁家属虽然长期居住在城市(镇),但未能在子女教育、医疗、养老、保障性住房等方面享受与城镇居民同等的基本公共服务,城市(镇)内部出现社会排斥和新的二元结构。

为了改变"土地城镇化"的片面做法,中共中央、国务院印发《国家新型城镇化规划(2014—2020年)》,新型城镇化的指导思想包括:紧紧围绕全面提高城镇化质量,加快转变城镇化发展方式,以人的城镇化为核心,有序推进农业转移人口市民化;以城市群为主体形态,推动大中小城市和小城镇协调发展;以综合承载能力为支撑,提升城市可持续发展水平。同时,政府积极推动户籍制度改革,除少数超大城市以外的城市已逐步放开户口管制,吸收有能力的农村户口人才落户,以促进城市经济社会发展。

在农村城市化问题上,"只有农村居民完全变成城市居民才算实现了城市化"的想法是片面的,赋予农村城市化以更丰富的含义是必要的。农村城市化不但指农村人口向城市聚集、转变为城市居民,而且包括农村居民就地过上城市式的生活,这可以称为农民生活方式的城式化。实际上,在我国发达地区的农村,不少农民的生产方式和生活方式基本上已经城式化了,而且他们的生活质量比某些城市居民还要高。在保护自然环境的前提下,调整产业结构,发展农村经济,提高农民收入,发展城乡一体化的公共服务体系,这也会在实质上推动农村城市化进程。城式化是我国农村城市化的组成部分,它有利于城乡协调发展,也有利于农村社区发展。

## 二、城市发展与城市社区建设

### （一）城市发展与城市病

城市化是人类经济社会发展的规律,科学合理的城市化能促进经济社会健康发展,提高城市居民的生活水平,否则就会带来"城市病"。

1. 发达国家的城市化

近现代对世界发展造成影响的城市化发端于英国的工业革命。技术发明及其在工业上的应用加速了英国的工业化进程,也促进了城市的发展。"圈地运动"使得农民破产,他们进入城市,成为产业工人。在工业化的推动下,西方资本主义国家的城市快速发展,一些国家因城市化的高度发展而成为城市国家,一些地区出现了数个大城市连在一起而形成的城市带或城市群。一方面,城市的大规模快速发展带动了经济发展和科技创新;另一方面,城市的过度发展也造成了交通拥挤、居住条件差、社会治安恶化等社会问题即"城市病"。于是,一些发达国家的大城市出现郊区化现象:社会中上阶层从市中心迁往环境良好的郊区居住,城市中心地带成为社会下层居住的地方。

2. 发展中国家的城市化

第二次世界大战以后,新独立的国家逐步走上现代化道路,加快了城市化进程。由于缺乏合理规划,发展中国家的城市化也产生了不容忽视的问题。这些问题主要包括:第一,结构不合理,大城市偏多,小城市的产业和公共服务设施落后。第二,人口过度向大城市集中带来了严重的社会问题。人口膨胀程度远超市政建设的发展和其他资源的供给程度,造成城市超载。许多进入城市的农村劳动者找不到工作,失业问题严重,出现"过度城市化"现象。第三,由于进城农民就业不足、收入低下,他们的居住条件十分恶劣,许多发展中国家的大城市中都有规模不小的"贫民窟"。在这些大城市,一方面是上层社会的高级住宅和豪华殿堂,另一方面是大片低矮的贫民窟,这形成了"二元城市"现象。

### （二）中国的城市发展

1. 我国城市发展的进程与特点

从中华人民共和国成立到20世纪80年代,我国的城市化经历了曲折进程并呈现出自己的特点。第一,城市化水平较低,城市化滞后。长期以来,我国的城市化水平明显滞后于工业化水平。第二,城市化不平衡。东部和沿海地区的城市发展较快,城市化水平较高,特大城市、大城市数量多。中西部地区的城市发展缓慢。另外,大中小城市发展不均衡。第三,城市发展受政策影响大。1958年,国家对户口迁移制度作了调整,对公民由农村迁往城市进行严格控制。户籍制度成为农村人口向城市迁移的实质性障碍。

农村实行经济体制改革以后,农村出现大量剩余劳动力。20世纪80年代中期以后,在发展小城镇政策的指导下,政府表示农民可以"自理口粮"进入城镇务工经商和从事服务业,这对小城镇的发展起到积极的推动作用。到90年代中期,城市开始进行比较全面的市场化改革,户籍制度的作用逐渐弱化。大量农村中青年劳动力在不触动户籍制度的情况下进入城市务工经商,并成为城市常住人口,实际上促进了城市发展。为了给城市发展注入新的活力,许多中小城市逐步取消户籍制度对农村居民变为城市居民的限制。2014年中央人民政府发文,进一步推进户籍制度改革,促进有能力在城镇稳定就业和生活的常住人口有序实现市民化,中国的城市化正面临新的发展机遇。

2. 城市发展中的问题及新的城市发展方略

改革开放以来特别是城市全面实行市场化改革以来,我国的城市有了较快发展。根据国家统计局2019年国民经济和社会发展统计公报的数据,2019年,我国常住人口的城市化水平(常住人口城镇化率)为60.60%。城市的快速发展带动了国家经济的发展,但也引发了不少社会问题,主要包括:特大城市、大中城市发展快,小城镇发展不足;东部和沿海地区的城市发展快,中西部地区的城市发展缓慢;大中城市土地规模快速扩张,土地城市化问题严重;新建城区的公共设施和服务滞后,存在过度城市化现象;旧城改造、拆迁重建带来一系列民生方面的问题,居民居住地与户籍所在地不同的"人户分离"现象严重;大量进城务工的农民工及其家庭成员无法得到城市户口,处于城市边缘地位。

面对城市发展中的机遇和问题,2015年中央城市工作会议提出新的城市发展方略,要以邓小平理论、"三个代表"重要思想、科学发展观为指导,贯彻创新、协调、绿色、开放、共享的发展理念,坚持以人为本、科学发展、改革创新、依法治市,转变城市发展方式,完善城市治理体系,提高城市治理能力,着力解决城市病等突出问题,不断提升城市环境质量、人民生活质量、城市竞争力,建设和谐宜居、富有活力、各具特色的现代化城市。会议指出,城市发展要统筹空间、规模、产业三大结构,统筹规划、建设、管理三大环节,统筹改革、科技、文化三大动力,统筹生产、生活、生态三大布局,统筹政府、社会、市民三大主体。这一城市发展方略是全面的、综合的,它的贯彻实施将会促进我国城市健康有序发展。

(三) 城市社区建设

1. 城市社区建设的含义与缘起

20世纪末,不少国家对城市社区建设给予高度关注,英国和美国的社会学家开始大力倡导社区建设。在我国,社区建设成为体制改革和社会建设的重要组成部分。社区建设(community building)是指政府、社会机构和社区居民强化社区要素、发展社区组织、增强社区活力、提高社区居民生活水平的过程。它不仅是指社区物质及设施条件的改善,而且是指社区内聚力增强,从而更具有其应有特征的过程。

社区建设问题的提出源自城市社区本质特征的弱化和缺失。城市的发展是一个现代化的推进过程,这一过程的目标与生活共同体强调人文关怀的追求并不是一致的。现代城市因发展而呈现出非人性化的一面,即它正在某种意义上"肢解"社区,使城市居民共同居住的社区缺乏社会性。这也正是社会学家和那些关心人类现实生活的人们所焦虑的。比如,发达国家的社会学家发现,在现代生活中,人们明显地相互疏离了,相互关怀、相互支持的社会资本在减少。有学者认为,在不同族群共同生活的现代社会,不同群体之间有明显的社会排斥现象,而这是对社会的威胁。正是因为如此,社区建设的议题被明确提了出来,学者希望借此加强居民之间的团结和相互支持,强化人类生活的共同体。

我国的城市社区建设是20世纪90年代初提出的,这与经济体制改革和城市社会管理体制改革相关。改变"企业办社会"的状况,要求企事业单位组织将一些社会服务、社会管理的职能分离出去。企事业单位不再承担社会管理的职能,其员工在工作之余回到社区,因此社区应该承担起某种社会服务、社会管理的职能。然而实际上,由于长期以来我国城市实行单位体制,社区的功能十分薄弱,无力承担企事业单位向其移交的职能,因此加强社区建设被提上议事日程。另外,城市扩展和重建形成了一些新的居民聚居区,其中的人户分离、公共服务设施建设滞后、私人空间的形成及其强化阻碍了人们之间的交流,这也使社区建设议题变得尤为必要。同时,大量农民工进入城市,参与城市建设,但是他们得不到应有的公共服务,无法真正融入城市,处于边缘和流动状态,这既不利于他们个人的生活,也不利于城市社会管理。这些都要求加快城市建设和城市社区建设。

2. 我国的城市社区建设实践

政府和学界对社区建设含义的认识既有相同之处，也有不同之处。政府认为，社区建设包括社区服务、社区文化、社区卫生、社区治安、社区环境等内容，核心内容是改善居民生活服务和加强社区管理。学界则更多从社区的本质属性着眼，关注居民的社区认同、社区凝聚力和社区居民生活质量的提高。

2009年，《民政部关于进一步推进和谐社区建设工作的意见》指出，社区是人们社会生活的共同体和人居的基本平台，社区和谐是社会和谐的基础，加强社会管理的重心在社区，改善民生的依托在社区，维护稳定的根基在社区；基于这种认识，把管理有序、服务完善、文明祥和的社会生活共同体作为和谐社区建设工作的目标。基层社区治理成为社区建设的重要任务。

近几年来，面对城乡社区发展中的问题，中共中央、国务院提出要加强和完善城乡社区治理，要形成基层党组织领导、基层政府主导的多方参与、共同治理的城乡社区治理体系，保障城乡社区公共服务、居民生活、公共管理、公共安全；要增强社区居民参与能力，推进社区、社会组织、社会工作的"三社联动"，增强居民群众的社区认同感、归属感、责任感。党的十九大报告提出，要加强社区治理体系建设，推动社会治理重心向基层下移，发挥社会组织作用，实现政府治理和社会调节、居民自治良性互动。在操作上，各地政府正将财政资源和人力资源下沉至街道和社区，政府和社区基层组织、社会组织、居民共同参与社区事务管理、社区环境治理、解决社区居民纠纷和社会问题，在社区建设和社区营造方面进行探索，中国的城市社区建设正在进行新的实践。

## 【推荐阅读】

〔英〕齐格蒙特·鲍曼：《共同体》，欧阳景根译，江苏人民出版社2003年版。

蔡禾主编：《城市社会学：理论与视野》，中山大学出版社2003年版。

费孝通：《小城镇 大问题（1983年）》，载费孝通编选：《费孝通选集》，天津人民出版社1988年版。

费孝通：《乡土中国 生育制度》，北京大学出版社1998年版。

中国科学院国情分析研究小组：《城市与乡村——中国城乡矛盾与协调发展研究》，科学出版社1994年版。

《国务院关于进一步推进户籍制度改革的意见》，人民出版社2014年版。

〔英〕艾伦·哈丁、泰尔加·布劳克兰德:《城市理论:对 21 世纪权力、城市和城市主义的批判性介绍》,王岩译,社会科学文献出版社 2016 年版。

〔美〕曼纽尔·卡斯特:《网络社会的崛起》,夏铸九、王志弘等译,社会科学文献出版社 2003 年版。

雷洁琼、王思斌主编:《转型中的城市基层社区组织——北京市基层社区组织与社区发展研究》,北京大学出版社 2001 年版。

〔美〕埃弗里特·M.罗吉斯、拉伯尔·J.伯德格:《乡村社会变迁》,王晓毅、王地宁译,浙江人民出版社 1988 年版。

〔美〕R. E. 帕克、E. N. 伯吉斯、R. D. 麦肯齐:《城市社会学——芝加哥学派城市研究文集》,宋俊岭等译,华夏出版社 1987 年版。

〔德〕斐迪南·滕尼斯:《共同体与社会——纯粹社会学的基本概念》,林荣远译,商务印书馆 1999 年版。

王春光、孙晖:《中国城市化之路》,云南人民出版社 1997 年版。

王汉生、杨善华主编:《农村基层政权运行与村民自治》,中国社会科学出版社 2001 年版。

《〈中共中央国务院关于推进社会主义新农村建设的若干意见〉干部读本》,中国农业出版社 2006 年版。

《国家新型城镇化规划(2014—2020 年)》,人民出版社 2014 年版。

《中共中央国务院关于实施乡村振兴战略的意见》,人民出版社 2018 年版。

# 第九章

# 社 会 制 度

人们生活在复杂的社会之中,从事各种活动,但是社会须表现出一定的秩序。什么因素使人们能够协调共处,使社会有一定秩序呢?在本章,让我们来了解和分析社会制度。

## 第一节 社会制度的含义与类型

### 一、社会制度的含义与起源

(一)社会制度的含义

尽管社会现象十分复杂,社会利益的分化使社会中存在许多竞争,但是在一般情况下,基本的社会秩序还是可以维持的。这是因为社会中存在各种各样的制度,它们对人们的行动起着指导和约束作用,从而使社会生活相对有序地运行。

社会制度是一个内涵相当丰富、作用空间相当广阔的范畴。一般地,社会制度在三个层次上被使用,即社会经济形态层次、社会生活领域层次和具体的社会活动层次,它们分别是宏观的、中观的和微观的社会制度。

马克思在分析人类发展的规律时使用了"社会经济形态"的概念。他认为,一定的经济基础和建立于其上的上层建筑总和构成社会经济形态。他把社会经济形态分为五种类型,即原始社会、奴隶社会、封建社会、资本主义社会和社会主义社会。这些不同的社会经济形态被称为宏观层次的社会制度,是一个国家在某一条件下实行的根本的经济和政治制度。中观层次的社会制度是在人类某一社会生活领域发挥作用的制度。比如,经济领域有经济制度,政治领域有政治制度,社会生活领域有婚姻家庭制度等。这些制度是一些系统的行为规范,指导人们在特定领域的活动。人们还在更具体的层次上使用"制度"这一概念,比如工作单位的聘任制度、奖惩制度,学校的考试制度,公司的财务制度等。这些制度实际上是具体地指导人们活动的规则,是组织中的一些具体的规定。

上述三个层次的社会制度的区别是明显的,但它们之间也有密切的联系。这种联系表现在:较高层次的社会制度是由较低层次的社会制度构成并表现出来的,但是这并不意味着可以将高层次的社会制度还原为具体的规定。不同层次的社会制度之间的密切联系反映了它们的共同本质:社会制度是稳定的指导人们行动的规范体系。

我们可以这样来定义:社会制度(social institute)是人们在共同的社会生活中形成的指导人们的社会活动的稳定的规范体系。这是说,社会制度是人们共同生活的产物,是稳定的规范体系,而不是随时变化的个别规则,它的作用是指导、约束人们的行为。显然,这个定义可以适用于各个层次的社会制度,只是在不同层次上构成体系的规范有所不同。

孔德提出社会学要研究社会制度,但是社会学并不去研究所有层次的社会制度。一般地,社会学不研究宏观的社会制度,也不研究社会群体和社会组织中的各种规定的细节或具体做法,而主要是将中观层次的社会制度作为自己的研究对象,即研究人类生活领域的基本规范体系,比如经济制度、政治制度、家庭制度、教育制度、宗教制度等。当然,社会学研究中层社会制度并不是完全不涉及具体的制度规定,而是说,社会学在研究具体的制度规定时关注的是这些规定所反映的社会结构方面的意义。"中层社会制度"是一个较为笼统的概念,实际上它包括大量的规范,这些规范综合起来指导人们在该领域的活动。在社会学中,社会制度有时简称为制度,社会制度研究也简称为制度研究。

(二) 社会制度的起源

关于社会制度的起源有自然起源和人为设计两种观点。

自然起源论认为,作为行为规范的制度或被重复使用的规范是人们在长期的共同生活中形成的,它并非由人们先设计出来再去实践,而是在长期的生活中选择、积累的结果。比如,农耕制度是农民长期耕作实践的结果,原始的婚姻制度是在社会性的自然选择中形成和演进的,原始的市场交换制度是通过多次重复的交换活动而形成的。自然起源论强调参与活动的行动者在制度形成过程中共同的作用,人类学对制度起源的考察主要持这种观点。美国早期社会学家萨姆纳在分析传统社会中制度的形成时指出,民俗、民德是形成社会制度的基础。他认为,从根本上来说,民俗是人们最起码的生物需要的产物。人们为了满足自身的需要,形成了一定的活动方式,这种方式是作为民俗和民德出现的。民俗不是人的自觉意识的产物,而是无意识地发生作用。一切社会制度就其最基本的因素来说不外乎民俗和民德。

人为设计论认为,社会制度是人们为了有效地共同活动、实现目标而有意设计出来的。这种观点认为,个人化的、凌乱的、不规范的行为不利于人们之间的合作,不利于有效地实现目标,而理性设计的行为规范有利于降低合作的成本,有利于实现目标和建立秩序。这种观点所使用的概念是"制度安排",它带有明显的理性的经济学色彩。按照这种观点,制度常常是由精英人物设计、得到更大范围成员认可并普遍实行的。人为设计制度的观点也存在于政治领域。我国古代就有圣人设制的说法。荀子在《礼论》中阐明制度的形成时说:"人生而有欲,欲而不得,则不能无求,求而无度量分界,则不能不争,争则乱,乱则穷。先王恶其乱也,故制礼义以分之",这里的"礼义"就是制度,即先王、圣人为芸芸百姓制定了制度。这种制度形成的说法是建立在人性恶的观点之上的。

在现代社会,人为设计的制度越来越多。但是我们也应该看到,这些理性设计的制度也有人们广泛的社会实践做基础。同时,这些制度的真正实施需要一般民众的参与,而这些参与并不完全是被动的。

## 二、社会制度的特征

### (一) 普遍性

社会制度作为系统化的行为规范广泛存在于人们的各种社会生活之中,或者说,制度是具有普遍性的。在长期的社会生活中,人们通过实践、比较、纠错而形成在那种情况下合理的行为方式,这些行为方式在实践中不断固化即成为一种规则体系,即制度。"不以规矩,不能成方圆。"可以发现,现实社会生活中的各个领域都有制度,从经济活动到政治选举、从教育到科学研究、从邻里互助到婚丧嫁娶等,社会制度无处不在。这些社会制度是自觉或不自觉地形成的,它们指导着人们的行动、调节着人们之间的关系、满足着人们共同生活的需要。

(二) 特殊性

社会制度的特殊性表现为:不同社会生活领域的社会制度有不同的内容,即使在同一生活领域,不同背景的人也可能会形成不同的制度;人们的生活领域不同,形成的社会制度也不同,经济制度不同于政治制度,教育制度不同于家庭制度,医疗卫生制度不同于科学制度。因为人们共同生活的内容不同,所以制度的内容、形式也不同。同是经济领域,计划经济下的制度不同于市场经济下的制度;同是家庭生活领域,西方的亲属制度与中国的亲属制度之间的差异是相当明显的。社会制度的特殊性提示我们,在认识和研究不同的社会生活时应该注意到,它们背后的制度可能是不同的,这正是不同社会生活之间的差异所在。

(三) 相对稳定性

社会制度是相对稳定的规范体系,而不是经常处于明显变化之中的。社会规范一旦上升为制度,就会在相应的生活领域较长时间地发挥作用,这就是社会制度的相对稳定性。社会制度的相对稳定性来自其有效性,还来自规范的体系化。规范的体系化是指相关规范之间有密切联系,它们相互补充、相互支持,共同发挥作用。当相互联系的规范系统地发挥作用时,局部情况的变异难以使整个制度发生变化,这样,该制度就处于相对稳定状态。当然,社会制度的稳定性是相对的,在现实生活发生较大变化时,反映现实生活的制度也会或多或少、或快或慢地发生变化。

### 三、社会制度的类型

(一) 本原的社会制度与派生的社会制度

1. 本原的社会制度

在社会制度中,那些在人类社会初期就形成,并在社会生活中发挥基本作用的制度可以称为本原的社会制度。本原的社会制度有如下基本特点:第一,它们较早在人类的社会生活中出现,这些制度使人类生活成为社会生活。第二,这些社会制度在人类的共同生活中发挥基本作用,也就是说,这些制度产生于人类生活的基本领域。第三,这些社会制度可能衍生出新的社会制度。

第九章　社会制度

按照马克思、恩格斯对人类社会发展史的分析,人类最初的社会生活包括生活资料的生产和人的生产,与此相应的社会关系是建立在共同劳动基础上的经济关系和承担生育功能的家庭关系。这样,经济制度和家庭制度成为人类社会生活中的两个本原的社会制度。经济制度和家庭制度在人类社会的存续和发展中发挥的作用是基本的、重要的和持久的。

经济是社会的基础。在一定的生产力条件下,人们形成一定的生产关系和生产方式,形成生产制度。与此相适应的产品交换制度和分配制度等相互联系,形成经济制度。经济制度指导人们的经济活动,从各种生产要素的投入到它们的合理配置,从生产行为到交换活动,从财富的分配到消费。这些构成社会的经济基础,并维系着物质资料的生产和再生产,维系着人类的生存和发展。

家庭是人类社会生活的基本形式。在传统社会,家庭几乎承担所有社会功能,而家庭制度则成为家庭发挥各种功能的支持条件。广义的家庭制度包括婚姻制度、生育制度、家庭财产分配制度、家庭成员之间的责任制度等,这些制度维系着家庭生活和家庭生活共同体的延续,也维系着整个社会的再生产和秩序。家庭制度的本原特征还表现为:其他社会制度是在家庭制度的基础上分化、发展起来的。

2. 派生的社会制度

派生的社会制度是在本原的社会制度的基础上分化和发展起来的社会制度。与本原的社会制度相比,派生的社会制度是后来出现的,它是在本原的社会制度基础上产生的,甚至是由本原的社会制度的某一部分发展而来的。派生的社会制度的功能与本原的社会制度相比不是那么综合,其领域特点比较明显,它们规范着人们在该领域的共同活动。派生的社会制度主要有政治制度、教育制度等。随着人类社会的发展,新的派生的社会制度也在发展,比如科学制度、医疗卫生制度、社会福利制度都在现代社会生活中发挥越来越重要的作用。

政治制度是与政治权力相关的规范体系,广义的政治制度包括狭义的政治制度和法律制度。政治制度的核心是国体和政体,即一个国家采用何种根本的体制,不同阶级、阶层在社会政治生活中处于何种地位,政府采取何种形式实现国体所设定的不同阶级、阶层的利益。现代国家政治体制还包括政党制度、选举制度和司法制度。政治制度是以经济制度为基础的,政治利益的根本是经济利益。所以,一个国家的政治制度受到经济制度的有力制约。同时,政治制度也对经济制度产生影响。

教育制度是一个国家或地区教育行为规范的总和,它包括教育思想、指导方针、办学体制,各种教育机构的结构和活动规则,教育活动参与者的行为规则等。在现代社会,教育成为一个相对独立的领域,教育制度逐渐形成独立的社会制度,教育成为提高国民科学文化素质、培养人才的重要活动。教育制度与经济、政治、家庭、科学等制度相结合,在培养人才、促进国家经济和社会发展方面发挥着重要作用。

(二)正式制度与非正式制度

随着经济学、政治学对制度问题的日渐关注,社会科学界对于制度的看法或分析角度也在发生一定的变化。一些社会学家和人类学家比较关注认知—文化层面的制度,认为制度是人们普遍认可的行为规则系统。古典社会学家和政治学家强调制度的规范意义。经济学家则从管理的角度来看待制度,并认为制度是由正式的成文法规和支持、补充正式法规的不成文的行为准则组成的。

受经济学对制度研究的影响,在社会学中,经济社会学、组织社会学和社会政策研究方面也开始把正式制度与非正式制度当作一个分析视角。正式制度是指人们有意识地创造的、正式的、由成文的相关规定构成的规范体系,它们在组织和社会活动中具有明确的合法性,并靠组织的正式结构来实施。非正式制度是指人们在长期交往中无意识地形成的、不成文的、指导人们行为的道德观念、伦理规范、风俗习惯等。一些学者认为,非正式制度对正式制度发挥着支持、补充等作用,因此不能忽视非正式制度的作用。这一被称为制度学派的观点得到了中国学者的热烈响应,这与中国当前所进行的体制改革有关,也与中国社会发达的非正式制度有关。制度学派对正式制度和非正式制度的划分和分析是从较为具体的层面上着眼的,它关注的是社会结构的复杂性和现实社会运行的真实逻辑。

## 第二节 社会制度的构成与功能

### 一、社会制度的构成要素

(一)价值系统

价值系统是指社会制度存在的意义系统,即某一社会制度存在的理由和价值。任何社会规范体系、社会制度都有其存在的理由,即都是为了实现某种社会目标而存在的。这些理由和目标对于社会成员的共同生活、社会的存续和发展是有价值或积极意义的,只有这样,这种规范体系才可能被接受、被实施。不同的社会制度有不同的价值和价值系统。比如,中国传统的家庭制度的价值系统是要维持父权、夫权,维持大家族共同体。这样,家庭制度中的所有规定都要满足这种目标要求,同时这种目标也被当作家庭、家族成员的根本利益。又比如,现代教育制度的价值是培养人才、促进人的发展、为国家的经济和社会发展服务,这种价值系统成为现代教育制度的灵魂,成为具体的教育规定、行为规范和制度安排的指导思想。有的社会制度的价值系统是被明文宣示和系统阐释的,有的则是由人们在共同生活中通过语言述说来表达的。

(二)规则体系

社会制度在本质上表现为系统化的行为规范,这是人们在一定领域共同生活应该遵行的规则。行为规范是一定社会中指导人们行为的准则,是人们在长期的共同生活中选择、积累起来的经验,是人们在共同生活中认为是合理的、合适的东西。比如传统社会以社区生活为基础形成的风俗、习惯、道德、伦理等,这些不成文的东西由于人们长期的共同生活已经内化为其价值和知识,并作为系统化了的规则指导人们的行为。在现代社会,社会制度的规则系统比较正规。在社会生活的各种领域,大量约束和指导人们行为的法律、法规、准则、要求从不同层面规范人们的活动,告诉人们应该怎么做和不能怎么做,从而协调人们的共同活动。

(三)组织系统

组织系统是指实施社会制度的社会成员、群体和组织机构。任何行为规范都有其行为主体,即行为规范的实践者。正是依靠他们对规范的实践,规范才会发挥作用,社会制度才能真正发挥其应有的职能。

社会制度的组织系统包括制度规范的直接实践者和制度实现状况的监督者两个方面。制度规范的直接实践者是指受该制度规范指导而从事社会活动的社会成员和组织,没有他们,社会制度就是空置的。制度实现状况的监督者是指推动社会制度发挥作用的组织机构,它们有一定的权力对实践者的行为进行监督和评价,并要求实践者按照制度的要求去做。之所以如此,是因为人们并非普遍自愿按既定的规范行事,社会制度要表现其权威性,就必须有一定的机构去监督和推行。有效的实践者与监督者的良好结合是社会制度正常运行的组织基础。

（四）设施系统

设施是社会制度得以运行的物质基础，它包括实用的物资设备和象征性的器物。人们的任何社会活动都需要一定的物质性的依托，它们是人们社会活动的场所和具体活动的载体，也是人们社会活动意义的体现者和相互传递意义的工具。这些设施对于社会制度的实施是必要的，舍此，社会制度的运行就没有客观现实性。例如，对于教育制度来说，教学设备、教学工具、教学经费、考核手段都是教育制度的体现者。对于经济制度来说，生产资料、生产场所、产品交易场所以及货币等设施和器物是完全必要的。

上述四个组成部分有机结合，支持社会制度有效运行和发挥作用。

## 二、社会制度的体系

社会制度是有层级的，不同社会制度之间是相互联系的，我们把相关社会制度结合而成的系统称为社会制度体系。

关于社会制度的层级特征，我们在前面已经做了初步分析，即把社会制度分为宏观、中观和微观三个层次，并指出较低层次的社会制度实际上是较高层次的基础。实际上，中观层次的社会制度内部也是分层级的，这源自各领域社会生活的复杂性。例如，经济领域是十分宽广的，其中又划分为不同的亚领域，包括生产领域、分配领域、流通领域、消费领域等。经济生活每个领域都有与之相适应的制度，这样，整个经济制度就是由这些次级（第二层）的制度组成的，而这些次级的制度又是由更低层级的制度组成的。由此可以说，宏观和中观层次的社会制度都是由较低层级的制度组成的社会制度体系。

另外，同一层次的不同制度之间是互相联系、互相依存的。社会生活是一个整体，虽然它可以分为相对独立的不同部分，实际上它们是不可分割地联系在一起的。这也使得相邻领域的社会制度之间是互相依存的。例如，我们可以简略地把学校教育分为招生、培养、就业三个基本领域（它们还可以划分为更具体的领域），从而形成招生制度、培养制度、毕业生就业制度，这些看起来相对独立的制度之间是紧密地互相依存的。至于中观层次的社会制度也是如此。一个社会的经济制度、政治制度、家庭制度等是相互联系的，它们构成了更高层次的社会制度体系，比如我们所说的体制或根本的社会制度。

社会制度体系给我们提供了一个从更宏观层次、更广阔视野分析某一社会制度的框架,对开展社会制度研究有重要意义。它说明,社会制度不是单独发挥作用的,研究某一种制度时不应忽略相关的其他制度,研究社会制度之间的关系有助于认识某一社会制度。例如,当前我国许多领域的状况不但与具体的制度规则有关,也与体制有关,只有将它们联系起来,才能做出恰当的分析和判断。社会制度体系给我们的另一个启示是,社会制度建设和制度改革应该是系统性的,因为相邻的制度之间相互联系——相互支持或掣肘。

### 三、社会制度的功能

(一) 功能的分类

"功能"是功能学派分析社会结构的基本概念。这一学派认为,社会是一个体系,它的各部分相互依存、联合供职发挥作用。因此,任何一个部分的存在对整体的存在和运行都具有积极的意义。帕森斯用结构功能理论将功能分析发展到了极致,而功能学派的重要代表人物默顿则对功能做了补充,从而使功能概念更加完整。

1. 正功能与负功能

在关于社会是一个有机体的理论中,功能分析是一个基本的视角,它所说明的是社会结构的各部分如何相互依存去实现社会整体目标。部分对整体运行所发挥的作用被称为功能,在这里功能的含义是积极的,可以被称为正功能。帕森斯的 AGIL 理论经典地分析了系统之间的功能关系。但是默顿注意到,在社会系统中,部分对整体的运行并非总是发挥积极作用,他把某一部分行动降低了整体(系统)的适应力和活力的现象称为负功能(或称反功能),实际上指的是它的消极作用。因为社会并不是生物有机体,其各组成部分之间的关系并不总是协调的,所以负功能现象是存在的。

2. 显功能与潜功能

默顿在功能研究中提出了"显功能"和"潜功能"的概念。他认为,某些行动的后果是人们已经认识到的,有的则尚未显露、没被注意到。那些行动者预料到和认识到的、有助于系统的调整和适应的后果是显功能。与之相反,那些没有被预料到,也没有被认识到的客观后果是潜功能。随着事物的发展和人们认识能力的提高,潜功能可能转变为显功能。默顿的分析指出,我们在进行功能分析时应该考虑到它的复杂性。

(二) 社会制度的功能

社会制度是多样的,对功能的分析也是多角度的。因此,概括社会制度的功能并不容易,以下只指出其基本方面。

1. 满足人的需要

不论自然起源还是人为设计的,社会制度都是为满足人的需要而存在的。人类的需要是多样化的,不同社会成员的需要之间可能有冲突,为了满足大多数人的需要并有利于社会的发展,人们制定了社会制度。制度能有效地满足相关人员的需要,从经济学的角度来看,这降低了社会(交易)成本。社会制度在特定背景下能够保障社会成员需要的合理满足,同时不因为这种满足而损伤整体利益。

我们曾经指出,建立社会行为规范是从满足人们的需要和维持社会的运行两个角度出发的。作为社会行为规范体系的社会制度,一方面满足了人们的合理需要,另一方面为了整体的利益可能要压抑人们的某些过分要求,这些都具有合理性。当然,这里所说的"合理"必须放在一定的社会背景下来分析。在一定的社会经济背景下,某些东西被公认为是合理的,与此相应的社会制度就会保障满足人们的合理需要。比如,一定的家庭制度、经济制度、教育制度都满足了人们的相关需要。

2. 导向功能

社会制度是人类对自己的长期生活经验进行选择的结果,真正能被实施的社会制度绝大多数具有较高程度的现实合理性,从而能够指导人们的行为。社会制度的导向功能表现为对人们行为的引导、约束和规范。为了共同活动而形成的规范和制度要求共同活动的各成员以自己的行动去与别人配合,以实现共同活动的目标。这种导向功能是通过社会行为规范的宣示、对人的社会化来实现的。另外,社会制度的组织系统也通过鼓励和惩罚,促使人们按照社会制度规范的要求去行动。社会制度的导向功能并不是向社会成员提供刻板的制度规范,而主要是为人们指出行动的合理方向。至于这种导向的实际效果如何,则要具体看人们对制度价值的认同程度、人们实践这些制度规范的主客观条件了。

3. 整合与控制功能

整合是社会系统内部达到协调的过程和状态。社会制度的整合功能是以制度规范之间的良好配合、协调为基础的。一个成熟的社会制度是人们长期共同生活实践的结果,在这种实践中,大家共同认可的规范被固定下来,那些本来相互冲突的行为因此找到了调适办法,于是社会制度的规范体系内部达到了较高的协调性。当这种社会制度在社会中发挥作用时,自然会产生社会的协调和有序,这就是社会整合的状态。

当一个社会制度并不成熟时,它的整合功能也是打折扣的。社会制度的不成熟表现为其价值系统模糊不清,甚至内部存在矛盾,行为规范不齐备、相互冲突以及规范与实际之间有较大差距,执行制度的组织能力不足、组织体系不完整,等等。另外,制度的不成熟也表现为社会成员对制度规范的认同程度较低。在这种情况下,社会制度就难以有效地发挥整合功能。比如,在向市场经济体制转变的过程中,我国在很多领域存在相互矛盾的规范和要求,这时就难以达成有效的社会整合。

社会制度的一项重要功能是社会控制,即对不符合规范要求的行为进行约束。由于价值认同、主客观条件等方面的原因,某些社会成员可能会做出偏离以致冲击既有社会制度规范的行为。在社会成员的行为对社会制度规范的合法性进行挑战或造成威胁时,社会制度就会站在"社会利益"的立场上对其进行制裁。在某种程度上,制裁性控制是社会制度的整合功能的延伸或补充。

4. 文化传递功能

社会制度是文化的重要组成部分。美国社会学家萨姆纳认为,社会就是制度的体系,他把制度分为满足人们饮食谋生需要的社会自存制度(工业、财产、统治组织),以婚姻家庭为主的社会自续制度,以礼节、艺术等为内容的社会自足制度和宗教制度等。在他那里,社会制度是人们生活的共同经验。

作为生活经验的制度可以通过不同世代的共同生活传递下去,成为后一代无须从头探索、试错而获得的间接经验,这就是文化的世代传递。当然,这并不是说新一代不能进行社会制度的创新。但是在一般情况下,社会只要不发生急剧变化,就不会出现文化上的"断裂",制度文化的世代传递就是必然的。

制度化的经验更容易保存和流传。当人们的生活经验处于零碎状态时,它在社会变迁中失散的可能性就比较大。经验被系统化后,因为"局部"经验处于整体经验之中,而后者的稳定性较强,所以局部经验容易保存下来。社会制度的普及性、高度认可度和稳定性使其文化传递功能得以实现。

5. 社会制度的负功能

社会制度对满足人们的合理需要及社会整合具有重要作用,但也可能有负功能,后者主要表现为压制个性、阻碍社会变迁。

社会制度对社会成员个性的压制来自它的"代表社会利益"的特征。社会制度具有普遍性特征,立足于社会利益的社会制度不承认标新立异的个体化行为,压抑违反制度要求的人的需要。但是,很难说那些新异的个体行为、个体需要完全不符合社会发展的要求。然而社会制度对它们是排斥的、压制的。与之相连的是,社会制度追求稳定,可能会阻碍社会变迁。越是成熟的社会制度就越不能容忍社会变迁,事实上,社会变迁是必然的。社会制度对社会变迁的阻滞至少有两个方面:对社会成员的过度社会化和对创新的越轨行为的制裁。社会制度在满足人们需要的同时,也对人们进行着驯化,这种驯化会"再生产"社会制度发挥作用的情境,而其结果则是社会的"复制"或再生产。自然地,制裁创新的越轨行为会从另一个角度抑制社会变迁。

关于社会制度的另一种批评是对其"代表社会利益"角色的怀疑。一些学者认为,社会中的许多制度是社会的强势群体制定的,社会制度反映的是这些强势群体的利益而不是真正的社会利益,这就对社会制度的合法性提出了质疑。这种批评和质疑并不是无中生有,在权力、利益明显分化的领域,我们可以看到这种批评的某种合理性。这种批评基本上是冲突学派的观点,它为认识社会制度提供了与功能主义完全不同的视角和观点。

应该说明的是,以上分析是就社会制度的一般状况而言的,实际上社会制度也有好与坏、适用与不适用之分。对于中国"文化大革命"中各种制度被破坏而造成的问题及损失,邓小平曾经在《党和国家领导制度的改革》中指出建设好的制度的重要性:制度好可以使坏人无法任意横行,制度不好可以使好人无法充分做好事,甚至会走向反面。由此可以得到启示,我们要努力建立与现实需要相匹配、促进各项事业健康发展和社会进步的社会制度。

## 第三节 制度化与制度变迁

### 一、制度化

**（一）制度化的含义**

正如前面已经说过的，人类社会中的社会制度是十分复杂的，任何社会都是复杂的社会制度体系。然而，正是社会制度的复杂性、多样性和无所不包的特点才使对它的集中研究产生困难。在社会学中，制度规则常常被暗含在社会结构、行为规范的分析之中，所以专门针对社会制度的分析并不发达和系统。与之相对应，一向以理性人为基础的经济学、政治学，后来对制度研究颇感兴趣，并取得了一些成果。为了加强对社会制度的理解，下面的介绍可能会部分涉及经济学、政治学的相关研究。

对于社会制度研究来说，一个最基本的问题是：社会制度是怎样被人们认可并发挥作用的。这里的基本概念是"制度化"。不论是自然形成的还是人为设计的，社会制度都有一个形成和发挥作用的过程。我们把人们活动方式模式化、定型化、普遍化的过程称为制度化，即人们在一定情况下承担某种角色时，他们会按照彼此预知的并被认为是正当的方式去行动。社会制度的定型化反映在人们重复的活动之中，普遍化则是某种制度规范被广泛遵循。制度化不但反映在微观的社会互动之中，也反映在广阔的社会生活之中。比如，法制化就是在一定社会生活领域，人们普遍遵照法律规范去行动的过程。

帕森斯从人们的行动的角度来定义和研究制度化。他认为，制度化是指一定地位的行动者之间相对稳定的互动模式，制度化既是一种过程，也是一种结构。制度化是一种过程，即规范是人们在一定的情境中通过互动、相互调整而逐渐形成的，它调节着其后的互动，并使其相对稳定。通过这一过程，制度化的模式得以建立和维持。制度化是一种结构，即当人们的互动制度化时，可以说某一种社会系统（行动结构或社会结构）也就存在了。应当注意的是，帕森斯所说的行动者不仅包括群体中的个体成员，也包括其他行动者；制度化既被看作过程也被看作结构，这说明了社会结构与社会过程的一致性，说明了某种互动方式可以被稳定下来（制度化），也指出了其进一步变化的可能。

## （二）制度化的机制

从最广泛的含义上可以说，制度化是社会规范形成和发挥作用的过程。机制指的是事物运行的内在机理和逻辑。那么，制度化的机制是什么呢？自然起源说与人为设计说对之有不同的解释。

在自然起源说那里，萨姆纳关于民俗——民德的进化观点对于解释制度的形成有一定说服力。萨姆纳认为，民俗是人们的习惯行为，它产生于能满足人人都感觉得到的基本需要的那些细小行为的重复。民俗进一步发展，产生民德，民德是公认的习惯和传统演进的结果，是人们应该奉行的行为规范。当民德被某一社会群体作为伦理原则认定时就构成道德，当它被社会从政治角度规定下来时就构成法律。我们看到，自然起源说比较强调习惯的作用，认为制度化是自然而然演进积累的结果。

经济学常常认为，制度是人为设计的，制度的形成是人们进行理性选择的结果。当某种行为和互动方式使人们感到有好处时，人们会重复这种行为方式，于是这种行为方式、互动方式被制度化，并进而成为人们都遵循的制度。制度可以减少人们共同活动的"成本"，减少成本或利益诱导是制度化的基本动力。当人们遵从某种规则比不遵从这种规则可以获得更大收益时，人们就选择遵从行为，而多次重复选择遵从此种规则就是这一规则的制度化过程。

社会学认为，制度化机制有如下几个方面：一是通过社会化过程向社会成员灌输某种社会制度的积极价值，使人们相信和遵从这种制度；二是对遵循制度规则的行为给予承认和鼓励；三是对违反制度规范者进行制裁和控制，进而维护某种制度规范。关于制度化的途径，帕森斯的理论有一些论述。

在现代社会，大量制度是人为设计并通过某种机制去推行和实施的，从而带有明显的"自上而下"的特点。但是，这种制度被接受和实施的过程并不完全是自上而下。从社会建构论的角度来看，人们并不是完全被动地接受某项规则和制度，尤其在涉及具体规则时，人们可能会站在自己的角度对规则做出某些修改。这样，制度化就是制度制定者、推行者同各种制度的相关参与者互动和共同建构的过程。

在社会学，新制度主义在分析制度化问题时更加关注行动者对某一制度的认同在其被普遍选择和实施中的作用。在新制度主义看来，制度化是行为被重复，以及行为被行动者和他人赋予相似意义的过程。这样，互动中的个体建立起

第九章 社会制度

共同认识就是制度化的关键。在制度化的过程中,广泛的制度环境中的文化规则具有重要作用。在现代社会,某些制度被人们认为是合理的并被实施,因为他们"知道"人们都相信这一制度,人们存在这种价值、文化上的共识,所以他们去选择和实施某项制度,而价值和文化上的共识是人们共同建构的结果。

(三)制度建设

制度建设是人们有意识地制定制度、执行制度并在实践中不断检验和完善制度,使其定型化并发挥作用的过程。按照社会制度的构成理论,制度建设包括新制度的价值阐释、制度规则的再确定和系统化、实施制度的组织体系的建立以及保障制度有效实施的设施筹措等过程。

在现代社会,制度建设是社会组织或社会的权威部门的惯常行为。为了推进事业和工作的发展,社会组织或社会的权威部门设计新的制度规则并力图去推行,这种现象比较普遍。这些制度规则被解释为更符合组织或社会的利益,具有合理性,因此它们一般运用组织系统去推行这些规则。从制度设计者的角度来看,设计制度规则、论证其合理性、使相关人员认同规则并去实行的过程就是制度建设。

制度建设首先来自组织或社会的需要,当组织或社会迫切需要一套权威的、被普遍遵行的行为规范时,就会制定制度规则,然后实行或推行这套规则,并通过实践来检验、修改和完善制度,发挥其应有的作用,这就是制度建设。当然,制度建设还包括制度实施条件的建设。

在现实生活中,"制度建设"的概念在多个层次上被使用。社会组织的运行和发展需要制度规范的建设,处于改革变动中的国家也需要制度建设。在改革背景下,制度建设就是要走出探索性的实践摸索,确立权威的制度规则,即对实践经验进行总结,使之系统化、固定化,并在更大范围内予以实施。显然,制度建设是组织和国家追求更好发展的理性选择,也是组织和社会逐渐成熟的表现。

制度建设是十分复杂的过程。一个能给人们普遍带来好处的制度规则容易建立起来,但是这种在经济学里被称为"帕累托改变"的情况并不多。当一种新制度规则的实施具有利益重新分配的意义时,它的实施就会遇到阻力,制度建设可能不会一帆风顺。在这种情况下,制度建设就需要对新制度的意义或增益进行解释、倡导宣传,使其获得更广泛认可;需要对符合新制度的新经验进行示范,阐释它的合理性;再就是通过利益诱导或对不遵从的行为的制裁进行强有力的推动。

## 二、制度变迁

### (一) 制度变迁的含义与类型

制度变迁是一项社会制度或社会制度体系发生变化的过程,具体地说,它是该社会制度中的行动者对制度意义的理解和自身遵循制度的行为发生变化的过程。制度变迁主要表现为某一领域的制度规则的改变和制度中行动者行为的变化。

社会制度具有相对稳定性,这就是说社会制度是稳定的,也可能处于变化之中。当我们从微观的角度去看待制度规定时,就会发现它们的变化是经常性的,这主要是渐变,比如一项新制度的成长和一项旧制度的衰落。当然,制度之间的互相替代也是经常性的,只要把时间尺度放得足够长,那么制度的兴起和替代就是正常的。

制度变迁的原因是多种多样的,主要包括人们的需要发生变化、人们生存的环境发生变化、社会结构和社会利益结构发生变化等。这种变迁的共同基础是,原有的社会制度已不能满足人们的需要,或者说社会制度已不能像人们希望的那样发挥积极功能。

社会制度变迁的类型也是多种多样的,制度成长、制度建设、制度衰退、制度衰亡都是制度变迁的具体表现。从最一般的形态的意义上来说,制度变迁可以分为渐进变迁和剧烈变迁,也可以分为整体变迁和局部变迁。剧烈变迁是制度的价值理念、规则内容发生本质性变化的现象,即两种不同制度在较短时间内发生过渡或替代。渐进变迁的激烈程度要小得多。整体变迁是整个制度体系的变化,包括价值观念系统、规则系统、组织系统的变化,局部变迁则是制度体系的某一部分的变化。现实中的制度变迁是复杂多样的,可能是整体的渐进变迁,也可能是局部的剧烈变迁。对复杂的社会制度体系来说,其各组成部分的变迁可能同时进行,也可能有时序上的安排。因为制度变迁(尤其是改革)涉及人们对原有制度意义的重新理解和他们原有行为的改变,而且范围广泛,所以改革类的制度变迁应该是慎重的,应该尽量降低制度变迁的相关成本。

### (二) 制度的生命周期

任何社会制度都不是永恒的,一种社会制度从产生、不断完善到成熟,再到不太有效而衰落直至消亡的过程称为制度的生命周期。从功能的角度来看,这

第九章 社会制度

一过程是:制度因不完备而有限地发挥功能—制度因成熟而充分发挥功能—制度因落后于人们的需要或环境变化而不能有效地发挥积极功能—制度因过时而完全不能发挥积极功能。这样,一项社会制度像一个生命体一样,从生到死,走完了自己的生命过程。旧的社会制度消亡了,新的社会制度取而代之,又开始了新的生命历程。社会制度的生命周期大略可以分为四个阶段。

1. 形成阶段

当人们有了共同需要时,就要设计一些共同的行为规则,通过明确和强化它的价值、建立执行的组织体系,使其逐步发挥作用。由于制度的这些方面尚在建立初期,很多方面不完备,因此它发挥的功能是有限的,这是制度的形成时期。制度形成时期的标志是新制度在相应领域的功能范围扩大,制度的规则体系逐渐完善,人们对新制度的参与和认可增强。

2. 成熟阶段

制度的成熟阶段表现为,制度规则体系已经建立,组织体系已经配套,制度能有效地发挥其功能,基本上能够满足人们的需要,这一阶段也叫制度的效能阶段。在这一阶段,制度仍在不断完善,或者通过改革而局部调整那些与社会需要不太适应的部分。总体上说,制度规则及其运行与人们的需要基本上是吻合的。

3. 形式化阶段

当制度成熟之后就会形成自我运行的机制,这是制度的各部分有效联结、共同发挥作用的阶段,即有效发挥功能的运行模式定型化。然而,人们的需要总在变化,社会各方面或制度的运行环境也在变化,因此这种定型化的功能模式可能会与其功能目标脱节,这样,制度就变得越来越形式化。实际上,制度的形式化就是其功能的衰退,它是一种制度达到巅峰状态之后老化的表现。

4. 消亡阶段

当一种制度基本上不能满足人们的需要时就进入消亡阶段。在这一阶段,制度表现出如下特征:制度存在的价值已相当模糊,或制度原来的价值与人们的现实追求有根本不同,不能反映社会的需求;制度规范已基本上失去约束力,人们的行为与制度规范严重脱节,制度结构内部出现严重混乱;制度化的活动流于形式,它不但不能满足人们的需要,反而带来人们的普遍反感,人们对这种制度越来越失去兴趣直至抛弃这种制度,这表明该制度已由正功能状态转向负功能状态。应该指出的是,制度在消亡阶段的功能状况与其形成时期在本质上是不同的。在形成时期,制度不能最有效地发挥功能,原因是制度不健全,只要加强制度建设就能增强制度的效能。但是进入消亡阶段,制度的作用与社会的需要基本上不同,即制度不可能在原制度框架内满足社会需要,即使局部改革也不能使该制度再生。这样,过时的制度只能走向消亡。

这里需要进一步讨论的是制度的功能失调现象。制度发挥功能的状态是相对的,实际上某一社会制度是否完全高效发挥功能是难以测量的。或者说,任何制度都有不完备之处,因而实际功能状态与理想功能状态会出现差距。这里有两种情况:一种是制度因不健全而不能充分发挥功能,这可以称为功能不足;另一种是制度因为结构混乱而出现功能失调,这是一项制度出现严重问题时的表现。当制度的功能状态存在问题时,人们可以努力去完善或修补制度,而且这种完善和修补有时确实会发生作用。但是,当一项制度基本上已经陈旧或已走过效能阶段时,这种修补就只能是维持性的,这时制度创新和制度替代就会自然到来。

### 三、中国的体制改革和制度建设

**(一)体制改革的内容和特点**

正如前面已经指出的,社会制度相互联结会形成制度体系。在中观和宏观层次上,中层制度相结合就是社会的总的制度体系,这种制度体系的核心就是我们所说的体制。从这种意义上来说,体制改革就表现为各重要领域的制度改革。1978年以来,我国不断进行体制改革。党的十八届三中全会作出的全面深化改革的决定,就包括经济体制、政治体制、文化体制、社会体制、生态文明体制和党的建设制度的改革。

我国体制改革的中心任务是将计划经济体制转变为社会主义市场经济体制。与此相应的是,在社会运行方面将以政治运动为中心转变为以经济建设为中心,在社会组织和管理方面改变政府包揽一切的集中管理的体制而建立"小政府、大社会"的格局,发挥多个方面的积极性。这场至今尚在进行的改革是从农村的经济领域开始的,后来在政府的主导下改革由农村进入城市,由经济领域扩展到教育、卫生、社会管理和政治领域。从总体上来说,这是一场诱导性制度变迁,即整个社会为了走出困境、追求更大利益而自主进行的改革。当然,在改革过程中也有外部的压力,有政府在某些方面的推动,这使改革带有强制性制度变迁的性质。另外,由于国情和任务的复杂性,中国的改革是渐进式改革而没有选择激进式改革。渐进式改革不但反映在某一领域的改革采取了由浅入深、先易后难的策略,也反映在改革领域的选择上,即首先进行经济体制改革,而后才是其他领域包括政治体制的改革。一方面,这种改革策略保障了改革中的秩序;另一方面,各领域改革不同步造成各种制度之间的摩擦,进而降低了改革效率。党的十八届三中全会指出,全面深化改革的总目标是完善和发展中国特色社会主义制度,推进国家治理体系和治理能力现代化。我国正在迎来全面深入改革的新局面。

(二)体制改革中的制度依赖

"制度依赖"是制度学派的经济史学家道格拉斯·诺斯(Douglass North)在研究经济发展史时强调制度作用而引入的一个概念。他发现,在经济发展的历史过程中,各类制度发挥着不容忽视的作用,而制度包括规章、依赖的程序和伦理道德行为准则。他指出,人们过去做出的制度选择决定着他们现在可能的选择,这就是制度变迁的路径依赖。制度变迁的路径依赖由一系列因素造成:一个有效的制度确立之后,会产生一些相关的强化这一制度的活动;在制度发挥作用从而收益增加时,会产生与这一制度共荣共存的组织和利益集团,它们会维持这种制度,哪怕是一种无效的制度。于是,制度一旦被人们选中实施就有一种惯性,在制度发生变迁时,很多人更熟悉原来的制度,所以他们在新制度的选择方面也必然会受到原来制度的影响。

我国体制改革中的制度依赖现象十分明显。在我国实行了三十多年的计划经济体制是一种成熟的制度体系,从社会的意识形态、价值观念到社会组织体系,这套制度已为广大社会成员所熟悉,按照这一制度办事已成为他们的习惯。所以,当进行改革时,人们尽管在理念上接受了新制度,但实际上仍然在相当大程度上沿用了计划经济体制的做法。这不仅是因为渐进式改革使得原来的制度依然发挥作用,新制度尚不能发挥全面的替代性作用,而且因为即使在有所改革时,人们的习惯也带有浓厚的计划体制的色彩,包括用计划经济的方法处理市场经济体制中的问题。例如,人们在遇到问题时仍然习惯于找单位、找行政领导,用行政体系去处理问题等。

### (三) 体制改革中的行动者参与

一个新制度的建立是使人们认同制度的价值,并且按照共同的制度规则活动的过程,这是一个复杂的、长期的社会过程。因为我国的体制改革涉及利益分配并受制度传统、文化等因素的影响,所以在改革过程中出现了诸多问题,如行动者参与而使新制度规则实施受阻,以致发生偏离等。

在体制改革过程中,新的体制和制度建设受阻的一个不可忽视的原因是政府的角色。在体制改革中政府应该是新制度的设计者和推行者,但是改革也涉及政府部门的利益,所以政府部门也会作为一个利益群体参与改革和新制度的建设过程。在这一过程中,一方面,各部门由于只注重自己的利益而出现追求部门利益、损害改革整体利益的现象。各部门之间的不协调使改革遇到很多人为的困难,降低了改革的整体效果。另一方面,政府部门凭借自己所掌握的垄断性资源获取好处的现象也时有发生,这种被称为"寻租"的行为使个别政府部门获得利益,反过来加大了制度运行的成本,包括资源被浪费和民众对政府的不信任,而后者对于政府来说是一个更大的损失。

体制改革中产生了不同层次政府之间的关系问题,上下级政府之间的利益关系问题开始凸显出来。在本来的上下级之间的委托—代理关系中,下级政府部门根据自身处境而对上级政策进行自我解释的现象普遍存在,这就是"政策再制定"现象。在下级政府部门自身利益被过分强调的情况下,就会出现政策偏离,从而影响改革进程。

另外,在体制改革和作为制度规则重要体现的政策执行过程中,非正式制度的影响是一个不可忽视的问题。与正式制度具有明文规定、规则清晰、比较规范等特点不同,非正式制度主要是由习惯、情理等形成的行为规范。在我国,非正式制度十分丰富,并在社会生活中发挥作用。改革以来,原来的、相对严格的计划经济体制下的办事规则被削弱,而规范的、与市场经济体制相适应的制度规则还没有真正建立起来。在这种情况下,一些非正式制度在社会运行中开始发挥突出作用。这一方面使正式制度在某种程度上得以执行,另一方面则侵害了正式制度的权威性,使它的建立和执行发生困难。

### (四) 全面深化改革中的制度建设

我国的改革开放是以打破计划经济体制的约束为基本特征的,具体的做法是鼓励改革创新,各级各地政府通过试点或借鉴外部经验进行探索,有了一定成功经验后就进一步推广。我国国情复杂,又缺乏经验,长期以来的改革是"摸着石头过河"。各级政府、各个系统的竞相创新一方面促成了全面改革的态势,另一方面也出现了改革不同步、不整合以及"为部门利益而改革"的现象,改革经验缺乏认真总结和积累沉淀。

一个缺乏稳定制度的国家和社会是难以实现现代化的。改革开放四十多年,我国的改革经验逐渐成熟,现代国家建设的思路更加明确。在这种背景下,中共中央特别注重制度建设。党的十八届三中全会提出全面深化改革,创新经济体制、政治体制、文化体制、社会体制、生态文明体制和党的建设制度等,就是要完善各种制度建设,实现制度整合,使整个制度体系更加符合建设现代化国家的要求,发挥积极功能。党的十九届四中全会为坚持和完善中国特色社会主义制度、推进国家治理体系和治理能力现代化,专门研究制度建设问题,指出要突出坚持和完善支撑中国特色社会主义制度的根本制度、基本制度、重要制度,构建系统完备、科学规范、运行有效的制度体系,并作出了原则性系统安排。这是中国推进体制改革、面向现代化建设进行的系统化制度建设的重大实践,将为中国经济社会的持续稳定健康发展和更加理性地走向现代化目标奠定重要基础。

**【推荐阅读】**

〔美〕C. 恩伯-M. 恩伯等:《文化的变异——现代文化人类学通论》,杜杉杉译,刘钦审校,辽宁人民出版社1988年版。

樊钢:《渐进改革的政治经济学分析》,上海远东出版社1996年版。

费孝通:《乡土中国 生育制度》,北京大学出版社1998年版。

〔英〕G. M. 霍奇逊:《现代制度主义经济学宣言》,向以斌等译校,北京大学出版社1993年版。

〔美〕罗纳德·H. 科斯等:《财产权利与制度变迁——产权学派与新制度学派译文集》,刘守英等译,格致出版社、上海三联书店、上海人民出版社2014年版。

〔美〕詹姆斯·G. 马奇、〔挪〕约翰·奥尔森:《重新发现制度:政治的组织基础》,张伟译,生活·读书·新知三联书店2011年版。

〔美〕罗伯特·金·默顿:《论理论社会学》,何凡兴等译,华夏出版社1990年版。

〔美〕道格拉斯·C. 诺思:《制度、制度变迁与经济绩效》,杭行译,韦森审校,格致出版社、上海三联书店、上海人民出版社 2008 年版。

〔美〕W. 理查德·斯科特:《制度与组织——思想观念与物质利益(第 3 版)》,姚伟、王黎芳译,中国人民大学出版社 2010 年版。

〔美〕乔纳森·H. 特纳:《社会学理论的结构》,吴曲辉等译,浙江人民出版社 1987 年版。

薛晓源、陈家刚主编:《全球化与新制度主义》,社会科学文献出版社 2004 年版。

杨心恒主编:《社会学概论》,知识出版社 1997 年版。

《中共中央关于全面深化改革若干重大问题的决定》,人民出版社 2013 年版。

《中共中央关于坚持和完善中国特色社会主义制度 推进国家治理体系和治理能力现代化若干重大问题的决定》,人民出版社 2019 年版。

# 第十章

# 社 会 问 题

现实社会不是像人们所期望的那样总是处于和谐及发展状态,个人和群体可能遭遇不幸,社会可能遇到一些麻烦。这些被称为社会问题的现象与社会相伴随,这些问题的解决又促进了社会的发展。

## 第一节 社会问题概述

### 一、什么是社会问题

(一) 社会问题研究在社会学学科中的地位

任何社会都不可能完全理想地存在和运行,而是存在这样或那样的问题。那些对社会的正常运行造成严重不利影响的现象被称为社会问题。社会问题是社会学的重要研究对象,研究社会问题是社会学的传统。从社会学的发展史来看,社会学始终关注社会问题的研究,资本主义社会出现的众多社会问题催生了社会学。此后,每当社会发生巨大变迁或转型,不能协调运行时,社会学就会集中力量对社会问题进行研究,并形成相关理论和政策建议,这也推动了社会学学科的发展。

社会学对社会问题的关注是由其学科性质决定的。社会学作为一门应用性的社会科学特别关注现实问题,当社会问题正在形成或已经形成,社会学通过对问题的研究,搞清楚其产生的原因和变化的规律,提出解决问题的建议和对策,为促进社会发展服务,这就是经世致用。另外,社会学关注社会问题与它的学科特点有关。与经济学、法学等其他应用社会科学学科不同,社会学更具有综合性,这与社会问题的特点是一致的。这种一致性使得社会学能够更全面、深入地研究社会问题。应该指出的是,研究社会问题并不是社会学的偏好,而是它的天职。社会学不但研究社会协调运行的状况,也研究社会问题,而后者更反映出社会学的责任意识。无论从理论上看还是从实践上看,社会问题研究在社会学学科中都占有十分重要的地位。

(二)社会问题的含义

在文献或日常用语中,"问题"这一概念大致有两种含义。一种是指某一领域中的话题,比如"这是经济问题""那是个人问题""这涉及户口问题"之说,这里的"问题"是指在相关领域中的一些话题,它可以用于指涉自己要说明的现象的所属范围。另一种含义是指某一领域中出了不寻常的事情,一般具有负面含义,例如企业的经济效益不好是经济问题、失业成为一种社会问题等。

社会学对社会问题有自己特定的见解。默顿等人认为社会问题包括三个方面的含义:社会期望的事物被中断,社会规定的正当的东西被破坏,社会所珍视的社会模式与关系脱节。显而易见,默顿等人在分析社会问题时比较强调社会价值。

我们可以这样来界定社会问题,它是指社会中发生的被多数人认为是不合需要或不能容忍的事件或情况,而需要运用社会群体的力量加以解决的问题。社会问题不是少数人或个别人遇到的问题,而是在一定范围内大多数人遇到的问题;这种问题的出现给大多数人的正常生活带来不利影响,因而是人们所不希望的社会状态,对于社会进步来说是一种消极现象;这类问题影响广泛,不是少数人就能解决,而需要运用多种社会力量来解决。

## 二、社会问题的一般特征

社会问题是对人们的社会生活影响较大的、复杂的社会现象,它有如下基本特征。

(一)破坏性

社会问题的破坏性是指,它违背了人们所希望的社会状态,不符合人们的价值期望,并对人们所希望的正常生活造成了较为严重的影响。社会问题的破坏性主要表现为如下几个方面:第一,它打断了人们的正常生活,降低了人们的生活质量。第二,它给社会带来麻烦,社会必须动用社会资源去解决这些问题,从而浪费了社会资源。第三,它给社会进步造成障碍,不利于社会发展。当然,解决社会问题可能会促进社会发展,这是从另一个角度来看待社会问题的功能。

(二) 普遍性

社会问题的普遍性有如下含义:第一,任何国家或社会都存在社会问题。一个没有任何社会问题的国家或社会是不存在的,实际上,任何国家或社会都是在解决社会问题的过程中不断发展的。第二,在相同或类似发展阶段和背景下,不同国家或社会会遇到类似的社会问题。比如,不发达国家普遍存在贫困、人口寿命短等问题,发达国家普遍存在人口老龄化问题。第三,社会问题的影响范围大。在一个国家或社会中,社会问题在相当大范围内存在,并涉及大量人口。比如,失业问题、环境污染问题都是影响广泛的社会问题。

(三) 复杂性

社会问题是复杂的社会现象,这表现在两个方面:第一,社会问题的成因是复杂的。许多社会问题的形成不仅有经济方面的原因,也有政治、文化等方面的原因;不仅有现实原因,也有历史原因。社会问题是诸多因素凑集、叠加在一起,积累而成的。第二,社会问题的影响是复杂的。它对人们的生活和社会运行产生复杂的直接或间接影响。

(四) 时空特征

任何社会问题都有一定的时空特征,即它是发生在一定时间和空间之中的。时间性是指社会问题所具有的社会进程的阶段性特征,社会运行的规律性使得社会问题的发生也带有时间性特点。空间性是指社会问题的地域空间和社会空间特征,是它的影响范围。不同空间中的社会问题有各自的特点,其表现方式、解决方式也可能各有不同。

### 三、社会问题的认定

(一) 社会问题的广度与烈度

当我们说社会问题影响了多数人的正常生活或它已不能被大多数人所容忍时,实际上这涉及社会问题的两个特征:广度和烈度。广度是指社会问题影响的范围,即它在多大范围内影响人们的正常生活。有些问题是局部性的,影响少数人的正常生活,它成为社会问题的可能性就小一些,比如某个城市社区或农村村落遇到的问题。有的问题影响面相当大,比如贫困问题、劳动就业问题、大面积的灾难造成的问题等。烈度是指社会问题的强度,即它对人们正常生活影响的严重程度。有些问题对人们的正常生活影响不大,或者是软性的,人们的反应因此不十分强烈。比如农村养老问题,虽然学者有一些前瞻性的相关见解,但是它在农村的被重视程度并不高。相反,城市失业问题、传染病的大面积爆发问题就会带来社会的强烈反应。

显然,广度和烈度都是程度问题,某一不利于人们的事件或现象影响的人口越多,影响面越大,影响程度越深,它就越可能被认定是社会问题。另外需要说明的是,社会问题常与一定的地域空间相联系,有的社会问题是地区性的,有的是全国性的,有的则是全球性的。

(二)认定社会问题的不同观点

社会问题是一种客观现象,它与人们对这一现象的认识有关,由此形成了认定社会问题的两种观点:客观主义的观点和心理认知的观点。

客观主义的观点认为,社会问题是一种与人们的希望相反的、客观的社会现象,它真实地影响人们的生活,并对人们的生活产生不容忽视的消极作用。这种问题的存在不取决于人们是否承认它,不依赖于人们对它的感知和认识。客观主义观点强调了客观事实的存在,即社会问题的存在不以人的意志为转移,不依人们是否认识到它、是否承认它而存在。这种观点认为,问题一经出现,即使人们不承认它是社会问题,它也会真实地影响人们的生活。

心理认知论的观点则认为,某一事件或现象只有被人们感觉到、认识到,才会被界定为社会问题,并被人们当作社会问题来对待。因此,社会问题与人们对问题的认识和判断有关。当某一事件或现象已经存在,但其不利影响尚未被人们认识时,它还不能算作是社会问题。这一观点强调的是人们对社会问题的认识和由此做出的反应。它认为,当某一事件的严重危害尚未被人们认识到时,人们也就不会把它定义为社会问题,并用对待社会问题的方式对待它。比如农村贫困问题,有些农村居民因为长期生活于贫困状态中而浑然不觉,他们把贫困视作常态而不是问题,也就不会对贫困问题有激烈反应,甚至有的政府部门也持这种观点。而人们一旦意识到贫困是一个严重问题时,就会采取新的行动。所以,从心理认知论的角度来看,人们是否认识到问题的严重性对其社会问题的认定及反应有决定性影响。

实际上,社会问题的认定既依赖于事件本身,也与人们对它的认识程度有关。理查德·富勒(Richard Fuller)认为,社会问题是一种被相当数量的人认为的与他们所持有的某些社会规范产生了偏离的状况。社会问题既有客观的一面,也有主观定义作用的一面,客观状况是社会问题的必要条件,但不是充分条件。他认为,客观状况是指可以由公正的、受过训练的人观察到其存在,并在数量上可验证的情境,比如失业率等。主观定义是指某些人认为某些情况对其所持有的价值观造成了威胁。

从现实情况来看,社会问题的认定是一个复杂的过程。一个社会现象从被人们认识到被认定为问题称为问题化过程。它与下列因素有关:某一事件对某一群体的生活产生了不利影响,利益受损群体对此表示不满并进行呼吁;社会上的敏感群体及有识之士认同了利益受损群体的呼吁并在更广阔、更能引起人们关注的范围内进行呼吁;社会舆论对此予以关注并进行宣传、评论,推进社会对问题的严重性的认识;公众普遍认识了上述事件并接受了对它的负面评价,认为应该予以解决;社会的权力集团对问题予以重视,在一定程度上认同了公众和舆论对问题的看法,并支持解决。这样,这一问题就会被当作一个社会问题来对待,广大社会成员就会被动员起来对之做出反应。

**四、看待社会问题的视角**

社会问题十分复杂,其产生原因多种多样,所以人们对社会问题的认识和分析角度也不同。从社会问题认识发展史的角度看,主要有以下几种视角。

(一) 社会病理学的观点

19世纪末至20世纪初,美国涌现大量社会问题。美国早期的社会学者受社会有机论的影响,认为社会问题是一种社会病态。这种观点认为,社会是由个人组成的,是一个协调的整体,社会关系不协调、社会出现问题是社会的一种病态。无论是个人道德的衰退还是社会结构的缺陷,都是因为健康的社会遇到了问题,这会对社会整体造成危害。社会问题就是违背社会道德期望的非道德状态,也是社会的非健康状态。总之,从社会病理学的观点来看,社会问题是社会"不正常"的体现。

### （二）社会解组论

社会解组是指社会上原来通行的社会规范、社会制度失效，人们联系松散、社会秩序混乱的现象。19世纪末至20世纪初，美国大规模的城市化运动成为社会解组论产生的背景。在急剧的城市化过程中，高速度、大规模的社会流动使原来维系人们正常生活的社会规范失效，新聚集在一起的人们缺乏公认的行为规范的约束，人们之间的社会联系松弛，社会处于某种程度的混乱的"原子化"状态，遂产生社会问题。总的来说，社会解组论认为，社会是一个组织起来的体系，社会规范是其维护者，社会的剧烈变动使原来的社会规范失效、社会松散，于是社会问题发生。这种现象在当代社会也是存在的。

### （三）价值冲突论

价值冲突论认为社会并不是整合的，而是存在不同的利益群体，这些不同的利益群体持有各自的价值观念，当这些价值观念互相对立和冲突时就会造成社会问题。在这里，价值冲突并不是指局部价值观念的冲突，而是指不同利益群体的根本利益和价值体系的冲突，这种尖锐的对立使社会处于非整合状态，出现社会问题。价值冲突论的理论基础是社会学中的冲突理论和亚文化理论，而其现实基础与美国社会中的种族冲突有关。

### （四）偏差行为论

偏差行为是指违反或偏离社会公认的行为规范的行为。一些学者认为，社会规范是指导人们行为并实现社会整合的工具，人们对社会行为规范的偏离就是对社会整合的破坏，这种危害普遍的社会原则的现象蔓延开来就是社会问题。偏差行为论也是建立在社会整合的假设之上的。至于偏差行为发生的原因，人们从社会变迁、社会交往等不同角度对其进行解释，如迪尔凯姆关注社会变迁带来的结构不整合对人们行为的影响，差异交往论者则从人与人交往的角度说明某些偏差行为是如何发生的。

### （五）标签论

在标签论中，标签是某些人给另一些人施加的符号或固定性看法，主要是指对被施加者不利的符号或污名。这种理论认为，一些群体（主要是处于弱势地位的群体）的偏差行为是由于处于强势一方的群体妄加标签而产生的。偏差行为并不是问题的本质，强势一方给弱势一方贴标签才是问题的实质。

第十章　社会问题

（六）批判取向的社会问题观

社会批判理论是由法兰克福学派创立的、以批判资本主义社会的不合理为特征的理论观点和理论派别，它涉及社会学、哲学、政治学等诸多方面。社会批判理论不同意传统社会学认为社会是一个整合的协调整体的观点，而是对现代资本主义持批判态度。社会批判理论站在人道主义的立场上看待社会问题，认为现代社会的制度和结构导致了人们行为的不正常，而这种承受太大压力的不正常行为又是"病态社会"所要求的，是"病态社会"的正常功能的表现。

（七）社会建构理论对社会问题的看法

社会建构理论强调行动者在社会结构形成中的能动作用，即认为行动者不是完全被动的，行动者以自己对情境的理解选择自己的行为，并对社会过程产生影响。在对社会问题的认识上，社会建构理论认为社会问题是各有关方面共同参与、共同建构的结果。社会建构理论关心的问题是：人们把什么事态界定为社会问题？谁把这些事态界定为社会问题？他们怎样把事态界定为社会问题？社会建构理论强调不同参与者对社会问题形成过程的影响，从而关注在社会问题界定过程中不同利益群体的影响力比较和互动。

## 第二节　人口问题

### 一、人口问题的实质

（一）人口问题是世界性问题

人是社会的主体，一定数量和质量的人口是社会存在和发展的基本条件，因此人口是最基本的社会现象。"人口"是一个统计概念，它是具有生物特征和社会特征的一定数量的个体的总称。一定数量的个体共同生活于社会之中，产生两个方面的关系：人（人们）与自然环境的关系和人与人的关系。当这两种关系出现不协调甚至严重失调时，就会产生人口问题。

世界人口问题自20世纪中期以来变得日益突出，这与世界人口的急剧增长和由此形成的人类生存压力直接相关。据估计，公元元年时世界人口只有2.30亿，公元1000年时也只有3.05亿。到1900年世界人口达到16.56亿，2000年则超过60亿，2019年全世界人口总数已超过75亿。

人口的迅速膨胀给人类自身生存带来沉重压力,因为人类至今毕竟只能从地球上获取自己所需要的生活资料和生存空间。落后的农业生产和低生产率导致人类对土地资源的过度开发,从而打破了人类与自然环境之间的平衡关系。另外,人类通过科学技术对自然资源的掠夺性开采则从更深层次上改变人类与环境的关系,人类的生存环境恶化了,人类的发展变得越来越缺乏持续性。人类之所以遭遇所有挑战,人口问题是一个基本成因。

(二)生产与消费的关系是人口问题中的基本关系

人口问题的实质是人类在物质资料的生产和消费的关系上出现严重失调,是人口再生产与物质资料再生产不相适应。

马克思、恩格斯在论述人类社会的发展时提出了"两种生产"理论。他们认为人类社会的存在和发展以两种生产为基础:一种是物质资料的生产,即人类通过劳动生产物质资料供人们消费,这种物质资料的生产和再生产支持着人类的生存和社会关系的发展。另一种是人自身的生产,即通过繁衍实现世代延续。这一方面创造着生命使人类得以延续,另一方面也生产着劳动力。他们认为,人类的这两种生产应该是协调的。

通俗地说,人口问题的实质是"口"与"手"的关系严重失调。它一般表现为人类的生存压力过大,即消费对生产能力的压力。人类生产能力不足由诸多因素造成:一是生产资料不足,主要表现为自然条件对生产活动的限制;二是人口结构不合理,生产人口与消费人口比例失调;三是人类生产能力低,这又表现为人口素质低。所以,人口数量与人口质量失调也是人口问题的重要表现。

## 二、人口理论

对于人口现象,特别是人口发展中的失调现象,许多学者进行了研究。以下简略地介绍马尔萨斯的人口理论、适度人口论和人口过渡理论。

(一)马尔萨斯的人口理论

托马斯·马尔萨斯(Thomas Malthus)是英国人口学家,《人口原理》一书阐述了他关于控制人口过度增长的看法。马尔萨斯的人口理论集中地反映于他的三个主要观点:"两个公理""两个级数"和"两个抑制"。

马尔萨斯的理论从两个公理出发。他认为,第一,食物为人类生活所必需;第二,两性间的情欲是必然的。这两点是人类的本性,是任何力量也改变不了的。但是,他认为,食物的生产与人口的生产并不是协调的。由于土地肥力递减律的影响,生活资料只能按算术级数(1,2,3,4,…)增长,而人口却按几何级数(1,2,4,8,…)增长。这样,人口的增长必然会超过生活资料的增长,就会出现人口过剩,其后果是饥饿与贫困。

马尔萨斯认为,土地肥力递减制约着人类生活资料的生产,要减少饥饿与贫困只能从抑制人口入手。他认为抑制人口增长的途径有两种:一种是"积极抑制"(positive check),另一种是"道德抑制"(moral inhibition)。所谓积极抑制是指,当人口增长超过生活资料的增长而二者出现不平衡时,自然规律会强制使二者恢复平衡,其手段是用贫困和罪恶来限制人口增长,积极抑制的主要形式是战争、灾荒和瘟疫等。所谓道德抑制就是要求那些无力养活子女的人不要结婚。在他看来,人口增殖太快完全是由于"社会下层阶级"道德观念差,受本能驱使过多地生孩子。只有彻底实行道德抑制,才能消除贫困和罪恶。

马尔萨斯是站在贵族阶级立场上阐述其人口理论的,他敌视下层阶级,没有看到资本主义制度对贫困的影响,受到了学者和思想家们的严厉批评。后来,新马尔萨斯主义者主张用避孕等人工方法来节制生育,宣扬这些办法符合人性和道德原则。

(二)适度人口论

鉴于人口增长与财富增长的不协调关系,一些人口学家探讨了适度人口问题。关于什么是适度人口,学者们有不同的看法。经济学家倾向从劳动力的增长与工农业生产收益的角度去寻找适度人口,认为使工农业生产达到"最大收益"的人口即适度人口。有的学者认为,能提供人均最大收益的人口是适度人口,或者认为能保证人类最大幸福的人口是适度人口。

从建立福利社会的角度出发,西方人口学家认为需要探索一个最有利或尽可能合适的人口数量,即"最优人口"或"适度人口",以消除人口过剩或不足引起的社会矛盾。这样,适度人口被认为是在一定条件下,一个国家或地区能够保持某种特定标准或指标达到最高水平所需要的人口数量。

法国人口学家阿尔弗雷德·索维(Alfred Sauvy)认为,适度人口就是一个以最令人满意的方式达到某项特定目标的人口。他认为这些目标包括:个人福利,满足人们的需要;增加总体财富;使所有适合工作的人都能充分就业;增加集体的力量,即实力;延长寿命;提供文化知识;增加福利总量以及促进社会和谐等。

可以发现,适度人口表达的是一种理想状态,从中也可以看出人们的追求。20世纪70年代以来,面对世界人口的"爆炸"式增长,罗马俱乐部大力呼吁控制人口增长,保护环境,保护地球,这也被认为是适度人口论的一种表现。

### (三) 人口过渡理论

人口过渡理论也称人口转变理论。弗兰克·诺特斯坦(Frank Notestein)在20世纪50年代提出了人口转变理论,他认为近代欧洲的现代化使人们的生活水平得到提高,疾病得到进一步控制。因此,人口死亡率逐步下降,而出生率上的反应则较慢。另外,在现代生活中人们对个人福利的追求也会使人们逐渐自愿接受节制生育的观念,这会使出生率下降,这就完成了人口类型的过渡。

后来,一些学者根据诺特斯坦的理论和发展中国家人口转变的趋势,提出了人口过渡理论或人口发展阶段说。这一理论认为,就人口过程而言,一个国家或地区的人口都会经历从最初的高出生、高死亡、低增长,经过高出生、低死亡、高增长,到低出生、低死亡、低增长这几个阶段。这就是说,在经济和社会都不发展的阶段,出生率高,死亡率也高,结果是人口增长缓慢。随着社会经济的发展,人们的物质生活水平得到提高,医疗卫生水平的改善降低了死亡率,但社会的生育率没有降低,于是,人口数量会有较大增长。随着社会经济的进一步发展,人们的生育观念也会发生变化,生育率下降,死亡率也很低,这时,人口数量呈现低增长状态。

一般认为,发达国家和地区的人口已经进入低出生、低死亡、低增长阶段。发展中国家和地区中,有的尚处于高出生、高死亡、低增长阶段,有的正处于高出生、低死亡、高增长的过渡阶段。

## 三、中国人口问题

### (一) 中国人口的发展、现状与问题

#### 1. 中国人口的发展与现状

我国是世界第一人口大国,人口规模巨大是我国的第一国情。由于我国自然资源短缺,人口问题一直是我国头等重大的社会问题。

我国西汉平帝元始二年(公元2年)时人口为5960万,明太祖洪武二十六年

(1393)为6055万,清乾隆六十年(1795)达29 696万,1949年为54 168万。1953年第一次全国人口普查总人口为60 193万,1982年第三次全国人口普查总人口达103 188万,2000年第五次全国人口普查总人口为129 533万,2010年第六次全国人口普查总人口为137 053万。据国家统计局统计,2019年年底我国总人口超过14亿。常住人口城镇化率为60.60%;流动人口规模巨大;总人口性别比为104.45(女=100);16—59岁的工作年龄人口占总人口的64.00%;60岁及以上人口占总人口的18.10%。这表明我国的劳动力供应仍然比较充分,但老龄化程度在加深。

2. 中国人口问题

我国经济不太发达,资源并不丰富,人口规模庞大,人口结构不尽合理,所以我国存在严重的人口问题,主要表现为以下几个方面。

第一,人口规模过大抑制社会发展。总体来说,我国的生产方式还比较落后、生产率不高,人口规模大,这会减缓经济发展对社会发展和提高人民生活水平的贡献。

第二,人口总体质量不高影响经济社会发展。虽然我国的教育事业有较快发展,但是总体上我国国民的科学文化水平还不够高,精神素质也存在许多问题,人口的较低素质不适应现代科学技术的发展和现代化建设的要求。

第三,人口结构存在问题和忧患。20世纪70年代以来计划生育政策的实施有效地抑制了人口的过快增长。但是,长期实施计划生育政策也带来人口结构方面的新问题。一方面,从2012年起我国的"人口红利"在减少,即劳动年龄人口总量减少及其占总人口的比重降低。劳动力数量减少会影响经济发展能力和国际竞争力。另一方面,长期以来存在的一些年龄组性别比例失衡问题积累起来,可能会影响社会的正常秩序。

第四,规模巨大的流动人口影响人们的正常生活和社会秩序。近二十年来,我国每年都有大量农村人口进城务工,流动人口达两亿多人,他们的家庭生活处于不稳定状态,并产生了复杂影响。留守儿童、留守妇女、留守老人的生活困境正在成为严重的社会问题;另外,大量流动人口使社会管理变得困难。

第五,未富先老带来严重挑战。按照联合国的标准,一个国家或地区的人口中60岁及以上人口比重超过10%或65岁及以上人口比重超过7%即为老年型人口,该社会即为老龄化社会。我国在总体上已进入老龄化社会,出现"未富先老"现象。如何妥善解决城乡老人赡养问题,对我国是一个重大挑战。而且随着人口寿命的延长和计划生育政策效果的进一步显现,再加上流动人口效应,老人赡养问题已经成为我国紧迫的社会问题。

### (二) 中国人口问题的成因

我国的人口问题是历史积累而成的,它是政治、经济、社会因素及人口自身运动规律的结果。

**1. 历史及文化原因**

我国历史上是一个典型的农业社会,农耕文化崇尚大家庭制度,有多子女偏好,这使得我国有浓厚的多子女生育文化。在社会相对稳定的情况下,这种生育文化会明显地表现出总体人口增长的效果。但是,改革开放以后出生的年轻人尤其是城市中的年轻人,受多种因素的影响,生育子女的愿望降低,这会对人口结构产生影响。

**2. 政治方面的原因**

中华人民共和国成立之后相当长一段时期,政府对快速的人口增长没有采取抑制政策,这在客观上鼓励了人口快速增长。实际上,经济学家、社会学家都认为无节制的人口增长会给我国带来相应的社会问题,并讨论了节制生育和适度人口问题,但都未得到政府的重视。1957年经济学家马寅初发表《新人口论》,阐述人口增长要适应生产力发展的水平、要有利于经济发展和提高人民生活水平的道理,却遭到不公正的批判。在"人多热情高,干劲大"口号的鼓舞下,我国人口严重失控。1971年,国家开始逐步推行计划生育政策,人口的快速增长得到遏制。

**3. 人口惯性**

人口惯性是指以往的人口规模和结构对后来人口过程的影响。一般来说,在正常情况下,一个庞大的年轻型人口结构会带来人口的持续增长,一个老年型人口结构将导致人口规模缩小。瑞典人口学家古斯塔夫·桑德巴(Grstav Sundbarg)把人口结构分为三种类型:偏向年轻化的增加型、偏向老龄化的减少型和人口结构相对平衡的静止型。根据这种分类,新中国成立以来我国的人口类型也在发生变化。

表 10-1 表明,20 世纪 50 年代以来,我国的人口处于从增加型向静止型的过渡之中。

表 10-1　桑德巴人口再生产类型与我国人口年龄结构(%)

| 年龄分组 | 桑德巴人口再生产类型 | | | 我国人口年龄结构(普查资料) | | | | | |
|---|---|---|---|---|---|---|---|---|---|
| | 增加型 | 静止型 | 减少型 | 1953 年 | 1964 年 | 1982 年 | 1990 年 | 2000 年 | 2010 年 |
| 0—14 岁 | 40 | 26.5 | 20 | 36.3 | 40.4 | 33.6 | 27.7 | 22.9 | 16.6 |
| 15—49 岁 | 50 | 50.5 | 50 | 49.5 | 47.3 | 51.3 | 56.0 | 60.2 | 58.1 |
| 50 岁及以上 | 10 | 23.0 | 30 | 14.2 | 12.3 | 15.1 | 16.3 | 16.9 | 25.3 |

受以往生育过程高峰的影响,我国的人口增长也会表现出一定的周期性。1953—1957 年和 1963—1972 年我国出现过两次生育高峰。这两次生育高峰会对我国人口增长产生长期的影响。但是,我国的人口自然增长率在走低,2019 年我国人口出生率为 10.48‰,人口自然增长率为 3.34‰。

**四、解决我国人口问题的途径**

(一)促进人口长期均衡发展

计划生育政策的实施对控制人口规模发挥了积极作用。但在该政策实施四十多年后,我国的人口结构,特别是人口老龄化和人口红利开始消失的问题已经比较明显地表现出来。出于国计民生的综合考虑,党的十八届三中全会对人口与生育政策进行调整,提出坚持计划生育的基本国策,启动实施一方是独生子女的夫妇可生育两个孩子的政策。从 2016 年起又全面实施一对夫妻可以生育两个孩子的"全面二孩"政策,计划生育政策的调整将对我国人口的长期均衡发展发挥重要作用。

(二)提高人口素质

提高人口素质是我国人口政策的重要组成部分,这不但包括提高全民族的科学和文化水平,也包括提高其身体素质和道德素质。提高全民族的科学和文化水平可以带来人口的"科技红利",促进经济社会发展。在全面提高人口素质的过程中,提高农村人口的科学和文化水平具有重大意义。政府应该制定和实施有效的教育和卫生政策,提高农村人口的受教育水平和文化水平及身体素质。

### (三) 大力发展经济

人口问题与经济落后常常相伴发生,经济落后会加剧人口问题的严重性。因此,从发展经济入手解决人口问题是一个重要的思路。发展经济至少可以从以下几个方面对缓解人口压力做出贡献:第一,发展经济、增加财富可以直接提高人们的物质生活水平,缓解人口再生产与物质资料再生产之间的矛盾;第二,发展经济、增加社会财富有助于兴办和发展社会事业,提高人口素质和人们的生活质量;第三,发展经济可以创造更多的就业机会,缓解劳动力过剩的压力。

### (四) 发展公共服务和社会保障事业

除了提高人口素质的基本政策之外,还要大力发展公共服务和社会保障事业。要大力发展教育、卫生事业,提高人口素质。要对困难人群、脆弱人群给予保护和支持,健全农村留守儿童、留守妇女、留守老人关爱服务体系,健全残疾人权益保障、困境儿童分类保障制度。要大力发展养老服务业,通过家庭养老、社区养老、机构养老相结合的方式解决养老问题。

## 第三节 劳动就业问题

### 一、劳动就业的概念与类型

#### (一) 劳动就业的概念

劳动是人类区别于其他动物的本质特点,它是人类维持自己生存的基本手段。劳动就业简称就业,是指在法定劳动年龄内有劳动能力的人,从事某种劳动或工作,取得劳动报酬或经营收入,以维持生活的活动。劳动就业包含以下基本内容:第一,劳动就业是针对劳动年龄人口中有劳动能力的人而言的,非劳动年龄人口不在此列。当然,不同国家和地区对劳动年龄的规定不同,其劳动就业所涉及的范围也不同。第二,劳动就业是指从事一定职业,从事劳动和工作并取得相应报酬的活动。一般来说,人们从事的是有益于社会并被社会所承认的职业,由此,他们获得了报酬。这样,从事无报酬的家务劳动不在就业之列。第三,就业是指持续相对长时间的有报酬的劳动,偶尔为之的不属于就业。

广义地说,劳动就业是将劳动能力同生产资料相结合创造社会财富的活动。在农业社会,当一个人有了劳动能力之后便自然而然地去耕种、去劳作,这种就

第十章 社会问题

业方式称为自然就业,因此农业社会几乎谈不上存在就业问题。进入工业社会之后,劳动者与生产资料之间的关系不再处于自然状态,就可能出现劳动就业方面的问题。

(二)劳动就业的类型与状态

传统上,人们把在较长时间内稳定地从事某种劳动或工作而获得相应收入称为就业。在这种情况下,就业是同一个人的职业联系在一起的,有劳动能力的人的职业活动就是就业,这实际上是稳定的就业。在产业结构调整、社会的劳动力市场竞争十分激烈的情况下,并不是所有有劳动能力的人都能实现稳定就业。那些不能实现稳定就业的人可能会从事一些临时性的有报酬的劳动。社会上也会出现一些比较灵活的就业岗位,这种就业可以称为临时性就业。有时候,由于劳动力市场竞争激烈,加之就业压力不是很大,因此一些人采取分阶段、非全时间的较为灵活的就业方式,这被称为阶段性就业和灵活就业。

劳动就业既可以是针对个体而言的,也可能是针对群体而言的。社会学将之作为研究对象的劳动问题是从宏观和群体的角度着眼的。从宏观的和群体的角度来看,如果社会上有劳动能力且有劳动愿望的人绝大多数实现了劳动能力与生产资料的结合,即从事了劳动和工作,那么这种状态被称为充分就业,否则就是不充分就业。在劳动经济学中,就业人口占劳动年龄人口总数的比重称为就业率。就业率越高说明该社会的就业越充分。国际上还用"劳动力参与率"的概念来描述一个国家或社会的就业状况。

(三)劳动就业的意义

劳动就业既是一种经济现象,也是一种社会现象。劳动就业不但有重要的经济学方面的意义,也有重要的社会意义。从社会的角度来看,劳动就业可以创造财富,满足人们物质生活的需要,可以为社会发展创造条件;同时,充分就业有利于社会秩序的稳定。从个体角度来看,一方面,劳动是劳动者获得正当收入的手段,是他及其供养之人生存的物质基础;另一方面,劳动就业是劳动者自身社会地位被肯定的过程。具有劳动能力者的一个重要的社会地位是其职业地位,是他在社会职业体系中的角色定位,而劳动就业是其职业地位的具体体现。这就是说,一个具有劳动能力的人如果不能从事劳动就业,就失去了表现其重要社会角色的机会,同时失去了借此更广泛地参与社会生活、充实和发展自己的机会。由此看来，劳动就业对于有劳动能力的人来说是十分重要的。

## 二、失业及其成因

（一）失业及其表现形式

失业是具有劳动能力的人希望就业，但找不到劳动或工作岗位，无法实现自己拥有的劳动力价值，从而劳动力资源处于闲置状态的现象。对于失业可以从个体和群体两个角度来考察，后者是从宏观层面上对劳动力群体的劳动状况的考察。

失业有以下表现形式：一是属于劳动年龄人口的人由于种种原因而失去原来的职业岗位，处于待雇状态，这是原本意义上的失业。二是新成长起来的劳动力未能实现就业的现象，我国曾经称之为待业。还有一种是劳动者虽然在职，但不能发挥其劳动能力，处于无事可干的状态，实际上也是一种失业。前两种失业现象是明显地表露出来的失业，称为显性失业；后一种被虚假的就业现象所掩盖，称为隐性失业。在劳动力市场竞争比较充分的情况下，失业主要表现为显性失业。目前，我国既有显性失业也有隐性失业。当然，关于失业问题的讨论主要是指显性失业。

（二）失业的类型

在现代社会，失业现象是多种多样的，主要有以下几种类型。

1. 正常性失业

在市场经济条件下，即使劳动力供求方面不存在缺口，也可能会存在失业。因为在劳动力市场开放的情况下，总有人会换工作和找工作，这些尚在找工作的人实际上就处于失业状态。某一社会在某一时期，存在一定比例的失业率被认为是正常的，这种失业被称为正常性失业。在正常性失业中，那些完全由于劳动力市场不完备、求职者缺乏就业方面的知识以及在转换工作中出现的时间滞差而形成的失业被称为摩擦性失业。实际上，关于正常性失业有一个何为正常，即在什么范围内或多高的失业率算"正常"的问题。有人认为，失业的"正常"水平与不同利益群体的看法有关。国际上一般认为，一个国家或地区的失业率不超过5%就属于正常。

## 第十章 社会问题

**2. 结构性失业**

在许多情况下,失业的出现是由于经济结构方面的原因。比如,由于社会需求的变化,某一社会的产业结构进行调整或升级换代,那些与被压缩或被调整掉的产业、产品生产直接相关的工人可能会失业;工厂的搬迁会致使一些工人失业。这些由经济结构的调整而导致的失业被称为结构性失业。结构性失业带有群体性特点。

**3. 技术性失业**

为了竞争,企业总要引进和使用新技术,这时一些工人会变得不适应而被排挤出就业行列,这种由引进新技术代替人力劳动导致的失业被称为技术性失业。技术性失业就是用技术排挤劳动。这里还包括由新生产方法、新材料的运用和改善经营管理引起的失业。技术排挤工人的现象是经常发生的,科学技术越是进步,这种失业越可能发生。可以发现,技术性失业与结构性失业有密切联系,但二者的侧重有所不同。

**4. 季节性失业**

季节性失业是某些部门由于季节变动被迫停业而导致的失业。有些经济部门的生产受季节影响很大,当季节、气候变得不利于生产,或由于季节的影响某种行当处于淡季时,企业可能被迫停产或压缩生产,由此产生的失业即季节性失业。季节性失业在农业、林业、矿业等受自然条件直接影响的行业中较多出现,那些受时令影响的行业也可能发生季节性失业。

(三)失业的成因与影响

**1. 失业的成因**

作为一种社会现象,失业的形成原因是多种多样的。从具体的失业现象来说,失业可能有个体原因和社会原因。所谓个体原因是失业者个体的自身特点,而社会原因则是指社会制度、社会结构及文化因素的影响。社会学对失业问题的研究更关注社会原因。

失业可能是由于经济原因,也可能主要是由社会因素造成的。前者把失业只看成是经济现象,是劳动诸要素之间的配合发生了问题,比如上述多种失业现象主要是从经济角度着眼的。再如,劳动力绝对过剩会导致失业,这种观点也是基于经济学的分析。

实际上,失业也有社会方面的原因。或者说,几乎任何失业都是一个经济和社会现象,都是由经济、社会等多种因素共同造成的。而且有些失业现象主要是由社会因素造成的,比如,某些国有企业因其领导人玩忽职守而倒闭,或是对某些企业实施政策性关闭。政治经济学在分析失业时关注其中的利益集团和权力问题,比如,在政治经济学看来,所谓正常性失业人群实际上是劳动力后备军,它是雇主愿意保持的对在业者的压力机制。社会学从更广阔的角度看待失业问题,关注造成失业的社会结构、社会制度方面的原因。这些问题主要包括:哪些群体首先被迫失业?失业的社会结构原因、社会制度原因是什么?失业给失业者及其家庭的生活、社会地位及行为带来什么样的影响?大规模失业的社会影响是什么?等等。

2. 失业的影响

从生产劳动是人类和社会生存和发展的基础的角度看,失业对当事人和社会都有消极影响,主要表现在如下一些方面。

失业使当事人对生活资料的获取受到限制,可能会影响他们及其家庭成员的正常生活和发展。失业使当事人失去了就业机会,也限制了他们对更广泛社会生活的参与,这对他们的社会经济地位产生不利影响。从经济角度来看,失业是对劳动力资源的闲置和浪费,减少了社会财富的生产。较大规模的失业可能会积蓄失业群体对社会的不满,进而影响社会秩序。

失业是一种不幸,实现充分就业则是一种理想。社会主义的计划经济体制对消除失业进行了探索,但又面临压抑劳动积极性的挑战。从劳动力相对过剩和经济竞争的角度来看,一个社会存在一定的失业是正常的,而且失业机制的存在确实能够刺激在业者的积极性。当然,这要求就业(或失业)机制是公正的。另外,一个社会的失业率不能过高。

### 三、中国的劳动就业问题

(一)计划经济体制下的劳动就业问题

中华人民共和国成立之后,我国实行了二元劳动就业体制,即在城镇中实行有计划的充分就业,在农村实行自然就业,除了国家为发展工业而从农村招收工人之外,城乡劳动就业体系基本上各自封闭运行。这种充分就业制度消除了失业现象,造就了一个普遍劳动的社会,通过按劳分配保障了人民的基本生活。充分就业不仅是一种经济制度,也具有政治上的含义。

在劳动力资源十分丰富的情况下,充分就业制度遇到的挑战是劳动积极性和劳动生产率问题。充分就业制度下的隐性失业、低效率最终导致了经济体制改革。

(二) 当前的劳动就业问题

经济体制改革以来,我国实施了以促进就业和提高劳动生产率为中心的劳动就业制度改革。在城市,逐渐培育劳动力市场,形成劳动者自主就业的机制,企业内部则普遍实行合同制。为了扩大就业和促进经济发展,政府还鼓励发展私营企业和外资企业、合资企业,这些企业实行了不同于国有企业的市场化的劳动就业制度。在城乡之间,原来封闭的二元劳动力市场被打破,但统一的劳动力市场仍未形成。一些国有企业内部形成了固定工与临时合同工并存的"新二元劳动力市场",并产生复杂影响。

当前,我国的劳动就业问题受到如下几个重要因素的影响:较大规模但素质不高的劳动力资源的供给、劳动就业制度的市场化改革、产业结构调整和经济全球化。这些因素中有的是独立的,有的则互相交织在一起。在众多因素的影响下,在我国经济发展进入新常态的过程中,当前我国的劳动就业存在如下一些突出问题。

劳动就业压力巨大。目前,我国城镇平均每年新增劳动力达1000万人,另外有大量的农村剩余劳动力寻求就业机会,但新增就业岗位不能满足上述要求,劳动就业存在巨大压力,失业现象不可避免。

劳动就业制度改革使隐性失业显性化,带来"下岗"和失业问题。随着劳动就业体制改革的深入,国有企业中人浮于事的现象有所改善。在市场竞争中一些国有企业倒闭破产,员工待岗、失业现象严重。在失业群体中,中年人占有较大比例,这加剧了失业的负面效应。

产业结构调整给就业带来巨大压力。加入世界经济体系及贸易体系后,我国的产业结构和经济发展越来越受到外部因素的影响。在产业结构调整、升级换代、科技创新的过程中,由于原产业中的就业者不能有效地转换技术和提升水平,不适应新的产业结构的要求,也由于技术排挤劳动,因此产生了大量失业者。

农村剩余劳动力形成巨大压力。在走向市场经济和经济全球化的影响下,农村剩余劳动力的压力突显出来。年轻的农村劳动力进城务工经商给城镇就业格局带来多方面的影响。

某些劳动者的合法权益得不到保护。在劳动就业制度尚不健全的情况下，劳动关系(劳资关系)存在诸多问题，其中突出的是，一些劳动者的合法权益得不到有效保护。在这方面，农村进城务工者遇到的问题更加严重，新生代农民工的劳动与生活状态、企业的社会责任成为全社会普遍关心的问题。

(三) 解决劳动就业问题的途径

发展经济，创造更多的就业岗位。发展经济是促进就业的根本途径。改革开放以来，我国在吸引外资、鼓励私营企业发展等方面做出了巨大努力，创造了大量就业岗位。近几年来，发展小微企业、大力发展服务业、发展互联网经济、大众创业万众创新对于发展经济、缓解就业压力起到积极作用。这种政策还应坚持和完善。

加强人力资源能力建设。经济全球化和科学技术的快速发展必然会继续促进我国产业结构、产品结构的调整。为了适应这种变化，应该加强对劳动力的培训，提高其技术水平和再就业的转换能力。我国比较缺乏高级技术人才，培养大量高级技术人才包括技术工人是促进经济发展和就业的重要一环。

发展服务业，开发新业态，开辟新的就业领域。服务产业是当代经济结构的重要组成部分，也是劳动密集型产业。我国的服务业还比较落后，发展生产型服务业和生活型服务业、社区服务业和养老服务业等，既可以满足城乡居民生活的需要，也可以提供较多的就业机会。同时，开发新业态也应该成为发展经济、吸纳劳动力就业的重要措施。

加强法规和制度建设。我国应该进一步完善劳动就业制度，加快统一劳动力市场的建设，改变二元劳动力市场的做法，从总体上和长期视角看待劳动就业问题；要加强劳动保障的制度建设，强化企业的社会责任，维护劳动者的合法权益。

## 第四节 贫困问题

一、贫困的界定与类型

(一) 什么是贫困

迄今为止，人类绝大部分时间是在同贫困作战。贫困不但是发展中国家和

第十章 社会问题

地区的头等社会问题,也是发达国家不容忽视的问题。

1. 经济学对贫困的定义

贫困首先被看作经济现象。从经济学的角度来看,贫困是由收入不足导致的生活匮乏的状态。与之相近的界定有:贫困是缺乏达到最低生活水平的能力;贫困是指个人或家庭的经济收入不能达到所在社会可接受生活标准的那种状况。由此可以看出,站在经济学的角度看贫困,它是因经济收入不足而不能达到最低生活水平或可接受生活标准的状况。当然,对什么是社会可接受的生活标准是有不同理解的,这也是贫困标准难以统一的原因所在。不过,对最低生活水平的界定相对容易一些,国际上一般用贫困线来测量贫困。所谓贫困线是指社会中家庭平均收入的一半,人均收入低于这个水平的家庭即为贫困家庭。显而易见,不同国家或地区的贫困线可能不同,因为不同国家或地区的收入水平不同、标准的范围不同,家庭收入的平均水平也不同。实际上,测定贫困线是为了实施社会救助服务,因此它一般以行政区为单位。

对贫困线的测定可以用收入法,也可以用市场菜篮子法。市场菜篮子法是指,列出一系列生活必需品和服务清单作为人们每月生活必不可少之物,从而计算出在市场上购买这些必需品所要支付的金额,家庭人均收入低于这个金额水平(贫困线)的即为贫困。

2. 贫困的经济—社会定义

在西方发达国家,人们对贫困的界定包含了更多内容。比如英国学者彼得·汤森(Peter Townsend)认为,那些缺乏获得各种食物、社会参与和最起码的生活与社会交往条件资源的个人、家庭和群体就是贫困的。欧洲共同体委员会认为,贫困应该被理解为个人、家庭和群体的资源(物质的、文化的和社会的)如此有限,以致他们被排除在所在成员国的可以接受的最低限度的生活方式之外。近些年来,世界银行在反贫困方面也指出,贫困不但是经济上的,也是健康、文化和社会交往方面的,因此贫困具有综合特征。上述对于贫困特征的指认已经超出了纯经济范围,而认为它具有经济—社会特征。

对贫困的测量,除了使用贫困线外,还经常使用恩格尔系数。恩格尔系数是指家庭食品支出占总支出的比重。恩格尔系数越大,即家庭用于食品的支出在家庭总支出中占的比例越大,就越是贫困。国际上一般认为,当家庭用于食品的支出达到和超过家庭总支出的60%时,他们就属于贫困。恩格尔系数可以用来测量一个家庭,也可以用来测量一个地区,甚至更大范围的贫困程度。

(二) 贫困的类型

1. 绝对贫困与相对贫困

马克思在分析资本主义条件下无产阶级的生活时,曾指出其绝对贫困和相对贫困状态。在关于贫困的研究中,绝对贫困是指收入不足以维持人的最基本的生存需要的状态。所谓最基本的生存需要首先是从营养学的角度着眼的,当收入不足以维持一个人的基本生存所需要的营养时,他是贫困的。当然,除了营养之外,人的基本生存还涉及穿衣和住房。绝对贫困是最严重的贫困。

相对贫困是与某一生活标准比较而呈现的贫困状态。在贫困研究中,相对贫困是指收入虽然能够维持基本生存需要,但与一般的生活水平相比仍然较低的状态。或者说,相对贫困是贫困的一种状态,是比绝对贫困稍好的贫困状态。

2. 个案贫困与群体贫困

个案贫困是指个人和家庭处于贫困的状态,是相对于周围的个人、家庭的贫困。这种贫困主要是由个别的或特殊的原因造成的,是某一范围的人口或家庭中的个别现象。由于失业、灾病、遭遇突发事件,少数个人和家庭陷入贫困之中,即个案贫困。在一般意义上,个案贫困是相对于群体贫困而言的,它也可以指个别村庄或社区。

群体贫困是在一定范围内某一类社会单位普遍处于贫困的状态,所以也叫普遍性贫困。它指的是一个区域内某一类社会成员大多处于贫困状态,如自然条件较差的山区农村、有残疾人的家庭、单身母亲家庭等。群体性贫困多是由共同的和多种原因造成的。群体性贫困具有相对性,一个农村县、乡的贫困是一种群体性贫困,但在全国范围内可能属于个别现象。

与群体性贫困相连的还有结构性贫困。结构性贫困是指由于社会结构、分配制度等,相当数量社会成员处于贫困状态的现象。比如,一定时期政府忽视农民利益而使相当数量的农民处于贫困状态;劳动就业政策的调整使大量缺乏竞争力的中年工人失业,导致其家庭贫困等。结构性贫困具有一定的群体特征,它影响社会结构的形态。

二、关于贫困的理论

贫困有多种原因,并产生复杂的社会影响。针对多样性的贫困现象,人们给出了不同的理论解释。

（一）贫困的恶性循环理论

贫困的恶性循环理论基本上从经济的投入—产出角度分析贫困的成因。经济学家认为，发展中国家长期陷于贫困是一连串的、较低投入—产出的行为导致的。从供给方面看，发展中国家普遍人均收入低、储蓄少，从而造成社会生产的投资不足。投资不足使生产规模难以扩大、生产效率难以提高，这使得产出处于低水平，人们的收入依然很低。所以，贫困—投资不足—低产出—低收入（贫困）就形成了恶性循环。这种恶性循环也可以从消费的角度去分析：低收入（贫困）—消费不足—不能刺激生产—产量和生产率低—低收入分配（贫困）。这两种循环是联系在一起的，这一理论基本上揭示了发展中国家的贫困再生产的过程和机制。

（二）人力资本投资理论

人力资本投资理论由美国经济学家西奥多·舒尔茨（Theodore Schultz）提出，他认为人力也是一种资本，人力资本是通过投资而形成的，这种投资表现为正规教育、培训、健康和迁移等。舒尔茨把个人和社会为了获得收益而在劳动力的教育培训等方面做的各种投入称为人力资本投资。按照这种理论，拥有较丰厚的人力资本者可以获得较多收益，因为他们会获得更广阔的选择范围。人力资本投资理论认为，个人和群体之间收入上的差异在很大程度上是由于其在人力资本投资上的差异，贫困的主要根源之一在于人力资本投资的不足。因此，舒尔茨认为解决贫困问题的关键在于提高对贫困者的人力资本的投资。

（三）社会不平等理论

关于贫困的社会不平等解释并不是一个理论，而是与此相关的一类解释。马克思在分析资本主义社会工人阶级的贫困时认为，工人阶级贫困的根源在于生产资料的不平等占有。资产阶级依靠掌握的生产资料剥削了工人的剩余劳动，造成了工人阶级的普遍贫困。从而，要消灭社会中的贫困就必须消灭生产资料私有制。

冲突理论认为贫困是各个群体在利益分配中争夺的结果。各个群体因为所拥有的权力和占有的资源不等，所以在利益争夺中获得的利益也不同，那些最无力者就会陷入相对贫困状态。按照这种观点，贫困者之所以陷入贫困，主要是由于他们在社会的经济过程、政治过程和社会生活中拥有的资源很少。他们缺乏经济上的竞争力、政治上的权力，在利益分配过程中没有有效地表达自己利益诉求的机会，从而陷入贫困。总的来说，冲突理论基本上认为，贫困是社会权力结构的不合理造成的。

按照社会不平等理论的解释，贫困还有受教育机会不平等、性别不平等和其他原因。社会不平等理论认为贫困是社会造成的，这可以称为贫困的社会责任论。

从最直接的角度来看，基尼系数可以反映社会财富分配的不平均程度。基尼系数所反映的是社会的实际收入分配状况对于理想的绝对平均分配状况的偏离程度。基尼系数越大，表示社会财富的分配越不平均。当社会财富主要集中在少数人手中，大多数社会成员很少占有财富时，就出现了严重的贫富不均现象。基尼系数是对分配不均状况的描述，而不是对其形成原因的分析。

（四）贫困文化理论

贫困文化理论是从社会文化的角度解释贫困现象的理论，它是美国学者奥斯卡·刘易斯（Oscar Lewis）通过对贫困家庭和社区的实际研究提出。这一理论认为，在社会中，穷人因为贫困而在居住等方面具有独特性，并形成独特生活方式。穷人的独特居住方式促进了穷人间的集体互动，从而使得他们与其他人群在社会生活中相对隔离，这样就产生一种脱离社会主流文化的贫困亚文化。处于贫困亚文化之中的人群有独特的文化观念和生活方式，这种亚文化通过"圈内"交往而得到加强，并且被制度化，进而维持着贫困的生活。在这种环境中长成的下一代会自然地习得贫困文化，于是贫困文化世代传递。贫困文化塑造着在贫困中长大的人的基本特点和人格，因而他们即使遇到摆脱贫困的机会也难以利用它走出贫困。

贫困文化理论基本上属于贫困的个人责任论。虽然刘易斯并不认为这种理论具有普遍的解释力，但是这种理论还是遭到许多批评。主要的批评观点包括：贫困文化理论夸大了穷人与其他人在文化上的差异，实际上穷人本身并不是同质性很强的群体，各群体观念和行为上的差异是社会地位的反映，贫困文化理论未能解释穷人贫困的起始原因。

（五）功能主义的贫困观

功能主义从社会结构和功能的角度看待贫困现象，认为贫困是社会分层的必然结果,贫困在社会运行中发挥着积极功能。功能主义认为,社会通过分层机制使那些有天赋的人占据重要的社会位置,担当重要的社会角色。为了鼓励这些人的出色表现,社会就会向他们提供高的报酬。相应地,对于那些对实现社会的主导价值目标不甚重要的职位,社会所提供的报酬较低。于是社会出现了贫困。简言之,贫困是当事人天赋和素质低造成的。

美国学者赫伯特·甘斯(Herbert Gans)认为贫困在社会中也有一些积极作用。这包括:贫困保证了社会中有人去做收入微薄的甚至是"肮脏的"工作,穷人购买其他人不愿意购买的商品从而延长了商品的经济使用寿命,穷人常常被当作反面"典型"以激励其他人勤奋努力,穷人抬高了非穷人的社会地位,等等。甘斯对贫困的正向功能的分析是苦涩的,但这些功能实际上是存在的。

**三、中国的贫困问题**

(一) 中国贫困问题的历史与变化

中国古代社会虽然有丰富的农耕文化,但是由于生产力低下及制度方面的原因,贫困问题一直困扰着人民的生活。社会主义制度建立以来,我国的贫困问题的格局有所改变。因为国家实行城乡分割的二元体制,并长期实行农村支持城市的政策,所以城市的贫困问题并不突出,而农村贫困则比较严重。这同样与人口大量增加、人均耕地面积减少和生产力低下有关。

经济体制改革对缓解农村贫困发挥了显著作用。家庭联产承包责任制的实行大大地激发了农民的生产积极性,农村贫困状况明显好转。1994年,党中央、国务院决定实施"八七扶贫攻坚计划",下决心在20世纪最后的七年时间内基本解决8000万农村贫困人口的温饱问题。"八七扶贫攻坚计划"的重点思路是经济开发,即通过支持农民发展生产、提高经济收入来解决贫困问题。其实施过程中则采取了项目开发、小额信贷等方式,在组织方式上有"企业加农户""农户加市场"等形式,力图通过扶贫开发的"滴渗效应"逐步缓解农村贫困问题。同时,通过发展乡村工业及劳动力外出打工增加农民的收入。这些使得我国农村贫困状况有了较大改观。

(二) 21世纪以来中国的农村反贫困

"八七扶贫攻坚计划"的实施取得了公认的成绩,但是农村的贫困现象仍然相当严重。进入21世纪以来,中国政府依然致力于农村的反贫困,并引入了参与性反贫困机制。同时,政府决定取消农业税,减轻农民负担;通过建立新型农村合作医疗制度、农村最低生活保障制度、新型农村社会养老保险制度来改善贫困家庭的生活,已经取得了明显成绩。

2012年中国政府调整提高农村扶贫标准为农民人均年纯收入2300元,贫困人口增加。我国农村反贫困仍然面临一些严重挑战,突出的表现是:中西部农村地区的发展与东部地区差距拉大;由于年轻劳动力外流,贫困农村"空心化"而缺乏自我发展能力;农村返贫、因病致贫现象严重;等等。农村反贫困是政府和全社会的任务。2011年,中共中央、国务院印发《中国农村扶贫开发纲要(2011—2020年)》,决定把连片特困地区作为主战场,把稳定解决扶贫对象温饱、尽快实现脱贫致富作为首要任务,坚持政府主导,坚持统筹发展,更加注重转变经济发展方式,更加注重增强扶贫对象自我发展能力,更加注重基本公共服务均等化。党的十八届五中全会在全面建成小康社会的总目标下,对农村扶贫开发作出新的战略部署,提出要实施精准扶贫、精准脱贫,分类扶持贫困家庭,探索对贫困人口实行资产收益扶持制度。接下来,《中共中央 国务院关于打赢脱贫攻坚战的决定》提出采取超常规举措,通过产业扶持、转移就业、易地搬迁、教育支持、医疗救助等措施使5000万人左右实现脱贫,而对丧失劳动能力的贫困人口实行社会保障政策兜底脱贫,实现到2020年年底农村贫困人口全部脱贫。在党中央的领导下,通过发挥政治优势和制度优势,动员全国力量参与,实现了农村的绝对贫困人口不愁吃、不愁穿、义务教育、基本医疗和住房安全有保障("两不愁三保障"),实现了现行标准下农村贫困人口全部脱贫,中国的农村反贫困取得了举世瞩目的成就。

以解决农村绝对贫困为目标的脱贫攻坚取得了成功,但是中国还没有彻底消除贫困。农村反贫困的任务开始转为巩固脱贫攻坚成果、缓解相对贫困。相对贫困在中国农村会长期存在,而且任务同样艰巨,中国政府已经决定将缓解相对贫困与实施乡村振兴结合起来,以在农村反贫困方面取得更大进展。

(三)中国城市的贫困与反贫困

我国城市的贫困问题也比较突出,这与我国推进市场化改革、产业结构调整和经济全球化直接相关。一些国有企业因技术落后、产品缺乏竞争力、生产力低下等而被迫改制、转产或破产,一些职工"下岗"、失业,部分家庭陷入贫困。往前看,在脱贫攻坚中已通过城镇化解决了贫困问题的不少家庭,也可能会遭遇相对贫困问题。

我国的城市贫困呈现出与发达国家和其他发展中国家不同的特点。发达国家的城市贫困者主要是残缺家庭的儿童、妇女、非法移民、无家可归者等,其形成原因是城市中心区衰落、经济结构转化、"福利过度"、贫困文化等。其他发展中国的城市贫困者主要是农村移民、老年人等,其形成原因是过度城市化、就业机会不足、住房及其他福利供应不足。我国的城市贫困者主要是失业者、老年人、残疾人和部分在脱贫攻坚中由农村贫困人口转化而来的城镇市民。总的来看,产业结构调整和体制转变是城市贫困的重要原因。当然,如果把进城务工的农村人口也算进来,问题就更复杂一些。

针对城市的贫困人口问题,政府主要采取两项重要措施:一是扩大就业,通过促进下岗失业职工的再就业解决贫困问题;二是实施城市居民最低生活保障制度,通过社会救助保障贫困家庭的基本生活。上述两个方面的反贫困措施取得了明显的成绩,也遇到了一些突出的问题,如中年以上失业人员就业困难,一些贫困人口形成了福利依赖,社会救助对象的识别也遇到问题。城市反贫困需要更加整合的政策设计和对反贫困政策的科学有力实施。

(四)实施发展型社会政策

无论是农村反贫困还是城市反贫困,政府都要制定有力的社会政策对贫困地区、贫困家庭给予有效支持,除了经济上的帮助外,扶贫扶志、增强贫困群体的能力十分重要。在国际范围内,发展型社会政策被认为是反贫困的重要政策工具。所谓发展型社会政策是指以改善贫困群体、脆弱群体的不利经济状况为目标的社会政策。它是协调社会福利效益和经济效益,投资于人力资本、投资于就业和创业计划、投资于社会资本、促进贫困群体经济参与和发展的政策。发展型社会政策也包括提高贫困人口特别是年轻贫困人口的受教育水平,提高他们的就业能力,以阻断贫困的代际传递。

在解决贫困群体的困境问题方面,阿马蒂亚·森(Amartya Sen)提出"可行能力"的概念。他认为,对于贫困群体来说,并非知识、技术越高级越好,因为对于有些高级的知识、技术,他们根本用不上。他们需要的是有用的、能够发挥作用的能力即可行能力。可行能力是一个人能够实现的各种可能的功能性活动的组合。要帮助贫困群体走出贫困,增强其真正有用的、能够发挥作用的能力是重要的。

贫困是十分复杂的社会现象。随着我国市场经济体制改革的深入推进和较快发展，以及经济全球化的影响，我国的贫困问题还会长期存在。西蒙·库兹涅茨(Simon Kuznets)提出的"倒 U 曲线"，即发展中国家在经济腾飞时期国民经济收入分配差距加大的现象，在一段时间内也会在中国存在。这就是说，反贫困是我国经济和社会发展的一项长期任务。进入全面建设社会主义现代化国家的新发展阶段以来，党中央把巩固脱贫成果、实现全国人民的共同富裕摆在更加重要的位置，扎实推动共同富裕，我国的反贫困和共同富裕事业会得到新的发展。

【推荐阅读】

关信平:《中国城市贫困问题研究》,湖南人民出版社 1999 年版。

康晓光:《中国贫困与反贫困理论》,广西人民出版社 1995 年版。

刘铮主编:《人口理论教程》,中国人民大学出版社 1985 年版。

马寅初:《新人口论》,吉林人民出版社 1997 年版。

〔美〕罗伯特·K. 默顿:《社会研究与社会政策》,林聚任等译,生活·读书·新知三联书店 2001 年版。

〔印〕阿马蒂亚·森:《以自由看待发展》,任赜、于真译,刘民权、刘柳校,中国人民大学出版社 2002 年版。

〔美〕马丁·S. 温伯格等:《解决社会问题——五种透视方法》,单爱民、李伟科译,吉林人民出版社 1992 年版。

《中国农村扶贫开发纲要(2011—2020 年)》,人民出版社 2011 年版。

《中共中央国务院关于打赢脱贫攻坚战的决定》,人民出版社 2015 年版。

朱力:《当代中国社会问题》,社会科学文献出版社 2008 年版。

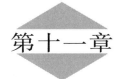

第十一章

# 社 会 控 制

一个好的社会应该是有秩序的社会,社会制度和行为规范就是实现社会有序的保障。但是,并不是所有人在任何情况下都按照制度和规范的要求行事。本章研究越轨行为及其控制,并讨论社会治理问题。

## 第一节 社会控制的含义与功能

### 一、社会控制的含义

(一)社会控制概念的来源

人们的正常生活、社会的正常运行需要一定的社会秩序。现代社会变化剧烈,社会问题增多、社会风险加大。为了消减和避免这些现象的不良后果,社会需要一种机制,这就是社会控制。学术界和实际工作部门对社会控制有两种理解:一种从对破坏社会秩序行为的整治上着眼,另一种则从社会系统管理的角度分析问题。

"社会控制"(social control)作为社会学的概念最早由美国社会学家爱德华·罗斯(Edward Ross)提出。1901年他出版了《社会控制》一书,阐述有关社会控制的问题。19世纪末20世纪初,美国经历了急剧的城市化过程,大规模地向城市移民使城市频繁出现越轨和犯罪现象,社会秩序成为问题。罗斯认为,这种社会秩序的混乱与某些初级社会群体的解体有关,与人性的"自然秩序"被破坏,人们缺乏自我约束和相互约束有关。罗斯认为,人生来就有同情心、互助性和正义感,这是人的天性,这三者共同形成了人性的"自然秩序"。在他看来,同情心、互助性和正义感可以促使人们自行调节自己的行为,互相同情、互相帮助、互相约束、和平共处,从而社会生活处于自然的有序状态。但是,在大规模移民的城市中,某些初级社会群体解体,人们难以维系"自然秩序"。这样,人们生活在一个陌生的、缺乏互相同情和互相帮助的环境之中,各种社会问题就容易产生。罗斯认为,在人性的"自然秩序"遭到破坏的情况下,要维持社会秩序就必须采用新的机制,即用社会力量去约束人们的行为,这就是社会控制。

社会控制的另一个来源是与将自然科学成果运用于社会管理的设想相联系的。法国物理学家安德烈·马里·安培(Andre-Marie Ampere)在1834年研究科学分类时,将管理国家的科学称为控制论,并把它列入政治科学类。但是自然科学的相关研究成果真正被运用于宏观社会管理是在20世纪40年代之后。1948年诺伯特·维纳(Noebert Wiener)建立了控制论,把它视为在动物和机器中进行控制和通信的科学。在这之后,人们将控制论的思想运用于社会系统的管理,并称之为社会控制论。在宏观层次上对社会系统进行控制的想法和实践在实施计划经济的国家有较多尝试。

(二) 社会控制的含义

在社会学中,"社会控制"作为一个专业概念,基本上是在约束人们损害社会秩序的行为的意义上被使用的。

罗斯提出的"社会控制"是针对人的天性的衰败而言的,他认为应该用人性之外的社会力量来约束人们的行为。后来,社会学家对社会控制的对象做了更广泛和深入的研究,并把社会控制的对象概括为社会中违反既定社会规则的行为,特别是对社会秩序有明显危害的犯罪行为。这些社会学家认为,人们在共同生活中建立起来的制度和社会规范是指导人们行为的准则,人们按照这些制度和规范去行动,社会就表现出秩序,人们就能正常地生活。那些违反制度和规范的行为应该被控制和约束,发挥控制和约束作用的主要不是内在的心理机制,而是外在的社会力量。这样,社会控制就是运用社会力量对人们的行动实行制约和限制,使之与既定的社会规范保持一致的社会过程。社会控制是建立在既定的社会规范之上的,并主要表现为施加外在力量,但它并不排除个人内在约束力的作用。

应该说明的是,社会控制的观点是与社会有机论、功能主义的社会观相联系的。这种观点认为人们违反原有的行为规范导致社会无序是不正常的,应该站在社会整体的角度对这些行为进行抑制。

**二、社会控制的类型**

面对城市化、现代社会带来的秩序问题,罗斯认为要使用舆论、法律、信仰、社会暗示及社会宗教等手段,实施对冲击社会秩序行为的控制,各种控制手段应结成社会控制的体系。随着对社会控制研究的深入和领域的拓展,人们对社会控制的类型也有更多认识。按照不同的分类标准,社会控制主要可以分为如下几个类型。

(一) 统治与制约

在现实社会中,对于危害社会秩序的行为的控制,可能通过施以强制性的外力来实现,也可能通过社会成员之间相互约束来实现。这样就形成了两种不同的社会控制——统治与制约。

1. 统治

统治是建立在外在的强制力量基础上的社会控制方式,当社会秩序的维护者运用强制性手段迫使他人遵守既定规范时就表现为统治。

在阶级社会中,统治是以普遍的政治压迫为基础的。统治阶级为了维护自己的利益,以维护社会利益的名义制定了许多法律和规则,用以规范被统治者的行为。这些法律和规则是不利于被统治者的,所以会引起被统治阶级的反抗,而统治阶级则会动用国家机器强制性地推行或实施这些法律和规则,统治常常具有不可协调性。

在对现代社会的政治社会学研究中,虽然阶级对立并不那么明显,但是政治社会学家仍然使用"统治"的概念来分析权力关系。他们倾向认为,任何权力的强制性的施加都属于统治行为,这样,统治这种社会控制方式就是普遍的。

2. 制约

制约也称社会制约,它是建立在平等基础上的、由于人们认同某种规范而产生的约束人们行为的社会控制方式。人们为了共同的生活而建立制度和行为规范,当大家都认可了这些行为规范,并以此去调节彼此之间的关系时,就形成了一种社会约束力。这种制约虽然也是一种外在压力,但不是靠强力推行的。制约是社会成员之间的相互约束,而不是单向的管束或制裁。

(二) 正式控制与非正式控制

根据规范形态,社会控制可以分为正式控制和非正式控制。

1. 正式控制

正式控制也称形式化的社会控制,它是指使用比较成形、比较正规的规范来约束人们行为的控制方式。这里的比较成形、比较正规主要是指这些规范多数是用文字的形式表达的,这些规范是依照某种程序正式发布的。正式控制主要是用法律、条例、规章等来约束社会成员和组织成员。依据这些正规的、成文的规则,社会和组织既可以对违反(犯)者给予相应的制裁,也可以用其教育成员。在现代社会中,正式控制越来越占有重要地位,这是与社会成员利益的分化、社会异质性增强相联系的。

2. 非正式控制

非正式控制是指使用不那么成形的规范来约束人们行为的控制方式。这里所说的不那么成形的规范主要指,它们一般不是由明文规定的,是非系统化的。比如,社会群体常常运用道德、信任、群体压力等一类看不见、摸不着但却感觉得到的手段来约束其成员,这就是非正式控制。社会舆论也是非正式控制的手段。一般地,非正式控制常常不是基于契约,而是基于人们的共同意识和认同感。初级社会群体或非正式组织普遍使用非正式控制。

(三) 外在控制与内在控制

社会控制具有某种外在性,但是它要通过内在的力量发挥作用。根据控制力的直接来源,社会控制可以分成外在控制和内在控制。

1. 外在控制

如果一个人感觉到外在的力量对其行为产生了约束和压力,使其不敢违反社会规范,那么这种控制就是外在控制。人们害怕法律制裁、纪律约束、舆论压力,这些都是外在控制发挥的作用。外在控制具有一定程度的强制性,它要求违规者必须接受控制者提出的行为模式。

2. 内在控制

内在控制的直接控制力量来自行动者本身。如果一个社会成员接受和内化了他生活其中的社会或群体的价值规范,自觉地实践角色规范,这就是实现了内在控制。内在控制是社会或组织成员用内化了的价值规范约束和指导自己行为的过程。内在控制基本上实现了自我控制,自觉、慎独、克己都是内在控制的形式。它是一个人高度社会化的结果。

（四）积极的控制与消极的控制

1. 积极的控制

积极的控制是建立在积极的个人顺从动机之上的,以倡导、鼓励为特征,防止违规行为发生的社会控制方式。积极的社会控制通过大力宣传社会的规范和价值、奖励模范行为而达到预防违规行为的效果,它是各方都愿意接受的控制方式。

2. 消极的控制

消极的控制是运用惩罚手段来制裁某些违规行为的社会控制方式。它是违规行为已经发生,并造成了消极后果之后的控制,因此是消极的。消极的社会控制是重要的社会控制方式,因为毕竟社会不能完全预防违规行为的发生。违规行为发生后,惩戒就表现为消极的社会控制。

## 三、社会控制的功能

（一）社会控制的基本功能

1. 维持社会秩序

社会秩序是指社会各组成部分在结构上相对稳定和有序,在运行中相互协调与平衡的状态。社会是社会关系的体系,是由社会成员(包括其组织)的利益和责任关系组成的体系。当社会成员、社会群体按照一定的逻辑结合起来,这种关系又指导和约束着社会成员,使其按照社会既定的规范行事时,社会生活就呈现有序状态,这就是社会秩序。

秩序是社会存在和发展的基本前提。尽管人类社会自始至终充满矛盾和冲突,但是人类一直把追求和谐与秩序作为自己的理想。法国的启蒙思想家让-雅克·卢梭(Jean-Jacques Rousseau)认为,社会秩序是一项为其他一切权利提供了基础的神圣权利。他认为人们应该维护公认的社会秩序。没有基本的社会秩序,社会就会解组或崩溃。然而,由于种种原因,人们并不总能自觉地实践既定的行为规范,从而对社会秩序造成冲击。社会控制则能在一定程度上抑制对社会秩序的冲击,保持社会安定。

### 2. 维持正常生活

在一定的社会历史条件下,人们在共同的生活中形成了适应此条件的相互关系模式,即社会结构,从而形成了此条件下的正常生活形态。但是,由于社会化不足及其他内外原因,某些社会成员可能会自觉不自觉地违反既定规范以达到自己的目的。当这些行为影响了其他社会成员的由既定的社会关系规定的合法利益时,就可能引发冲突。这时,公共利益的代表就要动用社会控制手段对破坏秩序者予以约束甚至制裁,维持社会成员的正常生活。

### 3. 促进社会发展

社会秩序和社会进步是社会学的追求目标。社会不但要保持一定的秩序,而且要谋求进步和发展。然而谋求发展必须以一定程度的社会稳定为前提,就必须保证社会有基本的秩序。社会发展是由人们的合作和竞争来实现的,而且在许多条件下,利益竞争是推动社会变迁的动力。人们在追求自我发展的过程中,可能会同他人发生冲突。如果不把这种冲突限制在社会可容纳的范围之内,社会就会陷入混乱,社会发展的进程就会受到影响。这就是说,一定的社会控制不仅会使社会有秩序,也会促进社会的发展。

## (二) 社会控制的负功能

社会控制不仅有维持社会秩序、促进社会发展的积极功能,也可能阻碍人与社会的发展,这种消极作用就是社会控制的负功能。

### 1. 不合理的社会控制会损害人们的基本利益

在存在阶级对立的情况下,社会关系模式所反映的利益分配格局基本上是偏向统治阶级一方的,这种利益分配格局是不合理的。社会的统治阶级正是依赖强有力的社会控制来维护自己的利益,甚至会通过限制人们的自由、压制人民的利益诉求维持社会秩序。显然,从人类进步和正义的角度来看,这种社会控制发挥着消极功能。在非阶级社会中,统治者也可能会用强制手段压制不同利益群体和持不同意见者,这会损害一般民众的基本利益。应该指出的是,这种社会控制常常会积累冲突。

### 2. 僵硬的社会控制不利于人们追求合理目标

任何社会规范都是在一定条件下建立的,它并不具有普适性。当情况发生了变化,有些社会规范就过时了。当人们试图冲破这种限制和束缚去追求新的合理目标时,僵硬的社会控制所起的作用就是维持原有秩序,阻碍创新行为。

第十一章 社会控制

一个社会不能没有社会控制，但社会控制又不能超过合理的限度。社会在运用社会控制工具时，应该尽量避免它的负功能。

**四、社会控制与个人自由**

在社会学中，社会控制问题的提出是与社会急剧变迁所导致的社会混乱相联系的。但是社会控制的实践及理论层面常常会涉及社会控制的价值问题，即怎样的社会控制是合理的，什么程度的社会控制是适宜的。这里实质上遇到的是社会控制与个人自由的关系问题。应该说，对于并非以讨论价值为己任的社会学来说，彻底回答这一问题是有困难的，以下只从几个侧面初步说明这一问题。

社会控制与个人自由的平衡。一个社会不能没有社会规范，也就是说，人类社会、社会群体中必然存在控制，甚至是强力的控制。没有基本的控制，社会和社会群体就会陷于解体。但是，人类不可以没有自由。卢梭曾经指出，人是生而自由与平等的。放弃自己的自由就是放弃自己做人的资格，就是放弃人类的权利，甚至是放弃自己的义务。因此，人类应该在公共秩序（通过社会化和一定的社会控制实现）和个人自由之间实现二者的平衡。卢梭指出，人是生而自由的，却无往不在枷锁之中。这里的枷锁就是社会规范。在个人自由与社会规范的关系上，合理的平衡方法可能是使社会规范建立在广泛共意即共同同意的基础之上。

关于适度的社会控制。要真正平衡社会控制与个人自由的关系，从理论上一般地给出合适的社会控制的程度是十分困难的。这至少有如下几个方面的原因：第一，人们对自由与控制的重要性的看法不同。有人极其崇尚自由而拒绝所有社会控制，有人则强调规范的重要性。实际上，如果不把控制狭隘地理解为上对下的强制管理，而是把它看成维护多数人利益和维护基本秩序的手段，那么适度的社会控制就是必要的。关于社会控制对人的自由及合理行为的限制，法国社会学家福柯通过权力分析给予了深刻的揭示。他认为，现代社会通过纪律、惩罚等多种方式即权力技术实现对人的身体的控制。显然，他对于现代社会对人的控制是持批判态度的。反之，站在社会管理的立场上就不会出现这种看法。第二，利益的复杂性。社会规范和社会控制都是利益的调节工具，在一定的社会关系中，利益不同的人对社会控制的看法也不同。在利益纷杂的情况下，人们难以实现共意,即就社会控制达成一致意见。第三,具体情况的复杂性。社会规范和社会控制与具体的社会情境相关,笼统地讨论合理、公正的社会控制常常失于空泛。由此,我们可以说,一般地,适度的社会控制是能维持社会秩序又不妨碍多数人合理而自由的活动的限制和约束。

社会控制的价值标准。面对具体的社会情境,社会有一般的关于社会控制合理性和适度的标准。如果从社会的基本价值的角度来看,那么罗斯的看法还是有意义的。他认为,所有社会控制都应该有助于人类的福利。

## 第二节 越轨行为

在社会学中,对于社会控制的研究主要是从社会整体论和功能主义的角度着眼,认为社会在运行中出现了不协调甚至严重问题,需要进行社会控制。社会控制的对象是违反规范的行为或越轨行为,以下对相关理论做一介绍。

### 一、越轨行为及其类型

(一) 越轨行为的含义

社会学家对越轨现象的科学研究首先是由迪尔凯姆进行的,他使用了"失范"(anomie)这一概念,并分析了这种现象的社会原因。后来,美国社会学家提出"越轨"(deviance)概念,并进行了多向度的研究。如果从本质上来看,最初人们赋予这些概念的含义是相近的。与"失范""越轨"相对应的行为被称为"失范行为"或"越轨行为",这些概念有细微的差别。失范是一种状态,它反映的是人们所应遵循的行为规范失去作用的现象,包括人们的反常行为和社会的混乱状态。越轨行为则是指偏离既定规范的行为,也称为偏差行为。但是这些状态和行为又有明显的共同点,即对规范和标准的偏离。下面我们在相近意义上对之进行介绍和分析,而不再细分它们之间的差异,并统一使用"越轨"这一概念。

越轨行为是指违反社会规范的出格行为。显然,这一界定比较笼统,因为规范是多种多样的,违反和偏离的行为也是多种多样的。"越轨"这一说法常带有负面的含义,因此违反何种社会行为规范被看作越轨、由谁来认定某一行为是否越轨或出格,这些被认为是越轨行为界定和研究中的价值问题。为了说明这一

## 第十一章 社会控制

问题,我们先来分析社会行为规范。

社会行为规范是人们在共同生活中创造并遵守的行为方式。对于个人来说,它是群体和社会所共有的、作为成员必须学习和遵守的行为规则。正是有了这些行为规范,群体和社会才成为一个内部协调的社会关系体系。社会或群体为每一个成员都规定了一定的行为规范,要求他遵循,同时用这些规范来评价他的行为。这样,遵从规范还是违反规范只与他应该遵守的规范有关。于是可以这样来下定义:越轨行为是个人或群体违反其所应遵守的行为规范的行为。在这里,越轨者可能是个人,也可能是某一社会群体。一个人违反本组织的纪律是越轨,违反社会公德、破坏公共秩序也被认为是越轨。同样,一个群体违反社会行为规则也是越轨。

### (二)越轨行为的判定与价值问题

判定越轨行为是一个理论问题,也是一个现实问题,不但是"技术"问题,而且是"价值"问题。上面对越轨行为概念的定义,实际上暗含了人们遵从或违反社会行为规范的具体背景或实际情况,这是由任何社会行为规范都有其具体的适应范围这一特征决定的。因为同一行为在某一背景下被认为是越轨行为,但在另一背景下则可能是正常行为。越轨行为的判定涉及一些价值方面的问题,这些影响因素主要有如下一些方面。

#### 1. 越轨行为的判定与文化类型

规范文化是价值的体系,文化类型不同,人们对行为的是非判断也不同。常常有这种现象:在一种文化中被认为是越轨的行为,在另一种文化中则被认为是正常的行为。例如,中国文化与西方文化对于子女赡养老年父母的看法有很大差异;对种族复仇行为,不同文化也有不同的看法。

#### 2. 越轨行为的判定与群体价值

同一社会中的不同群体对同一行为可能有不同的看法,这也会影响对越轨行为的判定。一个群体认为某行为是越轨,而另一群体则可能容忍这一行为。比如,对于未婚同居,不同年龄的群体对它的看法可能相去甚远。

#### 3. 越轨行为的判定与权力结构

越轨行为的判定直接涉及权力,即谁有权力去判定别人是否越轨、他们为什么有权力去做出判定。从国际冲突到家庭矛盾,权力在越轨行为判定中的作用是明显的,但有权者的判定并不一定公平。

上述因素体现了越轨行为的相对性,也为越轨行为、社会控制的研究增加了难题。但是,由此并不应该得出相对主义的结论,即认为任何越轨行为的判定都是相对的,因而是不可靠、非客观的。正如前面所说,法律、纪律、基本道德和人类的共同感情就是判定越轨行为的基本标准。

(三) 越轨行为的类型

根据不同的标准,越轨行为可以分为不同的类型。

1. 不同程度的越轨行为

社会行为规范对人们的约束程度是不同的。因此,违反这些规范对社会秩序的冲击程度也不同。按照越轨行为对社会行为规范的破坏的类型和程度,越轨行为有不从俗行为、不道德行为、违纪行为、违法行为和犯罪行为。其中,犯罪是违犯法律并对其他社会成员或全社会造成严重损害的行为,是最严重的越轨行为。

2. 个人越轨与群体越轨

按照越轨行为主体的特征,越轨行为可分为个人越轨与群体越轨。个人越轨是某一社会成员违反社会、群体规范的行为。群体越轨是某一社会群体、组织、机构违反规范的行为。前者如某人贪污,后者如某企业偷税漏税。群体越轨对社会规范的破坏更大。

3. 正向越轨与负向越轨

按照越轨行为的性质,即越轨行为与人们所期望行为的方向,越轨行为可分为正向越轨与负向越轨。社会行为规范反映的是对某类社会成员的一般要求,同时具有价值取向。在这里,过和不及都属于越轨。如果没有达到规范要求是负向越轨的话,超过规范的一般要求的更卓越的做法则是"正向越轨"。比如某些改革者、"第一个吃螃蟹的人"属于正向越轨者,而不守信用、懒惰、虐待是负向越轨。关于越轨行为的讨论中一般指负向越轨行为。

二、对越轨行为原因的解释

研究越轨行为就是要探明越轨行为发生的原因,认识它的规律,预防和控制不良越轨行为。关于越轨行为的原因,生物学、心理学和社会学给出了不同的解释。

## 第十一章 社会控制

### （一）生物学、心理学对越轨行为的解释

1. 生物学的解释

生物学从人的生理特征角度解释某些人为什么出现越轨行为，特别是犯罪行为。意大利犯罪学家切萨雷·龙布罗梭（Cesare Lombroso）最早从这一角度分析问题，他在对犯罪人的研究中发现，大多数犯罪人有与平常人不同的生理特征，他们在面部特征上有"返祖"现象，因此他用生理因素解释犯罪现象。有的研究者认为犯罪者在体态方面有某种特征，还有的研究者发现一些犯罪者的染色体异常。

2. 心理学的解释

有学者从心理学的角度寻找越轨的原因，其中弗洛伊德的人格理论最具代表性。弗洛伊德认为，一个人的人格由本我、自我、超我三部分组成。本我是人的本能的冲动，本能包括生的本能和死的本能。生的本能是性欲、恋爱和建设的动力，死的本能是伤害、虐待和破坏的动力。人的本能是按快乐原则行事的，它们总想表现出来，以满足自己的私利，但是这种没有任何控制的表现会造成对他人的侵犯。于是社会通过教育过程使社会行为规范被其成员内化，这就是超我的力量。超我是人格的检察官，起着压抑本能的作用。自我是从本我中逐渐分化出来的，其作用是调节本我与超我之间的矛盾，它遵循现实原则，以合理的方式满足本我的要求。而本我一旦失控，本能随意表现，就会造成侵犯他人的行为。

### （二）社会学对越轨行为的解释

社会学从社会结构、社会文化、社会变迁等角度解释越轨行为何以发生。这里只介绍几种较有影响的理论。

1. 失范理论

失范是指社会成员失去可以遵循的行为规范而出现的反常状态。迪尔凯姆在研究社会分工和自杀现象时指出了失范状态，他认为，在社会从机械团结向有机团结转变时，如果社会分工的发展快于这种分工所要求的道德基础的发展，就会导致失范。他关于自杀的科学研究还发现，失范会导致人的自杀。

迪尔凯姆的失范理论认为，社会的正常状态是社会各部分相互协调而处于整合状态。在这种情况下，人们在社会规范的指导和约束下互相适应、正常生活。在社会迅速变动的时代，当文化价值和社会结构以不同的速率转变时，原来

的某些指导和约束人们行动的社会行为规范就可能失效,它们已不能有效地指导人们该做什么和不该做什么。在这种情况下,人们就会手足无措,处于无所遵循的迷茫状态,生活会变得漫无目的,从而可能会自杀。按照迪尔凯姆的看法,人们的某些反常现象,包括自杀,是缺乏有指导意义的行为规范造成的。我国社会学家也指出,犯罪与社会变迁有密切关系。

2. 手段—目标论

默顿同意迪尔凯姆的假设,即认为社会结构缺乏整合会造成极度紧张,从而引发失范行为。但他改变了迪尔凯姆的心理学假设,并将失范的含义由无规范改为规范冲突。默顿认为,社会作为一个文化体系为每一个社会成员都规定了目标,但是社会在结构的安排上并没有为每一个成员提供达到上述目标的合法手段,即社会结构的特征并不一定能为每一个成员提供条件以达成目标。当社会为人们提出的文化目标(在美国主要是高的物质成就)与达到目的的合法手段(制度化手段)不配套、不统一时,人们就可能出现五种行为方式:第一种,认同文化目标,也遵从制度化手段,这是遵从;第二种,只认同文化目标,但不遵从制度化手段,此为创新;第三种,放弃文化目标,但遵从制度化手段,此系形式主义;第四种,既不认同文化目标,也不遵从制度化手段,消极退缩,这是逃避;第五种,用新的目标和手段代替文化目标和制度化手段,这是反叛。这样,按照社会的价值标准,创新、形式主义、逃避、反叛都与社会的要求发生一定的偏离,属于越轨行为。默顿的上述观点被称为"手段—目标论"。他认为,美国社会的下层阶级有较多越轨行为,这与他们达到文化目标的机会不足有关,越轨行为是由社会结构方面造成的。

默顿所说的目标与手段不配套而导致越轨的现象在我国也时有发生。改革开放以来,人们普遍接受了经济上的致富目标,但各人致富的机会很不相同。这时,有些人缺乏合法的致富手段,可能靠不合法的手段获取财富,这就是一种越轨行为。

3. 亚文化群体论

亚文化群体是指一定社会中的在文化价值上与主体社会有显著差异的群体。它是指由阶级地位、种族背景、居住地区、宗教渊源之类的社会因素结合而形成的、具有一定功能的群体或社区。

作为整体社会中的一部分,亚文化群体要服从主体社会的法律和某些准则。

但是,该群体或社区有自己的历史、结构和生活方式,所以同时它具有自身特有的文化价值规范。当亚文化群体成员按照自己特有的文化规范行事时,由于该文化规范与主体社会的行为准则相冲突,他们被视为反常,其行为属于偏离或越轨行为。例如,在前面所述的贫困文化理论中,贫困群体常常有边缘感、依赖感、非正式婚姻、性行为较早等特征,而这些在主流文化看来属于反常的偏差行为。

亚文化理论认为,所谓偏差者或越轨者并不是自己有意违背社会规范,实际上他们也在遵从行为规范,无非在主流文化群体看来才属于越轨亚文化。当然,这里自然会引出这种判断的合理性问题。

4. 标签论

标签论是解释越轨行为原因及其发展过程的理论。20 世纪 30 年代,弗兰克·坦嫩鲍姆(Frank Tannenbaum)首先提出了标签论的思想,他认为,犯罪形成的过程是一个指明、规定、识别、区分、描述、显示以及形成意识和自我意识的过程,犯罪行为实际上是由社区标定的。后来,学者们又分析了初次越轨和再次越轨(初级越轨和次级越轨),以说明社会反应的意义。他们认为,每个人都会发生一些不同程度的越轨行为,但大多数是偶然的,程度也不严重。如果这种越轨行为被其他人发现并公之于众的话,他就会被贴上"越轨者"的标签,这时他的处境就会发生很大变化,就可能从初次越轨变为再次越轨,从一个平常人变为一个有越轨倾向的危险人物,越轨者就可能成为他的身份。反之,如果重要人士不判定此行为越轨,并对这个人进行教导,他就可能不再出现上述行为。

这一理论认为,越轨不在于行为本身,而是社会反应、他人定义的结果。正是他人给某一行为下定义、贴标签才使这一行为成为越轨,并引发了进一步的越轨行为。所以,越轨行为是社会建构而成的。

标签理论还注意到加标签者和被加标签者的身份和地位问题,即由谁给谁加标签。贝克尔认为,越轨并不是越轨者固有的特性,而是由特定的统治集团制造出规定,并把这种规定加之于特定的人,给他们贴上"局外人"的标签而制造出来的。该理论认为,基本上,社会上有地位(或上层)的人给下层人加标签,而上层人的此类行为或更严重的行为却常被视为正常。因此,加标签常有不平等的性质。

## 第三节 社会控制的手段

社会控制的手段是指社会和群体以何种方式、何种工具去预防、约束和制裁其成员可能发生或已经发生的违规行为。根据以上对社会控制的分类,我们讨论如下几种控制手段。

### 一、习俗、道德和宗教

(一) 习俗

1. 习俗的含义

习俗是人们在长期的共同生活中逐渐形成并共同遵循的风俗和习惯。它是人类在生产、生活中通过长期摸索、自然演化和积累而成的,是人类在一定的自然环境、社会环境和生产方式下共同活动的经验的反映。习俗是人类社会的最基本的行为规范,它存在于生产、生活等各个领域,并对人们的共同活动产生影响。有的习俗是人们的生活方式,有的则与人们之间的利益有关。

习俗,特别是风俗,具有地域特征,不同民族也常有自己的习俗。习俗还受到生产方式的影响,我们可以发现农村、牧区、商品经济发达地区人们的习俗和生活方式是不同的。习俗是长期积累而成的,因此在生存条件未发生重大变化的情况下,习俗的改变也是十分缓慢的。

2. 习俗的社会控制作用

习俗的社会控制作用表现为对人们行为的指导和约束。当习俗只是一种生活方式时,遵从习俗会使人们产生群体的认同感。当习俗涉及社区成员间的利益关系时,违背习俗的人常会受到多数社区成员的指责、攻击和孤立。在一个封闭的、不流动的社区内,这种指责、攻击和孤立会给人造成极大的心理和精神压力,习俗的社会控制作用是明显的。正因如此,人们大多数是遵从习俗的。

有的习俗有优劣之分。好的习俗有利于人们之间关系的维持,形成和谐进取的氛围,这时它的社会控制作用是积极的。陈规陋习则是落后的观念和行为方式,它维护旧的社会秩序,其社会控制作用是消极的。

(二) 道德

道德也称道德规范,它是以善恶评价为中心的行为规范的总和,是对人的思想和行为的是非、善恶、正义与非正义、正当与不正当进行评价的标准。它是人们在长期的共同生活中积累而成的。

道德是一定社会用来调整人们之间以及个人与社会之间关系的行为规范。在不同的社会生活范围内有不同的调节人们行为的道德规范：从人们活动领域的角度来看，有家庭道德、社区道德、社会公德、国民道德等；从活动领域性质的角度来看，有经济领域的道德（如商业道德），政治领域的道德，文化、教育、医疗等领域的职业道德等；从人们活动涉及的对象来看，有只涉及个人及其群体利益的私德和涉及公共利益的公德，后者如公共场所中的公民道德和环境道德等。道德规范表现为两种形态：一种是由理论家或统治阶级提倡并上升为理论的规范，另一种是虽然未能在理论上被表现和表述出来，但在世俗生活中得到广泛认同和遵循的习俗性规范。

道德靠人们的内心信念、社会舆论来促使人们自觉遵守社会的行为规范。一个人认同了某种道德规范，这种规范对他的行为就会具有指导意义。当他未能遵循这种道德时，他就会出现内在的焦虑和不安，甚至会产生愧疚和自我谴责。这样，道德就对违反道德的行为具有控制作用。虽然道德不像法律那样靠强力来推行，也不像法律那样普遍适用于国家的所有公民，但对遵从该种道德的人来说，其社会控制力不亚于法律。

任何社会（特别是社会的统治阶级）都十分重视道德的社会控制作用。中国是礼仪之邦，有极其丰富的道德思想和系统的道德规范。中国的历代统治者都十分注重道德在指导人们行为、调节社会关系方面的作用。孔子认为："道之以政，齐之以刑，民免而无耻；道之以德，齐之以礼，有耻且格。"他认为，道德教化与刑罚制裁相比，能更有效地对百姓进行统治和管理。这种统治思想被历代统治者所接受，德治是中国封建社会长期稳定和延续的重要原因之一。

应该指出的是，道德的约束作用也是有限的，因为道德具有阶级性、集团性。另外，社会上存在多种道德原则，典型的如个人主义、集体主义。奉行不同价值观的人们从事共同活动，常常在压缩道德发挥作用的空间，在社会发生剧烈变迁、社会价值观念发生重大变化的时期，道德的控制力更受到挑战。我国十分重视道德的作用，但在社会生活中私德比较发达，公德发育不足。另外，改革开放以来，以农业社会为基础的道德体系与以商品经济为基础的道德体系在一些层面上也存在某种程度的冲突，复杂而频繁的社会流动使产生于"熟人社会"的某些道德失去效力。这些都对我国的道德建设和道德实践提出了新的挑战和要求。

(三) 宗教

1. 宗教及其基本状况

宗教是一种与神圣物相联系的信仰和规范体系。宗教相信现实世界之外存在超自然的神秘力量或实体，主宰自然进化、决定人世命运，从而使人对其产生敬畏及崇拜，并引申出信仰认知及仪式活动。宗教可分为原始宗教、国民宗教、世界宗教等。基督教、佛教、伊斯兰教被称为世界三大宗教。基督教信仰上帝（或天主）创造并管理世界，信奉耶稣基督为救世主。佛教主张因果报应、生死轮回，信奉释迦牟尼。伊斯兰教由穆罕默德创立，信真主安拉，讲顺从。除此之外，世界上还存在其他许多信仰人群规模较小的宗教。

2. 宗教的社会控制作用

作为社会规范的宗教，主要表现为教规和宗教仪式。教规是宗教对其信徒行为的规定，它不仅涉及宗教活动，也涉及社会生活的其他方面，这些规定要求严格，常被称为"清规戒律"。宗教仪式是从事宗教活动的方式，其功能是增强信徒的宗教意识。通过教规和宗教仪式，宗教指导和约束其信徒的行为，对其行为进行控制。宗教真正能对其成员进行有效约束，要借助宗教信仰和宗教感情。宗教信仰是指教徒对教义、教规的信奉是否虔诚，因为只有真正信奉，才会自觉地按教义、教规行事。否则，教规、宗教仪式只能是虚设的、形式的东西。

宗教通过教育和制裁两种手段约束和控制其信徒的活动。教育手段不仅是对教义的学习和领悟，也包括参加宗教活动以进行熏陶。宗教组织还通过制裁违反教规的活动对教徒进行强制性约束，有时，这种制裁是十分严厉的。例如欧洲中世纪的宗教裁判所就烧死许多"异教徒"——违反教规者。由此看来，宗教既靠内在控制约束教徒的活动，也靠外在力量（包括舆论压力和制裁）控制教徒的行为。在不同的条件下，宗教对教徒的控制程度也不同。在政教合一的情况下，宗教发挥着极强的控制作用。在现代社会，随着宗教的世俗化，它的控制力量在减弱。但近些年来，重申原本信仰的权威性的宗教激进主义的活动在增多。

我国是一个有多种宗教的国家。佛教、伊斯兰教、基督教、道教及其他宗教在社会生活中发挥着一定的社会控制作用。

## 二、政权、法律和纪律

### (一) 政权的社会控制作用

政权是建立在某种合法性之上的、统治阶级实行阶级统治的权力,是国家一切权力的基础。统治阶级通过建立行政体系,设置各级政府和委任政府官员来完成对内的管理任务,并凭借军队、警察、法庭、监狱等国家专政工具对破坏国家利益、严重危害社会秩序的行为进行制裁。因此,政权是一种强有力的社会控制手段。国家政权除运用上述惩罚性、威慑性或暴力手段进行控制外,还运用教育等方式,通过向国民灌输统治阶级所认可的价值观念、倡导政府所提倡的行为方式来教化国民,以使他们自觉地按照国家政权所认定的规则行事。这样,王霸并用、德法结合一直是统治阶级采用的治国策略。实际上,政权的合法性基础不同,它采用的社会控制手法也不同。国家的传统不同,国内面临的社会管理任务不同,采用的社会控制方式也会不同。但是无论如何,政权都以其权威和强有力的手段在社会生活中发挥着不可替代的社会控制作用。

### (二) 法律的社会控制作用

法律是由国家的立法机关制定,由国家强制力保证实施并强制执行的行为规则。它包括法令、法案、条例等具体形式。在现代社会,法律是最权威、最严厉、最有效、最普遍的社会控制手段。

法律的权威性和有效性在于:第一,它由享有立法权的立法机关制定,以国家政权作后盾,由完备的、强有力的司法机关保证实施。这就保证了法律的至上性、不可侵犯性。第二,严肃性。法律的特点是其规定严明,对违法行为的度量界限明确。人们一旦违法,必遭惩罚。第三,普遍适用性。国家的法律一经制定实行,就对其国民普遍适用。正是因为如此,任何国家都特别重视法律的作用,注重法制建设并极力将统治阶级的意志变为法律。

从人类社会发展的过程来看,法律在社会生活中的作用在加强。这表现为现代国家越来越多地将社会生活纳入法律的制约范围。乡土社会的"无讼"现象发生改变,原来的某些靠道德、信用约束的行为改为由法律约束。社会生活的日益复杂化和利益的多样化使法律成为现代国家处理社会成员之间严重利益冲突中越来越重要的手段。

法律的真正权威和效力并不在于制裁,而在于警示。法律要真正普遍、有效地发挥社会控制作用,就要依赖于法度合理、执法公正和民众懂法。法度合理是指法律规定要符合社会实际,过于宽容或过于严厉的法规都不利于其发挥作用。执法公正是指法律实施中的公正性。在现代社会,执法公正一方面表现为法律面前人人平等,另一方面表现为执法者应该严格按照法律规范行事,不能亵渎法律。民众懂法是指法律实施应该是建立在民众的法律意识之上的。没有民众的法律意识和知晓法律,法律只能限于效果极差的制裁。只有做到有法可依、有法必依、执法必严、违法必究,法律才能真正地发挥其应有的社会控制作用。

（三）纪律的社会控制作用

纪律是国家机关或社会组织为其成员规定的行为准则,是它们用来指导和约束自己的成员,促使其承担一定责任和义务,以实现组织目标的手段。纪律一般是对单位、团体成员的不可做行为的规定,它通过对这些不可做行为的制裁而维护组织利益和组织秩序。因为纪律制裁涉及成员在组织中的地位、声誉乃至成员身份,所以它具有约束性和一定程度的强制性。

纪律在社会生活中发挥越来越大的作用,这是现代社会的景象,因为它与社会组织的发达紧密相关。组织和团体纪律的严明程度与该组织的性质、任务及所面临的环境等因素有关。一般来说,组织任务越艰巨、环境越恶劣,组织对其成员的纪律约束就越严格,纪律的社会控制作用也就越明显。

纪律的社会控制作用并不在于制裁,甚至制裁只是下策,重要的是使成员自觉遵守纪律。因此,任何组织、团体都十分重视纪律教育,纪律教育是组织成员社会化的重要内容之一。

### 三、社会舆论和群体意识

（一）社会舆论

1. 社会舆论及其特点

社会舆论是社会大众关于某一事件或现象的议论和意见,它包含对于此一事件或现象的是非曲直之评价。舆论有全国性的、地方性的、社区性的和行业群体性的等。社会舆论可分为民间舆论和权力者制造的舆论。民间舆论是产生于民间的、由于一定范围的民众对某一事件共同产生兴趣而形成的舆论。传统上的民间舆论主要是民众中的议论,在当代社会,互联网成为重要的民间舆论载体。权力者制造的舆论则是由政府或其他掌权者发动的。他们为了推动某一活动,营造某种气氛,率先就某类事件或现象发表意见,并运用行政系统或大众传播工具广泛宣传,影响民众,形成舆论。

社会舆论作为一种社会现象具有如下一些基本特点。

第一,由现实问题引起。社会舆论是人们针对现实问题而发的。当现实中的某一事件关系到许多人的利益或价值时,就会引发他们的议论,并发展出社会舆论。一般来说,社会事件与人们的利益、与人们关于社会公正的理念关系越直接,就越容易引起人们的议论。

第二,集体互动的产物。舆论是许多人发表意见并发生互动的结果。当大家共同感兴趣的事件发生之后,大家就会议论这一问题,各种意见相互碰撞,相互启发和补充,最后形成几种主要意见或一种占主导地位的倾向性意见,这就是舆论。

第三,靠大众传播形成。社会舆论是靠大众传播形成和扩散的。人们对某一现象都感兴趣,所以他们会根据自己掌握的情况,依据自己的价值观,对于该事件进行议论、评论和宣传。这一过程是各种意见的互动过程,直接的、口头的意见交换和传递是主要形式。在现代社会,大众传播工具(包括互联网)在形成舆论方面发挥着重要作用。因此,各国政府和大型组织都对互联网的舆论功能特别重视。

2. 社会舆论的社会控制作用

社会舆论是大多数人对于某一事件的意见,它对人们的言行具有一定的约束及社会控制作用。它发挥控制作用的机制是:社会舆论形成之后就在一定范围内占主导地位,它会对人们的行为发生潜移默化的引导作用,会给少数言行与众不同的人造成心理压力。人们为了缓解这种压力,不自外于众人,就会使自己的言行与众人保持一定程度的一致,于是社会控制作用发生。但是,社会舆论不是硬性的控制,所以这种控制作用只有在顾忌舆论的人群中才能发挥作用。另外,社会舆论的控制效果是多样的。当社会舆论代表社会正义时,它有积极的社会控制作用。如果社会舆论不能反映社会正义和社会进步的要求,它的控制作用就是消极的。互联网在评价政府责任、批评恶性或不良事件、反对官员腐败等方面发挥着越来越大的作用。在其他意见表达渠道不甚畅通的情况下,互联网的民意表达和舆论控制功能是明显的。

## (二）群体意识

群体意识是成员对群体的认同感、归属感和责任感的总和,它是成员为了维护群体的荣誉和利益对自己应有行为的考虑。群体意识对群体成员具有控制作用。

群体意识是通过成员之间的互动和社会化形成的,个人加入群体成为群体的一员,群体会以提供精神寄托、良好的人际关系、安全感、成就条件及荣誉等吸引群体成员,从而使群体具有较强的凝聚力。群体成员通过互动而形成规范,群体成员之间形成一种共同的感情和关于群体的价值,这就是群体意识。对于某一个成员来说,当他认同群体的价值、愿意为群体承担责任时,其群体意识就形成了。

群体意识是群体成员团结的基础,也对成员的行为具有指导和约束作用。强烈的群体意识可以促使群体成员对自己的行为进行审慎的选择,对群体负责并维护群体团结和声誉。群体意识对于成员的控制属于内在控制,它是一种十分有力和有效的控制手段。因此,任何组织都十分重视培养成员的群体意识,增强群体凝聚力。

## 第四节 中国转型期的越轨行为与社会治理

### 一、当前中国社会的越轨行为

#### （一）社会转型期是越轨行为多发期

当前我国正处于快速的社会转型期。在这一剧烈而复杂的社会变迁过程中,社会结构的失调在所难免,社会问题和越轨行为也会明显增加。

在这一过程中,原来的许多制度规范变得不再适用。一方面,这是因为体制改革使原来的规范、人们活动的制度规则不同程度地失效,另一方面,对外开放使一些新的观念进入我国的社会生活,而这些观念指导下的行为和原有规范并不协调。在社会生活领域,一些习俗、道德的约束力明显弱化,社会的主导价值变得模糊,这使得越轨行为大量出现,其中既有正向越轨也有负向越轨。至于改革中的制度重建、规范落后于实践,则更使偏差行为普遍存在并具有多样性。可以说,社会转型与大量复杂越轨行为的出现是密切相关的。

## 第十一章 社会控制

### (二) 越轨行为的一些突出问题

在社会转型期,一些越轨行为变得越来越明显,并成为社会普遍关注的对象。

#### 1. 群体性越轨

群体性越轨包括群体的有组织的行动,也包括集体行为。前者多数是建立在共同利益受损基础上的、有一定组织性的群体行为,如失业者和利益受损农民集体追求某种利益的行为。后者则是以共同的兴趣或利益为基础的、非组织化的群体一致的行为,如聚众行为和其他集体行为。

许多群体性越轨行为的发生与当事人的相对剥夺感有关。相对剥夺感是人们面对自己实际达到的与期望达到的状态有一定差距时的心理感受,它实际上是不满足感或不满意感。当人们普遍存在相对剥夺感时,容易引发群体一致的行动。

尼尔·斯梅尔瑟认为,集体行为实质上是人在感受到不可靠、威胁或极度紧张等压力的情况下,为改变他们的环境而进行的尝试。他指出集体行为的发生有六个条件:第一,结构性助长。社会结构或周围的环境条件可能促成集体行为,例如,经济危机这一结构性因素容易助长集体行为。第二,结构性紧张。当人在这种结构和社会条件下感到紧张、有心理压力时,他们会寻求缓解压力的方式。第三,概化信念。人们在这种处境中形成比较一致的信念,形成共同的看法或价值观,具有引发行动的趋向。第四,催发因素。当人们心理紧张、惴惴不安时,突发事件作为导火索会催生集体行为。第五,行动动员。突发事件发生后,如果有人首先站出来表达自己的态度,采取某种行为,而这种行为影响了周围既有心理压力又有相同信念的人,众人就会出现在情绪和行为上的相互影响、循环感染,可能会形成众人一致的行动。第六,社会控制无力。当社会控制机构反应迟缓或不太有力时,集体行为就会发生。斯梅尔瑟认为,上述六个条件是集体行为发生的必要且充分的条件。

集体行为有可能发展成为有组织的群体行动,它对现存社会秩序构成强有力的挑战。社会加速转型以来,我国的集体行为有所增加,如聚众、大众传言等,已成为维持社会秩序不可忽视的现象。

#### 2. 群体性事件

"群体性事件"是指由社会矛盾引发,具有共同利益的一群人聚合起来,为了实现某一目的,采取静坐抗议、游行、示威、上访请愿等方式表达诉求和主张的行动。群体性事件可能是比较平和的,极端情况下也可能演化成破坏公私财物、冲撞社会秩序的暴力事件。由于群体性事件会干扰社会的正常秩序,因此常常被界定为负面越轨行为。

现阶段我国群体性事件大多是与社会快速转型、市场化程度加深、城镇化进程加快等因素相联系的。在这些过程中,相关民众认为自己的基本权益被损害,缺乏便捷的、正常有效的利益表达渠道,于是采取了集体行为的方式表达利益诉求,以求问题的合理解决。当然,群体性事件也有因政策宣传不到位、某些人恶意鼓动而发生的。近些年,群体性事件多涉及征地拆迁、撤村并镇、企业裁员、工厂排污等。

群体性事件的形成与社会权力结构、社会利益分配结构、利益表达渠道有关。在一段时间内,有些群体性事件表面上看起来平息了,但问题并没有真正解决,甚至积累了社会矛盾和问题,形成了潜在的、更大的社会风险。近些年来,党中央要求把维稳和维权结合起来,多考虑民众的基本权益,用法律、群众工作、协商等方法化解问题,变堵为疏,围绕群体性事件的工作有了一定改观。当前和未来一个时期,群体性事件的治理仍然是政府和社会关心的重要问题。

3. 有权者越轨

20世纪70年代以来,在批判理论的影响下,出现了对社会控制,特别是司法的公正性的讨论。按照韦伯的说法,权力的有效性在于其合法性,合法性是说行使权力者被从属者和社会地位低下者看成在道义上是公正的。合法权力是获得下级或民众赞同的权力,它有利于统治秩序的稳定和统治代价的降低。批判理论在分析现代社会中的权力现象时,集中批判权力及其行使过程中的不公正。其代表性的观点是,在司法、执法和行政管理实践中,有权者依靠自己手中的权力以强凌弱、不公正地运用权力,甚至执法犯法。因此,国家靠强力实施的社会控制的合法性、合理性、正当性问题受到质疑。

在社会控制领域,行政执法人员越轨成为社会普遍关注的问题。行政官员贪污腐化、滥用权力是越轨行为。某些警察等执法人员滥用权力的现象比较普遍,而国家政治机器对这些越轨行为的默认可能会促成"越轨性亚文化群"的形成。

有权者越轨的现象在我国社会也存在,如某些官员以权谋私、贪赃枉法、贪污腐败、通过权力垄断而不公正地对待守法公民等。另外,某些执法人员粗暴执法以致伤及无辜的现象也时有发生。这些与行政司法体制和政治文明建设相关的问题已经引起社会舆论的广泛关注。

4. 网络型越轨

互联网的发展给经济活动和人们的社会生活带来很大便利,互联网成为人们比较自由地表达自己观点和感受的社会空间,成为社会监督的工具,"互联网+"也成为经济社会发展的一个新引擎。但是,互联网的开放性、匿名性和随意性也带来了这样那样的社会问题。不负责任的、不健康的甚至虚假的信息借助互联网传播,会干扰人们的正常生活,扰乱社会的正常秩序。在保障互联网发挥积极功能的前提下,规范互联网管理已经成为刻不容缓的任务。

(三) 对越轨行为的控制

在社会转型期,偏差及越轨行为十分复杂,对越轨行为的控制也不应泛泛而论。从稳定社会秩序与维护社会正义的角度来看,我国的社会控制应该注意以下几个方面。

1. 建立社会预警系统

社会转型期也是社会不稳定、社会危机的可能性增长的时期。政府要在宏观层次避免较大的社会危机,就要建立社会预警系统,以防患于未然。建立社会预警系统的核心是要对社会状况进行深入了解和有效监测,发现社会的重大问题和隐患,制定相应政策和措施,缓解矛盾、化解危机。建立一套测量社会状况特别是社会问题的指标体系,建立有效的监测组织体系,并对所获资料进行科学分析,这将有利于对社会的科学管理。

2. 加强法制建设

随着社会现代化的推进,法律在社会生活中的地位日益提高。建立适合我国国情和社会发展的法制体系已经提上议事日程。韦伯在研究法律时区分了实质合理性的法律与形式合理性的法律:实质合理性的法律是由法律以外的意识形态系统,如伦理、宗教和政治的价值观支配的;形式合理性的法律靠逻辑分析揭露案件事实与法律相关的本质。他认为,形式合理性的法律是现代的法律形式。实际上,我国的法制建设也需要走向形式合理性,但实质合理性的法律也不可忽视。

3. 周密地推进改革,制定适宜的社会政策

社会转型是整个社会结构发生变迁并重组的过程,其中包含社会结构的不整合,而这容易滋生大量越轨行为。为了维持必要的社会秩序,应该周密、慎重地推进改革,尽量减少社会解组现象的发生。体制改革是利益结构重新调整的过程,这一过程与经济全球化相连,必然会产生脆弱群体,在某种程度上他们是改革的受损者或改革的代价。为了维护社会公正和社会秩序,应该制定相应的公共政策和社会政策,使受损者得到相应补偿。

我国的法制建设不但涉及一套新的法律规则,而且与司法、执法的组织体系有关。科学的法律体系、有效的司法和执法组织、公正的司法过程,这些对我国当前的法制建设而言都是必须重视的重大问题,而公民参与和监督则是题中应有之义。党的十八届四中全会提出坚持依法治国、依法执政、依法行政共同推进,坚持法治国家、法治政府、法治社会一体建设。我国的法制建设将迎来一个新的局面。

## 二、社会治理与社会控制

### (一) 从社会管理到社会治理

在社会学中,"社会控制"原本是一个有广泛含义的概念,指的是对所有不符合社会规范的行为的制约。因为我国社会转型中的社会问题十分复杂,维持社会稳定成为政府的重要职能而且其地位越来越突出,加之在推动经济高速增长、维持社会稳定方面遇到了一些问题,所以学术界对政府实施的社会控制十分关注。

我国长期以来使用的"社会管理"概念,主要指的是政府对社会事务的管理和对社会秩序的维持。进入 21 世纪以来,随着我国社会的快速转型和改革中的社会问题凸显,我国政府开始大力倡导社会管理研究,力图实现社会管理创新。但是,社会转型和市场转型中存在大量复杂的社会问题,政府在一段时间内偏重经济建设,所以在相当大范围内出现对社会管理的片面理解,把社会管理理解成强力管控,表现为一些地方政府靠强力解决问题。实际上,政府的强力管控难以在深层次上解决社会问题,甚至造成了社会矛盾的积累,这不利于我国经济社会的持续稳定发展。党的十八届三中全会提出"创新社会治理"的概念,是对过去被滥用的强力维稳式社会管理的纠偏,也是建设现代国

家的重要举措。

(二) 社会治理的含义及其与社会控制的关系

1. 社会治理的含义

"治理"本来是公共管理和政治学领域的概念。1995年全球治理委员会对"治理"的概念做出明确界定,认为治理是各种公共的或私人的个人和机构管理其共同事务的诸多方式的总和,它是使人们相互冲突的或不同的利益得以调和并且采取联合行动的持续的过程。它有四个特征:治理不是一整套规则,而是一个过程;治理过程的基础不是控制,而是协调;治理既涉及公共部门,又包括私人部门;治理是持续的互动。"社会治理"是治理概念在社会事务管理领域的运用。社会治理是对社会领域的治理,也是政府和社会力量共同参与的治理。社会治理是多方参与的共同治理,它强调协商、共识的达成,强调相关各方的平等参与而不是权力的行使或强制,是和社会民主、社会参与密切联系的社会管理活动。

2. 社会治理与社会控制的关系

社会治理与强制性的社会控制不同。社会治理不是强调政府的管制作用,而是强调利益相关各方(政府和社会力量之间、各社会力量之间)的平等参与、协商、达成共识和协调行动。它不是通过权力压制,而是通过协商和形成共识解决问题,是更有效地解决问题、实现社会秩序的措施。在社会治理理论中,利益相关各方都是主体,它们在治理中的地位是平等的。良好的社会治理通过相关各方平等参与、相互沟通、相互协商、达成共识而形成合力,解决社会矛盾和社会问题,是一种积极的、行之有效的现代社会管理模式和方法。

社会治理与社会控制有密切联系。如果不把社会控制看成有权者的特权、权力的强制行使,而是将"管理对象"看作主体,把他们的参与和能动作用考虑进来,社会控制就走向了社会治理。另外,因为社会治理是在共同参与和协商的基础上解决社会问题,从而实现各方认可的社会秩序,所以社会治理又是高水平的社会控制方式。但是,社会治理并不能完全代替社会控制,因为社会控制的范围要宽广得多。比如,对犯罪行为和严重破坏社会秩序的行为就要实施强力控制。但是在民生领域,在处理政府、企业、民众利益关系的领域,在企业、民众内部处理相关利益问题时,社会治理就是占主导地位的。

### (三) 社会治理的类型与社会治理创新

**1. 社会治理的类型**

在现代国家管理和公共管理领域,社会治理要解决的主要是"政府与社会"的关系或"政府与社会力量"的关系问题,即政府在多大范围内和多大程度上将自己原来的管理权力和职能让渡给社会力量,社会力量在多大程度上能获得参与社会治理的权力。

由于治理对象(社会问题)及参与主体方面的多样性,社会治理也有多种类型。从政府与社会力量的关系角度看,可分为政府支配的威权治理,政府与社会力量共同参与的合作治理,强调各方力量(特别是民众)多元参与的多元治理,以及民众多方参与的自主治理。从治理的主要方法角度看,可分为以强调规范、管理的实施为主的管控型治理,各方依靠实力和技巧进行的博弈型治理,以加强相关各方协商和沟通为主的协商型治理,以及以强化服务为主的服务型治理。良好的治理称为善治。实现好的社会治理需要各方的诚意、认真参与、平等协商,这有点像尤尔根·哈贝马斯(Jürgen Habermas)所说的"沟通理性行动"。

**2. 我国的社会治理创新**

社会转型期我国面临许多挑战,需要解决各种社会问题。虽然面对严重损害社会秩序的事件,对破坏秩序者的强力控制必不可少,但是面对一般社会问题,社会治理越来越显示出它的重要价值。

党的十八届三中全会提出创新社会治理体制,指出要改进社会治理方式,坚持系统治理、坚持依法治理、坚持综合治理、坚持源头治理;同时要激发社会组织活力,支持社会组织积极提供服务,通过服务和协商等方式参与解决社会问题。社会治理被作为推进国家治理体系和治理能力现代化的重要组成部分。党的十八届五中全会又提出"推进社会治理精细化,构建全民共建共享的社会治理格局";党的十九届四中全会进一步提出"坚持和完善共建共治共享的社会治理制度",建设社会治理共同体。社会治理正在成为我国解决社会问题、促进公民参与、激发社会活力、建构新型社会秩序的重要理念和行动。当然,在社会问题日益复杂的情况下,要在全国范围内、在社会领域的各方面真正实现社会治理和善治,还有很长的路要走。

## 【推荐阅读】

〔美〕杰克·D. 道格拉斯、弗兰西斯·C. 瓦克斯勒:《越轨社会学概论》,张宁、朱欣民译,河北人民出版社1987年版。

〔法〕埃米尔·迪尔凯姆:《自杀论:社会学研究》,冯韵文译,商务印书馆1996年版。

〔法〕米歇尔·福柯:《规训与惩罚:监狱的诞生》,刘北成、杨远婴译,生活·读书·新知三联书店1999年版。

〔美〕艾伯特·K. 科恩:《越轨与控制》,张文宏、李文译,云南人民出版社1988年版。

〔英〕罗杰·科特威尔:《法律社会学导论》,潘大松等译,华夏出版社1989年版。

〔美〕里查德·昆尼等:《新犯罪学》,陈兴良等译,邓正来校,中国国际广播出版社1988年版。

〔美〕爱德华·罗斯:《社会控制》,秦志勇、毛永政等译,高佳审校,华夏出版社1989年版。

〔法〕卢梭:《社会契约论》,何兆武译,商务印书馆2003年版。

〔美〕诺内特、塞尔兹尼克:《转变中的法律与社会:迈向回应型法》,张志铭译,中国政法大学出版社1994年版。

严景耀:《中国的犯罪问题与社会变迁的关系》,吴桢译,北京大学出版社1986年版。

俞可平主编:《治理与善治》,社会科学文献出版社2000年版。

《中共中央关于全面深化改革若干重大问题的决定》,人民出版社2013年版。

课外延伸

# 第十二章

# 社会保障与社会政策

在现代社会,社会问题频发。社会问题不但影响困难群体的生活,也会影响社会秩序。面对民生方面的问题,现代国家通过建立社会保障制度、制定和实施社会政策去预防和解决问题。

## 第一节 社会保障

### 一、社会保障的含义与内容

#### (一)社会保障的含义与特征

社会保障(social security)是由政府和社会对基本生活有困难的群体给予物质帮助的活动和制度安排。社会保障是传统社会向现代社会转型的产物。1601年英国《伊丽莎白济贫法》提出要对赤贫及由此致病的人实施帮助,被认为是现代社会保障制度的开端。伴随着农业社会向工业社会的转变,以及家庭与社区支持系统的逐渐瓦解,英国的社会保障制度逐步建立起来。德国在向现代社会转型的过程中于19世纪80年代颁布了一系列法律,率先建立了较完整的、以社会保险为基础的社会保障制度。20世纪许多国家建立起社会保障制度,而一些发达国家则建立了福利国家,在更高层次上对其国民的基本生活进行保障。社会保障作为一种社会制度已经成为现代国家必不可少的安排。

# 第十二章 社会保障与社会政策

社会保障是指国家和社会根据立法,对由社会和自然原因造成生活来源中断、基本生活发生困难的社会成员给予物质帮助,从而保障其基本生活,维持社会稳定的活动和制度。社会保障有以下基本意涵:第一,社会保障是对基本生活困难群体的福利援助。一般意义上的社会保障是针对生活困难群体的,是针对缺乏生活来源、基本生活条件匮乏者而进行的经济性援助。第二,社会保障具有社会性。它不是私人之间的赠与和帮助,而是在地区或国家层面上对基本生活发生困难的社会成员的支持,具有广泛的互助性和互济性。第三,政府是社会保障的责任主体。社会保障制度由政府根据一定的法规进行组织,并由政府推动实施,政府是社会保障的主要责任人,社会力量也可能参与其中。

与传统的家庭、社区的社会支持和商业保险相比,社会保障有如下本质特征:第一,针对基本民生。社会保障的直接目标是保障人们的基本生活需要的满足,即所谓"保基本",而不是对高生活水平的支持。第二,由政府组织实施。政府通过一些具有强制性的法律和规定,建立组织体系,对生活困难群体进行保障。政府是社会保障的责任主体,社会保障具有一定的强制性。第三,福利性。社会保障是通过社会财富再分配来实现的,遵照既定的法律和规定,政府和社会组织对符合条件的困难群体实施援助,这种援助不附加其他条件,对于保障对象来说,这些援助不是通过市场交换获得的,即社会保障具有福利性。第四,社会性。社会保障是现代国家对其公民的援助,属于公共事务的一部分。保障对象的广泛性,社会财富的再分配,由公共组织(政府)和社会力量实施,都反映了社会保障的社会性特点。第五,政治性。政府通过组织和实施社会保障可以保证民众基本生活的安全,促进社会公平,减缓社会矛盾和冲突,维持社会稳定。

(二) 社会保障的内容

相对于福利国家面向全民的较高水平的保障,原来的社会保障被称为传统的社会保障。实际上传统的社会保障仍然是当今社会保障的主流。社会保障由社会救助、社会保险、社会福利服务三部分组成。

1. 社会救助

社会救助是由于个人、社会或自然原因,某些人的基本生活遇到个人难以克服的困难时,政府和社会对这些困难人群予以援助,向他们提供现金或物质帮助的活动和制度。在现代社会,由于个人原因、社会原因或自然环境方面的原因,某些人丧失基本生活的物质条件的现象时有发生。那些失依的儿童、老年人、残疾人、失业者及其家庭、因自然环境恶变而产生的灾民等群体，在基本生活上陷入困境，这可能会影响他们的生命安全。面对这些群体，政府为了保障他们的生命安全和基本生活，动用公共资源和社会力量对之实施援助，这就是社会救助。社会救助的对象是基本生活受到威胁的特别困难的群体。社会救助是对其基本（或最低）生活水平的保障，也是政府对人们生存权的保障，因此社会救助也成为政府的一项基本责任。世界范围内的社会保障首先是从社会救助领域开始的，社会救助是社会保障的基本内容。

2. 社会保险

社会保险是以劳动者为主要对象，面对其年老、疾病、伤残、失业等生活方面的风险，政府运用政策手段动用自己和社会的力量，聚集一定的经济资源，并运用社会互助机制去应对风险，进而保障人们基本生活的制度安排。社会保险制度最早产生于德国，俾斯麦政府为了消解工人的不满、维护社会秩序而制定了一系列保险法规，对工人的劳动和基本生活进行保护。社会保险有如下特点：第一，预防性。社会保险是在风险发生之前采取的预防措施，参保人一旦发生不测，社会保险就付诸实践，即对参保人实施援助。第二，强制性。政府通过颁布法规和政策推动人们参加社会保险、缴纳费用，政府是推行社会保险的责任人。第三，社会性。社会保险运用政府拨付资金和缴费群体的力量解决遭遇不测者的问题，因此有互济性、社会性特点。第四，权利和义务对等的原则。只有预先缴纳费用（保险金）者遭遇不测时才会得到保障。享受保障权利者必须先尽缴费的义务。由此可以发现，社会保险与商业保险有明显的区别。社会保险是社会保障的重要组成部分，随着经济和社会的发展，社会保险的范围也在扩展，比如针对女工的生育保险等也被纳入社会保险的范围。

3. 社会福利服务

社会福利服务是由政府和社会服务机构向失依儿童、残疾人、自理能力差的老年人提供的带有福利性的服务。这些特殊人群的日常生活能力低下，对他们来说只有正常的物质生活条件是不够的，所以必须辅之以社会服务，即向他们提供福利性的服务来满足其基本的生活需求，保障其基本生活。社会福利服务既包括物质方面的服务，也包括精神方面的慰藉，这是围绕服务对象的基本生活而开展的服务活动。在这里，社会福利服务对象属于社会中的特殊困难群体和脆弱群体。由于生理、心理和社会方面的原因，他们的生活陷入十分困难的境地，需要社会施以援手。现代政府基于对这一群体基本生存权的考虑,为了预防和减少社会问题、促进社会团结,制定相应的社会政策,向这一群体提供免费的福利服务。实际上,这种社会福利服务是一种服务保障。需要说明的是,这里是在较窄的意义上使用"社会福利"这一概念的,其对象指的是特殊困难人群,服务维持的是他们的基本生活。社会福利服务的责任主体是政府,但在服务提供方面,社会力量(社会服务机构)常常发挥重要作用。社会福利服务是社会保障制度必不可少的组成部分。

(三)社会保障与社会福利的关系

社会保障实践和研究常常会遇到社会保障与社会福利的关系问题。实际上,政府在较小范围和较低层次承担对国民的生活保障的国家和地区一般使用"社会保障"概念。政府在较大范围和较高层次承担对国民的生活保障、强调全面提高国民生活质量的国家和地区一般使用"社会福利"概念。前者如美国及大多数发展中国家,后者如英国、北欧诸国及其他一些发达国家。

"社会保障"与"社会福利"是既交叉,又有不同的两个概念和范畴。如上所述,社会保障一般指的是对基本生活发生困难的群体实施的社会援助,它的保障范围和保障水平都是有限的。在这种情况下,政府在保障国民生活、提高其生活水平和生活质量上的直接责任较小。社会福利(social welfare)则是由国家立法向政策范围内的所有对象普遍提供、在一定生活水平基础上尽可能提高人们生活质量的制度和生活状态。在英文中,"welfare"是指好的生活,而好的生活不仅有物质生活方面的含义,也有精神方面的含义。社会福利是免于贫困、失业、疾病、不安全感的生活状态。由于经济、政治和社会背景不同,不同国家形成了不同的社会福利制度,即在社会福利的覆盖范围和水平上有所差异。狭义的社会福利是指针对少数特殊困难群体的福利或保障,比如中国政府所使用的"社会福利"只包括孤儿、五保老人以及部分残疾人的福利。广义的社会福利则是指针对所有居民的福利,有时还是较高水平的福利。这也就是说,狭义的社会福利实际上属于社会保障的一部分,广义的社会福利则超出了社会保障的范围,有更大的保障范围和更高的保障水平。一般地说,社会保障制度是在工业化背景下因应失业和贫困问题而产生,并在此基础上发展起来的保障居民基本生活的制度,社会福利制度则是在保障国民生活并提高其生活质量和生活水平的理念下建立的制度。这样看来,社会保障与社会福利之间的联系也是十分明显的:社会福利可以看作社会保障的发展。

**二、社会保障的理念与社会保障制度的类型**

(一) 社会保障的理念

社会保障制度是在应对传统社会向现代社会(工业社会)转型中出现的贫困、失业等问题的过程中建立起来的,也是在解决现代社会问题特别是贫困问题的过程中发展和完善的。社会保障在总体上应对的是贫困、饥饿、疾病、无家可归等社会问题,而政府解决上述问题又反映了政府和社会的基本理念。

第一,贫困是社会的病态。贫困历来是人类不期望的状态,但是在传统社会,贫困却是常态,即人们普遍处于物质匮乏的状态之中。传统社会的低生产力和自给自足的生产方式造就了与贫困相适应的生活方式和文化。以工业化为先导,传统社会向现代社会的转型带来了巨大的社会变迁,社会财富急剧增长,失业、贫困、疾病等社会问题也大量出现。社会思想家、政治经济学家和社会学家尖锐地批判了工业化所造成的社会病态,政府也不得不对日渐严峻的贫困现象作出回应,并在一定范围内和一定程度上解决贫困问题,以避免社会问题的恶化。贫困是万恶之首,解决失业者、流浪者、孤儿、失依老人的贫困问题成为社会保障制度的开端。

第二,人道主义。欧洲文艺复兴以来,对人的关注逐渐上升为社会的主导价值,人道主义成为解决贫困、疾病、残疾、流浪等问题的重要指导思想。人道主义产生于人类的同类意识、恻隐和怜悯之心,强调要对处于困境中的人给予人性的关怀。工业革命之初和工业化的过程中既出现了大量因激烈的市场竞争、资本家的逐利而产生的失业问题,也出现了一些个人原因导致的贫困,这些问题都严重地影响当事人的生活。人道主义作为社会的主导价值主张对贫困群体给予必要的关怀,最初的社会救助在很大程度上是人道主义在政府行为上的表现。

第三,个人与政府共担责任。在社会保障发展的过程中,对于贫困群体陷入贫困的责任问题,存在两种不同的看法,即个人责任论和社会责任论。个人责任论认为,贫困者未能像大多数人那样正常生活,是出于个人原因,当事人自己要对贫困负责,进而政府和社会不应对之实施帮助。社会责任论则认为,社会成员之所以陷入困境,是出于社会原因,不良的社会环境把他们抛入了困境之中,所以个人的问题就是社会的问题,政府和社会应该在解决贫困等社会问题方面承担主要责任。社会保障制度实际上采取了个人与政府共担责任的观点。这表现为在社会保障实践中,政府有责任保障人们的基本生活,但是又不过多承担责任。实际上,在不同的社会保障项目中,政府和个人在解决当事人的困难方面所承担的责任是不同的。政府在社会保险项目中承担的直接责任最少,而在社会福利服务中承担的责任最多。因为政府只保障人们的基本生活,保障水平较低,所以总体上来看,社会保障是坚持了个人与政府共担责任观。

第四,功利主义。在18—19世纪西方思想家那里,功利主义是一个有重要影响力的流派,并对社会保障产生了重要影响。在杰里米·边沁(Jeremy Bentham)看来,功利是指给利益相关者带来好处、利益或幸福,或者防止利益相关者遭受痛苦或不幸。判断一种事态是否合于功利,其根本标准就是看它是否增加了个人或社会的幸福。他还提出追求福利最大化的主张。在经济学领域,福利经济学为社会财富的再分配提供了基本论证。它认为,一定的经济财富如果能被转移到更需要的人手里,则这笔财富的社会效益就更大,从而这种再分配就是合理的。与个人与政府共担责任观相一致,面对困难人群基本生活方面的问题,政府和社会通过社会财富的再分配予以适当解决,把一部分财富从富人转移到穷人,实现了社会财富效用的最大化,因而是正当的。

第五,整合与秩序。无论是自由主义的思想家还是信奉社会主义者都会承认,社会是一个体系,二者观点的区别在于维系这一整体的机制不同。自由主义更强调竞争秩序,社会主义则强调合作秩序。社会保障在理论上明显地偏向社会主义,即认为社会问题的大量出现和日益严重,不利于社会的整合与秩序。为了避免社会的破裂,政府应该对工业化和市场经济带来的消极后果进行干预,包括促进就业、缓解贫困、对困难群体实施援助。社会保障对困难群体的基本生活实施援助,可以减缓低收入社会群体带来的社会张力,减缓社会冲突,促进社会整合,维持社会秩序,这也将有助于不同群体生活在同一个社会之中。

(二)社会保障制度的类型

至今,世界上已经有170多个国家建立了社会保障制度。由于经济、政治和社会条件不同,各国形成的社会保障制度也不同。根据责任结构、保障水平,社会保障制度可以分为不同类型,以下是最有代表性的社会保障制度。

1. 传统型社会保障制度

传统型社会保障制度是指基本上延续了社会保障的传统理念和模式的社会

保障制度。这种制度模式有以下特点：第一，选择性。这种制度的保障范围较小，保障对象是基本生活遇到困难的人，即这种制度具有"选择性"，只选择符合条件的人群进行保障。第二，共担责任。该制度模式强调个人、企业、政府共同承担社会保障的责任，在不同保障项目中各方扮演不同的角色。一般地，在社会保险项目中个人和企业承担主要责任，政府只是最后责任人；在社会救助和社会福利服务中政府承担主要责任。第三，较低水平。这种制度对保障对象的保障水平较低，这表现在它只对人们的基本生活的某些方面实施保障，而且这些保障是较低水平的，即以保障人们的生命安全为目标。

世界上某些发达国家（如美国）和大多数发展中国家实行这种制度，它是当今世界上最流行的社会保障制度。这种社会保障制度的实施与一个国家的经济、政治、社会结构、文化传统等因素有关。

2. 福利型社会保障制度

福利型社会保障制度是全民享受社会福利的社会保障制度，这在社会福利领域也被称为普遍的社会福利制度。这种制度是传统社会保障制度的发展，它具有如下特征：第一，普遍性。这种制度是面向全体国民的，而不只是向困难人群提供生活保障，这就是全民保障或全民福利。另外，国家从多方面促进国民的福利，包括收入均等化、就业充分化、福利普遍化、福利设施体系化。第二，政府承担主要责任。在普遍主义和社会公平原则的指导下，政府通过国家税收支付社会保障费用，保障国民的生活。第三，较高水平。这种制度涵盖了国民社会生活的诸多方面，而且保障水平较高。比如，英国实行"从摇篮到坟墓"的社会福利制度，政府向国民提供的福利大大超过保障基本生活的水平。

英国、瑞典等福利国家是实施这种制度的代表。第二次世界大战以后，英国、瑞典等国宣布建设福利国家。20世纪70年代以后这一制度受到保守主义的影响，90年代以后出现的"第三条道路"的政治设计也影响了社会福利制度的发展。总的来说，福利型社会保障制度（或普遍的社会福利制度）是与较强的经济实力、社会民主主义的政治理念和社会团结的追求相联系的。在社会学特别是社会福利研究领域，理查德·蒂特马斯（Richard Titmuss）的"普遍型社会福利"、托马斯·马歇尔（Thomes Mashall）的"社会权利"理论为福利国家的合法性做了有力的论证。吉登斯的"积极福利"、"社会投资型国家"和建设"福利社会"的观点也对这种福利制度的发展方向产生了影响。

### 3. 国家型社会保障制度

国家型社会保障制度是由国家对公职人员进行全面保障的制度,公职人员既包括政府部门的公职人员,也包括国有企业、事业单位的人员。政府通过统一的政策、统一的组织体系对相关人员实施保障。在这种保障制度中,国家几乎承担全部责任。苏联、计划经济时期的中国实行的都是国家型社会保障制度,这种制度凸显了国家的政治制度的地位和作用。

### (三) 影响社会保障制度选择的因素

建立社会保障制度是现代社会发展的要求,一个国家选择何种社会保障制度与诸多因素有关。以下是影响社会保障制度选择的基本因素。

#### 1. 经济发展水平

社会保障制度的核心是通过社会物质财富再分配来解决对象群体的基本生活或正常生活方面的问题,它以一个国家拥有的可以用于再分配的物质财富为前提。一个经济落后的国家充其量只能对其部分国民实行较低水平的社会保障,即选择传统的社会保障制度。发展中国家基本上都选择了传统型社会保障制度。中国计划经济时期靠"城乡二元体制"在城市实行较高水平的社会保障制度,后来不得不进行改革,也说明社会保障制度要与经济发展水平相适应。在国民经济得到较快发展、国家可以支配的物质财富(通过税收)得到一定程度的积累之后,社会保障制度才可能得到发展。许多发达国家选择福利型社会保障制度也是以其强大的经济实力为基础的。

#### 2. 政治因素

社会保障制度是政府用以解决民生问题、维持社会秩序的工具。除了经济因素之外,政府怎样看待民生问题,也影响社会保障制度的选择。社会问题是客观的,但也受主观认知的影响。对于执政党和政府来说,它们的政治立场、对社会问题及其责任的看法,会直接影响其政策的选择。在西方国家,崇尚自由主义的政党和政府对发展社会保障常常持比较消极的态度,这一般表现为压低社会保障水平、压缩或限制社会保障范围,同时尽力让政府承担较小的责任。反之,倾向社会主义的政党和政府对社会保障则持相对积极的态度,在可能的条件下,会更强调民众的社会权利和政府应承担的责任,并主张扩大社会保障范围,提高社会保障水平。

### 3. 社会结构

社会结构既指社会的阶层结构，也指社会的财富分配结构和权力结构。在劳动群体占有重要经济、政治和社会地位的情况下，他们的基本生活状况会受到政府的关注。这些国家在具备一定经济能力之后会发展基本的社会保障制度。在中产阶级占主导地位的国家，社会保障制度将向较高水平发展。

### 4. 社会福利文化

社会福利文化是一个社会中占主导地位的关于福利及其实现的观念、习惯和做法。英国社会福利学者罗伯特·平克(Robert Pinker)认为福利文化包括人们对义务和权利的价值观，以及表达这些观念的习俗。福利文化作为生活方式的一部分存在于人们的生活之中，并指导着人们的福利行动。比如，华人社会强调家庭在解决问题中的作用，基督教占主导地位的社会则强调社会互助的作用，进而形成应对基本生活问题的社会经验。不同的福利文化可能形成不同的社会保障制度。比如，华人社会容易形成传统的社会保障制度，重视家庭、亲属团体在社会互助中的作用；天主教占主导地位的欧洲国家重视政府、社会团体和家庭在社会福利领域的合作，其社会保障(社会福利)制度具有合作主义的特点。

## 三、社会保障的功能

社会保障具有多重功能，主要包括保障民生、促进经济发展、维持社会秩序等。

### (一)保障民生

在现代社会，保护人民生命财产安全是政府的基本责任。生存权是一项基本人权，当人们由于各种原因基本生活陷入困境并危及生命安全时，政府和社会应当给予物质等方面的援助，使其免于生命威胁。社会保障就是政府在保障民生、保障人民生命安全方面的制度化安排。保障民生不但包括通过经济援助使困难群体摆脱基本生活方面的严重威胁，而且包括在可能的情况下尽量提高困难群体的生活水平，满足他们基本的社会需要，提高其生活质量，使他们过有尊严的生活。随着经济和社会的发展，国家的经济支付能力提高，人们的基本需要会变化，社会保障制度也应该不断发展。在任何时候，保障民生都是社会保障的首要功能。

## （二）促进经济发展

社会保障以社会财富的再分配为主要内容。传统理论认为,社会保障将经济资源转向贫困群体,这些资源只具有消费功能,生产功能不足。现代理论则认为,社会保障通过向困难群体提供经济上的帮助,也可以促进经济的发展。第一,社会保障制度通过向劳动收入不足者及困难家庭提供资金援助,有利于社会劳动能力的再生产。第二,社会保障制度通过为失业者提供保障性就业培训服务可以增加这一群体的人力资本,促进经济发展。第三,社会保障制度通过社会财富再分配可以增强贫困群体的消费能力,进而刺激生产。

## （三）维持社会秩序

在德国,社会保障制度产生于政府对社会稳定的追求,俾斯麦政府通过建立社会保障制度,向工人提供福利保障,试图消除工人阶级的可能反抗,这就是社会保障的社会控制功能。在当代社会,社会保障仍然扮演着进行社会控制、维持社会秩序的角色。第一,社会保障通过向困难群体提供资金援助和服务,可以在一定程度上解决他们的生活困难,缓解社会问题。第二,社会保障可以弱化过分的贫富分化,减弱低收入群体的相对剥夺感,预防和弥合社会分裂,减少社会冲突。第三,社会保障通过财富再分配可以促进社会公平,强化社会认同和政治认同,维护社会秩序和社会稳定。

# 第二节 社会政策

## 一、社会政策的含义与类型

### （一）社会政策的含义与实质

社会政策是政府的公共政策的组成部分,它是特殊的公共政策。一般来说,公共政策是政府为有效管理社会、处理公共事务和解决社会问题而制订的行动方案和确立的行为准则。例如,教育政策、卫生政策、劳动政策、环境保护政策、公共安全政策等都属于公共政策。

"社会政策"作为一个概念产生于19世纪80年代的德国。当时德国正处于快速工业化和社会转型之中,阶级矛盾尖锐,失业问题严重。一些德国学者出于缓解社会矛盾、保护工人利益、维护社会公正的目的,建立了社会政策协会,开展社会政策研究。在各种力量的推动下,俾斯麦政府决定制定社会政策,建立社会保障制度,对工人阶级的部分利益进行保障。当时的社会政策实际上是为了解决被剥削阶级引发的社会问题而制定的国家政策。在相当长的时间和大多数国家里,社会政策是针对社会上的困难群体的,其目的是通过政策制定和实施来解决他们的基本生活方面的问题,缓解社会矛盾,解决社会问题。后来,随着福利国家的出现和发展,社会政策覆盖的人群有所扩大,它成为保障全体国民的社会生活和促进社会公平的政策。从狭义上来说,社会政策是指政府制定的社会性政策,是政府为了消除贫困、改善民生、促进社会公平而采取的干预行动。社会政策与社会保障的主要区别在于,社会政策是关于民生的某一领域的规定和落实程序,而社会保障则是有关民生的制度,后者不但包括规则,而且包括组织体系和一系列制度安排。

社会政策实质上是政府干预社会问题的一种手段,是政府借助行政力量解决市场化和社会变迁导致的困难群体的基本生活受损问题的措施。

第一,社会政策的核心是改善基本民生。几乎在所有国家,社会政策面对的都是困难群体的基本生活方面的问题。当民生问题有相当大的广度和深度,并可能影响民众的安全和社会的正常秩序时,政府会出台社会政策着手解决这些问题。所以,社会政策是一些改善基本民生的政策。

第二,社会政策是政府的干预行为。困难群体的基本生活方面的问题是由多种原因造成的。但是无论如何,当这些问题靠市场力量、当事人自己无法解决时,政府就应该进行干预,即由政府出面予以解决。政府被认为是民众利益的代表,它有责任为陷入困境、自己又没有能力挣脱者解决问题,社会政策是基本的手段。

第三,社会政策的目的是解决严重的社会问题,促进社会公平。并不是所有社会问题都需要社会政策解决,社会政策只面对大范围的、比较严重的社会问题。从社会管理的角度来看,政府制定和实施社会政策的直接目的是解决这些社会问题,维持社会秩序,进行社会管理和社会控制。从解决问题的具体方法来看,社会政策是通过向困难群体提供某些优惠和福利来解决他们严重的贫困、失业、健康受损等方面的问题。社会政策的支持可以部分地改变他们的生活处境,促进社会公平。

## 第十二章 社会保障与社会政策

### （二）社会政策的基本特征

社会政策是政府干预社会问题、解决社会问题的手段，它有如下基本特征。

第一，以改善民生为直接目的。社会政策是针对民生问题的政策，民生问题有多个层面，社会政策对应的主要是最基本的层面，比如贫困、失业、脆弱人群缺乏照顾等。社会政策要具体地解决这些问题。

第二，政府干预。社会政策是由政府制定和发布的，是政府面对社会问题的干预行动。政府的合法性和权威性决定了社会政策也具有权威性，它是政府制定并通过政府的行政体系予以执行的干预行动，一般是强有力的干预。

第三，一定的排他性。社会政策与公共政策的一个重要区别是社会政策的排他性或选择性。所谓选择性指的是社会政策以一定人群为服务对象而排除另一些不符合条件的人群。这与公共政策以全体公民为对象不同。比如，基础教育政策是一项公共政策，但是"两免一补"政策就是社会政策。保障全体国民的身体健康是公共卫生政策，对没有基本能力保护自己身体健康的贫困群体的医疗救助政策则属于社会政策。社会政策比公共政策的涉及范围要小，它关注的是基本生活比较困难的人群。

第四，追求社会公平。社会政策要解决的是现实问题，在理念上则有比较明显的追求社会公平的取向。不同国家、不同人群对社会公平会有不同的理解，但是在一个具体的社会里，基本的社会公平理念还是存在的。一个民主的现代国家有责任维护基本的社会公平，这首先表现为对困难群体的扶助。社会政策不是从市场竞争能力的角度看待问题，而是从人的基本权利的角度对待问题。

### （三）社会政策的类型与领域

#### 1. 社会政策的类型

社会政策可以有多种分类，但最常用的是根据制定政策的社会福利思想进行分类。蒂特马斯的社会福利思想常被作为对社会政策进行分类的基础。蒂特马斯认为社会政策涉及社会福利（或社会服务）、财政福利和职业福利。从社会福利涵盖的范围来看，它又可以分为选择性社会福利（也称残补性社会福利）和普遍性社会福利。选择性社会福利是只面向部分人群而不是全体国民提供的社会福利，普遍性社会福利是面对全体国民的社会福利。

以此为基础，社会政策可以分为选择性社会政策和普遍性社会政策。选择性社会政策是基于选择性社会福利思想的社会政策，它是国家（政府）根据某些标准,有选择地只向部分国民提供社会福利的政策。一般地,这里的"部分国民"常常是社会中的困难群体。比如,国家面向孤寡老人、孤儿的社会救济政策,面向贫困家庭的社会救济政策,向贫困家庭学生提供资助的政策,等等。这些政策之所以是选择性的,是因为它们只针对部分"够条件"的国民,一般是基本生活遇到自身难以解决的困难的群体。普遍性社会政策是无须挑选、向所有国民提供社会福利的政策。比如,全民医疗保险政策是政府向自己辖区的全体民众提供社会医疗保险保护的政策。这就是说,普遍性社会政策比选择性社会政策的覆盖面要宽。当然,不管是选择性社会政策还是普遍性社会政策,都有一个程度问题,即政府通过社会政策向政策对象提供保障和福利的程度。它们既可以是较低水平的,也可以是相对高水平的。实际上,普遍性社会政策与现代社会政策理念比较接近。

2. 社会政策的领域

社会政策的领域是指社会政策所涉及的人们社会生活的主要领域。从广义的角度来说,人们的社会生活包括经济生活、政治生活、狭义的社会生活和精神生活。经济生活可以包括生产和生活两个方面,政治生活是指与个人的政治权利相关的活动,狭义的社会生活主要是指人们的婚姻家庭和日常生活,精神生活是指人们的文化、思想观念、意识形态等方面的活动。社会政策可以涉及人们生活的诸多方面,但是其基本领域主要是针对人们的基本生活的。在大多数情况下,人们基本生活方面出现的问题与经济方面的匮乏有关,所以社会政策的基本领域是与经济生活和社会生活相关的领域。

具体来说,社会政策的基本领域包括如下一些方面。

社会救助。社会救助是指由政府或社会组织向基本生活受到威胁的特殊困难群体提供现金或物质帮助的活动,政府针对这一领域的问题制定的政策称为社会救助政策。世界上几乎所有国家的社会政策都是首先从社会救助领域开始的,它包括对绝对贫困家庭的救助、对灾民的救助、对生活无着流浪者的救助等。

社会保险。在现代社会,为了应对失业、年老丧失劳动能力给人们的生活带来的风险,政府会出台一些倡导性或强制性的政策,动用自己和社会的力量,鼓励居民参加保险,并运用社会互助的机制去解决问题,这就是社会保险政策。

卫生医疗。健康是人的基本需要和权利,保障人民身体健康是现代政府的基本责任。为了保障人民健康,政府制定发展公共卫生事业、改善医疗服务的政策,这就是公共医疗卫生政策,而对困难群体卫生健康方面的特殊支持也成为该领域的社会政策。

教育。享受基础教育是现代公民的一项基本权利。为了保障公民的这项权利,政府通过制定政策增加对公共教育的财政投入、实行免费教育、提高教育水平。在该领域,对参与基本教育有困难的家庭予以政策支持就是教育领域的社会政策。

住房。居有定所是居民生活的基本条件,居住权是现代国家公民的基本权利。政府尽其所能,制定政策,保障国民,主要是贫困居民(或中下层居民)的基本居住条件,这方面的政策属于公共住房政策和住房领域的社会政策。

特殊人群的社会福利服务。失依儿童、残疾人、自理能力差的老年人是社会中的困难群体,也是社会中的特殊人群。他们不仅需要物质上的帮助,也需要生活中的服务。政府为了保障这些群体的正常生活,制定了一系列法律、法规和政策,向他们提供福利服务,就是典型的社会政策。

## 二、社会政策的功能

### (一)保障和改善民生

从社会政策的发展史及其内容我们可以看出,社会政策主要是为了解决社会上的困难群体的基本生活问题而存在的,即使普遍的社会福利也是针对人们的基本生活的举措。社会政策是政府为了改善民生、增进民众福利、促进社会公正而采取的干预行动,它的首要功能是保障和改善民生。现代国家一般崇尚民主,因此也常常组成民选政府,以代表民意,并把为人民谋福利作为自己的责任,以获得选民的拥护。所以,任何政府,不管是持自由主义理念还是社会主义理念,都要表现出其关心民众疾苦、提高人民生活水平的追求。要改善民众的不尽如人意的生活状态,首先要从最困难的民众开始,于是社会政策成为保障民生的最基本的考虑。实际上,即使在福利国家,其社会政策也是面对民众的基本生活的,只不过这些国家的民众的基本生活标准要高一些。比如,有些学者认为社会参与是民众的基本需要,社会政策要满足这些需要。

### (二)促进社会公平

公平指的是对理想事物的合理分享,社会公平则是指社会成员对社会财富、发展机会的合理分享。公平包含某种价值,即不同的价值观对公平的看法是不同的。比如，持守自由主义观点的人比较强调市场的作用和个人在改善自己生活中的责任。相反，持守社会主义理念的人则会认为过分的市场机制将带来不平等，政府应该对之进行干预，以促进社会财富和机会相对公平的分配。

在市场经济条件下，由于个人生理、心理及社会条件等方面的原因，社会成员在经济收入、社会财富分配和发展机会方面存在巨大差距，这不但造成严重的贫困现象，而且会损害社会公平，并危及人的基本权利。在这种情况下，政府借助社会政策手段可以解决或缓解社会问题，促进社会公正。

（三）维护社会秩序

作为社会保障制度之下的具体的安排，社会政策可以解决或缓解特定的社会问题，从而达到维护社会秩序的目的。维护社会秩序是政府的一项重要任务。由于自然原因和社会原因，某些群体的基本生活遇到了严重困难，大规模的贫困现象可能会对社会秩序产生威胁。即使在社会发展的大背景下，社会财富和发展机会分配严重不公也会使社会结构充满张力。为了消解这些威胁和过大的社会张力，政府出台社会政策，对在社会运行过程中利益受损的群体给予补偿和援助，缓解社会矛盾，达到维护社会秩序的目的，这也促进了政府的社会管理。

（四）促进社会团结

社会团结是基于社会整体论观点的，指的是社会成员之间的连带状态，它表现为社会成员的一致性和社会整合。按照迪尔凯姆的观点，剧烈的社会转型会造成社会失范现象。在传统社会向现代社会转变、计划经济体制向市场经济体制快速转变的过程中，社会失范现象是不可避免的。在这一过程中，过分强调市场的作用会导致社会财富的两极分化，造成强者对弱者的剥夺和社会排斥，并会酿成不同利益集团之间的对立和冲突。社会政策通过合法化的社会财富再分配，向市场机制的受损者提供一定的补偿和支持，可以在一定程度上缓解社会矛盾和社会冲突，消解社会排斥，促进社会团结。

社会排斥是社会通过某些方式阻隔某些个体或群体参与社会生活的状况。社会排斥表现在经济、政治、社会生活等多个领域，一般是强者对弱者的排斥。社会排斥与以下因素直接相关：低水平的生活，缺乏保障，缺乏社会参与，缺乏决策权，缺乏社会政策。社会排斥对社会整合、社会团结造成严重的负面影响。因此，改变社会排斥、增进社会融合是促进社会团结的手段，其中社会政策就是重要的制度化措施。

### 三、社会政策过程

社会政策过程是指社会政策从制定形成到实施实现的过程,它包括社会政策制定和社会政策实施两个基本阶段。它也是各方行动者围绕着政策确立和政策实施而展开互动的过程。广义的社会政策过程包括社会问题的发现、解决问题的政策动议、政策方案的形成、政策方案的选定、政策文本的编写、政策的发布、政策的贯彻实施、政策实施过程监控、政策效能评估、政策的完善和修订等一系列内容。

(一) 社会政策制定

社会政策制定是指社会政策从准备到决策再到政策文本确定的过程。它是社会政策主体(政府)为了满足某些或全体社会成员的需要、解决社会问题而制定相应政策的过程。社会政策制定包括如下一些基本内容:收集有关社会问题的信息,并对社会问题、人们的社会需要进行分析;在此基础上根据所掌握的资源进行政策方案设计;对政策方案进行论证并做出选择,从中选出最优的合适方案;进行政策试点;最终确定并发布政策。

社会政策的发端是对社会问题的认识和反应,而这与政府(政策制定群体)的价值观有关。正像前面讲到过的,是否把某种社会现象看作社会问题,既与社会现象本身有关,也与人们对它的认识有关。这样,具有决策权的政府(政策制定群体)的执政理念、对社会问题的看法就会直接影响其是否会出台政策以回应这些问题。在这种意义上,社会现象的问题化过程、利益相关群体的活动都是非常重要的。一般来说,困难群体在舆论上是弱者,他们主动呼请社会政策的能力和行动会受到各种条件的限制。这样,政府部门深入基层社会了解困难群体的生活状况对于适时出台社会政策就十分重要。

政策方案的设计看起来是一个技术过程,实际上也是一个复杂的社会设计过程。一个合理、科学、可行的社会政策,须考虑社会需要与资源之间的平衡关系。这里要考虑社会需要的满足要动用多少社会资源,政府是否拥有和可能动员足够的资源来满足这些需要,政府所拥有的资源可以在多大范围和多大程度上满足社会需要。于是,政策对象的范围、政策所提供的社会福利的水平就成为社会政策方案制订过程中最重要的问题。同时社会政策的实施体系,即依靠何种社会组织系统去落实政策也成为社会政策制定阶段必须认真考虑的因素。

在社会政策制定阶段，政策的确定或决策是最重要、最关键的。社会政策的确定或决策是指政策制定者确定政策内容、具体规定和形成政策文本的行动。传统决策是高层领导行使权力的过程，即集中决策。现代决策是民主决策，是建立在科学论证基础上的决策。

(二) 社会政策实施

社会政策实施是贯彻落实政策，实现政策要求和达致目标的过程。社会政策实施包括：政策执行者理解政策的内涵，建立政策执行的组织机构和体系，准备政策执行的资源，向政策对象宣讲政策，实际地落实社会政策的内容要求，了解政策执行情况，评估政策执行效果，提交政策执行情况报告，等等。

理想的社会政策实施被看作政府自上而下的政策执行和贯彻过程，政策的实施落实被看作政府颁布政策、执行政策和政策对象接受政策的过程。社会政策的实践表明，这种看法过于简单化和理想化。实际上，在政策实施过程中，参与这一过程的不只是政策执行者和政策对象两部分人，而是包括多个群体。政策实施依赖于由不同层级、不同部门的政策实施者组成的系统，政策对象则是由不同个人组成的群体。从政策实施方面来说，不但有来自上层的政策，而且可能有基于当地情况和地方利益而形成的对政策的修改，后者被称为政策的"再制定"。于是，社会政策的实施就是具有复杂结构的政策实施主体的组织、协调过程。政策实施过程也不是简单的自上而下的过程，而是充满了互动，包括合作、竞争、谈判和妥协。

在社会政策实施的过程中，各级政策执行者的自由裁量权成为影响社会政策贯彻落实的重要因素。自由裁量是指政策执行者价值相关或价值无关（有意或无意）的未按既定规则实施而自我决策的行为。在社会政策实施的过程中，政策执行者根据自己的知识和理解、自己的价值观或者自己的利益等，也可能根据政策本身就留有的余地，而进行自我决定，有时在政策执行中会发生偏差。比如，我国社会政策执行中的"根据当地情况进行调整""变通""上有政策下有对策"等都是自由裁量在起作用，这也对社会政策的实施产生了多种影响。

由此我们可以说，社会政策过程既是一个政治过程，也是一个复杂的组织过程，更是一个复杂的社会过程。

## 第三节 中国的社会保障制度与社会政策

### 一、中国社会保障制度的改革与重构

(一) 中国计划经济时期的二元社会保障制度

由于多种原因,中国在计划经济时期形成了以户籍制度为基础的城乡二元社会结构。与之相联系,中国也形成了二元社会保障制度,其亦成为二元社会结构的主要内容。从20世纪50年代后期开始,中国城市中逐渐形成以单位制为基础的社会保障制度。这种保障制度以国家企事业单位的职工为主要对象,他们所在的单位给予他们全面的福利保障,包括就业保障、医疗保障、养老保障、住房保障,以及子女教育、就业方面的保障。这种保障的特点是高就业、低工资、高福利、高补贴。具体来说就是,在城市中对劳动人口实施充分就业政策,同时又实行低工资政策,在广大职工及其家庭生活方面实行高福利和高补贴政策,以保障其正常生活。这种由国家承办、通过各种单位实施的社会保障制度保障了城市居民的生活,促进了社会主义建设,增进了城市居民的政治认同。但是同时造成"高福利养懒汉"的现象。

在农村,社会保障制度十分薄弱。除了面向无依无靠的老年人、孤儿等的"五保"供养制度和灾害救济之外,农村居民几乎没有其他来自政府的制度化的保障。农民只是在集体生产的基础之上实行自我保障。20世纪60年代到70年代,农村合作医疗制度在一定程度上对农村居民实施了医疗保障,但这种保障也只是农村社区的自我保障。

(二) 中国社会保障制度的改革

中国的社会保障制度是与劳动就业制度紧密相连的。20世纪80年代中后期特别是90年代中期以后,中国的社会保障制度改革成为经济体制改革的重要组成部分。与经济体制的市场化改革相一致,社会保障体制改革的主要内容是改变过去由政府(通过单位)包办的社会保障,建立政府、企业、个人共同承担责任的社会保障制度;改变由单位承办社会保障的做法,建立独立于企业的社会保障制度。对于社会保障制度改革,政府将其定位为为经济体制改革创造条件,以及实现政治目标和民生目标。在做法上,一是推行混合型社会保障制度,二是将

企业的社会保障责任推向社会。另外,在社会保障和公共服务的许多方面(如医疗、教育等领域)引进市场化机制,实行市场化改革。这种市场化改革一方面确实使企业卸掉了社会保障的包袱,从而建立起现代企业制度,但是另一方面也削弱了对人们的社会保障,并且因为社会保障和公共服务领域过分市场化,产生了比较严重的看病贵、上学难、退休职工缺乏照顾等问题。在农村,家庭联产承包责任制的实行一方面激发了农民的生产积极性,另一方面也使集体经济归于解体,这导致了以集体经济为基础的农村合作医疗制度的解体。

虽然社会保障制度改革为国有企业改革创造了条件,但是大量民生问题的产生也折射出这一改革的偏差,即传统发展战略忽视了经济社会的协调发展,由此引发了复杂的社会问题,其中包括民生方面的问题。

(三) 中国社会保障制度的重构

20世纪90年代中期以后中国快速向市场经济体系转轨,也带来了工业化、城市化、现代化的快速发展。受市场化、新管理主义的影响,社会保障和公共服务领域也出现了政府责任退缩、市场侵蚀严重的现象。在这种背景下,社会财富的两极分化加剧且迟迟不能缓解,导致了一定的社会矛盾。这不但影响了部分人的基本生活,而且对社会秩序的维持造成威胁。

一方面,经济持续高速增长、政府财力大大增强;另一方面,低收入群体特别是困难群体的问题恶化。在这种背景下,政府开始改变国家的发展战略,用科学发展观代替传统发展观,强调经济社会协调发展,并将社会建设作为一项重要的战略任务。适应人口老龄化、城镇化、就业方式多样化的实际,政府决定逐步建立社会保险、社会救助、社会福利、慈善事业相衔接的覆盖城乡居民的社会保障体系。这既是应对日益严重的社会问题,特别是民生问题的措施,也是社会保障制度的进步。其中最重要的是,农村居民的社会保障开始走上制度化之路。

社会保障制度的重构与国家的经济实力、遇到的社会问题有关,也与社会保障理念的转变有关。这种转变不仅是中国经济、政治、社会发展的需要,也与借鉴国际社会的某些经验有密切联系。西方发达国家在工业化、城市化的过程中都产生过众多社会问题,后来都建立了不同形式的社会保障制度。崇尚集体主义的国家则在发展经济的基础上实行了不同的福利国家制度。考斯塔·艾斯平-安德森(Gosta Esping-Andersen)区分了福利资本主义的三种类型,即自由主义的、社会民主主义的、保守主义的福利模式,指出了不同国家采取各自福利国家模式的经济、政治和社会基础。西方福利国家一般采用混合经济制度,由政府推动和实行充分就业、公平分配,实施广泛的社会福利政策,以消除资本主义的失业、贫困、不平等弊端。具体来说,这些国家实行经济混合化,既有经济的国有化、计划化,也鼓励私人经济、公私合伙经济的发展;采取促进就业,包括用购买公共岗位的方法促进充分就业;通过促进公平分配和财富转移实现国民收入的均等化;通过引入广泛的社会福利实现福利社会化。

另外,托马斯·马歇尔的公民身份理论也为发展普遍的社会福利做了有力的论证。他认为,公民身份是一个共同体的充分的成员身份。他指出,资本主义作为一种制度导致的是社会成员间的不平等,而公民身份强调的是社会成员之间的平等。公民身份与他们的权利密切相关,保障公民的权利是政府的基本责任。他论述了随着经济和社会的发展英国公民基本的自由权利、政治权利、社会权利逐次实现的进程,指出社会权利的制度化是通过提供失业保险、教育和健康服务等的社会政策体现的。

针对我国经济社会发展的现实,受马歇尔的公民身份理论的启发,中国学者也在促进基本民众社会保障方面开展研究,这在一定程度上推动了我国社会保障制度的重建。进入21世纪以来,我国的社会保障事业得到了较快发展,出台了城乡居民最低生活保障制度,实施新型农村合作医疗试点,全面实施劳动合同立法以保障劳动者合法权益等,困难群体、脆弱群体的合法权益也得到一定保障。但是,社会保障制度在实施过程中也存在标准模糊、目标偏离等方面的问题。这些问题已经引起政府和社会的高度关注,政府也在致力于社会保障制度的完善。

## 二、中国社会政策的发展

### (一) 社会转型与中国社会政策的发展

计划经济时期我国独立的社会政策十分有限。社会政策的低度发展与国家的经济落后状况有关,也与长期实行的城乡二元制度有关。在社会发展尚未得到重视的情况下,社会政策基本上依附于经济政策,一些带有社会政策性质的规定常常与经济政策融合在一起,如国有企业职工的退休、养老政策,农村的扶贫开发政策,等等。

与社会保障制度的变迁相一致,改革以来的某些社会政策规定是服务于经济体制改革和经济发展的。20世纪90年代以来,随着我国扩大对外开放,经济获得持续高速增长,以及社会问题集中出现,中国学术界开始了社会政策(社会福利政策)研究,从对困难群体的关怀和社会进步的角度,阐明发展社会政策的重要性。这开启了社会政策相对独立发展,而不依附于经济政策的新思路。

社会的快速转型使有数千年农业文明、农村人口众多的中国遇到了前所未有的问题。无论是农村的贫困问题、农村居民医疗问题、养老问题、流浪儿童问题,还是城市的失业问题、老人照顾问题,都尖锐地摆在政府和人民面前。一方面,原来解决类似问题的制度失效,如城市的单位制度效力大减,农村的集体经济制度基本瓦解;另一方面,许多新的、前所未遇的社会问题产生了,如失业问题等。在这种情况下,政府需要承担起更多的责任,保障民生、维护社会稳定。于是,在建设社会主义和谐社会的总思路下,中共中央首次提出要重视社会政策。中国社会政策发展进入一个新的阶段。

(二)转型期中国社会政策发展的特点

除了针对儿童、老年人、残疾人及妇女的国家法律外,近些年来,中国政府在较短时间内集中颁布了一系列社会政策。如《失业保险条例》《城市居民最低生活保障条例》《城市生活无着的流浪乞讨人员救助管理办法》,以及免除农业税,建立农村最低社会保障制度、新型农村合作医疗制度、新型农村社会养老保险制度等重要的政策法规。有学者认为,中国正在迎来"社会政策时代"。所谓社会政策时代是指,在一个国家或地区,以改善困难群体和广大民众的生活状况为目的的社会政策普遍形成,并且作为一种制度被有效推行的社会现象和社会发展阶段。它具有如下一些基本特征:社会公正理念在社会中获得普遍认可,社会福利政策被制定和实施,社会福利政策普遍发展并覆盖人们正常生活的诸多领域,有效实施社会政策的组织体系建立,经济政策与社会政策体系是整合的。从中国近些年来的社会政策实践及未来发展前景来看,中国社会政策的发展具备了社会政策时代的某些特征。

社会政策时代的到来要以较为雄厚的经济实力为基础,同时政治因素在促进社会政策时代到来方面的作用是绝不能忽视的。政府在制定和实施社会政策方面有着直接的责任,发展社会政策是政府加强自身能力建设的组成部分。在机遇和挑战并存的社会转型期,政府不但要强化在宏观上把握经济、政治、文化与社会协调发展的能力,而且从社会稳定、社会公正与社会和谐的角度来

第十二章　社会保障与社会政策

看,也要加强社会政策能力建设,及时、科学、正确地制定社会政策和有效地实施社会政策。

中国的社会政策发展带有鲜明的转型特点,主要表现为:第一,社会政策的出台具有保守性。所谓保守性是指由于社会问题严重,政府不得不出台社会政策予以应对,实际上任何社会政策的出台都具有某种保守性特点。第二,从选择型向适度普惠型发展。以往中国的社会政策基本上是针对少数无依无靠的老年人和儿童等,属于典型的选择型社会政策。近几年来,随着以民生为重点的社会建设任务的展开,社会政策的对象在逐步扩大范围,向困难群体提供的援助水平不断提高,而且社会政策的类型也在增加。这样,社会政策惠及越来越多的困难人群、弱势人群,社会政策初显普惠特征。现在,政府已经提出建立适度普惠型社会福利的思路,它将推动中国的社会政策向普惠型福利的方向发展。第三,低水平与发展性。由于中国还属于发展中国家,社会政策提供的社会福利不可能达到较高水平,而只能是广覆盖、低水平。另外,发展型社会政策将成为中国社会政策的重要组成部分。发展型社会政策兼顾了经济发展和社会福利,从社会发展与经济发展相协调的角度来看待社会政策的作用。它将促进就业、反贫困、社区发展等领域快速发展。第四,社会政策的碎片化与整合。由于财政体制、行政管辖范围、经济实力等原因,当前中国的许多社会政策呈碎片化特征,即社会政策是部门政策、省市政策,各部门之间、省市之间的政策互不衔接,缺乏整合。这反映了我国各地经济社会发展不平衡的现实,也给政策的落实和进一步发展带来障碍。与此相联系,一些社会政策在实施过程中被扭曲、被变通,一些地方政府和基层执行者的自由裁量使社会政策目标发生偏离。近几年来,社会政策正在向整合的方向发展。

(三) 发挥社会政策托底作用

2010年以来,受国际经济形势和我国经济发展规律、发展阶段的影响,我国经济发展进入"新常态"。新常态是一个发展阶段,其重要特征是:经济从高速增长转向中高速增长,从结构不合理转向结构优化,从要素投入驱动转向创新驱动,从隐含风险转向面临多种挑战。面对新的发展机遇和社会风险,党中央提出"宏观政策要稳、微观政策要活、社会政策要托底"的应对策略。社会政策托底出于"底线思维",即不能因为经济下行压力增大、经济结构调整而使中低收入群体遭遇基本生活上的风险。社会政策要托底,政府的基本做法是实施好最低生活保障制度,做到应保尽保、社会救助精准化。除此之外,还应该从社会救助、促进就业、劳动者的能力建设、社会心理建设相结合的综合角度,积极发挥社会政策的托底作用。

### 三、社会工作的内容与功能

(一) 社会工作的含义与本质

社会工作(social work)是指运用专业知识和方法从事社会服务的职业活动。它是以利他主义为指导,以科学知识为基础,运用科学方法,帮助处于困境的个人、群体和社区解决困难,预防问题发生,恢复、改善和发展其功能,使之适应并正常社会生活的职业服务活动。专业社会工作产生于西方发达国家。英美等国家向资本主义的快速转型引发了贫困、失业、流浪人口等大量社会问题,这也促使政府和社会运用一定的手段去解决问题。在此过程中,逐渐发展出以帮助困难群体、向他们提供专业化的福利服务的职业,这就是社会工作。在许多发达国家和一些发展中国家,社会工作已经成为一种专业,也成为一种制度。

社会工作的本质是向有需要的人,特别是困难群体,提供专业化的服务。它是社会福利的传输系统,即通过社会工作向困难群体和其他有需要的人提供适宜的服务。在西方发达国家,社会工作已有近一百二十年的历史,最初它所面对的是失业者及其家庭、失依儿童和老年人。后来社会工作的服务范围不断扩大,介入婚姻家庭、儿童教育、老人照顾、精神健康、社区发展等诸多方面,向有需要者提供人性化、专业化的服务。

社会工作与社会保障制度和社会政策有直接关系。在许多国家和地区,一些社会保障和社会福利服务是由社会工作者来承担的,他们运用专业方法并结合服务对象的特点有针对性地开展服务,促进了社会保障制度和社会政策的落实。

(二) 社会工作的基本价值与方法

1. 社会工作的基本价值观

社会工作是一种价值相关的活动,价值观在社会工作中具有十分重要的作用。社会工作价值观是指社会工作者在专业服务中所奉行和遵守的一整套指导其实践的思想、观念和基本原则。社会工作专业特别注重价值观的培养,因为它决定着社会工作者提供服务的方式和效果。社会工作的价值观可简略地概括为

"助人自助",这反映在关于人的价值、个人与社会的关系、个人与社会的责任、对服务的看法以及社会发展理想等诸多方面。

在对人的价值的看法上,社会工作认为人的尊严和价值是至高无上的,人有潜能和实现自己合理目标的权利,同时每个人又有其特殊性。在个人与社会的关系方面,社会工作坚持集体主义的观点,即社会是由不同的人组成的整体,个人是社会的组成部分。正因如此,当某些社会成员遇到困难时,社会(包括政府)就应该对之施以援手。在个人与社会的相互责任上,社会工作强调社会有为社会成员提供发展条件的责任,与此相对应,个人也有尽快走出困境,减轻社会的负担、为社会做贡献的责任。社会工作专业团体认为,社会工作提供专业服务时应该适应服务对象的需要,要尊重、接纳服务对象,反对依仗服务谋取个人私利。同时,社会工作认为应该尽量发挥服务对象的潜能,并促进其发展。在社会发展理想方面,社会工作追求社会正义和社会进步。这些价值观指导着社会工作者的专业服务活动。

2. 社会工作的主要方法

社会工作在其长期的发展中形成了一系列行之有效的助人方法,主要包括个案工作、小组工作、社区工作和社会行政等方法。

个案工作是社会工作者运用科学的专业知识和技巧,以个别化的方式为有困难的个人和家庭提供物质和心理方面的支持,以帮助个人和家庭减低压力、解决问题、挖掘潜能,不断提高个人和家庭的生活质量与福利水平的一种工作方法。个案工作有危机介入模式、任务中心模式、社会—心理模式、行为治疗模式、叙事治疗模式等多种工作模式和方法。个案社会工作的目的是为在人与人或人与环境适应中遭遇困难的个人及家庭提供服务,以恢复、增强其社会功能,促进个人与环境的相互适应。

小组工作是以两个及两个以上的个人组成的小组为工作对象的社会工作方法,它主要由社会工作者通过有目的的小组活动和组员间的互动,帮助小组成员通过共同参与集体活动,从中获得小组经验,以处理个人自身、人际、人与环境之间的问题。小组工作强调通过群体动力过程来增强小组成员的能力,解决他们面临的困难。小组工作被广泛地运用于儿童青少年服务、妇女发展、社区矫正等方面。

社区工作是以社区及其成员整体为对象的社会工作介入手法。社会工作者通过组织社区成员有计划地参与集体行动,建立和增强其对社区的归属感,培养其自助、互助和自决精神,促进其社区参与,以解决社区问题、满足社区需要、改善社区面貌并提升社区居民的生活质量。社区所遇到的问题不同,社区工作的方法模式也不同。社区工作主要有地区发展模式、社会计划模式、社会行动模式和社区照顾模式等。

社会行政是依照行政程序,妥善利用各种资源实施社会政策,以向有需要者提供社会服务的活动。社会行政被认为是间接的社会工作方法,它有宏观和微观之分。宏观社会行政是在较高层次上执行宏观社会政策的活动,也称为社会福利行政。微观社会行政是具体实施社会政策、推动和统筹社会服务的活动,在社会工作专业中也称为社会工作行政。社会行政既是将社会政策变为社会服务的过程,也是运用执行政策所得到的经验去促进政策完善的过程。

社会工作方法并不是一系列机械的做法。社会工作强调要根据具体情况艺术地运用各种工作方法去解决问题。

(三) 社会工作的功能

1. 社会工作的助人功能

从社会学的角度来看,社会工作是社会工作者与服务对象在社会制度、社会政策和文化背景下,在具体的社会情境中互动,以解决问题的过程。通过双方的持续互动,社会工作实现助人功能,主要表现在解困、救难、发展等方面。

解困。当服务对象遇到困难但尚未达到危及生存的程度时,社会工作者向其提供帮助,这可以视为解困。任何社会成员都会遇到困难,其中既包括物质方面的困难,也包括精神方面的困境和压力。这些困难如果不能得到有效解决,就会影响当事人的正常生活和工作。在现代社会,在家庭、朋友圈子、社区、工作组织不能解决这些问题的情况下,社会工作者的介入可以帮助当事人(服务对象)走出困境。

救难。危难是一个人由于多种原因而遇到危及自身生存的状态。如自然灾害、家庭破裂、破产、精神崩溃等都可能使人陷入危险境地,需要他人救援。社会工作者介入这些危机,可以帮助当事人脱离险境,保护其生命安全。

发展。社会工作不但致力于在人们遇到困难时施以援手,而且关注人的发展,帮助服务对象实现自身发展是社会工作的基本功能之一。这既包括帮助服务对象增加知识和技能,也包括促进其潜能的发挥;既包括提高其个人与社会协调的能力，也包括为服务对象增权，而增权可能涉及文化、制度安排、社会政策、个人认知等诸多领域。社会工作从根本上来说要促进人的发展。

2. 社会工作的维护社会秩序功能

社会工作的基本功能是服务，间接地，它可以发挥维护社会秩序的功能。首先，社会工作可以通过解决社会问题来维持社会秩序。一般来说，比较严重的社会问题可能会损害社会秩序，不管这些问题是发生于民众之中，还是集中于个别群体。社会工作通过有效地实施社会政策、向人们提供切实的服务来解决社会问题，促进人们的正常生活。其次，社会工作通过服务可以缓解不令人满意的状况，阻止问题进一步恶化，预防其对社会秩序的损害。在某些情况下，社会工作者通过危机干预，可以化解问题，避免反社会行为的发生。在这种意义上，社会工作也在参与社会控制和社会治理，这是社会工作的衍生功能。

（四）中国社会工作的发展

20世纪20年代社会工作从西方传入我国。改革开放以来，社会工作教育和专业实践得到恢复和发展。2006年党的十六届六中全会在"构建社会主义和谐社会"的理念下提出要"建设宏大的社会工作人才队伍"，在政府和社会力量的共同推动下，社会工作事业得到较快发展。2015年以来，政府工作报告中多次提到"发展专业社会工作"，进一步推动了社会工作事业的发展。多年来，社会工作已经被纳入社区建设、社会救助、青少年事务、社区矫正、未成年人保护、扶贫救灾等多项政策的实施，社会工作教育界和实务界在为儿童、老年人、残疾人等困难群体、脆弱群体提供服务方面扎实努力，取得了显著成效，在参与反贫困方面实现创新、卓有成效，在促进社区建设、社会治理创新方面做出了建设性贡献。社会工作以服务为本，致力于解决服务对象的实际困难并促进其发展，同时追求社会公平正义和社会发展。在社会保障和社会福利体系仍不完善、改革还不到位的情况下，我国的社会工作正在经历"嵌入型发展"。党的十九届五中全会指出要"畅通和规范市场主体、新社会阶层、社会工作者和志愿者等参与社会治理的途径"，并已将此内容写入《中华人民共和国国民经济和社会发展第十四个五年规划和2035年远景目标纲要》。

随着国内外形势的新变化，加强和创新社会治理变得越来越迫切。为了进一步加强社会治理工作，党的二十届二中全会决定组建中央社会工作部。2023年3月，中共中央、国务院印发《党和国家机构改革方案》指出，组建中央社会工作部，其职能是：统筹指导人民信访工作，指导人民建议征集工作，统筹推进党建引领基层治理和基层政权建设,统一领导全国性行业协会商会党的工作,协调推动行业协会商会深化改革和转型发展,指导混合所有制企业、非公有制企业和新经济组织、新社会组织、新就业群体党建工作,负责全国志愿服务工作的统筹规划、协调指导、督促检查,指导社会工作人才队伍建设等。

2024年11月,中央社会工作会议召开。习近平总书记对社会工作作出重要指示指出,社会工作是党和国家工作的重要组成部分,事关党长期执政和国家长治久安,事关社会和谐稳定、人民幸福安康。当前我国社会结构正在发生深刻变化,社会工作面临新形势新任务,必须展现新担当新作为。要坚持以新时代中国特色社会主义思想为指导,坚持以人民为中心,践行新时代党的群众路线,坚定不移走中国特色社会主义社会治理之路,健全社会工作体制机制,突出抓好新经济组织、新社会组织、新就业群体党的建设,不断增强党在新兴领域的号召力凝聚力影响力,抓好党建引领基层治理和基层政权建设,抓好凝聚服务群众工作,推动新时代社会工作高质量发展。习近平强调,做好社会工作是全党共同责任。各地和有关部门要主动作为、协同联动,形成做好社会工作的强大合力;社会工作部门要加强自身建设,扎实履职尽责,为以中国式现代化全面推进强国建设、民族复兴伟业做出新的贡献。

我国的社会工作正在迎来新的发展。

**【推荐阅读】**

〔丹麦〕考斯塔·艾斯平-安德森:《福利资本主义的三个世界》,郑秉文译,法律出版社2003年版。

关信平主编:《社会政策概论》,高等教育出版社2004年版。

〔英〕安东尼·哈尔、〔美〕詹姆斯·梅志里:《发展型社会政策》,罗敏等译,社会科学文献出版社2006年版。

〔英〕米切尔·黑尧:《现代国家的政策过程》,赵成根译,中国青年出版社2004年版。

〔英〕安东尼·吉登斯:《第三条道路:社会民主主义的复兴》,郑戈译,北京大学出版社、生活·读书·新知三联书店2000年版。

景天魁等:《普遍整合的福利体系》,中国社会科学出版社2014年版。

李珍主编:《社会保障理论》,中国劳动社会保障出版社2001年版。

王思斌主编:《社会工作概论(第二版)》,高等教育出版社2006年版。

王思斌:《社会工作本土化之路》,北京大学出版社2010年版。

杨伟民编著:《社会政策导论》,中国人民大学出版社2004年版。

郑功成:《社会保障学——理念、制度、实践与思辨》,商务印书馆2000年版。

# 第十三章

# 社 会 变 迁

任何社会都处于动态之中,这既表现于各社会领域发生的具体变化,也表现于宏观的社会变迁。人们期望通过认识社会变化的规律增强理性,以更好地生活。那么社会的复杂变化是否有规律,人们可否通过干预来实现自己的期望?这是本章所要讨论的问题。

## 第一节 社会变迁及其类型

### 一、社会变迁的含义

当我们从结构的角度去观察社会时会发现它是处于不停的变化之中的,无论是宏观社会还是具体制度和规则。变化是社会存在的基本状态,也是社会学研究社会的一个重要方面。社会学的奠基人正是从剧烈的社会变化及其造成的后果的角度出发建立这门学科的。动态社会与社会静态(社会结构)一直是社会学的重要研究对象。

在社会学中,社会所发生的变化称为社会变迁,它既包括社会整体的变化,也包括部分的变化,但一般社会学家更关注社会结构、社会制度方面的变化。可以说,社会变迁是指社会的一切变化,特别是社会结构、社会制度的变化。

社会变迁的内容十分广泛,宏观的如人类社会形态的变化、国家的治乱兴衰,中观的如社会结构的重大调整、社会制度的变化,微观的如人们的行为方式和行为规范的变化,等等。那些宏观和中观的变化是社会从一种形态和结构形式向另一种形态和结构形式的变化,而微观的变化是具有社会意义的变化,即它们具体地反映了社会的变化。正是因为如此,社会学把所有反映社会变化的现象都作为自己的研究对象。关于宏观社会,特别是社会类型(或形态)的研究常常是与社会哲学、社会理论联系在一起的,早期的社会学家大多数具有哲学的背景,在那个时代,思想家关心的是人类社会向何处去的问题,因此关于社会的宏观研究占主导地位,这些研究带有较强的理论色彩,基本上属于宏观论述。当社会学的实证方法被确立之后,一些社会学家更倾向在中观层次上研究社会的结构和变迁。

社会学家默顿提出了社会学要研究中层理论的建议。默顿认为,中层理论是指介于日常研究中低层次的而又必需的操作假设与无所不包的系统化的统一理论之间的那类理论。以往我们在分析社会各部分、各领域的结构及其变动时介绍的理论大多是从中观层次着眼的,属于中层理论。他认为,社会学发展相对落后,还不足以建成无所不包的理论体系。鉴于这种情况,他提出社会学应该注重中层理论的研究。

在中观层次上,社会变迁常常被看作社会结构的变迁。所谓社会结构是指社会的各范畴和各类属之间比较稳定的联系方式。这里的社会范畴和类属中最常见的是社会群体,这些不同的社会群体(包括身份群体、工作群体、处于不同层级的利益群体、地域群体)之间的相对稳定的互动关系就形成具体的社会结构。可以说,社会结构也是多视角的,即可以从不同角度去分析。社会变迁是结构的变迁,这是从分析意义上说的。当我们讨论社会变迁时总有一个所指或主体,这种变迁的主体只能是那些相对稳定的东西,在社会学中这种稳定的东西被统称为结构。这样,社会变迁就是指社会结构的变迁,不管这种社会结构是宏观层次的,还是中观和微观层次的。另外应该指出的是,当我们使用"社会结构"这一概念时,必须充分注意到这种稳定关系的相对性。实际上,任何稳定的结构都是处于变动之中的,即稳定只是相对的。但是为了研究的方便,社会结构被看作相对稳定的且必要的,否则我们将难以描述变化。

社会学注重中观社会结构的变迁,也并不排斥对宏观社会变迁的分析。实际上,对人类社会发展规律的研究、对宏观社会运行机制的研究、对社会系统之间相互作用的研究都是分析具体的社会现象所必需的,或者说这些构成了认识具体的社会现象的背景。正因如此,在我们已经对社会各领域的中层理论有了一定介绍的基础上,以下将介绍一些社会变迁的宏观理论。

## 二、社会变迁的类型

社会结构、社会制度多种多样,社会变迁又具有相当丰富的形式,所以要对社会变迁做完整的分类是有困难的。以下只是从几个主要角度进行的分类。

### (一) 整体社会变迁与局部社会变迁

从社会变迁主体的规模特征来看,社会变迁可以分为整体社会变迁和局部社会变迁。整体社会变迁是整个社会结构和制度体系的变化。社会具有系统性特征,当社会的结构和制度体系都发生变化时即整体社会变迁。比如,一个新的社会经济制度的建立、某一地区社会经济和政治结构的重大调整,都是不同层次的整体社会变迁。局部社会变迁是指一个社会的部分结构和制度的变化。比如,我国的经济体制改革最初是从农村开始的,农村实行家庭联产承包责任制,而城市经济体系没有发生变化,从全国的角度看,这就是局部社会变迁。在城市内部,一些部门首先进行改革,另一些部门基本维持原状,这也属于局部社会变迁。实际上,由于社会的系统性特征,局部变迁对整体是有影响的。但是在社会一些部分变化明显,另一些部分相对稳定时,我们还是可以从局部社会变迁的角度去分析问题。

### (二) 社会进化与社会革命

从社会变迁的速度或激烈程度的角度看,社会变迁可以分为社会进化与社会革命两种主要形式。社会进化是社会缓慢的、有秩序的变化形式,这种变迁一般表现为某一社会针对外部环境压力、内部不协调所做的有序调整,这种调整没有在短时间内带来社会结构的重大变化。社会革命则是社会剧烈的、本质性的变化,它是社会结构、社会制度的根本性变化,而且是在短时间内发生的。社会革命中有的采用了暴力形式,有的采用了和平方式。前者如由阶级冲突或战争导致的国家政权、社会性质的变化,后者如一个国家内部激进的改革。成功的社会革命常常会导致政权、制度的更替。

### (三) 社会进步与倒退

"社会变迁"是一个中性概念,它包括了社会的所有变化。但是,因为处于社会变迁中的社会群体是有价值取向的,因此具体的社会变迁也会被赋予价值评价。那些有利于促进人类福祉、平等和发展的变迁被称为社会进步,而与此相反甚至产生阻碍作用的变迁被认为是倒退。社会价值具有多样性,即不同的社会群体站在不同角度对社会变迁会有不同认识,所以对同一社会变迁是否属于进步、是多大程度上的进步可能有不同的看法。这一现象的出现除了评价主体的不同立场的影响之外,还与社会变迁的影响的复杂性有关,即总体进步中也可能有负面的东西。但是,总的来说,人们从社会变迁的受益群体的结构和规模、社会变迁与社会发展总方向的符合程度着眼,还是能对社会变迁的性质做出合理评价的。

(四)自发的社会变迁与有计划的社会变迁

从最具体的意义上讲,社会变迁是社会成员的行为方式、社会成员之间的社会关系模式的变化。这种变化可能是人们有意推动的,也可能是自然而然地发生的。自然而然发生的社会变迁称为自发的社会变迁,它并非人们刻意追求、有意干预而发生的。有计划的社会变迁是人们根据自己的意愿和设计而推动的社会变迁,这种变迁带有明显的人为色彩。人们基于自己的愿望和对社会运行的某些规律的认识,去设计和具体推动社会过程,以达到目标的活动及结果,这就是有计划的社会变迁。一般地,有计划的社会变迁主要表现为人们对自发社会变迁可能的消极后果的预防和克服。

### 三、社会变迁的因素

(一)环境变化

人类生活与自然环境有着直接联系,这样自然环境的重大变化会引起社会变迁。人类与自然环境的关系大致有四种类型:最初人类对自然是完全的直接依赖,人类直接从自然中获取食物,人类受自然环境的影响最大。在农业社会,人类对环境是顺从,表现为靠天吃饭,自然条件较大地影响人类生活和社会状况。这种生活状况以社会因素为中介,可能会导致重大社会变迁,比如,大多数农民起义是在灾荒年份发生的。进入工业社会,人类对自然进行掠夺式开发形成掠夺关系,人类开发自然资源的后果影响社会的变化。第二次世界大战以来,基于对这种掠夺行为的反省,人类开始寻求与自然环境建立和谐关系,但这一努力才刚刚开始。环境的变化还直接影响社会的变化,比如,各种严重的自然灾害对局部社会的破坏性影响是巨大的。

（二）人口变动

人口是社会构成的基本要素，一定数量和质量的人口是社会存在和发展的基本前提。人口数量、质量和结构的变化会对社会产生多方面的影响。促使人口数量变化的因素有三个：出生、死亡和迁移。这三个因素的重大变化对具体社会领域的影响是直接的，有时这种影响是长久的。比如，持续的高出生率会产生大量的新生人口，提高社会的抚养比，接着会对社会公共设施（如各类学校）的建设提出强烈要求，进而影响社会的就业、家庭结构。人口大迁移对社会变迁的影响更加直接。战争、建设项目引发的大规模移民对于整个社会和移民社会的影响是所有政府都十分关心的问题，移民对迁入地的生活适应和文化适应、移民与原住民之间的关系都直接影响移民社区的秩序和发展。大规模的人口迁移型城市化对城市社会生活的影响早已被社会学家所关注。美国一百多年前的城市化运动对城市社会的影响是根本性的，也产生了大量相关的社会学研究成果。人口结构的变化等对一个社会的经济和社会发展也有重要影响，性别结构的重大变化、老龄化等对社会的影响是全方位的。

（三）科学技术的发展

科学技术是人类在认识自然、改造自然中获得的真理性认知和利用自然资源为自己谋取福利的手段。在农业社会，人类利用科学技术扩展自己的生产能力，降低自身对自然的依赖程度。在工业社会，科学技术成为人类开发自然、掠夺自然的工具，而科学技术每一次大的进步（以重大发现为标志）都会大大地改变人类社会的面貌。第一次工业革命、第二次工业革命和第二次世界大战以来的新的科学技术革命，都对人类的生产力和人类社会生活产生了革命性影响。科学技术的发展增强了人类的生存能力，但它的过分使用，特别是非和平使用给人类社会造成的威胁也是不容忽视的。科学技术的发展不但会影响人类社会的生产和生活，而且在一个社会中，科学技术的发明和使用也会导致社会结构的变化。

（四）社会生产力的变化

生产力是人类所拥有的解决其与自然的矛盾及增加产品的能力。生产力是参与社会生产和再生产过程的物质的和技术的要素的总和，它以劳动者、劳动工具和劳动对象为基本要素。一个社会的生产力的巨大发展会创造出更多财富，可以满足人们的生活需要，促进社会的发展。而一个生产力停滞的社会，社会发展也会处于相对停滞状态。除此之外，生产力还与生产关系形成某种适应或张力关系，并推动着社会的变化。马克思的历史唯物主义深刻地阐述了生产力变化引起社会结构变化和社会经济形态变迁的规律。

（五）社会价值观念

社会价值观念是人们对事物进行优劣、合理性评价的思想体系，社会的价值观念在社会实践中产生，又指导着人们的行为。社会的价值观念是文化的重要组成部分，文化交流可使某一社会的价值观念发生重大变化，从而影响社会变迁。在人类历史上，由战争征服、占领导致的某一社会的显著变化是普遍的，这里常常表现为先进文化对落后文化的替代、同化，而其核心是价值观念的变化。在当代社会，反映现代文化、后现代文化的价值观念大行其道，它对社会行为规范的影响是根本性的，对社会结构的影响也是至深的。

社会价值观念对社会变迁的影响表现为价值观念的变化对人们的行为和社会进程的重要影响。当人们信奉了一种新的价值观念之后，他们的行为也会发生变化，当这种行为的变化遍及社会时，社会变迁就比较明显。我国的体制改革是价值观念变化导致社会变迁的典型例证。改革的启动直接来源于社会价值观念的变化，这包括关于实现社会主义的目标、经济与政治的关系、计划与市场的关系、效率与公平的关系等的一系列基本价值观念的转变，这些价值观念的转变引导了改革的深入发展，并导致社会的巨大变化。在世界发展史上，韦伯也论证了价值观念的变化对社会变迁的重大作用。他指出了基督教伦理的变化与资本主义的发展有一种亲和关系，并形成了意识对社会变迁有重要影响的观点。

## 第二节　社会变迁的理论

### 一、马克思的社会变迁理论

（一）马克思的社会学理论

马克思的社会学理论是他有关人类社会发展的原因、基本矛盾、基本规律和归宿的理论的总和。从社会学的范畴来看，马克思的社会学理论包括人类需要与社会劳动、社会关系与社会结构、社会阶级与社会冲突、人类社会的变迁,以及人类社会发展的理想等内容。这些社会学理论的论述方式和价值取向与孔德创立的社会学有很大不同,但是它同样成为社会学知识的重要组成部分。马克思的一些社会学思想对世界社会学的发展曾经并且仍然在发挥重要影响,这至少包括如下内容:异化劳动理论揭示了现代资本主义社会中的劳动异化现象,指出了这种异化的根源及其不合理性;关于实践的理论为解释人的能动性与社会结构之间的关系奠定了基础;阶级和阶级斗争的思想成为社会冲突理论的重要源泉;对经济基础与上层建筑、社会存在与社会意识之间的关系给出了深刻的解释;关于社会发展的理论对社会变迁的规律给出了总体性的解释框架。上述这些都与马克思的社会变迁理论有直接联系。

### (二)马克思的社会变迁理论

马克思的社会变迁理论是其历史唯物主义的重要组成部分。这里只对马克思的社会变迁的核心内容做简要介绍。

第一,马克思认为社会变迁的根本动力是生产力与生产关系的矛盾,生产力是最活跃的因素,生产力的发展会带来生产力与生产关系的矛盾,生产关系应该适应生产力发展的要求。当生产关系不适应生产力发展的要求时,就会带来生产方式的变革。

第二,生产关系的总和构成经济基础,经济基础的变化会带来建立于其上的政治、法律等上层建筑的变化。社会存在决定人们的意识,意识及其冲突的根源在于物质生活中的矛盾。上层建筑对经济基础也具有反作用。

第三,社会变迁具有整体性特征,经济基础的变化会带来整个社会的变化。

第四,人类社会的变迁在总体上具有发展的特点,即由低级社会向更高级社会发展。社会的发展最终是由生产力的发展推动的。

## 二、历史循环论

### (一)汤因比的"社会和自然环境压力"论

阿诺德·汤因比(Arnold Toynbee)是英国历史学家,他在其《历史研究》中提出了一种分析各种文明发展和衰落的理论,称为"社会和自然环境压力"论。汤因比认为,一个民族要生存就要对外在的社会和自然环境做出反应,而民族文化是这个民族在应对它生存于其中的社会和自然环境压力的过程中形成的,即不断的"压力—反应"塑造了民族文化。反应能力是一个民族的生存能力,对于每一种压力(或挑战),社会都相应地有一种反应。如果反应是成功的,这个社会就能生存下来并继续过渡到下一个挑战;如果反应不成功,社会便走向崩溃。汤因比认为,在文化的产生阶段,压力(或挑战)主要来自自然界,在文化的成长阶段,挑战主要来自人类社会本身。

在汤因比看来,一个民族所遇到的生存压力过大和过小都对民族文化的发展不利。如果一个民族所遇到的生存压力过大,那么这个民族就没有能力对之做出反应,这样,民族的生存被外部环境限制,民族文化也受到约束而发展不起来。比如,生活在阿拉斯加的因纽特人就是如此。如果一个民族所遇到的环境压力过小,即这个民族很容易解决自己的生存问题,那么这个民族的反应能力也不会强,这样,它的文化就发展不起来。比如,生活在南太平洋群岛上的波利尼西亚人就是如此。如果一个民族所遇到的社会和环境压力足够大,但又不至于压倒这个民族,那么这个民族就会在不断的压力—反应中发展起来,它战胜了环境压力,也积累了自己的文化。

### (二) 熊彼特的"经济周期"论

约瑟夫·熊彼特(Joseph Schumpeter)是美籍奥地利裔经济学家,也是社会学家。他研究了第二次世界大战以前两百年间主要资本主义国家的经济变动情况,发现其中存在周期性的波动现象。他把经济周期分为三种:短周期为40个月,中周期为9—10年,长周期为50—60年。他认为,每一个周期内部都包括繁荣、衰退、萧条、复苏四个阶段,这样整个经济过程就是这四个阶段循环往复的过程,而且长周期包含中周期,中周期包含短周期,因此整个经济过程又是由这三种周期复合而成的。他认为,伴随着这一经济周期各阶段的是创新和与之相关的一系列活动。在经济竞争中企业有创新行为,这导致了一些企业的学习行为;接着企业投资,这带来经济的繁荣;随着创新活动的普及、竞争的激烈,企业的获利变少,于是出现收缩、衰退和萧条;当新发明出现时,经济开始复苏,也就开始了一个新的周期。

### (三) 奥格本的"文化堕距"论

威廉·奥格本(William Ogburn)的"文化堕距"论带有一定的循环论色彩。奥格本认为文化包括物质文化和非物质文化。一般地,物质文化先变化,之后非物质文化会发生适应性变化(这种文化也叫适应性文化),但后者的变化有所延迟,即二者的变化在时间上是有差距的。当适应性文化变得与物质文化相适应之后,物质文化会再发生变化,非物质文化又一次发生适应性变化。奥格本认为,人类社会的文化就是这样发展起来的。

### 三、孔德和斯宾塞的社会变迁理论

(一) 孔德的人类社会发展阶段论

孔德认为社会学分为社会静学和社会动学,社会动学就是研究社会变迁的理论。孔德认为,社会历史由一个阶段向另一个阶段的过渡,根本上是由全部社会现实的各部门的矛盾引起的,这些方面包括政治、经济和才智等,但其中才智是主要的。孔德根据"人类智力发展的根本规律"把人类社会变迁和进步的历史进程分为三个阶段:军事阶段、过渡阶段和工业阶段。他认为,这三个阶段与他所说的人类智力发展的三个阶段相一致:第一个阶段是神学阶段,大约在1300年之前,这个阶段的特征是人们敬畏自然力和上帝,认为社会和自然界都是上帝的产物。第二个阶段是形而上学阶段,大约在1300—1800年之间,在这个阶段,人们信仰抽象的"自然力",并用它来说明一切。第三个阶段是实证阶段或科学阶段,大约从1800年开始,在这个阶段,人类观察各种现象,并力图找出各种现象之间存在的经常性的联系和实际规律。孔德用智力的发展解释人类历史进程的观点也受到人们的一些批评。

(二) 斯宾塞的社会进化论

斯宾塞的社会学的基本思想是进化。他在其早期的理论中就认为人类的精神是进化的。达尔文的生物进化论发表之后,许多学者试图用生物进化论的观点,即生存竞争、适者生存的自然选择理论去解释社会现象。斯宾塞在他后来的著作中也用进化论的观点去解释人类社会的变化。

斯宾塞认为,社会有机体像生物有机体一样,其发展也是进化的。社会的发展是一个由简单到复杂的过程。人类社会起初是一种简单的结构,社会的同质性和综合性较高,一个人或一部分人可以承担多种职能。随着社会规模的扩大,社会结构也发生分化并且日益复杂化,社会由单一结构变为多元结构、由同质性结构变为异质性结构。随着社会结构的分化,社会各部分的功能也出现分化,即社会分化出功能互不相同的部门。尽管各部门的功能不同,但各部门之间的功能联系和相互依赖性却大大增强,于是社会形成一个更加复杂的、整体性的社会有机体。在斯宾塞看来,社会的变迁就是增长和进化,其根本机制就是分化。不过,他认为复杂社会在结构上比简单社会更脆弱,因为简单社会的各部分之间的功能分化不大,相互之间的可替代性高。而在高度分化的复杂社会中,各部分之间的相互替代性低,于是就更脆弱。

斯宾塞认为,社会进化在总体上是前进的,但进化过程并不总是直线的。一个社会的进化既受其先前状况的影响,又受新的环境的影响,而这方面的因素各有不同,所以各种社会的进化也不是同一的,进化过程中会出现发散现象,有的社会还会出现倒退,于是社会呈现出多样化。

斯宾塞还用优胜劣汰、物竞天择的观点解释人与人、民族与民族、国家与国家之间的关系,认为通过生存竞争,个人、民族、国家可分化成优劣不同的等级,并认为优等民族应该成为世界的统治者。斯宾塞的社会进化论受到达尔文的生物进化论的重要影响,并被称为社会达尔文主义,他认为自然进化是天经地义的,因而反对任何人为的、对社会进程的强制性改变。

斯宾塞的功能主义思想对社会学的发展产生了深远影响。他的社会进化思想受到社会改良主义者的支持。我国的一些资产阶级启蒙思想家和改良主义者曾大力宣扬社会进化论思想,并以此为武器去推进社会的改革。一些社会学家则指出了这一理论的保守性,而且这种进化论实际上也容易被种族主义者利用。

**四、功能主义的社会变迁理论**

(一) 帕森斯的社会变迁理论

功能主义是社会学中的一个传统的理论派别,它主要从社会的每一个部分都有其功能的角度,分析社会结构及其各部分之间的联系以及社会系统的变化。帕森斯综合了以往功能理论的成果创立了著名的结构功能理论。帕森斯最初并不太关注社会变迁,他关于社会系统内部自我调适、达到平衡的理论被称为社会均衡论,后来他才提出了自己的社会变迁理论。

1. 社会均衡论

帕森斯认为,任何社会都是一个功能系统,是由发挥不同功能的各部分(子系统)结合而成的,这些子系统是适应子系统(A)、目标达致子系统(G)、整合子系统(I)和维持模式子系统(L)。各个子系统既各有分工,又互相依存,共同发挥功能以实现社会系统的目标。这样,社会系统是协调的、稳定的和平衡的。

在帕森斯看来,对这种平衡的社会系统的挑战来自外部。当外部环境发生变化时,就要求社会系统进行适应性调整。社会系统适应环境压力的办法是子系统的分化,即适应子系统首先分化出与变化了的外部环境相适应的部分。这种分化会对原来的各子系统之间的协调和整合产生挑战,不过社会系统本身会有自我调节的机制:其他各子系统发生相应分化,这样,社会系统在新的基础上实现协调和平衡。所以,在帕森斯那里,社会系统总是处于内部协调和平衡状态的。帕森斯的这一理论称为 AGIL 模式。

帕森斯的社会均衡论虽然能够解释美国社会 20 世纪 30 年代到 50 年代相对稳定的情况,却不能解释 60 年代以来出现的社会矛盾和社会冲突,也不能解释社会的剧烈变迁,因而受到一些批评。

2. 新社会进化论

帕森斯把变迁分为社会系统本身的变迁和系统内部各部分的变迁。在结构功能理论的框架下,他认为,系统内部的紧张、偏差行为和社会控制构成系统的变迁,系统变迁的方向是"适应性"的增强,即社会系统克服阻力而达到目标的能力的增强。帕森斯用进化来解释社会变迁,因此他的这种理论又被称为新社会进化论。

帕森斯用其系统理论解释人类社会的进化,他提出社会进化的四个特征(或机制):分化、适应力提高、包容和价值普遍化。帕森斯认为社会的进化由分化开始,即社会由单一结构、功能多样的单位分解为结构复杂、功能专一的单位。这种分化会提高社会的适应力,因为分化导致了社会单位的资源增加。分化和适应力提高带来系统的新的整合问题,而对新单位的包容是达到整合的途径。如果一个社会能包容新的单位与结构,它的基础就会更稳定,效率也会提高。同时,价值普遍化即对新单位的承认或给予合法化,有利于消除系统内部结构之间的冲突。在帕森斯看来,经过上述过程社会系统发生了进化。

(二)新功能主义的社会变迁理论

帕森斯的结构功能理论,包括他的社会变迁理论的一个备受批评的地方是它忽视了冲突和保守主义倾向。针对这些批评,新功能主义社会学家对帕森斯的理论进行了补充,主要包括如下一些方面。

通过发展出一些与社会分化的"大趋势"相背离的变迁模式来补充它。一些功能主义社会学家认为,社会变迁中不但有作为主流的分化,而且也有"逆分化""不平衡的分化",从而将差异性分析引入社会变迁分析。超越进化论的解释强调具体群体和社会冲突对分化过程的影响,把个人与群体的能动作用、利益与冲突引入分化理论。一些学者认为,利益群体之间的冲突、精英群体对新制度的倡导都会影响社会变迁,这使该理论更具现实解释力;增加社会分化结果的可能范围,承认适应性升级只是社会分化的多种可能的结果之一,但是并不认为分化一定会增加系统的效率和整合。有的学者认为,分化可能会带来不同部分之间的相互调节,甚至单向控制。这些对传统分化理论的补充提高了分化理论在预见分化结果方面的灵活性。新功能主义者用明确的批判现实主义的态度来取代对现代社会的乐观主义态度,有的指出功能主义的意识形态不是要强调社会系统的均衡,而是强调个体自主性,有的针对政治与经济寡头对现代社会的威胁和公众的消极态度,提出要用自治性社区来重构现代社会。

**五、冲突论的社会变迁观**

社会冲突论是着眼于社会中的矛盾、冲突、不平等,并以此来解释社会的结构和变迁的理论,社会冲突理论也有较长的发展史和不同观点。

(一) 传统的社会冲突思想

在社会学领域,社会冲突的思想主要来自马克思、齐美尔和韦伯。

马克思的社会冲突论是与其阶级理论联系在一起的。马克思认为生产资料占有的不平等是社会冲突的根源,生产资料占有的不平等和剥削形成阶级对立,这使得阶级斗争不可避免。阶级斗争表现在经济、政治和思想等各个方面,阶级斗争在社会变迁中发挥着巨大推动作用。

齐美尔从基本社会过程形式的角度来看待社会冲突,并对冲突给予了最一般的理解。他认为在社会中冲突是普遍的,冲突不仅是利益的反映,也是人们的敌对本能的反映。人类具有先天的敌对冲动的本能,它在利益冲突的刺激下得到发展,成为社会冲突的最大原因。齐美尔认为,社会冲突并不一定是消极的,并非在所有情况下都必然地引起社会有机系统的崩溃或社会变迁。实际上,社会冲突也是促进社会有机体团结和统一的过程。

韦伯的冲突思想与他的权力、财富和声望的分配观念相关。他认为,在社会分层结构中,当机会较少,即处于较低地位的人否认现存不平等系统的合法性时,易于选择冲突方式以改变现状,而领袖人物的感召力是引发社会冲突的关键力量。

(二)现代冲突论的社会变迁观

现代冲突论的代表人物是达伦多夫。达伦多夫受到马克思的冲突理论的重要影响,但他把冲突看成是权力占有方面的冲突。

达伦多夫认为,现代社会围绕着权力和权威形成两个阶级,即占有很多权力和权威的统治阶级与占有很少权力和权威的被统治阶级,而且这两个阶级存在于社会的任何组织之中。现代社会是由这两个阶级组成的强制性的协作联合体。达伦多夫认为,在这种社会中,压迫和强制是普遍现象,被统治阶级总是要改变自己的地位,于是冲突产生。社会冲突的结果引发社会结构的变迁,特别是权威结构的变迁。变迁有三种不同的类型:所有统治人员的更换即革命变迁;部分统治人员的更换即改革变迁;把被统治阶级的利益结合到统治阶级的政策之中,这是最低层次的变迁。

站在社会冲突论的立场上,达伦多夫认为社会每时每刻都在经历着变化,变迁是社会的常态。他的社会冲突理论是直接与帕森斯的结构功能理论相对立的。

## 第三节 社会规划与社会建设

### 一、人类理性与有计划的社会变迁

人类区别于其他动物的优越之处在于人类理性。人类理性是人类用科学的、客观的观点看待社会现象、处理现实问题的行为特征。在人类社会发展史上,资产阶级启蒙运动和工业革命是人类理性的胜利,它们解开了中世纪以来宗教神学对人类社会发展的束缚,从人类、人类理想的角度积极探索社会的发展。自由资本主义的发展所带来的问题对于理性主义来说是一个意外后果,也是对人类理性的挑战。于是,怎样实际地建立一个合理的社会成为众多思想家关注的问题。学者对社会变迁有各自不同的理解,他们都在建立自己以为合理的社会变迁和社会发展模式。

资本主义的经济危机、资本主义社会的阶级剥削和压迫被认为是人类非理性的表现。而社会主义思想则表现出对理想的人类社会的憧憬,它的一个重要思想是对社会的计划,以使社会按照人类理想进行有计划的变迁。例如,圣西门等空想社会主义者就曾经设想通过社会计划避免社会问题的发生。

马克思、恩格斯关于资本主义基本矛盾和社会主义的有计划发展的理论,为在国家层次上实现有计划的发展提供了一幅蓝图,社会主义国家的建立也实践着马克思主义的有计划地推进社会发展的思想。特别是20世纪40年代以后,社会主义在世界范围内的扩展使马克思的社会计划思想得到广泛实现和检验,社会主义的计划经济体制则是其典型。社会主义的计划体制是以从根本上消除社会的无计划所造成的混乱为目标来配置资源和谋求社会发展的,但它对人类社会复杂性的忽视、对个人积极性的抑制却导致了计划经济体制难以持续。实际上,这里遇到了一个社会学看待社会变迁的基本问题,即人类可以在多大程度上对社会变迁进行干预,使其更符合人类的意愿。在社会学中,卡尔·曼海姆(Karl Mannheim)是直接倡导社会计划的学者,鉴于法西斯主义的威胁,他提出用民主计划来推动社会重建,但只是一些议论。

**二、社会规划**

**(一) 什么是社会规划**

从社会发展的角度来讲,人类可以以自己理性的发展,即通过对社会发展规律的科学认识对其未来发展做出某种程度的计划或干预,从而使社会运行更符合人类的需要,更符合社会进步的要求。人们为达到共同的目标而有计划地指导社会变化的过程叫社会规划或社会计划,它是人们在科学认识社会运行规律的基础之上,运用所掌握的知识和科学技术,对各种资源进行合理配置,从而有效地实现人们的社会发展目标的总过程。社会规划并不是人类的唯意志的活动,不是人们随心所欲的"设计社会"的活动,而是人们在认识和顺应社会运行基本规律的基础上对它的一定程度的干预。它是同自由资本主义、社会进化论相对应的社会发展的思想与实践。

在发达国家,社会计划的思想与实践主要表现在如下方面:在经济增长的同时预防经济危机和应对大量失业现象,国家通过对基础产业的投资而干预经济运行,公营企业和公共财政部门得到发展,以社会公正和收入再分配为目的的"福利国家"形成。发展中国家对社会计划的理解包括如下一些内容:一些社主义国家认同了马克思主义的计划思想,有的受发达国家的影响而主要对某些部门进行国家干预,还有的主要接受了联合国的社区发展思想而在社区层次进行综合开发。由此可见,社会规划的含义是多样化的。

(二)不同类型的社会规划

人类对社会运行的有意识的干预或计划有范围和程度上的差别。前者是指人们在多大的范围内对社会运行进行干预,即人们在多大的活动范围内对自己的活动进行规划。这里又包括两个方面:一是规划的空间范围。比如是在国家层次、地方政府层次,还是在某一城市或农村地区对社会运行进行规划,范围越大、问题越复杂、意志越不统一,规划越困难。传统上,我们常常把社会规划理解为国家层次,即将其与经济计划或整个国家的发展计划联系在一起。实际上则不然,社会规划可以有较低层次。二是规划的活动空间,即对何种人类活动进行计划和干预。比如是对经济活动进行规划和计划,还是对人们的所有活动进行规划。在计划经济时期,我国政府试图在国家层次上对尽可能多的人的活动进行计划,即对全部经济和社会活动进行干预。实际上,社会规划也可以发生于影响国计民生的最主要方面,比如许多国家对影响国计民生的最重要部门进行干预,使之有计划地发展。

人们对社会运行的干预或计划的程度差别指制订的计划是比较严格、细致还是不太严格。在我国,前者被称为指令性计划,是必须予以执行的计划。这种规划或计划表现为一系列具体的、相互联系的、必须完成的指标,并靠强有力的行政力量去推动实现。后者称为指导性计划,是在总的方面应该执行,但在细微方面可以灵活实施的计划。在非计划经济国家,社会规划更多地属于后者,即除了对国家安全有重大影响的领域外,政府对某些领域的干预主要表现为指导,特别是政策上的引导。

在我国的发展实践中对社会发展计划曾经有三种理解,它们都是社会规划的某种角度。第一种把社会发展计划理解为对全社会的经济、文化、科学技术、社会管理等各个方面的计划,这也是对经济和社会发展的全面规划和计划,其表现形式是各级政府的经济和社会发展计划。第二种把社会发展计划看作对经济之外的社会领域活动的规划,实际是对各种事业发展的规划,包括科学技术、文化教育、卫生体育、环境保护、社会福利、公共安全等方面的计划。第三种把社会发展计划理解为社会保障和社会福利计划,包括劳动就业、教育、卫生和健康、住房、社会救助等方面的内容,这是保护社会中的困难群体的利益、维护社会公平方面的计划。

(三)社会规划的特点

应该指出的是,社会规划是对某一范围内人类多种活动及其后果的理性设计。社会规划不同于经济计划,尽管经济活动是社会规划的一个重要方面。社会规划旨在从综合的角度对人类活动产生影响,它关注的是人们的各种活动之间的协调及实现符合社会进步要求的共同目标。从最笼统的层面上可以说,它是社会—经济规划,它要处理的问题是:对各种资源的合理配置和有效运用、产出令人满意的社会—经济效益并对这些效益进行合理分配。这些活动都与具体的社会群体相关,即它们都是以一定的社会结构(社会利益群体系统)为背景或为基础的。因此,社会规划是以人为中心的计划,是对人类活动的社会意义的关注,而不只是对物的规划,这是它不同于经济规划的关键。社会规划常常离不开对经济活动的关心,但其目标是关注经济活动及其他活动的社会效果。

从更具体的角度来讲,社会规划一般表现为对某一地区(它们常常是行政区)的经济与社会发展的规划,或者是对某一重大经济与社会发展项目的规划。在这些规划中,社会学者、规划和发展专家不是独自设计规划,而是与其他方面的专家一起讨论和进行设计,并在总体规划或计划中体现以人为本、实现社会发展目标的要求。例如,某一地区进行产业结构调整,社区建设、项目开发中的就业、环境保护、利益分配、可持续发展问题都是社会规划考虑的中心问题,每个问题不应被孤立地考虑,而是与其他方面相联系的。

在社会规划中一个重要的问题是由谁来进行规划。曼海姆提出了这一问题,但没有合适的答案。一般地,人们常常认为社会规划是政府官员、技术官僚的事,因为他们不但掌握进行规划所需要的信息、技术,而且具有实施规划的权力,事实上也确实如此。但是这种规划方法至少有两种危险:一种是,这些官员和技术官僚可能并不真正了解社会状况,特别是民众的需要和愿望,因而这种规划常常不符合实际,进而无法实施,或者强制性的实施将造成对社会发展的损害。另一种是,这些官员和技术官僚可能进行权力垄断,而把自己的价值观念强加于社会,造成少数人支配社会的局面。鉴于这方面的经验和教训,国际上大力倡导参与式规划,即广泛地吸引各方面人士、民众及非政府组织参与社会规划的制定,收到了积极的效果。

### 三、社会指标体系

**(一) 社会指标运动的兴起**

20世纪60年代到70年代,在世界范围内形成了一股研究社会指标的热潮。人们把研究社会指标以提高人们的生活质量的活动称为社会指标运动。"社会指标"的概念首次出现于1966年美国社会学家雷蒙德·鲍尔(Raymond Bauer)主编的名为《社会指标》的论文集。鲍尔等人认为,社会指标是一种量的数据,是用来量度具有普遍社会意义的社会状况的指数。

社会指标体系围绕着生活质量问题来研究经济和科学技术发展对社会发展的影响。在实际的发展中,学者对社会指标的功能有三种有所区别但总体上一致的理解:把它视为标准的福利指示器,用来测量社会生活福利的发展程度;把它看作衡量人们对生活满意感的指标;把它看作描述社会状况的指标。不管怎样,社会指标实际上是社会发展的指示器。

**(二) 社会指标体系的类型**

社会指标体系的类型大致有以下几种。

1. 规划性的社会指标体系

综合的规划性的指标体系是以一定的社会发展计划为依据,综合地测量社会生活领域主要方面的发展状况的一套指标,它主要包括人口、收入与消费、住房、教育、卫生保健、娱乐、休闲、公共安全等方面的内容。这种指标体系主要是为政府设计的,它符合政府进行社会规划和社会管理的要求,也易为社会公众所接受。我国于20世纪80年代初建立了这种指标体系。

2. 社会目标导向的社会指标体系

社会目标导向的社会指标体系是为了反映某一社会问题的状况、实现某种社会目标而设计的详细、深入描述该领域社会状况的指标体系。在设计指标之前首先明确所关心的问题或某一社会生活领域的发展目标,然后根据这些问题和目标去演绎,形成特定的指标体系。它对监测某一令人关注的社会状况、研究社会问题、加强社会管理有重要作用。

3. 理论研究取向的社会指标体系

理论研究取向的社会指标体系是学者为了进行某种科学研究而建立的指标体系。学者为了研究某一社会现象的发展规律,围绕问题设计出既能反映社会状况,又能反映现象之间的因果联系的指标体系,通过持续地收集资料并进行分析,针对他们所关心的问题给出有根据的阐释,并且发展出某种理论。

(三) 社会指标体系的功能

1. 系统地反映社会状况

反映社会状况是社会指标的基本功能。由于现代社会的复杂性,人们一般很难以直接经验去全面地认识社会,这样,利用科学的手段去认识社会的总体发展状况就显得十分必要。社会指标体系可以全面、系统地反映社会状况,有助于人们对社会的科学认识。

2. 进行社会计划

社会规划和计划不但表现为"以人为本"的社会变迁理念,而且在工作层面,社会规划人员可以通过设计符合实际、合乎社会运行规律的指标体系,并实施这些指标去具体地引导社会变迁。

3. 监测和预测社会的变化

社会指标体系的监测功能是通过比较,特别是定期比较某一社会生活领域的指标值而实现的。通过监测可以了解社会运行状况,也可以预测社会运行中可能出现的问题,后者是社会指标体系的社会预警功能。

4. 对社会状况进行比较和评价

社会指标体系具有比较和评价社会状况的功能,包括将计划指标与指标实现的状况(现实的指标值)进行比较,从中发现差距,并作为调整计划的基础;将不同时期社会指标的实际水平进行比较,发现社会变迁的走向、趋势,并对其做出价值评价;对不同国家和地区的同一类社会指标的实际水平进行比较,认识它们之间的差异或异质性,这种比较也可以为某一国家或地区的社会发展提供参照系统。

### 四、社会发展战略与社会建设

20世纪中后期以来,各国都采取了一些推动国家经济社会发展的战略,指导国家经济和社会发展的重大行动和发展方向。

(一) 几种著名的经济社会发展战略

1. 传统发展战略

社会发展战略(也称经济社会发展战略)是指一个国家或政府所采取的关

于国民经济和社会发展的全局性、总体性的长期部署和谋划。20世纪50年代到60年代,许多国家特别是发展中国家开始集中力量发展经济,以缓解国内严重的贫困问题,一些发达国家也把经济的增长置于首位。人们把世界范围内出现的各国以经济增长,特别是国内生产总值(GDP)增长为首要目标甚至是唯一目标的发展战略称作传统发展战略(或称传统发展模式、"增长第一"战略)。采取传统发展战略的国家和地区十分重视经济的增长,这种做法虽然推动了这些国家和地区经济的快速增长,但也带来了众多社会问题。问题主要表现为:未能满足人们尤其是穷人的基本需要,造成了严重的环境破坏,收入分配差距拉大而形成严重的不平等。在经济发展与社会发展的关系上"先经济后社会"、在人与环境的关系上"先破坏后治理"就是传统发展战略之问题的写照。在这种情况下,人们开始对这一发展模式进行反思,罗马俱乐部的报告就是这种反思的代表。但是由于多方面原因,传统发展战略并没有被抛弃,在许多国家和地区,这一发展战略仍大行其道。

2. 基本需求战略

在否定传统发展战略的过程中,出现过一些替代战略,较有名的是国际劳工组织提出的基本需求战略。这一战略认为,一个国家的发展首先要满足人们的基本需求,包括满足每一个人在吃穿住等方面的最低需求,能够提供基本的服务,如干净的饮用水及卫生环境、教育和医疗卫生状况的改善,一份报酬合理的工作(就业机会),一个有益于健康的、人道的社会和令人满意的环境,以及参与关系到民生和个人自由的决策机会。基本需求战略是以民生为目标的,它成为许多国际组织的政策目标,但是它在具体实现上也受到了传统发展战略的制约。

3. 可持续发展战略

在对20世纪70年代石油危机、传统发展模式对环境的破坏等问题进行反思的基础上,80年代在世界范围内出现了强有力的"可持续发展"思路,与之相适应的是可持续发展战略。所谓可持续发展是指当代人的发展不应牺牲下一代的发展机会,一个地区的发展不能以另一个地区的发展为代价。可持续发展战略强调资源的合理运用与保护,强调社会公平。可持续发展包括可持续的经济发展、自然资源的合理开发与保护、可持续的社会发展、可持续的人口发展等内容。可持续发展已经成为国际共识,但在实践上还存在许多问题。在这方面,发展中国家遇到了突出的难题。但是,由于西方发达国家在长期工业化过程中对全球资源的掠夺和对环境的破坏,此后形成的不平等的国家关系,以及过度耗费资源的不可持续的生活方式,因此它们对可持续发展问题负有责任。至今,可持续发展仍然是一个世界性的问题。

（二）关于经济与社会发展关系的一些看法

经济社会发展战略的核心是怎样看待经济和社会的关系。从理论上说明经济发展与社会发展的关系比较容易,但是经济社会发展战略是要实施的,它反映了一个国家或地区实际上怎样对待经济发展和社会发展。20世纪70年代末以来,英美国家兴起了新自由主义思潮,强调市场经济的头等重要作用,并在世界范围内产生了一定影响。市场机制在刺激经济复苏和发展方面是有用的,但是过分强调市场的作用对社会发展的损害也是明显的,这在一些发展中国家表现得尤其明显。严重的社会两极分化、严重的环境污染、持续的高失业率、小农和小生产者的大量破产、社会走向分裂,这些都质疑着经济增长的社会效益。面对上述问题,一些学者提出以人为中心、关注文化价值的新发展观。也有学者质疑什么是发展,提出发展是谁的发展的问题。

实际上,发展是为了人,为了人们的福祉,而人们福祉的增加不但是经济财富的增长,还有人与人之间关系的和谐。于是,关心广大民众特别是低收入群体在经济增长下的处境就是重要的。在经济发展与社会发展的关系上,新自由主义还有一个误区,即认为市场经济是自足的,它可以自我调节,它的发展与社会、政治因素无关,而事实并非如此。卡尔·波兰尼（Karl Polanyi）正确地指出了经济与社会的相依性,指出社会关系是"嵌入"经济体系之中的,市场经济不可能"脱嵌"于社会,因此要保卫社会。这些思想对于处理好市场经济与社会发展的关系是具有启发意义的。

（三）中国的发展实践和发展理念

我国是发展中国家,经济落后和贫困一直是政府和民众迫切期望解决的问题。在这种背景下,我国政府基本上采取了传统发展战略,即追求经济的快速增长。改革开放以来,这一战略的实施取得了一定成功,我国的贫困问题在一定程度上得到了解决,人民的物质生活得到明显改善。但是,这种经济社会发展方式也带来了严重而复杂的社会问题:社会贫富分化、环境污染严重、贪污腐败、社会失信,经济发展不可持续的现象严重,人民生活质量的提高面临严重挑战。虽然对于一个发展中国家来说,实施传统发展战略有一定的必然性,但是从持续发展角度来看,与经济增长相伴随的问题绝对不容忽视,经济增长与社会发展失衡的发展战略必须改变。

在这种背景下,中国共产党提出了科学发展观,坚持把发展置于首要位置,坚持以人为本,全面、协调、可持续发展,这是中国基于本国实际,并参考国际经验所做出的理性选择。在工业化、城市化、市场化、国际化进程加深,我国经济发展进入新常态的情况下,要切实改变多年来实施的传统发展战略并解决其积累形成的问题并不容易。党的十八届五中全会在2020年全面建成小康社会、建设现代化国家的目标指引约束下,在科学发展观的基础上深化了发展理念,坚持以人民为中心,提出了创新发展、协调发展、绿色发展、开放发展和共享发展的理念。新的发展理念回应了未来一段时期内我国经济社会持续健康发展的要求,对现代国家建设、提高人民福祉具有重要作用。

经过四十多年的改革开放,我国的经济社会发展取得了举世瞩目的成就,到2019年年底我国人均GDP已经突破1万美元,我国在总体上已经走出贫困。在新的发展节点上,我国的经济社会发展也面临新的机遇和挑战。按照一些国际机构的说法,发展中国家人均GDP达到1万美元左右时,会遇到一个所谓"中等收入陷阱"问题。中等收入陷阱是指一个发展中国家发展到中等收入阶段后,可能会出现两种前景:一种是持续发展逐渐成为发达国家,另一种是因为科技创新不足、劳动力成本上涨和竞争力下降,经济发展徘徊不前。第二种情况就是进入中等收入陷阱,而这会带来许多新的社会问题。我国在改革开放中积累了比较丰富的经验,有推动经济社会持续发展、逐渐走向发达国家的多种有利条件。通过全面深化改革,制定有利于经济持续发展和社会稳定的制度和政策,充分发挥政府、市场和社会的作用,我国建成中国特色的社会主义现代化国家的目标就是可期待的。

(四)中国的社会建设

1. 社会建设的内容

社会建设虽然不是社会学的经典研究领域,但是它在我国追求发展的实践中却占有重要地位。1917年孙中山就提出"社会建设"的概念,宣扬民权民生。1934年社会学家孙本文撰文论述社会建设问题,主要指的是社会事业发展。进入21世纪,中国的改革开放、经济社会发展遇到新的机遇和挑战,经济与社会如何协调发展问题比较尖锐。为了解决这些问题、促进国家现代化,中共中央提出要加强和谐社会建设,党的十六届六中全会专门就构建社会主义和谐社会若干重大问题作出决定,在全国大力推进和谐社会建设。后来党中央又出台多个政策文件,从不同角度推动社会建设。社会建设成为国家和社会处理经济、政治、文化、社会和生态领域关系的重要切入点。

结合理论研究和实践,可以这样来理解:社会建设是人们有意识地协调经济发展与社会发展的关系,通过有目的、有计划、有组织的行动,健全和完善社会领域的制度和政策,优化社会结构,促进社会协调,增强社会发展能力,增进社会全体成员福祉,进而促进社会持续发展和进步的过程。按照一些学者的看法,作为实践,社会建设包括三个维度:实体建设维度,如社区建设、社会组织建设、社会设施建设等;制度建设维度,如社会保障制度建设、利益分配制度调整、社会安全制度建设等;结构调整维度,如城乡结构、人口结构、社会阶层结构等。

2. 21世纪中国的社会建设实践

社会建设是一个涉及经济、政治、文化、社会和环境诸多层面、众多因素的实践领域。21世纪初我国提出和推进社会建设,是有计划地推进国家与社会建设、走向社会现代化的实践,也是反思传统发展战略带来的问题、确定新的发展方向的理性选择,还是解决改革开放以来不断积累的社会问题、寻求新的发展动力的努力。我国的社会建设基本上采取了自上而下的推动模式:从解决基本民生问题入手,通过发展基本的社会保障制度,完善公共政策,发展公共事业,鼓励城乡居民有序参与,有计划地鼓励社会组织发展并对之实施监管,等等。

当前,中国社会建设的关键是正确处理经济发展与社会建设的关系,正确处理政府与社会的关系。对于前一个问题,经济体制改革以来,我国从中央到地方长期采用传统发展战略,形成了全国性的"GDP锦标赛"。发展经济对于解决大范围贫困来说至关重要,但是如果只看经济增长,不顾社会公平和社会问题,就会产生国际上许多国家曾经出现的社会两极分化、环境破坏以及低收入群体缺乏社会认同等问题。不唯GDP,关注基本民生,更多向社会和民生领域投入或向民众让利以解决民生方面的问题,因此社会建设取得了一定成效。同时,调整经济结构、保护人居环境成为比较刚性的政策,政府和社会(包括企业)正在向注重社会建设的方向转变。对于第二个问题,在发展社会力量、激发社会组织活力方面,政府谨慎推进。支持经济类、民生服务类和社区社会组织的发展,居民的社会参与有所发展,城乡社区治理初步开展,社会组织在弥补政府和市场的社会功能不足方面发挥了积极作用,社会福利设施、公共服务设施建设促进了社会建设。

3. 社会建设需要解决的重要问题

中国的社会建设既是走向社会现代化过程的必然选择,也是化解改革转型中积累起来的社会问题的要求。现代化进程中经济发展与社会发展的优先次序、社会建设的综合性使社会建设遭遇一定困难。由于专门的社会建设实施较晚,某些地方政府对社会建设的内容和必要性认识不足,社会建设的制度体系不健全,加之社会建设和民生领域"欠账"较多,因此我国的社会建设尚处于探索发展状态。社会建设投入不足,政府、市场、社会之间关系不顺,社会组织发育和成长缓慢,社会活力与社会稳定的关系不好拿捏,收入分配差距拉大,基本民生保障与环境保护关系待理顺,这些问题都影响了社会建设的顺利发展,具有社会转型的特征。

社会学作为研究社会建设的主要学科,需要关注以下重要问题:经济发展与社会发展的辩证关系,社会结构优化与收入分配合理化,城乡社区建设与社会组织发展,公民参与和社会有序运行,以及社会体制改革建构等。社会建设具有政治性和社会性。中国既不能停留于原有体制,也不能照搬西方国家的经验,形成符合中国实际、具有现代特征的社会体制是当前实践者和研究者共同的迫切任务。

## 【推荐阅读】

〔美〕阿图罗·埃斯科瓦尔:《遭遇发展——第三世界的形成与瓦解》,汪淳玉等译,叶敬忠译校,社会科学文献出版社2011年版。

〔美〕莫里斯·博恩斯坦编:《东西方的经济计划》,朱泱等合译,商务印书馆1980年版。

〔英〕卡尔·波兰尼:《大转型:我们时代的政治与经济起源》,冯钢、刘阳译,浙江人民出版社2007年版。

陈旭麓:《近代中国社会的新陈代谢》,上海人民出版社1992年版。

〔德〕卡尔·马克思:《〈政治经济学批判〉序言、导言》,中共中央马克思恩格斯列宁斯大林著作编译局译,人民出版社 1971 年版。

〔美〕德内拉·梅多斯、乔根·兰德斯、丹尼斯·梅多斯:《增长的极限(珍藏版)》,李涛、王智勇译,机械工业出版社 2013 年版。

〔法〕弗朗索瓦·佩鲁:《新发展观》,张宁、丰子义译,华夏出版社 1987 年版。

〔美〕史蒂文·瓦戈:《社会变迁(第 5 版)》,王晓黎等译,北京大学出版社 2007 年版。

〔德〕马克斯·韦伯:《新教伦理与资本主义精神》,马奇炎、陈婧译,北京大学出版社 2012 年版。

袁方主编:《社会指标与社会发展评价》,中国劳动出版社 1995 年版。

郑杭生等:《社会指标理论研究》,中国人民大学出版社 1989 年版。

# 第十四章

# 社会现代化

大约自17世纪或18世纪起,人类社会经历了一场前所未有的巨大变革。这场变革首先发源于英国、法国等国家,然后以各种方式逐渐扩展到其他国家或地区。人们将在这之前的社会称为"传统社会",将这之后的社会称为"现代社会",并将从"传统"向"现代"转变的过程称为"现代化"。在本章中,我们试图对与理解"现代化"过程有关的一些基本概念和理论做一简单的介绍。

## 第一节 现代化的含义、内容与特征

### 一、现代化的含义

在有关"现代化"的文献中,"现代""现代化"以及相关的一些概念至少具有广义和狭义两个方面的不同含义。

广义的"现代"一词,是被当作"目前""现在""今天"的代名词,被用来泛指人们正在经历的任何一个当前的时间阶段。在这种含义上来理解的"现代"概念,具有一种相对的意味。按照这种理解,人类历史演变过程中的任何一个时间区域相对于以往都可以称为"现代"。人类历史的演变过程就是无数的"现代"不断地转变为"过去"或"往古",同时又不断地产生或迎来新的"现代"时期的过程。狭义的"现代"一词则主要指的是从17世纪或18世纪开始(尤其是工业革命以来)的这一历史演变时期,与"传统"社会相对应。例如,约翰·伯瑞(John Bury)在他的《进步的观念》一书中就十分明确地宣称"现代历史开始于17世纪"。

就字面意义而言,所谓现代化就是指成为"现代"的过程。因而,"现代"一词的双重含义不可避免地隐含了"现代化"这个词的双重含义。广义的"现代化"一词是指向任何一个更"新"的"现代"时期或状态的转变过程,因此"现代化"也就是一个永无休止的过程。我们可以看到所谓"第一次现代化""第二次现代化"乃至"第N次现代化"之类的提法。这种"第N次现代化"的说法显然就是在一种比较广泛的意义上来使用"现代化"这个词的。

狭义的"现代化"概念指的是17世纪或18世纪(尤其是工业革命以来)从欧洲起源,之后逐渐扩散到全球的、一种建立在工业化基础之上的、新的社会生活或组织模式,是从"传统社会"向这种新型的"社会生活或组织模式"转变的过程。社会学中所讨论的现代化,尤其是20世纪五六十年代出现的"现代化理论"所讨论的基本上属于狭义的现代化。本章所讨论的也是狭义的现代化。为了方便起见,下面将只使用"现代化"一词,而将"狭义的"这一限定词略去。

### 二、现代化的内容

查尔斯·穆尔(Charles Moore)认为,现代化就是传统社会像西方先进国家那样向经济富裕、政治稳定的社会的总体过渡。这种过渡是以工业化过程为基础的。除了工业化过程之外,它还包括以下一些方面:(1)在价值观念上,亲属优先(任人唯亲)的思想方法过渡到业绩优先(任人唯贤)的思想方法;(2)在制度上,建立能够为经济生产而动员土地和资本可转让的所有制,以及劳动力能够自由流动的劳动市场制度和促进流通的商品交换系统;(3)在组织上,建立专业化、金字塔式统治的科层制组织和得当的国家财政组织;(4)在个人动机上,培养有创造精神的个性、业绩主义志向、向上的积极性以及对教育的渴求和活动热情;(5)在经济政治方面,拥有高水平的技术和受过高度训练的专家,广阔的市场和相互依存的组织结构;(6)在人口结构方面,过渡到低出生率、低死亡率、老年型的人口结构;(7)在社会结构方面,亲属群体和家庭功能缩小与解体,个人主义化进一步加强,妇女地位提高,社会控制减弱等。[①]

---

[①] 参见〔日〕富永健一:《"现代化理论"今日之课题——关于非西方后发展社会发展理论的探讨》,载〔美〕塞缪尔·亨廷顿等:《现代化——理论与历史经验的再探讨》,张景明等译,上海译文出版社1993年版,第112页。

第十四章 社会现代化

在《现代化的社会模式(结构)和问题》一文中,马里恩·莱维(Marion Levy,又译列维)比较了"现代化社会"与"非现代化社会"在社会结构方面的特点,将二者的区别归结为以下九个方面:

(1)现代化社会的政治组织、经济组织、教育组织等诸单位的专业化程度高,而非现代化社会的专业化程度则比较低;

(2)在现代化社会,由于专业化程度较高,各单位是相互依存的,功能是非自足的,而在非现代化社会,亲属群体和近邻共同体的自足性较强,缺少功能分化;

(3)在现代化社会,伦理具有普遍主义性质,而在非现代化社会,由于家庭、亲属关系比较密切,伦理具有个别的性质;

(4)现代化社会的国家权力是集权但不是专制,而非现代化社会的国家权力则主要是专制的;

(5)现代化社会有发达的交换媒介和市场,而在非现代化社会,交换媒介和市场尚未发展起来;

(6)现代化社会的社会关系是合理主义、普遍主义、功能有限和感情中立的,而非现代化社会的社会关系是传统的、个别的、功能无限的和具有感情色彩的;

(7)现代化社会具有高度发达的科层制组织,而在非现代化社会,即使有科层制组织也是建立在个别的社会关系之上的;

(8)现代化社会的家庭向"小家庭"发展,功能也不断缩减,而非现代化社会的家庭结构是多样化的,家庭功能也是多重的;

(9)现代化社会的成员多数生活在城市,从事非农业生产,而非现代化社会的多数成员则是生活在农村,主要从事农业生产。①

莱维认为,所谓现代化从社会结构上看就是社会从上述相对非现代化的社会结构向相对现代化的社会结构变化的过程。

1960年欧美与日本的学者在日本箱根举行国际学术讨论会。这次会议为"现代化"确立了八项标准:(1)人口相对高度集中于城市,城市日益成为社会生活的中心;(2)较高程度地使用非生物能源,商品流通和服务设施增加;

---

① 〔美〕M. 列维:《现代化的社会模式(结构)和问题》,载谢立中、孙立平主编:《20世纪西方现代化理论文选》,上海三联书店2002年版,第117—124页。

(3) 社会成员大幅增加互相交流,以及这些成员对经济和政治事务广泛参与;(4) 公社性和世袭性集团普遍瓦解,个人的社会流动性增强和个人活动领域日益多样化;(5) 文化知识广泛普及;(6) 一个不断扩展并充满渗透性的大众传播系统;(7) 大规模的制度,如政府、商业和工业等制度存在,以及在这些制度中科层管理组织不断增长;(8) 在一个单元(如国家)控制之下的大量人口不断趋向统一,在一些单元(如国际关系)控制之下的相互影响力日益增长。这样,现代化可以理解为一个社会使自己不断趋向上述标准的变化过程。①

印度学者德赛(Deasai)在《重新评价"现代化"概念》一文中,也从一个综合的角度对"现代化"概念进行了较为全面而又简略的概括。他把人们使用"现代化"概念时所设想的实质过程综合性地概括为以下几个方面:

(1) 知识领域的现代化。其主要内容是理性态度的出现以及由此导致的其他一些世俗主义精神的发展,包括:不同于来世的现世态度;将人与人类及这个世界的安全、发展和完善作为人类努力的目标和规范的尺度(人文主义);不轻信任何事物,对任何事物都提出疑问,对之进行理性的研究;不同于反对变革的、趋向变化的向前看的态度;等等。

(2) 社会结构变化。现代化是个人行动与制度结构的高度分化和专门化,它将个人充当的不同角色尤其是职业角色和政治角色加以区分,并将它们与家族亲属所充当的角色加以区分,角色的征求也不是按固定不变的血缘、地缘、种姓或等级的归属来确定,而是以个人的成就为基础的自由流动。

(3) 政治变化。这包括:国家统治权力的合法性是来自世俗人民的批准,是建立在对公民承担责任的基础上,政治权力不断扩散到全体成年公民,中央行政权力不断增强,地理范围逐渐扩大等。

(4) 经济变化。这包括:非生物性动力取代生物性动力,经济活动与传统环境相分离,机器取代手工工具,第二和第三产业比重超过第一产业,经济角色和经济单位日益专业化,工业化程度日益增长等。

(5) 都市化程度不断提高。

(6) 文化领域的现代化。这包括:文化制度的主要因素日益分化;一种新的文化观出现,它以强调进步和完善,强调快乐、能力自由发挥、感情自由流露,强

---

① 参见孙立平:《传统与变迁——国外现代化及中国现代化问题研究》,黑龙江人民出版社 1992 年版,第 3 页。

调个性发展的价值观,以及强调效率为特征;一种新的个性取向出现,它显示于人们对社会环境更大的适应能力,兴趣范围的扩大,自我信心的增强,对现世的日益重视,对他人的日益尊重和信任,对科学技术的信赖,对按照个人贡献获取报酬原则的接受等方面。①

综合起来可以说,人们通常所说的"现代化"实际上包含人类思想和行为一切领域的变化,其组成部分至少包括工业化、城市化、专业化、高水平的社会分化和社会流动、科层化、参政范围的扩大、文化的世俗化、行为的理性化等,它是一个全面的、系统的、普遍发生的社会变迁过程。

### 三、现代化的主要特征

作为一场翻天覆地的巨大历史变革,现代化过程至少具有以下一些基本特征。

第一,现代化是一个剧烈的转变过程。它在一个前所未有的程度上改变了社会的原有面貌,用一套与以往几乎全然不同的"现代"的经济、政治、社会和心理结构取代了"传统"的经济、政治、社会和心理结构,以至于有人认为,"现代"社会与"传统"社会之间存在巨大的"断裂"。

第二,现代化是一个系统的变革过程。它涉及社会各个领域、各个方面的改变。一旦某个领域开始了现代化的过程,就必然会要求或导致其他领域的现代化过程发生。因此,那些只希望在某些领域(如技术或经济领域)进行现代化,而在其他领域则维持传统面貌的现代化努力往往得不到成功。当然,由于起始条件、内外环境等方面的不同,现代化在各个领域、各个方面展开的时序模式还是会有所不同。

第三,现代化是一个由于某些偶然的因素而首先在西方国家发生的过程。然而由于它所创造的生存方式在许多方面与传统生存方式相比具有竞争优势,它一旦出现就以各种方式不断地扩散到全世界。因此,迄今为止,西方以外的国家的现代化过程在某种意义上说就是一个"西方化"的过程。这就又在非西方国家中引发了"西方"文化与"本土"文化之间的紧张关系。"本土化"成为这些

---

① 〔印度〕A. R. 德赛:《重新评价"现代化"概念》,载〔美〕塞缪尔·亨廷顿等:《现代化——理论与历史经验的再探讨》,张景明等译,上海译文出版社1993年版,第28—33页。另参见〔美〕西里尔·E. 布莱克编:《比较现代化》,杨豫、陈祖洲译,上海译文出版社1996年版,第134—139页。

国家现代化过程中的一个重要议题。

第四,现代化是一个全球化的过程。它通过向世界各个地方扩散而逐渐将整个世界的各个国家、各个地区都卷入这场全面而又深刻的变革过程中来,并将它们联结成一个相互联系、相互依赖的整体。在这个紧密联系的世界整体中,无论哪个国家或地区发生的事情都不再是一些相对孤立的事件,都会对其他国家或地区迅速产生程度不一的影响。对每一个卷入了现代化过程的国家或地区来说,"内"和"外"的概念在一定程度上都具有了相对的性质。

第五,现代化是一个趋同化的过程。由于迄今为止的现代化过程在很大程度上就是西方化的过程,因此随着时间的流逝,卷入现代化过程的各个国家或地区的人们在技术、制度、社会结构、生活方式、文化和心理等方面的相似性将日益增强,世界正在日益趋于同质化。这在很大程度上对文化的多样性构成了威胁。如何保持文化的多样性成为现代化进程的另一个重要问题。

第六,现代化是一个功过并存的过程。从某些方面(如改造自然的能力、生活质量的提高等)来看,现代化增加了人类的福利。但从另一些方面(生态环境的破坏、生活意义的失落、监督机制的严密、人类自我毁灭的可能性增加等)来看,现代化似乎又是一个充满风险的过程。因而,对现代化的反思和批判始终是现代化过程中一个如影相随的重要部分。

## 第二节 理解现代化的主要理论模式

如何来理解现代化过程?现代化的本质是什么?引发现代化过程的最初动力是什么?现代化的后果又是什么?这些都是在理解现代化过程时需要回答的问题。对于这些问题,思想界或学术界有着种种不同的说法,从而形成了现代化问题研究的不同理论模式。以下我们择其要者做一概括性介绍。

### 一、马克思的资本主义社会理论模式

马克思是最早对"现代"社会进行系统研究的现代思想家之一。马克思认为,"现代"工业社会实际上是生产力在资本主义生产方式的推动下不断发展的结果,反过来又彻底改变了资本主义的形貌。在这样一个理论框架的指引下,马克思对"现代"资本主义或"工业"资本主义社会的形成、发展及其运作机制进行

了深入细致的考察和分析。

马克思认为,现代工业社会是资本主义生产方式不断发展的结果,是资本主义生产方式的一个历史阶段。他认为,现代工业社会是机器大工业分工的产物。机器大工业的出现使得社会生活的各个领域都围绕着资本主义的原则来组织和运作,从而"现代"工业社会成为一个"资本主义社会"。

马克思分析了机器大工业在整个社会的结构或组织形式方面所引发的那些重大变革,如生产过程开始大规模集中到工厂当中,科层制逐步成为企业组织的基本形式;人口开始日益向工业化的城市集中;社会结构日益分化为资产阶级和无产阶级两个基本阶级;童工和女工被大规模吸收进工厂,成年男性在生产过程中的主导地位逐渐丧失;家庭的功能进一步削弱,父权制家庭关系开始瓦解;劳动时间、生产操作以及整个社会生活过程日益标准化、同步化;生产过程日益社会化乃至全球化,不同的企业、不同的部门乃至不同的地区日益联结成一个高度相互依赖的有机整体;社会流动程度空前提高;等等。但马克思指出,所有这些变化都不能只从"工业化的逻辑"去理解,而必须被看作资本主义制度与工业生产方式相互作用的结果。因此,要描述和理解"工业社会"或"现代社会",就必须同时描述和理解资本主义生产方式及其相关制度。

马克思还分析了工业资本主义的发展所导致的经济与社会后果、工业资本主义所隐含的内在矛盾以及未来演变趋势。他指出,资本主义极大地提高了人类的生产力,但也为它的进一步发展带来了重大限制,并导致周期性的经济危机。要突破资本主义生产方式对生产力的发展所施加的这种限制,就必须改变资本主义生产方式本身。此外,机器大工业的资本主义形式也导致了许多严重的负面社会后果,如阻碍了劳动过程的合理化趋势,造成了劳动者的异化状态,导致了社会日益两极分化以及工人阶级的普遍贫困等,资产阶级和工人阶级之间的阶级矛盾不断激化,最终必然导致工人阶级起来革命。

马克思从"资本主义发展"角度对现代工业社会所做的分析对后人产生了深远的影响。在马克思之后,有很多人继续沿着这样一种思路来分析现代社会的发展和演变。

## 二、工业社会理论模式

理解现代化过程的另一种理论模式是建立在社会进化论基础上的"工业社

会"模式。这种模式滥觞于孔德,经过斯宾塞、迪尔凯姆、帕森斯等人的发展而完善。

孔德认为,现代社会最根本的特征是工业化。工业社会的出现是人类不断进步的结果。孔德相信人类社会进步的基础是知识的进步。他系统阐述了著名的知识进步三阶段规律:随着时间的演进,人类的知识形态从神学知识经过形而上学知识发展到实证科学知识。与知识进步的三阶段相适应,人类社会的组织和结构也经历了类似的进步或发展。在实证知识基础上建立起来的社会是一种工业类型的社会。由于实证科学知识是人类知识进步的最高阶段,因此工业社会也将是人类社会的最高级形式。

以社会进化论为基础的工业社会理论在斯宾塞那里得到了更为系统的阐述。斯宾塞详尽地讨论了社会进化的形式和阶段,认为社会进化的基本趋势也是从结构分化程度低的"简单社会"向结构分化程度较高的"复杂社会"转变。复杂社会可以有"工业社会"和"军事社会"两种形态,但"工业社会"似乎是"复杂社会"的常态。

迪尔凯姆则从劳动分工对社会团结和社会秩序的影响这个角度探讨了现代化问题。他指出,现代社会劳动分工高度发展的一个重要后果就是改变了社会团结的基础,导致社会团结类型从"机械团结"(通过强烈的"集体意识"或"所有群体成员的共同感情和共同信仰"而将个体联结起来的那样一种社会结合类型)向"有机团结"(通过职能上的相互依赖而将个体联结起来的那样一种社会结合类型)转变。这种转变不但创造了一种新的生存条件,缓和了人们之间或群体之间生存竞争的残酷关系,使人们可以在社会容量和密度不断增加的情况下,以一种以往所不能比拟的方式紧密地结合在一起并共同生存下去,而且削弱了传统的集体意识对个人的控制力,拓展了个人意识发展的自由空间,促进了个性的发展,从而为人类文明的不断发展提供了永不衰竭的活力和源泉。他认为,机械团结向有机团结的转变实际上是现代社会形成的过程。然而社会团结类型的这种转型不会一帆风顺。在转型过程中,尤其是在早期,当与旧的团结类型相应的集体意识和社会规范已经衰退,新的集体意识和社会规范尚未建立起来之时,社会就可能出现"失范"现象,从而引发各种经济与社会问题。他认为,失范是社会团结转型过程中的暂时现象,随着新的社会意识和社会规范的逐步建立和完善,社会将重新步入正轨。

这种建立在社会进化论基础上的工业社会理论模式,在20世纪中叶以帕森斯等人为代表的"现代化理论"那里得到了系统的发展和完善。在帕森斯晚期的著作中,他系统地阐述了以结构功能主义为基础的社会进化和现代化理论模式。他认为,社会是在不断进化的;社会进化的基本形式是结构分化;社会进化的基本动力是社会系统功能未充分发挥时所产生的结构性压力;社会进化的结果是社会系统对环境的适应能力增强;社会进化主要包括分化、适应性增长、包容和价值概化等环节;社会进化的历史方向是从结构分化程度较低的初民社会经过若干中间社会,到结构分化程度较高的现代社会;在社会进化过程中存在一些可以用来度量进化成就的"进化共相",它们一共有七项,即社会分层制度、文化合法性、语言文字、权威的制度化、市场经济的制度化、普遍主义的法律、民主政体。初民社会只有前面两项成就,中间社会则有了前面五项成就,现代社会则积累了全部七项成就。由此可见,现代社会是当今人类社会进化的最高成就。帕森斯的这一套现代化理论在斯梅尔瑟、莱维、什穆埃尔·艾森斯塔德(Shmuel Eisenstadt)等人那里得到了进一步发挥。

### 三、理性化理论模式

韦伯提供了一个从个人行动和社会生活"理性化"的角度来理解现代化过程的视角。韦伯认为,包括资本主义和工业化等在内的全部社会现象都是个人行动的产物。人的行动主要有目的理性行动、价值理性行动、情感行动和传统行动。西方国家的历史趋势是人的行动越来越具有目的理性的色彩,目的理性行动成为社会生活中人们行动的主导类型,这就是人的行动的(目的)理性化趋势。人的行动的(目的)理性化促成了社会生活的全面(目的)理性化,从而导致了我们今天所称的"现代化"这样一场根本性的社会变迁。

韦伯从生产技术、劳动组织、经济制度、社会结构、法律制度、国家治理等多方面,详细地考察了西方社会的理性化过程,指出机器生产技术、资本主义企业组织、市场经济体制、企业家和劳动者之间的阶层分化、科层制的普及、高度形式化的普遍主义法律以及由专业化的文官依据法律来进行行政管理的现代国家等都是社会生活(目的)理性化的结果或表现。韦伯指出,社会生活理性化的这些不同方面在历史上并非同步而是分散或异步的,但只有在所有这些方面都达到了较高程度(因而使得上述诸因素都充分具备)的地方,才能实现从前现代社会向现代社会的彻底转变。韦伯还指出,社会生活的上述(目的)理性化过程与人的行动的(目的)理性化过程之间存在密切的关联,只有在人的行动已经高度(目的)理性化的时期和地方,社会生活的理性化过程(如资本主义的发展)才能更为迅速地展开。资本主义或者说现代化过程之所以首先在西欧国家中产生和发展起来,一个很重要的原因就是,新教伦理的出现使得新教教徒的行动具有高度(目的)理性化色彩,从而推动了资本主义等现代社会因素的发展。

韦伯还指出,贯穿西方现代化过程的理性精神及其各种表现(资本主义、市场经济、劳资分化、官僚体制等),只是从目的理性这个角度看才具有合理性。如果从价值观念(如自由、平等和人的全面发展等)角度来看,它则具有极大的不合理性。"铁笼"是人类在现代化进程中所遭遇的一个困境。

在韦伯之后,有很多人都试图从人的行动层面入手来理解现代化过程。例如,早期帕森斯就曾经用五对带有价值取向的行动模式变量来刻画人们的行动模式从传统向现代的转变。他认为:传统社会中人的行动以情感性、集体取向、特殊主义、先赋性取向和扩散性取向为特征;现代社会中人的行动则以情感中立、自我取向、普遍主义、自致性取向和专一性取向为特征。

美国社会学家英克尔斯通过大量的调查研究试图说明,人的现代化是现代化过程中的一个重要组成部分。它把人的现代化归结为以下几个方面:(1)能够接受新经验,对创新持开放态度;(2)具有提供和坚持意见的能力;(3)具有民主倾向;(4)计划性强,时间观念较强;(5)对人本身的能力较有信心;(6)普遍的信任感;(7)信奉并愿意遵循公平待人的原则;(8)相信科学技术的作用;(9)接受现代教育,追求新机会,乐于冒险。英克尔斯还认为,西方人大多都具有"现代人"的品质,因而他们较早实现了现代化;非西方社会的人多不具备"现代人"的特质,因而其现代化进程缓慢。非西方社会要想实现现代化,必须先实现人的现代化。

**四、吉登斯的多维现代性理论模式**

吉登斯认为,资本主义、工业化、理性化都只是现代社会的制度性维度之一,或者说是现代化过程的内涵之一。它们都不能单独解释整个现代社会及其现代化过程中所包含的各种现象。他认为有必要建立一种新的理论模式,从更为全面的角度重新审视现代社会或现代化过程。

吉登斯认为,现代社会是一个既包含上述制度又不只是上述制度的多维度的整体。具体地说,现代社会或现代化过程包括以下几个方面或维度:(1)工业化,即人类主体通过劳动分工、技术的发展与应用等对自然以及人类的主体行动所创造的环境("被造环境")的改变;(2)资本主义,即在竞争性的劳动与产品市场条件下资本的积累;(3)监督系统,即对信息的控制与对社会成员的社会性监督制度;(4)军事力量,即在现代战争高度工业化、技术化条件下对暴力工具的控制。这些制度性维度之间既相互区别又相互联系、相互作用。

吉登斯强调,尽管从时间上和由于民族—国家与系统化的资本主义生产制度的建立而产生的生活方式来说,现代性也可以说是西方的东西,但是,现代性所意味的制度性转变并不是西方社会特有的现象,而是具有全球化倾向的趋势。吉登斯从上述四个维度将这一全球化进程的诸因素简要地概括为:国际劳动分工、世界资本主义经济、民族国家系统和世界军事秩序。

吉登斯还从上述四个制度性维度考察了现代化或现代性的后果。吉登斯认为,现代性既给人们带来了很多利益,也给人们带来了前所未有的风险。而且,由于和前现代社会相比,现代社会在时间—空间上高度延伸,现代社会中人们所可能遭遇的风险也具有远比前现代条件下更为严重的后果,尽管其实际发生的可能性要小得多。吉登斯从上述四个制度性维度出发,将人们在现代性或现代化条件下所面临的风险描述为:生态环境的衰变、经济增长机制的崩解、极权的兴起和大规模的军事冲突或核战。

**五、哈贝马斯的系统—生活世界两层次现代化理论模式**

哈贝马斯认为,上述所有有关现代性或现代化的理论模式都有一个共同的局限,即它们都只是看到和描述了"系统"这一层面上的现代化过程,而忽视了"生活世界"的现代化过程,因而也就不能从"系统"与"生活世界"之间的相互关联和相互作用来对现代化过程进行考察,不能对现代化过程做出全面准确的描述和理解。

哈贝马斯接受了韦伯关于现代化本质上就是人的行动与社会生活理性化的观点,但他认为韦伯以及自韦伯以来的人们对"行动"及"行动理性化"概念的理解极为褊狭。韦伯以来的现代化研究者基本上都是从"主体—客体"关系的角度去理解人的行动,将人的行动只看成是一个作为主体的人通过单方面认知和利用外部客观世界来满足自己各种需要的过程。这样来观察人的行动,自然就很容易看到人的行动从以各种非目的理性类型为主向以目的理性类型为主转变这样一个方面。而在哈贝马斯看来,除了处理人与外部客观世界之间的关系这一方面之外,人还必须通过沟通的方式处理作为主体的自己与同样作为主体的他人之间的关系即"主体—主体"关系或"主体际"关系。因此,除了处理主体—客体关系的那些行动之外,人的行动还包括处理主体际关系的沟通行动。行动的理性化也就既包括前一种行动的理性化又包括沟通行动的理性化。前一种行动的理性化过程就是韦伯所说的,从以各种非目的理性行动类型为主向以目的理性行动类型为主的转变,沟通行动的理性化过程则是指,人们越来越多地通过自由、平等的理性讨论来达成共识和处理相互关系。

哈贝马斯认为,在更为广泛的社会变迁层次上,非沟通行动(目的)理性化的结果是以货币和权力为媒介整合起来的现代社会"系统"的形成。但这只是社会现代化过程的一个层面。社会现代化过程的另一个层面则是"生活世界"的理性化。所谓"生活世界"指的是相互交往的人们在一定程度上共同拥有的一套背景资料或知识库,生活世界的理性化则指的是它变得越来越具有自主性、普遍性和反思性。生活世界的理性化是与沟通行动的理性化紧密相连的。哈贝马斯认为,现代化过程本来包括系统的理性化和生活世界的理性化两个方面,其中系统层面的理性化提高了人们的生存能力,生活世界的理性化则为系统的理性化提供文化、规范和人格基础。但随着现代化的推进,系统层面的发展逐渐超过乃至压制、扭曲了生活世界的发展,从而导致金钱和权力主宰现代社会的局面。现代化要健康进行,就必须重新确立系统与生活世界之间的关系,大力促进生活世界的发展,使整个社会重新建立在通过理性的沟通行动过程而形成的生活世界基础上。

### 六、后现代主义对现代化或现代性的批评

与上述所有理论模式不同,福柯、德勒兹、利奥塔和罗蒂等人代表的"后现代主义"则是一种以彻底批判现代化或现代性为己任的社会思潮。后现代主义对现代化或现代性从根本上加以质疑,否定现代性及其基础——理性作为人类最高价值标准的合法性。后现代主义者一般都接受韦伯的论断,认为现代化就是社会生活的全面(工具)理性化。现代化说到底是依赖人类借助(工具)理性

实现的对自然界和人类社会生活本身控制能力的增长。后现代主义者认为,这种以(工具)理性为基础的控制能力的增长,虽然给人类带来了巨大的物质财富,但同时给人类带来了空前的灾难性后果:人类对自然界的大规模征服造成了严重的环境污染和生态失衡,它对人类自身的持续生存造成了威胁;对社会生活本身的有效控制使人类本身陷入全面的、无所不在的被监禁和被支配状态之中;科学、理性取代传统和宗教成了唯一的、不可反抗的合法性准则,因而也就成了支配—被支配关系的新的基础。据此,后现代主义者认为,自启蒙运动以来的现代化工程是一项失败的工程。他们竭力抨击现代文明的理性基础,试图推动一种建立在比单一的理性更为宽泛的多元文化基础之上的新文明——后现代世界的出现。后现代主义对现代化或现代性所做的批评,从一个角度揭示了西方社会已有的现代化或现代性模式的弊病。这对于我们来说应该有一定的警醒意义。

以上介绍只是有关现代化过程的几种最主要的理论模式。比较起来,这些模式中的每一种都各有千秋,既有自己的长处也有自己的短处。它们为我们理解现代化过程提供了不同的视角,值得我们去做更深入的探讨。

## 第三节 后发展国家与中国的现代化

按照现代化理论,现代化同时是一个全球化的社会变迁过程。作为一个集中的论题,现代化是第二次世界大战之后,随着许多民族国家的独立而提出的。或者说,现代化是指发展中国家(或后发展国家)的现代化。这样,发展中国家的现代化会走一条什么样的道路、它们在现代化的过程中会遇到什么问题就是一些重要的问题。

实际上,在不同时间点卷入现代化过程的国家,处于非常不同的国际空间秩序当中,具有完全不同的进行现代化的国际环境与条件,这会对它们各自现代化过程的内容与形式产生重大的影响,使它们的现代化过程在内容与形式上有一些重大的差别。本节对后发展国家现代化过程的特点做一简单描述。

### 一、后发展国家现代化过程的特点

(一)发展逻辑的改变

美国社会学家莱维曾经对"后发展"国家在进行现代化时相较于"早发展"

国家所具有的优势与劣势做过详细的论述。他把早发展国家称为"内源发展者",把后发展国家称为现代化的"后来者"。他认为,一方面,相对于"内源发展者",现代化的"后来者"具有五个方面的优势:(1)它们不是在未知领域内探索,因而对于自己的行动方向能够具有更为明确的概念;(2)有可能直接采用和借鉴早发现代化国家已经形成的计划、技术、设备和组织模式;(3)存在跳跃性发展的可能性;(4)后来者国家的领袖可以通过展示其他国家或地区已取得的成绩加强其领导;(5)可以从已经实现现代化的国家获得资本和技术上的帮助。

然而,另一方面,"后来者"也面临许多不利的因素:(1)为了进入现代化过程,后来者必须一开始就在相当大的范围内开展许多事情;(2)为了缩短与早发现代化国家在发展程度上的差距,后来者往往需要使自己的生产能源、材料、技术等在短时期内发生巨大的转变,以接近早发现代化国家已有的水平;(3)迅速赶上早发现代化国家的高期望、后来者与早来者之间实际上可能始终存在的发展差距,很容易引发后来者国家人民的失望情绪。①

莱维认为,后来者国家在进行现代化时所面临的这些不利因素,使得它们的现代化过程具有许多与早发现代化国家不同的特点。其中最主要的一个特点就是国家在现代化过程中所起的重要作用。一是因为,大规模行动所需要的大量资源无法靠民间私人力量在短期内迅速积累起来,必须有国家的介入;二是因为,大规模的行动以及由此可能导致的迅速的社会变化也需要更加有效的集中控制和协调。此外,后来者要想在短期内在生产能源、材料、技术等方面尽快接近早发现代化国家现有的水平,就须主要依靠从后者处采借、引进的方式,由此所需的大量资金在短期内也只有靠国家之力才可能获得。

(二)后发展国家的经济特征

美国经济史学家亚历山大·格申克龙(Alexander Gerschenkron,又译格申科伦)从经济发展的角度论述了落后国家现代化过程所具有的特点。格申克龙指出,落后国家开始进行工业化时,虽然可以通过采借先进国家成果的方式来加快自己的发展,存在潜在的优势,但是利用这些优势所必需的条件与落后国家的现实条件之间存在巨大的反差。因此,它们要使潜在的优势变为现实的优势,就需

---

① 〔美〕M. 列维:《现代化的社会模式(结构)和问题》,载谢立中、孙立平主编:《20世纪西方现代化理论文选》,上海三联书店2002年版,第125—127页。

要创造出一系列新的条件。在这些条件形成中,一些基本制度的建设和发展具有重要作用。他以筹措和分配工业化所需资金方面的制度为例来说明这一点,因为这是工业化过程最初的也是最重要的一个环节。他指出,一个国家的工业化越是具有渐进的特征,资本积累的问题就越不突出。比如英国,它进行工业化所需的资金最初是从商业和现代化的农业中得到的,然后是从工业自身的发展中逐步筹措得来的,这些工作可以由企业自己来完成。相反,落后国家一方面极其缺少资本,另一方面却往往一开始就要开展规模庞大的建设,这使资金供求差距扩大,从而要求比企业更为有效的组织来为资本的形成创造条件。落后国家之间又有落后程度上的差别,中等落后国家,如当时的法国、德国、奥地利等可以通过银行等金融组织的建立来积累和分配资本,组织工业化过程。而一些非常落后的国家或地区,如俄国,连银行也无法筹集到在短期内大规模工业化所需要的足够资金,这样工业化就要求一种更为有力的组织即国家来承担资本形成的任务。格申克龙指出,由国家来承担筹措资金、组织工业化过程的任务尽管会有许多弊端,但却是落后国家加快自己的发展所必需的。[①]

(三)后发展国家的政治特征

美国政治学家萨缪尔·亨廷顿(Samuel Huntington,又译塞缪尔·亨廷顿)从政治发展的角度论述了落后国家现代化过程所具有的特点。他指出,与早发展国家已经形成的稳定而有效的政治系统相比,后发展国家普遍存在政治不稳定的问题。他认为,这种普遍存在的政治不稳定不是源于这些国家的低现代化程度,而是社会飞速变革,新的社会集团被迅速动员起来涌入政治领域,而政治制度却发展缓慢的结果。他指出,后发展国家现代化过程中的一个普遍特征就是,人民大众被广泛地动员起来并被吸引到经济、政治活动中去,这种广泛的动员产生了如何对之进行有效整合的新问题,它要求建立一种新的政治制度:被动员起来的各个群体都能在其中行使自己的权利,同时,这些群体的权利能得到有效的调节、限制和疏导,所有的社会势力都能够和谐共存。然而,后发展国家的困境是,这样一种制度建设不是在短时间内就能完成的。这样,社会动员和政治参与扩张的速度偏快,政治组织化和制度化的速度偏慢,其结果只能是政治不稳

---

[①] 参见〔美〕亚历山大·格申科伦:《从历史的角度看经济落后》,载谢立中、孙立平主编:《20世纪西方现代化理论文选》,上海三联书店2002年版,第828—848页。

定和无秩序。此外,亨廷顿还指出,后发展国家的现代化具有"一揽子解决"的特点:在非西方国家的现代化进程中,中央集权化、国家整合、社会动员、经济发展、政治参与以及社会福利等诸项问题,不会依次而是同时出现在这些国家。这虽然为后发展国家提供了机会,但由于各种矛盾在同一时刻集中起来,也对这些国家的领导者构成严峻挑战。亨廷顿认为,为了降低政治的不稳定性,维护社会秩序,也为了应付"同时性"现代化所提出的严峻挑战,后发展国家的现代化需要有一个强有力的、高度有效的中央政权存在,由它来组织和控制整个现代化过程。[①]

概括上述几位学者的说法,可以看到:后发展国家的现代化过程具有时间短、规模大、内容多(所谓"一揽子解决")、社会动员程度高等特点,它在资金的筹措、行动的协调、过程的控制和秩序的维护等方面都对现代化过程的推动者、组织者提出了较高的要求;对于这些要求,民间的私人力量不可能给以满足,只有强有力的国家政权才能成为这些要求的满足者。

## 二、趋同论、依附理论和世界体系理论对不发达国家现代化过程的论述

### (一)现代化趋同论

20世纪50年代以来,一些社会学家和现代化问题研究专家在研究发展中国家现代化问题时形成了现代化趋同论。

这一理论认为,现代化过程是所有社会、所有民族都将经历的普遍的进化过程,尽管各国现代化的国情不同,起点也不尽相同,发展的具体道路和方式可能会各有不同,但它们都会经历同样的阶段,并形成大体相同的社会特征,即经济上的工业化、政治上的民主化、组织管理上的科层化、城市化和文化的世俗化。这就是现代化趋同论。按照这种看法,"发达"国家与"不发达"国家之间在经济、社会发展水平上的差距只是"现代化"这一普遍发展道路的不同发展阶段之间的差距,因为它们处在现代化过程的不同发展阶段上。只要"不发达"国家虚心向发达国家学习,努力克服自己内部各种不利于现代化的因素,从各方面追赶发达国家,最终就会变成和现今的发达国家一样的现代化国家。因此,"发达"国家的今天就是"不发达"国家的明天。现代化趋同论的理论基础是工业化和科学技术发展的客观性,它的批评者认为其忽视了文化因素的作用。

---

① 参见〔美〕塞缪尔·亨廷顿:《变革社会中的政治秩序》,李盛平、杨玉生等译,华夏出版社1988年版,第3—47页。

第十四章　社会现代化

（二）依附理论

依附理论是20世纪60年代中期出现的一种以拉美学者为主要代表的学术潮流，它基本上是关于不发达国家在发展过程中受到不利国际关系的阻碍及其发展道路的一些看法。依附理论的主要代表人物有普雷维什、弗兰克、卡多索、阿明等人。

普雷维什、弗兰克等人认为，西方国家的"发达"与第三世界国家的"不发达"并不是一个普遍发展过程的两个不同阶段，而是同一发展过程中两个相互关联的结果。西方国家的发达正是以第三世界国家的不发达为代价、前提或基础的。不发达国家之不发达的根本原因在于，不发达国家对发达国家的依附以及这种依附导致的发达国家对不发达国家的剥削和掠夺。

一般认为，阿根廷经济学家、社会学家劳尔·普雷维什（Raul Prebisch）是依附理论思想的最早提出者。普雷维什在20世纪40年代末提出的发展理论认为，世界经济是一个体系，这个体系由核心（西方发达资本主义国家）和边缘（非西方不发达国家）两个部分组成。核心和边缘之间的关系是不平等的，核心国家通过不公正的贸易条件剥削边缘国家，从而导致了后者的不发达。

20世纪60年代，安德烈·弗兰克（Andre Frank）进一步引申和发展了普雷维什的观点。他用"宗主—卫星"这对概念来替代"核心—边缘"这对概念。他认为这种宗主—卫星的关系不仅存在于世界层次，而且存在于每个卫星国家内部：这些国家的中心城市构成世界层次上其他某个或某些宗主国的"卫星"，但对于该国内部其他一些地方性城市来说，这些城市却又具有"宗主"的地位。这种宗主—卫星的连锁关系形成了一个多层次的宗主—卫星体系，其中每一个宗主都从自己的卫星那里吸收资本和经济剩余，并将其中的一部分输送到更高的宗主那里去。这种宗主—卫星的连锁关系使得西方发达国家能够将它们的控制力量渗透到不发达国家的任何角落。弗兰克还提出了一系列有关不发达国家发展的理论假设，其中最主要的四个假设是：第一，与本身不具有卫星性质的宗主相比，国家或更低一级层次上的宗主的发展会受到它们自身兼具的卫星地位的限制；第二，当处于卫星地位的国家或地区与其宗主的联系减弱时，这些国家或地区反倒能够出现迅速的发展；第三，一旦宗主国家或地区从经济危机中复苏过来并恢复与其卫星国家或地区在贸易和投资方面的联系，后者的先前的工业化进程就将遭受抑制；第四，最不发达和最为封建的地区往往与宗主国家有过最为密切的联系。① 由此,弗兰克得出结论,不发达国家或地区要想取得发展,就必须摆脱或削弱自己与宗主国家之间的联系,走自力更生的道路。

不发达国家对发达国家的依附关系是如何形成的呢?另一位著名的依附理论家特奥托尼奥·多斯桑托斯(Theotonio dos Santos)对此做了较系统的阐述。多斯桑托斯区分了依附的三种历史形式或阶段。第一种形式是"殖民依附",即殖民帝国通过商业和金融资本的入侵,垄断对殖民地土地、矿产和人力资源的控制权,以及殖民地金、银等矿产和初级产品的出口,通过这种掠夺式的贸易直接榨取殖民地国家的利益。第二种形式是"金融—工业依附",它出现于19世纪末期。在这种形式下,依附国的经济依然为宗主国的大资本所主导,并且主要依靠向欧洲国家出口其所需要的原材料和农产品来维持,从而形成了一种以某些特殊出口生产部门为主、其他辅助性的经济部门为辅的特殊生产结构。第三种形式是"技术—工业依附"。这种形式出现于第二次世界大战结束之后。在这一时期,工业虽然开始在许多不发达国家发展起来,但却受到了许多结构性限制,尤其是在技术方面存在对发达国家的严重依附。

20世纪70年代出现了一种"新的依附理论",其代表人物是卡多索、伊文思等人。这些人也用"依附"来解释不发达国家的落后,但他们并不认为处于"依附"状态中的不发达国家完全没有发展起来的希望。费尔南多·卡多索(Fenando Cardoso)就认为,不发达国家只要把外资、本国资本和国家力量三者合理地结合起来,就可能取得经济增长,形成"依附性发展"。这种依附性发展虽然不能改变不发达国家经济的依附性结构,但可以为其最终摆脱依附开辟道路。为了与弗兰克等人的观点相区别,人们把这种观点称为"依附发展理论"。依附理论揭示了国际环境对不发达国家现代化过程的不利影响,这是它的可取之处。但依附理论过于强调国际环境的不利影响,同时过于忽视对国内因素的研究,这使它受到了一些批评。

(三) 世界体系理论

世界体系理论的创立者是美国学者伊曼纽尔·沃勒斯坦(Immanuel Wallerstein)。沃勒斯坦在批判继承依附理论合理内核的基础上,提出了以下基本思想。

---

① 参见 Alvin Y. So, *Social Change and Development: Modernization, Dependency, and World-System Theories*, London: Sage Publications, 1990, pp. 97-98。

第一,整个世界是一个以经济为实体、以世界性区域分工为基础的"资本主义世界经济体系"(简称"世界体系");这个体系是随着资本主义的发展而逐步形成的。它有着自己的整体运行规律。

第二,在世界体系中,各个国家或地区由于经济地位不同而分属于"核心""半边缘"和"边缘"。核心、半边缘和边缘国家或地区是三种不同的经济形态,在体系中履行不同的经济职能:核心国家或地区的职能是向半边缘和边缘国家或地区输送制造业产品,半边缘国家或地区的职能是向核心国家或地区输送"边缘产品",向边缘国家或地区输送"核心产品",边缘国家或地区的职能是向其他两类地区输送农业初级产品、工业原料和自然资源。但这些国家或地区之间的关系并非单方面的依附关系,而是一种相互依赖。

第三,所谓发展就是改变在世界体系中的位置,从边缘位置向半边缘位置或从半边缘位置向核心位置升迁。因此,发展的目标是相对的、变动不居的,而不是固定不变的。但这种发展要受到世界体系整体结构的制约。因为核心位置总是有限的,多数国家或地区只能处于边缘或半边缘的位置,而新的核心国家或地区的出现必然伴随着老牌核心国家或地区的衰落,所有的国家或地区同时发展是不可能的。所以,个别国家或地区在世界体系中的位置虽然可以改变,但由核心—半边缘—边缘三个层次构成的整个世界体系的结构却无法改变。

世界体系理论综合了重视内部因素的现代化理论与重视外部环境因素的依附理论两者的合理之处,因而具有更高程度的合理性。世界体系理论既看到了阻碍不发达国家或地区发展的不利因素,但又指出了不发达国家或地区发展起来的可能性,因而能够较好地解释世界经济发展的实际情况。正因为如此,迄今为止世界体系理论仍对发展研究有着重大影响。

### 三、中国的现代化

(一)中国现代化的宏观进程

关于中国的现代化,很多学者进行了多方面的研究,其中包括中国现代化的阶段、现代化的迟缓乃至挫折等方面的研究。参照罗荣渠等人的分析,中国的现代化起始于19世纪60年代的洋务运动。自19世纪中叶始,中国的现代化进程大致经历了四个大的发展阶段。

第一个大阶段是从19世纪下半叶到20世纪初,即从洋务运动经维新变法到立宪运动,大约半个世纪。这是中国现代化的初始阶段,是在旧王朝体制下探索资本主义发展的自上而下的改革时期。

第二个大阶段是从1911年辛亥革命到1949年。这是中国内忧外患不断加深的时期,国家的实效统治断裂,现代化处于自发的游离状态,被挤压在一条窄缝中断续地进行。中国在世界经济体系中的地位趋于半边缘化。

第三个大阶段是从1949年到1979年改革开放之初。这是中国从新民主主义社会走向社会主义计划经济体制时期。在这一时期中国开始逐渐形成一个较为完整的工业经济体系,初步实现了以工业化为内容的现代化。

第四个大阶段是1979年迄今。这是中国从社会主义计划经济体制转向社会主义市场经济体制时期。在这一阶段,中国的工业化开始逐步进入华尔特·罗斯托(Walt Rostow)等人所说的"起飞"阶段,以工业化为内容的现代化进程进一步深化。

检视一下有关的历史资料,如图14-1所示,从中国GDP在世界总GDP中所占比重的变化里可以发现,以1950年前后为界,中国的现代化成就对比鲜明。1950年之前,中国的现代化进程一直步履艰难,成效甚微;1950年之后,中国的现代化开始渐入佳境,取得较大的成就。

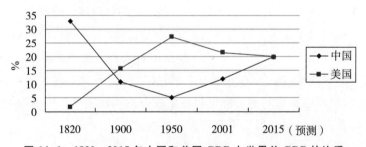

图14-1　1820—2015年中国和美国GDP占世界总GDP的比重

资料来源:〔英〕安格斯·麦迪森:《世界经济千年史》,伍晓鹰等译,北京大学出版社2003年版,中文版前言,第5页。图中2015年的比重为OECD的预测值。

前述关于后发展国家现代化过程之特点的论述无疑有助于我们对这一历史过程的理解。中国的现代化是一种典型的"后发型"现代化。正如莱维、格申克龙和沃勒斯坦等人所指出的那样,作为一个后发展国家,它最基本的一个特征就是:只有当一个统一的、强大的国家政权建立起来,并能够对整个社会运行和变迁过程进行广泛控制和指导时,其现代化过程才能够获得一定的成功。20世纪

50年代以后在中国建立起来的社会主义制度的最重要特征之一,就是一个强有力的国家政权的存在及其对社会运行和发展过程的有计划的控制和指导。在某种程度上我们可以说,中国的现代化过程走到20世纪后半叶,之所以终于走上了以国家主导为特点的社会主义现代化道路,其中重要的一个原因是,这条道路与中国这个"后发外生型"现代化国家的现代化过程最初的制度需要最为吻合。如果不是后来发生了一些干扰现代化过程的事件,从实现现代化的角度来看,当代中国的现代化过程应会取得更大成绩。

(二)中国现代化的特点

与其他一些后发展国家相比,社会主义中国的国家政权在建立之初的一段时间(从20世纪50年代末到80年代初)内对社会经济过程的控制是全面和严密的。这种现象的原因很多,其中一个重要原因和中国现代化的后发展性质相关。正如格申克龙所指出的那样,由于经济落后的程度和"后来"的程度有所不同,同样是后发展类型的不同国家所遭遇的上述内外矛盾的严重程度会不同,其所面临的由国家来组织、推动现代化过程的需要、压力和必要性也就会不同。我们可以看到,许多成功走上现代化路途的后发展国家虽然都运用了国家的力量来组织和推动自己的现代化,但各自对国家力量的运用程度却是有所不同的,具体表现为国家力量对社会过程的控制程度有所不同。一般来说,经济发展水平越是低下、现代化过程开始时间越是迟后的国家,其所遭遇的上述内外矛盾的尖锐程度就越大,所面临的由国家来组织、推动现代化过程的需要、压力和必要性也就越高,国家在日常社会过程中所起的作用就越大,国家对社会过程的控制程度就越高。中国自20世纪初开始,经过近半个世纪的摸索,终于选择了相对而言国家在社会过程中所起作用最大、对社会过程控制程度最高的"社会主义现代化"模式。

历史的经验表明,尽管在现代化进程之初,后发展国家确实需要一个统一的、强大的国家政权通过对社会经济过程的直接介入来帮助现代化过程的启动和推进(缺乏这样一种推进力量将会使后发展国家的现代化进程受到严重阻碍),但这种直接介入的必要性和实际效果却是阶段性的,而不是永恒的。在现代化进程之初,因为工业化的程度不高,社会整体生产规模不是很大,结构还不是很复杂,生产建设主要是以基础性建设为主,后发展国家中薄弱的民间力量一般难以承担重任,所以国家对社会生产过程进行直接控制和管理既有必要也有实效。但随着工业化程度提高，社会生产规模日益扩大、结构日益复杂，许多基础性建设的任务也基本完成，国家直接控制和管理社会经济过程的必要性与效率便会开始下降。此时国家对社会经济过程的直接介入就可能不但不是现代化的推进因素，反而成为现代化的阻碍因素。此外，国家对经济、社会发展过程的过分直接介入也存在明显的副作用。国家对经济、社会发展过程全面而严密的控制和介入，会导致个人自由活动空间的消失、社会自身发展活力的窒息、严重的官僚主义等弊端。因此，当现代化推进到一定程度时，对社会经济管理体制进行改革，弱化国家对社会经济过程的直接控制，增加个人和社会组织的自主权和活动空间，就成为社会进一步发展的必然要求。这也是1978年以来我国进行体制改革的主要原因。

（三）关于近代中国现代化迟缓的社会学见解

在中国现代化的研究领域，一个重要的问题是：曾经处于世界领先地位的中国为什么没有率先走上现代化道路，中国近代以来的现代化为什么屡遭挫折？许多学者对此进行了深入的、多方面的研究，这里只简单介绍几种观点。

韦伯在对中国的研究中强调了民族文化的作用。韦伯认为，在中国占统治地位的儒家思想与基督教（新教）不同，新教对西方资本主义的产生发挥了促进作用，但是儒家思想强调人伦和道德，强调适应此世，因此尽管中国具有利于资本主义产生的外在条件也未能发展出资本主义。

莱维从家庭制度方面分析了中国落后的原因。在比较中国与日本的发展时，他认为，同是东方国家，日本较快地走上了现代化道路，而中国却没有，一个重要原因是两国的家庭制度不同。首先，在中国，家庭有十分重要的作用，家庭价值的至上性使得利用家庭为社会服务的可能性很小，而日本家庭在很多方面可以为社会所用。其次，中国社会的开放性使人们不会"一心一意"地从事商业活动，而在日本，社会结构是封闭的，商人之子恒为商，这使他们专心经商。最后，在家庭财产继承方面，日本实行长子继承制，而中国实行诸子均分制，中国的制度不利于财富的积累。

还有一些学者从中国在现代化初期缺乏有效的社会动员力量、缺乏有效的权威、外国帝国主义的侵略等角度分析了中国现代化迟缓的原因。

（四）中国社会现代化的推进

20世纪80年代以来中国实行了经济体制改革，中国的社会现代化走入新阶段。中国的现代化采取了先经济、后社会的发展路径，在经济上进行市场化改革,解放社会生产力,同时加入世界经济贸易体系。四十多年来,中国的经济发展取得了令世人瞩目的成就,但是也带来了收入两极分化、环境恶化、社会矛盾积累等影响持续发展的问题。进入 21 世纪以来,中国政府开始强调科学发展,近几年又用全面深化改革来推动经济建设、政治建设、文化建设、社会建设和生态文明建设的协调发展。党的十八届五中全会提出创新发展、协调发展、绿色发展、开放发展和共享发展的理念。新的发展战略遵循经济优先、以人为本、总体协调的思路展开,强调坚持人民主体地位、坚持科学发展、坚持深化改革、坚持依法治国、坚持统筹国内国际两个大局,强调处理好政府和市场的关系,正确处理政府和社会关系,处理好改革、发展和稳定的关系,这些都反映了党对社会现代化规律的新认识。党的十九大报告作出"中国特色社会主义进入新时代,我国社会主要矛盾已经转化为人民日益增长的美好生活需要和不平衡不充分的发展之间的矛盾"的重大判断,并提出 2020 年至 2035 年基本实现社会主义现代化、2035 年至 21 世纪中叶建成富强民主文明和谐美丽的社会主义现代化强国的发展目标。党的二十大提出了"中国式现代化"的概念,指出它是中国共产党领导的社会主义现代化,既有各国现代化的共同特征,更有基于自己国情的中国特色。中国式现代化的本质要求是:坚持中国共产党领导,坚持中国特色社会主义,实现高质量发展,发展全过程人民民主,丰富人民精神世界,实现全体人民共同富裕,促进人与自然和谐共生,推动构建人类命运共同体,创造人类文明新形态。中国正根据本国国情,借鉴外国经验,在国内国际形势的复杂变化中进行理性选择和恰当应对,努力走有中国特色的现代化道路。

## 第四节 后工业时代与现代化

自 20 世纪 70 年代以来,西方发达国家的经济、社会发展过程出现了一系列似乎与以往以工业化为核心的"现代化过程"不同甚至相反的演变趋势,如服务或信息业的生产总值在国民经济总产值中的比重超过工农业、知识与知识阶层在社会生活过程中的地位提高等。围绕着这些新变化,西方学者展开了一系列观察、描述和分析。本节对其中的部分代表性说法做一简要介绍。

### 一、贝尔的后工业社会理论

美国社会学家丹尼尔·贝尔是最早对西方社会的新变化做出系统性描述和分析的学者之一,他在《后工业社会的来临》一书中认为,西方发达国家在 20 世纪 60 年代到 70 年代出现的种种迹象表明，在今后的 30 年到 50 年里，人们将会看到一种可以被称为"后工业社会"或"知识社会"的社会形式出现。这种新的社会形式有许多与以往工业社会不同的新特点，其中主要包括以下几项。

（1）服务性经济的创立。后工业社会的第一个特点就是大多数劳动者不再从事农业或制造业，而是从事服务业，如贸易、金融、运输、保健、娱乐、研究、教育和管理。其中保健、研究、教育和管理部门就业人口比重的增长对后工业社会来说具有决定性意义。

（2）专业和技术阶级占据优势地位。在后工业社会，从业者比例增长最快的职业是那些通常要求从业者受过大学教育的专业性和技术性职业，如工程师、科学家、教师、医疗保健人员以及其他专业技术人员。其中又以工程师和科学家数量增长得最快。这些专业技术人员在社会生活中将逐渐占据主导地位。

（3）理论知识的首要地位。在后工业社会，知识的性质发生了重要变化，与经验知识相比，理论知识开始在社会的决策过程中占据首要地位，并且成为各种革新的首要源泉。与此相应，大学、研究机构和知识部门等汇集和充实理论知识的场所形成社会的中轴结构。

（4）对技术发展进行规划和控制。在后工业社会，随着各种新的预测方法和探测技术的出现，人们有可能对技术的发展进行有目的、有计划的规划和控制，从而减少技术发展的负面后果及其给社会带来的不确定性。

（5）新的智能技术兴起。在后工业社会，一些能够用于处理包含大量相互作用之变数的复杂问题的方法和技术，如信息论、控制论、决策论、博弈论、概率论，以及使这些方法能够得到实际应用的计算机技术逐渐形成和发展起来。随着这些新智能技术的出现，后工业社会就能够对社会的运行进行更有效的管理。[①]

在贝尔之后，又有一系列类似的描述出现，如松田米津和约翰·奈斯比特（John Naisbitt）的"信息社会"理论、阿尔文·托夫勒（Alvin Toffler）的"第三次浪潮"理论、彼得·德鲁克的"后资本主义"理论、尼科·斯特尔（Nico Stehr）的"知识社会"理论和曼纽尔·卡斯特的"网络社会"理论等。这些描述的共同特点是，将关注中心从以往的资本主义制度转移到技术变迁以及由技术变迁引发的那些经济、社会和政治变化上，甚至认为随着这些变化，"资本主义"制度在经济与社会生活中的作用将逐渐消退。

---

① 〔美〕丹尼尔·贝尔：《后工业社会的来临——对社会预测的一项探索》，高铦等译，新华出版社 1997 年版，第 12—37 页。

## 二、拉什与厄里的去组织化的资本主义

英国当代社会学家斯科特·拉什(Scott Lash)与约翰·厄里(John Urry)合著《组织化资本主义的终结》一书,从"资本主义发展新阶段"这个不同的角度对西方社会的新变化做了描述,他们主要关注西方社会的组织化变化。

他们认为,现代西方社会有如下特征:工业、银行和商业企业规模不断扩大以及由此而来的世界市场日益增长;白领阶层,尤其是一个由各种管理人员、专业技术人员、教师和科学家组成的独特的服务阶级,人数不断增长;由于经济日益"去工业化",核心工人(制造业中的操作工人)阶级的绝对人数和相对比重都不断减少;在工业关系中,国家一级的集体协商程序的重要性和效果日益减弱,公司和工厂一级的集体协商程序的重要性和效果则日益增强;大垄断公司日益从单个民族国家的直接控制和约束下独立出来;普遍主义的福利性国家立法发展,以及左右两翼对集中化的福利国家发起实质性挑战;资本主义日益散播到大多数第三世界国家,导致第一世界国家的职业结构从以工业部门为主转向以服务业为主;各个政治党派的阶级特征日益衰减;文化的碎片化和多元化色彩不断增加,与此相关的时—空压缩(如"全球村")不断瓦解着各种民族性主体的结构;卷入资本主义生产过程的民族—国家的数目以及在资本主义生产关系基础上组织起来的生产部门数目大幅度增长;制造业部门雇用人员的绝对数量和相对比重以及这些部门对社会组织化的重要性在发达资本主义国家中都不断降低;各种新的区域劳动分工形式相互重叠,减低了不同的生产部门在不同地区集中的程度;工厂的平均规模不断缩小;工业化城市在规模上以及在所在区域中的统治地位开始下降;一种被称为"后现代主义"的文化意识结构开始产生和传播。

拉什与厄里认为,这些变化使得资本主义正在从以往那种"组织化的资本主义"转变为一种"去组织化的资本主义"。它对西方资本主义社会的空间结构、阶级结构和文化状况都将产生重要的影响。

## 三、西方社会的后现代化

澳大利亚社会学家斯蒂芬·克鲁克(Stephen Crook)、简·帕库尔斯基(Jan Pakulski)和马尔科姆·沃特斯(Malcolm Waters)撰写的《后现代化》一书,则从文化、国家、社会不平等、政治过程、工作组织以及科学和技术等六个方面,描述了西方发达国家正在出现的新发展趋势与以往现代化过程之间的主要差别。

第一,文化方面。现代文化的基本演变趋势是它与经济、政治和社会等活动领域的分离以及其内部不同活动(认知、道德评价和审美等)领域之间的分离。相反,当前出现的文化演变趋势则是文化与经济、政治和社会等活动领域之间以及文化内部各分支领域之间的传统界限不断趋于消失。

第二,国家方面。现代化的基本趋势是国家在经济、政治与社会生活过程中逐步具有一种中心性的支配地位。国家是主权的拥有者、市民权利的创造者和保卫者、企业的管理者等,担负着内外环境的稳定、经济调控、基础设施的发展和社会问题的解决等多种功能和责任。相反,当前出现的新趋势却是国家的职能日益收缩,国家在社会生活过程中的地位和作用日趋下降,权力分配日益呈现出"逆中心化"的态势。

第三,社会不平等方面。在现代社会,社会不平等主要是由人们在物质生产过程中的不同地位和作用造成的,阶级差异和性别差异是不平等的两种主要形式。而在新出现的趋势中,传统的科层等级制度日益瓦解;工人阶级也日益被更多地结合进资本主义体系而不是被贫困化,物质生产过程在社会不平等形成过程中的作用将日益减少;阶级也将逐步为各种认同群体所取代。

第四,政治过程方面。在现代社会,政治过程是以社会经济过程中权力和利益的分配为内容而展开的(利益政治),政治活动的主体是具有不同社会经济利益的阶级(阶级政治),政治活动具有高度组织化的特征(组织化政治),大型政党则是现代政治活动的主要组织形式(政党政治)。正在发生的社会转型过程则在一定程度上改变了政治过程的特征。新的政治过程不再以社会经济过程中权力和利益的分配为基础,而是围绕一些更为普遍的如价值观或生活风格、全球环境之类的内容展开,政治活动的主体不再是那些以社会经济地位上的差别为基础形成的阶级群体,而是一些更为一般性的社会范畴,政治活动也具有更多的偶发性和更少的组织性,社会运动日益取代大型政党而成为政治活动的主要组织形式。

第五,工作组织方面。现代生产系统的主导模式是"福特主义"生产方式,它是为了满足大量生产的需要而建立起来的,以自动化的生产流水线为技术基础,以标准化、持续化、高强度、任务简单化和分工固定化的劳动过程为特征,以严格的科层系统为基本的组织形式。在正在发生的社会转型过程中,这种福特主义的生产组织模式日益受到挑战。"灵活分工制"被视为生产过程"后现代化"的先锋或主流趋势,它以计算机控制技术为基础,能够灵活地响应不断变动的市场需求,以去中心化和去科层化的管理系统为自己的组织形式。从"福特主义"向"灵活分工制"的转变是新社会转型过程的重要内容之一。

第六,科学和技术方面。在现代社会,科学研究活动是高度组织化的:它在财政和机构两个方面都被高度整合进企业和国家体制之中;科学研究内部的学科界限以及它与其他社会活动,如市场交易之间的界限是严格的;科学是广泛受到公众信任和支持的。而在当前西方的社会转型过程中,科学也面临"去组织化"的严重压力;科学内部的学科界限以及科学活动同其他社会活动之间的界限日益模糊,科学的自主性日益受到威胁;随着气候恶化与环境破坏现象的日趋严重,公众对科学的信任程度也日益下降。

克鲁克等人认为,西方社会尚处在向新社会形式转变的过程之中,人们对这个正在出现的新社会形式的细节尚无任何确切的知识,唯一可以肯定的是:这个新社会形式不是以往的"现代"社会。因此,在许多可能的选择中,他们主张最好使用"后现代化"这个词。因为这个词只是描述了一种过程,即从所谓"现代社会"向"后现代社会"转变的过程。它表明,我们目前应该讨论的只是正在产生"后现代社会"的变迁过程,而不是这个新社会形式本身。①

### 四、消费社会论

戴维·莱昂(David Lyon)明确地使用了"后现代社会"这个概念来描述当前的西方社会。不过莱昂认为,尽管"后现代社会"存在许多与"现代社会"不同的景观,如灵活的生产、职业结构的巨变、时空的压缩和新生产技术的出现等,但理解后现代社会最重要的线索还是存在于消费主义文化的兴起和新消费者的创造之中。莱昂指出,现代社会的核心过程是物质产品的生产,后现代社会的核心过程则是消费以及需求和欲望的生产。后现代社会的许多新现象,如生活风格及更广泛意义上的文化的多样化、雅俗文化界限的消失、认同政治对阶级政治的取代、"模拟世界"的创造等都是围绕着消费过程而建构起来的。因此,莱昂说,如果后现代性意味着什么的话,那就是意味着消费社会。②

---

① Stephen Crook, Jan Pakulski and Malcolm Waters, *Postmodernization: Change in Advanced Society*, London: Sage Publications, 1992.
② David Lyon, *Postmodernity*, Buckingham: Open University Press, 1994, p. 68.

### 五、风险社会理论

德国当代著名社会学家乌尔里希·贝克(Ulrich Beck)则提出了"风险社会"理论,对当前西方社会正在出现的新趋势加以描述和概括。

在贝克看来,现代化发展到今天已经发生断裂,20世纪后半叶之前的现代社会是古典工业社会(阶级社会),现在一种新的社会形式——风险社会已经形成,它取代了古典工业社会。如果工业社会的轴心原则是财富的生产和分配,财富生产和分配的逻辑统治着风险生产和分配的逻辑,那么风险社会的轴心原则则是风险的生产和分配,风险生产和分配的逻辑统治着财富生产和分配的逻辑。

贝克指出,虽然"风险"这种东西在古典工业社会就已经存在,但风险社会的风险与古典工业社会的风险具有完全不同的性质。首先,古典工业社会的风险具有地域的局限性、可感知性和可计算性,而风险社会的风险具有全球性、不可感知性和无法计算性。其次,古典工业社会的风险只是作为"残余风险"而存在,而风险社会的风险在社会生活中居于核心地位。最后,在古典工业社会,"污染者补偿"一类的原则成为认识和消除风险的主要方法,换言之,坚持对因果关系进行严格验证成为现代科学理性的核心。但是,在风险社会,由于污染源过多,无法追究谁应该承担主要责任,因此工业造成的污染和疾病等后果被最大限度地无视和最低程度地承认,结果带来了一种"有组织的不负责任"。

贝克指出,由于现代风险的高度复杂性(超出了任何单一专家系统可以解释和控制的范围)、广泛影响性(波及每一个社会成员)和危害的全球性(已远远逾越了现代工业所内含的民族国家的发展及其疆域边界),风险治理的主体不再是个别的国家政府。在新的风险社会,应该建立起双向沟通的"双向合作风险治理模式",在政府、企业、社区、非营利组织之间构筑起共同治理风险的网络联系和信任关系,建立起资源、信息交流与互补的国家内部平台,在各国家政府之间突破国界构筑起共同的治理风险的国际网络(如灾害预警通报)和国际信任关系。过去传统的、以民族国家为单位的风险治理机制已不能适应"世界风险社会"对风险治理的要求,因为全球化在增强对国家提供的保障和管理风险方面的需求的同时,也减弱了国家有效发挥这一作用的能力。与此同时,人类大量的经济活动和社会活动的力量得不到跨国性机制的有效约束,这使得当超越民族国家的地区性和全球性风险出现时,缺少有效的世界性机构来弥补这一"权力真空"。因此,建立风险治理的国际合作机制是一项刻不容缓的紧迫任务。只有这样,我们才可能充分动员一切社会力量和国际力量,共同应对未来可能发生的风险。

从上面的介绍中可以看到,尽管西方学者的描述形形色色、不尽相同,但20世纪中后期以来西方社会正发生广泛深刻的变化,这一点是确定无疑的。这些变化不仅向我们提出了许多理论上的问题,比如,如何来重新界定"现代化"的概念等,也向我们提出了许多实践上的新问题,比如,这些变化对我们这样的后发展国家的发展来说会有怎样的影响,这些都值得我们做更深入的观察和思考。

## 【推荐阅读】

〔以〕S. N. 艾森斯塔德:《现代化:抗拒与变迁》,张旅平等译,中国人民大学出版社1988年版。

〔美〕丹尼尔·贝尔:《后工业社会的来临——对社会预测的一项探索》,高铦等译,新华出版社1997年版。

〔美〕西里尔·E. 布莱克编:《比较现代化》,杨豫、陈祖洲译,上海译文出版社1996年版。

〔巴西〕特奥托尼奥·多斯桑托斯:《帝国主义与依附》,毛金里等译,社会科学文献出版社1999年版。

〔美〕塞缪尔·亨廷顿等:《现代化——理论与历史经验的再探讨》,张景明等译,上海译文出版社1993年版。

〔英〕安东尼·吉登斯:《现代性的后果》,田禾译,译林出版社2000年版。

金耀基:《从传统到现代》,中国人民大学出版社1999年版。

〔美〕曼纽尔·卡斯特:《网络社会的崛起》,夏铸九、王志弘等译,社会科学文献出版社2003年版。

〔美〕吉尔伯特·罗兹曼主编:《中国的现代化》,国家社会科学基金"比较现代化"课题组译,江苏人民出版社2003年版。

罗荣渠:《现代化新论——世界与中国的现代化进程》,北京大学出版社1993年版。

〔美〕乔治·瑞泽尔:《后现代社会理论》,谢立中等译,华夏出版社2003年版。

〔法〕埃米尔·涂尔干:《社会分工论》,渠东译,生活·读书·新知三联书店2000年版。

〔德〕马克斯·韦伯:《儒教与道教》,洪天富译,江苏人民出版社1995年版。

〔美〕伊曼纽尔·沃勒斯坦:《现代世界体系》第1卷,尤来寅等译,高等教育出版社1998年版。

谢立中、孙立平主编:《20世纪西方现代化理论文选》,上海三联书店2002年版。

许纪霖、陈达凯主编:《中国现代化史(第一卷):1800—1949》,学林出版社2006年版。

# 第十五章

# 社会调查研究方法

社会学的任务是认识和解释现实社会,发展社会学的知识并为促进社会的正常运行和社会发展提供建议。为此,社会学者常常深入社会做调查。社会调查研究在社会学的学科体系中占有重要地位,本章简要介绍社会调查研究方法。

## 第一节 社会调查研究概述

### 一、社会调查研究的概念与特点

#### (一) 什么是社会调查研究

要正确地认识社会、预测社会变迁的趋势、提出应对策略,就要了解现实社会。社会调查研究就是人们了解、认识社会的活动。具体地说,社会调查研究是运用科学的方法,系统、直接地收集有关社会现象的真实情况,并对所得资料进行整理、分析,科学地阐明社会的状况及其变动规律的认识活动。社会调查研究实际上由两个相连的活动组成:社会调查是直接接触社会生活,收集有关资料的活动;研究则是分析资料,是对调查所获经验材料的概括和加工。这两个部分是密切地联系在一起的。社会调查研究的基础工作是调查,没有调查就谈不上对资料的分析。同时,研究活动是调查活动的必要延续,因为只调查不去研究分析资料包含的意义,就不可能深入地了解社会现象的本质特点,也不可能认识它进一步变动的趋势及规律,对策和建议更无从谈起。因此,没有社会调查就不能对现实社会做认真的研究,不对调查所获资料进行认真研究,社会调查也就失去了它的重要意义。

(二) 社会调查研究的特点

社会调查研究作为一种认识社会的科学方法和手段,有其明显的特点。

第一,直接从现实社会生活中收集资料并对之进行分析。社会调查研究是面对现实的,它的任务和目的是了解社会现实并分析其意义。这样,社会调查研究的一个重要特点就是掌握第一手资料,这是对社会现象的直接感性的认识。在此基础上的分析资料则形成对社会的更深入的认识。

第二,科学的方法。社会调查研究是采用科学的方法认识现实社会的活动,科学的方法是社会调查研究的灵魂。所谓科学的方法是指经过很多研究者使用的、有效的认识社会的方法。社会现象是十分复杂的,没有科学的方法就难以对社会现象做科学、客观、深入的了解和认识,也就不能达到社会调查研究的目的。这样,社会调查研究就与人们的日常观察和不做认真准备的随便的实地考察不同,因为后者缺乏认真的设计和准备,多带有随意性或片面性,难以对社会现象进行深入的、本质性的了解。社会调查研究依赖的科学方法既包括所采用的具体调查研究方法,也包括一套行之有效的调查研究程序。这些是研究者贴近现实、客观地认识现实的手段。

第三,以认识社会现象的规律为目的。社会调查研究的对象是现实的社会生活,是社会现象。其目的是通过对社会现象的了解和分析认识社会。尽管社会调查的领域和对象十分广泛,但是,通过研究某具体现象而认识社会是所有社会调查研究的共同点。通过个别或一些事件认识社会,即分析所调查现象的社会意义是社会调查研究的目的之所在。

## 二、社会调查研究的方法体系

(一) 社会调查研究是理论、方法与技术的结合

社会调查研究是直接从社会生活中收集资料并进行分析的活动,因而社会调查研究具有很强的实务性特点。它要求研究者认真调查,运用科学方法和技巧对社会现实形成真实和深刻的认识。当然这并不意味着社会调查研究不需要理论。实际上,任何社会调查研究都需要两种理论:一种是有关调查研究对象的理论;另一种是关于社会调查研究本身的理论,是指社会调查研究的方法论。实

际上,整个调查研究就是在对客观事物认识的基础上,以一定的方法论为指导,运用科学的方法与技术,收集和分析资料的过程。这是一个理论、方法与技术紧密结合的过程。

### (二) 社会调查研究的方法体系

社会调查研究的方法体系分为三个层次:第一层次是方法论,它是认识论、社会理论在社会调查中的指导;第二层次是调查研究的方式与方法,它是调查研究中人们收集资料的行为类型或模式;第三层次是调查研究的(具体)技术,它是收集、整理和分析资料的实用技巧。

社会调查研究方法体系可以总结如图15-1:

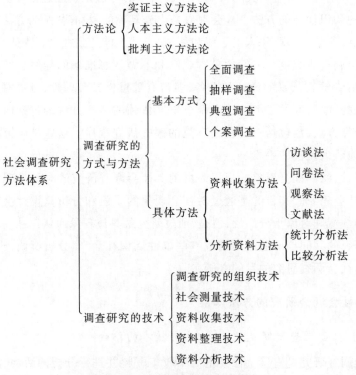

图15-1 社会调查研究方法体系

上述三个层次是有机地联系在一起的。没有方法论的指导,调查研究可能会盲目,从而降低调查研究的水平。没有合适的调查研究的方式与方法,就难以系统地、有条理地进行调查研究的工作。没有科学的调查研究技术,就不可能准

# 第十五章 社会调查研究方法

确、有效地收集资料和科学地分析资料,也就不可能有真正科学的社会调查研究。因此,只有把方法论、调查研究的方式与方法和技术结合起来,才能保证社会调查研究的有效进行。

(三)社会学研究的方法论

方法论是关于方法的理论,它是人们在认识社会现象时采取某种方法的基本理由,即人们在认识某种社会现象时为什么采取某种方法而不采取其他方法的基本道理。社会学研究的方法论主要有实证主义方法论、人本主义方法论和批判主义方法论等。

实证主义方法论是社会学产生的方法论基础,也是在社会学研究中占主流的思想。实证主义方法论认为,社会现象有其规律,因此可以采用自然科学式的、用经验事实来检验假设的方法进行研究。实证主义把自然科学的方法论作为自己的基本原则,认为科学的假说必须由经验事实来检验,某一理论只有在得到经验证据的完备支持时才可以被接受。实证主义方法论认为,社会科学虽然在方法、技术的运用方面有其特点,但在理论建构、证据搜集与分析、理论检验等方面所运用的方法与自然科学方法无本质区别。按照实证主义方法论,社会调查研究要注重资料的客观性、真实性、准确性,比较注重采用实验、社会测量等方法。

人本主义方法论也称非(反)实证主义方法论,它认为,社会现象不同于自然现象,因为社会现象是人的活动,社会现象对社会行动者来说是有"意义"的,而这种"意义"是不能用自然科学的所谓"客观、科学"的方法来研究的。人本主义方法论认为,实证主义忽视了社会行动者的特殊性,忽视了历史、文化和意识的作用。这样,人本主义学派反对实证主义的定量主义,而强调定性或质性研究,即主张通过理解社会现象的特殊含义来认识它。在调查研究方法上,人本主义注重深度访问和观察体验,把调查研究对象(社会现象)放在一个大背景下来思考,以真正理解研究对象及其行动的意义。与这种人本主义方法论有较强联系的还有社会建构主义观点。按照社会建构主义的观点,社会是由人们的行动和互动建构起来的,社会调查研究所面对的社会现象也是由参与调查研究的各方共同建构起来的,因此要注意分析建构过程及行动者赋予其行动的意义。

批判主义方法论面对社会现实,用批判的眼光看待研究对象,认为社会科学研究是要帮助人们改变不令人满意的现状,并建设一个好的社会结构和生活。

批判主义方法论关注权力不平等和社会冲突,它对所研究的社会现实持强烈的质疑态度,有明确的价值立场,希望从社会现实中找到不平等的深层结构,并倡导改变。持批判主义方法论的有冲突论和女性主义等。

(四) 定量研究与定性研究

社会学的研究类型主要分为定量研究和定性研究。

定量研究也称量化研究,是以实证主义方法论为指导,注重定量(数字)资料的收集,并通过统计分析得出结论的研究方法。定量研究在严格的研究设计基础上,用问卷、量表等标准化定量测量手段搜集资料,并对之进行统计分析,以发现研究现象之间的相关关系,说明事物缘由,得出理论性概括。定量研究追求研究资料和研究结论的精确性。

定性研究也称质性研究,是非实证主义方法论指导下的研究方法。它主要搜集有关研究对象的特征、发展过程、行动及其意义等方面的文字、音像等非数字化资料,通过比较、意义分析,发现研究现象的内在逻辑及其与其他事物之间的关系。定性研究主要运用观察、深度访问、生活史等方法搜集资料,收集的资料全面、细致。个案研究、过程研究、事件研究、行动研究主要使用定性研究方法。

定量研究与定性研究是不同方法论指导下的两种不同的研究方法,它们所要解决的问题不同,使用的方法不同,资料的特征不同,所得出的结论的用途也不同。定量研究强调代表性,其结论在一定范围内可以推论。定性研究强调深入性和全面性,其结论不做推论,而是要揭示事物的内在机制和逻辑。定量研究和定性研究并不互相排斥,一项好的科学研究常常是定量研究与定性研究相结合的。

### 三、社会调查研究的一般程序

社会调查研究是科学地了解和认识社会的活动。它在大量的社会调查研究实践中逐渐形成了自己的规范,其中包括一套保证调查研究活动科学进行的程序。在不同的方法论指导下,这种程序不同。比如,定性研究与定量研究在研究设计上有很大差异。以下基本上是对实证主义方法论指导下的调查研究的一般程序的介绍。这套程序包括选题、准备调查、实施调查和分析总结几个阶段。

## （一）选题

选题就是选择和确定调查研究的题目。研究题目是一项调查研究所要解决的重要问题的概括。只有选定了一个题目，调查研究才可能进行。因此，选题是调查研究的起点。在选题阶段，首先要确定调查研究的领域或范围，以确定调查研究属于哪个社会范畴；然后通过实地考察、文献研究或专家咨询等手段确定具体的调查研究题目。

## （二）准备调查

调查研究的准备阶段要提出调查研究的具体想法，制订调查研究的详细方案，具体来说要做这样一些工作。首先，在对调查对象进行初步探索的基础上提出研究假设，即对调查研究对象的可能状态、内部关系提出一些有一定根据的判断，这有利于明确调查研究的方向。然后对这些假设所包含的重要概念做出解释和定义，即操作化定义。从实证研究的角度来讲，往下就是拟定调查提纲，设计调查量表或问卷，将所需调查研究的问题具体化，并且根据调查研究对象及任务的特点确定调查研究的方式和方法。当然，调查方法也可以提前确定。接下来就是进行实地调查前的组织准备工作，包括选训调查员、编排调查研究方案、联系调查对象等，从而做好实地调查前的一切准备工作。

调查之前周密的准备、细致的考虑对于顺利而有效的实地调查十分重要。如果准备工作做得充分，实地调查就相对顺利、工作紧凑，从而提高工作效率。相反，如果准备工作做得不好，实地调查往往会遇到意想不到的困难，造成人力、物力、时间上不必要的浪费，甚至调查失败。

## （三）实施调查

实施调查就是具体地进行调查，它包括收集资料、整理资料两项工作。这涉及调查人员直接向调查对象索取、收集第一手资料的过程。实施调查是整个调查研究的关键。

收集资料就是要按照调查设计，运用合适的方法和技巧，接触调查对象，系统、客观、准确地获取经验材料的活动。要做到这一点，首先要进入调查对象的生活环境，说服他们接受这次调查，然后运用访问、座谈、问卷、观察等合适的手段获取资料。社会调查中的"进入"是一个人际互动的社会过程，是调查人员被调查对象接受的过程，这一过程要处理一系列关系。具体的社会调查一般要按照预先设计的方案进行,但是在实地调查的过程中也可能会出现现实与原来的设想不完全相符的情况。这时,调查人员就要根据具体情况对原调查设计进行必要的调整和补充,以保证真正完成调查研究任务。

在实地调查的过程中,调查人员还需要对已取得的调查资料进行初步审核和整理。

#### (四) 分析总结

分析总结阶段的主要任务是分析实地调查获得的资料,并在此基础上对整个调查结果做出概括和总结。资料分析包括对数字资料的分析和对文字资料的分析,对数字资料一般运用统计工具(包括通用的社会科学统计软件包 SPSS 等)进行分析,对于文字资料则采用归类、比较、理解等方法。从实证方法的角度来看,这种分析可以将调查结果同研究假设进行比较,以检验原来的假设是否成立。而对文字资料的分析可以深入地认识研究对象所反映的社会意义。

最后,调查人员须撰写调查研究报告,即对全部调查资料做出客观的、实事求是的总结。

## 第二节  实地调查前的准备工作

### 一、研究题目的选择与确定

#### (一) 选题对于调查研究的意义与制约因素

1. 选题的意义

选题对于一项社会调查研究具有十分重要的意义,因为选题会对调查研究产生直接影响。第一,它关乎调查研究是否可以顺利进行。任何社会调查研究都需要一定的支持条件,这些条件包括人力、物力资源和社会环境条件等。如果选题不当,那么调查研究就不可能顺利进行。第二,它影响该项调查研究可能取得的成果。好的选题不仅具有实际意义,也具有理论意义。如果选题不恰当,调查研究就可能浪费人力、财力和时间。

2. 选题时要考虑的制约因素

社会调查研究的选题常常受到研究者的兴趣、经验和社会状况的制约。不管怎样,选题都要考虑研究这一问题的必要性和可行性。

## 第十五章 社会调查研究方法

必要性是指选择某一课题进行研究的意义,它包括理论意义和实际意义两个方面。理论意义一般是就学术发展而言的,其目的是发展某一理论、积累知识。实际意义是指进行该项研究的现实需要。那些与国计民生有密切关系的课题常常是被优先选择的题目。

可行性即进行某一研究的主观和客观条件。主观条件包括调查者所拥有或可支配的人力、物力、财力和时间,也包括调查者所掌握的知识和技术。客观条件是指社会环境是否允许进行某一调查研究,这里的社会环境既包括大的政治和社会环境,也包括社会调查涉及的具体环境。

(二) 研究题目的确定

1. 如何确定研究题目

仅经过必要性和可行性分析而选定题目可能会有某些不妥之处。为了使研究的课题更明确,研究者需要对之做进一步研究,以最后确定题目,一般需要做如下工作。

首先,查阅文献。许多问题是别人已做过相关研究的,我们现在的调查研究就是在别人已有的研究成果上更进一步。查阅文献就是要考察以往有关此问题的研究成果,看看前人(别人)在这方面已做过什么、有哪些成果,还有哪些没有解决的问题;前人的研究角度如何,本项研究从哪个角度入手可能会有所突破、取得更大成果;等等。考察和借鉴有利于明确调查研究的重点,使研究者少走弯路。

其次,向知情者和专家进行咨询。知情者和专家对我们所要研究的问题有较多了解,因而也有较多的"发言权"。他们的意见是其长期感受或深入思索这一问题的结果,对研究这一问题很有价值。听取他们的意见对于明确方向、选准突破点十分有意义。

最后,与调查对象进行初步接触。同调查对象接触和查阅有关资料,可以使调查研究的目的更明确、问题更清晰。

2. 选题时要注意的问题

在以上考察、分析的基础上,研究者在确定具体题目时要特别注意,题目不要定得太大。题目太大往往会使人无从下手,或往往使调查研究流于浮浅,达不到预想的结果。其实,调查研究的成功与否或价值并不完全在于题目的大小,只要题目有意义,小的、准确的题目也会取得较大的成功。

## 二、提出研究假设

### (一) 提出研究假设的意义

研究假设是建立在对调查对象的初步了解之上的、关于调查对象的特征及有关现象之间的相互关系的推测性判断。这种判断不是对研究对象的整体的、本质的认识,需要通过调查研究来证明,所以只能称为假设。研究假设不是随心所欲的想法,而是有一定根据的,即建立在对该问题的一定程度的认识之上的,它是对所要研究问题的尝试性回答,但不同于"大胆假设、小心求证"所说的"假设"。研究假设对于一项调查研究具有的重要意义在于:第一,研究假设明确了该调查研究所要解决的主要问题,指出了调查研究的努力方向;使调查任务明确化,提出要收集哪些资料和为什么收集这些资料。第二,好的研究假设可以避免收集资料的片面性和盲目性,提高调查过程的效率。第三,研究假设还是设计调查方案的依据,它实际上对整个调查研究起着指导作用。

### (二) 研究假设的形式

研究假设是由相关概念构成的。作为对研究对象的推测性判断,它有三种形式:描述性假设、解释性假设和预测性假设。描述性假设是关于社会现象状态的推测判断,比如"在再就业市场中技术水平低者的成功率较低"。解释性假设是关于社会现象变动原因或内部关系结构的推测性判断。预测性假设则是对社会现象发展趋向的判断。一般来说,能够对社会现象的内部关系结构给以说明的假设是对社会现象的更深刻的认识。因此,解释性假设是更有价值的假设。规范地说,解释性假设是以一种可以检验的形式加以陈述,并对两个(或两个以上)变量之间的特定关系进行预测的命题。这里的变量是构成社会现象内部关系的要素,它由概念来表述,但在不同情况下可能有不同的表现形式。例如研究工龄与工资的关系。在一个车间中,不同工人有不同的工龄,也有不同的工资。那么,"工龄""工资"这两个概念就是变量,因为在不同的工人那里它们有不同的表现数值。然而,如果研究工龄相同的工人的工资状况,那么这里的"工龄"就不是变量了,因为调查对象的工龄是一样的。研究假设都要以变量的语言来表述。例如,我们在研究某一工厂的工人收入时会提出一个假设:工龄与工资有密切关系,工龄越长工资越高,或者对于相同工龄者,技术水平越高工资越高。

## 第十五章　社会调查研究方法

### （三）提出研究假设的原则

研究假设对于一项调查研究十分重要，那么所有的调查研究都要有假设吗？不一定。如果某一项调查只是为了了解某一社会现象的一般状况，或其目的是发现问题、提出问题，那么事先不提出假设也无妨。另外，为了摸清情况、总结工作而进行的调查研究也不需要假设。但是对于一项学术性研究来说，研究假设是很必要的。

提出研究假设的原则包括：假设不能与已有的资料相矛盾，即不能与事实相背；假设的文字表述力求简短、明显、准确；假设不应该包括不能被明确解释的概念，太抽象的、不能被经验验证的概念不应进入假设；假设本身不应有逻辑上的矛盾。

### 三、概念与课题的操作化

#### （一）操作化的含义

在社会调查研究中，狭义的操作化是指命题和概念的操作化，即把抽象的概念具体化，使之变为经验层的、能够直接测量的概念的过程。广义的操作化也包括研究课题的具体化。

当我们认识社会现象和提出研究假设时，常常使用一些较为抽象和概括的概念。例如，研究劳动者的积极性，我们可以提出"良好的工作环境有利于工作积极性的提高"这一假设。在这里，"工作环境""工作积极性"都是抽象概念，都不能直接测量。如果停留在这一抽象层次上，社会调查就无法进行，从而也就无法验证上述假设是否成立。为了使该假设可以被验证，我们必须找出一些更具体的、能够反映"工作环境"和"工作积极性"的概念或项目，通过对它们的测量来反映"工作环境"和"工作积极性"的具体内容。这就是概念的操作化或给概念下操作定义。操作定义是依据抽象概念的内涵和外延提出的、可以观测的调查项目或指标的总和。

#### （二）概念及命题的操作化

抽象概念的操作化就是把它逐渐具体化从而使之变得可以测量的过程。在许多情况下，抽象概念的操作化常常需要几个层次的连续操作化来实现，概念越抽象，操作化的层次越多。而操作化的结果是形成一些可以直接用于测量的指标和项目。在这个过程中，重要的是要注意较低层次的概念和指标与较高层次的概念在内涵和外延上的一致性，即前者既不能超出后者的范围，也不能不及。因为只有这样，具体概念和指标才能真正代表和反映抽象概念。

解释性的假设表现为一种命题，这时，假设的操作化即抽象命题的具体化。与抽象概念的操作化的意义相同，只有将假设中所包含的几个抽样概念具体化，即将其转换成具体的假设，它才可能被检验。在这一过程中，要运用经验演绎法，从抽象概念推演出经验指标，从研究假设推演出具体假设，实际上这一过程是以概念的操作化为基础的。正如一个抽象概念的内容可以由几个具体概念来反映一样，一个抽象的研究假设也可以由几个具体假设来表述或反映。

### （三）研究课题的操作化

研究课题的操作化就是使一项调查研究具体化，主要指围绕假设或问题使调查研究系统化、变得具体可行。从调查研究方法的角度来看，它具体表现为调查提纲的拟定、调查量表或问卷和指标的设计。

调查提纲的拟定是把调查内容条理化、具体化的过程，其目的是确定要收集哪些资料。调查提纲有粗细之分，这一过程表现为由思路变为大纲，再变为细纲。提纲细化的过程实际上是研究课题的操作化过程。在拟定调查提纲时要做到：围绕调查所要解决的中心问题即研究假设拟定提纲，提纲力求全面真实地反映所要研究的问题的各个方面。

调查量表或问卷和指标的设计是对调查提纲的进一步具体化，其中包括指标、项目或语句的设计过程。指标是反映社会现象的数量和质量特征的概念，抽象概念的操作化实际上也是设计具体指标的过程。另外，调查量表或问卷常使用一些短语或语句的问题来征求人们的答案，用以反映某些问题所包含的内容。这些短语或语句称为项目，有人称之为题器，即反映某一问题的工具。显而易见，把抽象概念和大问题变为具体概念和小问题以至于项目或题器的过程，就是把研究课题具体化、操作化了。

### （四）测量的信度与效度

社会调查中设计的一系列指标、项目的用途就是测量需要调查的对象，这样，研究者应该尽量设计出好的指标，通过这些指标的运用真实反映调查对象的特征。这涉及指标的质量和测量的信度与效度问题。

## 第十五章 社会调查研究方法

1. 什么是信度与效度

信度是指可靠性,即当人们采用同样的方法和指标去重复测量同一对象时,所获结果的一致程度。当重复测量的结果高度一致时,我们说测量的信度高,即结果可靠。反之,就是信度低,即测量的结果不可靠。因为我们假设的是对同一对象的重复测量,所以信度实际上反映的是测量方法和工具的问题。如果一个指标的含义不清晰、模棱两可,那么可以想象测量的信度也不会高。这就是说,在设计指标时应该使它的含义明确、清楚、没有歧义。这是在操作化过程中必须注意的问题。

效度是指测量的有效性或准确性,即测量工具能够准确地测出调查对象特征的程度。当一种测量工具能够真实地度量出调查对象的特征时,即当它们确实测量出该测的特征时,我们就说测量是有效的,其效度高。例如,对一些有额外收入的人来说,只用固定的工资收入来测量他们的经济地位就不十分有效,换句话说,用固定的工资收入来测量经济地位的效度不太高。这就要求,在制定测量指标时要使指标确实能反映对象的本质特征。

2. 信度与效度的关系

信度与效度是既有联系又相互制约的。一般来说,缺乏信度的测量也是无效度的测量,当然,即使高效度的测量也不一定是有效的。因为,如果多次重复的测量结果不稳定,就不能说这种结果真正反映了调查对象的特征。当然,多次重复测量结果的可靠性高,也并不一定表明测到了该测的事物的特征。反过来说,有效度的测量一般是可靠的。

关于信度与效度的理论指出,在对假设或概念进行操作化时,应该设计出稳定而有效的测量工具,以使测量既有信度又有效度。

### 四、确定调查方式与方法

社会学研究的类型包括社会调查、参与式调查和社会实验等,这里只介绍社会调查的基本方式,主要有全面调查、抽样调查、典型调查和个案调查。

(一)全面调查

全面调查也叫普查,是在较大范围内对研究对象所包括的全部单位进行逐一不漏的调查。例如全国人口普查、全国基本单位普查,某一地区或领域基本情况的调查等。全面调查是对某一方面情况的全面了解,以掌握总体情况,为全面阐释问题或制定政策提供依据。全面调查利用统一的统计表格或调查表,收集某一社会现象在某一时点的具体情况,其调查范围广,收集信息全面,所获资料十分有价值。但是这种调查工作量大、时间性强,需要动用较多人力、物力。组织全面调查比较复杂,所以只有在需要掌握比较全面而基础的统计资料时才进行这类调查。

(二) 抽样调查

抽样调查是从研究总体中抽取部分对象(样本)进行调查,并试图用样本资料来推测或代表总体情况的调查方法。这里的所谓总体指要研究的社会现象包含的所有单位,而抽取的部分构成样本。抽样调查常常用于要研究的总体单位很多、不可能或不需要对所有总体单位进行调查的情况。抽样调查的关键是抽样,抽样主要有以下几种组织方式。

1. 简单随机抽样

简单随机抽样也叫纯随机抽样,它是不事先对总体单位做任何人为分组和排列,全凭偶然的机会(概率)抽取样本的方法。抽样调查遵循同等概率原则,即总体中的每一个单位都有同等被抽中的机会。简单随机抽样可以借助抽签法或随机号码表进行,施行的步骤是:第一,取得抽样框架,即取得所有研究对象(总体单位)的名单;第二,给每一个单位编号;第三,利用随机号码表或直接抽取样本。简单随机抽样比较适用于总体各单位之间差异较小的情况。

2. 等距抽样

等距抽样也叫机械抽样或系统抽样。这种抽样方式要求先将总体单位按照某一特征排列起来,然后等间隔地依次抽取样本单位组成样本总体。排列可以按照与研究主题相关的特征进行,也可以按照无关特征进行。抽样间隔等于总体单位数除以样本数所得的商。等距抽样的具体方法是:第一,获得抽样框;第二,总体单位排列;第三,计算抽样间隔;第四,在第一个抽样间隔数目的个体中用随机方法抽取第一个样本;第五,依照抽样间隔往下依次抽取其他样本单位。

3. 分层抽样

分层抽样也叫类型抽样或分类抽样。这一方法须先把总体单位按某一特征分类(或分层),然后在各类(层)中随机抽取样本单位。分层抽样实际上是科学分组与随机原则的结合。除分类外,其组织方式与简单随机抽样或等距抽样相同。分层抽样有等比抽样和不等比抽样之分。当各类总数差别过大时,可采用不等比抽样。分层抽样适用于总体单位数目多、各单位之间差异较大的情况。

4. 整群抽样

整群抽样是先按某一标准将总体单位分成群或组,从中抽取群或组,然后将抽中的群或组包含的所有单位合在一起作为样本总体的抽样方法。整群抽样常常应用于总体单位空间分布范围很大,单个抽取样本会给实际调查带来很多困难的情况。它的优点是组织工作比较方便。

大型调查常常把几种抽样方法结合起来使用,这称为多段抽样。

(三) 典型调查

典型调查是从调查研究的总体中选取一个或几个有代表性的单位进行全面、深入调查的调查研究方式。它是中国共产党在长期的革命和建设过程中使用最多的、通过调查少量典型来了解全局情况的调查研究方法。

关于典型常常有两种不同的理解,一种观点认为典型是在同类事物中有代表性的单位,另一种观点认为典型是某类事物中某一特征表现得最充分的单位。社会学研究使用的是前一种理解。典型调查的关键是选择典型。在某类事物内部有较大差异的情况下,应该选取几种不同的典型来反映总体情况,以免造成偏差。典型具有代表性,但在将典型调查的结论推广至更大范围的时候,要注意典型的局限性和条件。

典型调查的优点是省时、省力,又有一定代表性,调查比较全面、深入,调查方式比较灵活;其缺点是典型的选择容易受调查者主观因素的影响。

(四) 个案调查

个案调查是选择某一社会现象为研究对象,收集与它有关的所有资料,对之进行全面深入的调查和细致分析的研究方式。个案可以是一个人、一个家庭、一个组织或一件事。个案调查一般采用深度访问、参与观察等方法。

选择何种调查方式要以调查对象的性质和特点、调查研究的目的和任务及进行调查研究的条件为转移。

**五、调查的组织准备**

在开展实地调查之前,要做好调查员的选训及与调查对象联系等方面的工作。

（一）调查员的挑选与培训

一项大的调查研究除了主持者之外，一般还需要动用其他人参与调查。为了保证调查质量，研究者需要认真挑选调查员并对之进行严格培训。

1. 调查员的挑选

调查员应该具备如下一些基本素质：对调查工作有浓厚的兴趣；能吃苦，不怕困难；诚实认真，严格按规定办事；态度谦和，有礼貌，愿与人交往，举止稳重；思路清晰，有一定文化程度。要注意选择了解当地情况的人当调查员，还要注意其最好在社会地位、生活方式、民族、语言、文化程度方面与调查对象比较接近。这样，调查员更容易被调查对象接受，才能认真地、按质按量地完成分配给他的调查任务。

2. 调查员的培训

选定调查员后要对他们进行认真培训。培训工作包括如下内容：由研究的设计者向调查员讲解本次调查的目的、过程和方案，以及调查提纲或调查问卷；请调查员就上述各方面中尚不清楚、有疑问的地方提问，主持人应给以准确清晰的回答；调查研究人员做调查表演示范，之后，调查员进行角色扮演，模拟调查；调查研究人员与调查员一起讨论在调查中可能遇到的问题，并商讨解决的方法，以使调查员基本掌握在各种可预料情况下的工作方法；调查研究人员带领调查员进行实地调查实习。

（二）联系调查地有关人员

调查的顺利进行需要得到调查地有关人员，包括领导人的支持，所以调查研究人员在调查前应与相关人员取得联系，向他们讲明此次调查的任务、目的、意义，以及实地调查计划，请他们支持。有的时候要运用组织体系向调查对象介绍此次调查，以使调查对象有所准备、了解，并接纳这次调查。

（三）设计调查研究方案

调查研究准备的最后一项工作是制订一个详细、周密、比较切合实际的调查研究方案。这一方案要包含如下一些内容：本调查研究的内容、目的和意义；调查研究的空间范围和调查对象（也叫研究单位），即说明实际调查的是个人还是家庭，是单位领导还是所有单位成员；调查研究的方式和方法，尤其要说明采用何种方法收集资料；抽样方案或调查对象的单位的获取方法；调查进行的时间、进度和人员安排。

另外,调查研究人员还要对实地调查活动做出更详细的规划,最好画出工作流程图,以对任务、时间、人力做统一安排。

## 第三节 调查资料的收集

社会调查的中心任务是收集到准确、有用的资料,这需要采取科学的收集资料的方法。常用的社会调查方法包括访谈法、问卷法、观察法和文献法等。

### 一、访谈法

(一)访谈法的含义与类型

访谈法是指调查员同调查对象接触,通过有目的的谈话收集资料的方法。根据调查员同调查对象的接触方式,访谈可分为直接访谈和间接访谈。前者是面对面的访谈,后者则是借助某种通信工具进行的访谈。在我国,实际调查中以当面访谈为主要方式,一些调查公司也使用电话调查的方法。

访谈包括访问和座谈两种。对于访问来说,根据访谈时调查员是否遵循一个既定的、较详细的提纲或调查表,访谈有结构性访谈和非结构性访谈之分。结构性访谈是按照事先制定的调查提纲进行的访谈,在调查中对问题的解释和说明也是标准化的,结构性访谈的特点是比较规范。非结构性访谈没有事先制定的较详细的提纲,只有访谈题目或涉及的几个方面。调查员只就调查的主题笼统地提一些问题,求得调查对象的回答。甚至有些问题是在访谈中形成的,访谈随着谈话的进展深入下去,这就是深度访问。非结构性访谈适用于事先对调查主题知之不多,或希望深入了解调查对象的情况。相比而言,深度访问得到的资料比较具体、细致、全面,它所花费的时间也比较长。

(二)访谈的准备及技巧

访谈是调查员同调查对象面对面互动的过程,双方的一言一行都可能会影响访谈的进程与结果。因此,要想得到满意的结果,就要提前做好准备并在访谈中讲究访谈技巧。这包括:(1)访谈前要尽量做好准备工作,对访谈的主题及它包含、涉及的问题做尽可能充分的思考,以向调查对象提出需要了解的问题。(2)事先通知调查对象,听取他们有关访谈时间、地点的意见。(3)尽可能多地了解调查对象的身份、生活背景及其与所调查问题的关系等情况,以便访谈时得体发问。(4)提前到场,在约定的时间、地点等候调查对象。如果去调查对象的家中或工作地点,要准时。(5)从调查对象手中正操办的、关心的事情谈起,逐渐引入正题,以与调查对象建立起良好关系。(6)从简单问题入手,启发调查对象充分发表自己的看法。(7)控制话题,避免谈话离题太远。在对方谈话离题时,要善意地、巧妙地引回话题。(8)注意使用合适的谈话方式,包括姿势、语气、表情,使对方感觉到调查员是在认真听他讲话。(9)对重要问题可以用不同方式重复提问,使对方重复关于此问题的回答,看其说法是否肯定。(10)经调查对象同意后进行记录。

(三)访谈中应注意的问题

访谈中应注意的问题包括:(1)在访谈过程中要尽量保持活跃的气氛,但又不使谈话脱离要了解的中心问题。(2)要尽量避免环境因素的影响,使调查对象能独立地发表意见。(3)在开座谈会时,注意调动与会者广泛发表意见,要避免冷场和个别人垄断发言权。(4)调查员应对所问问题持中立态度,不能发表自己对问题的看法,也不能做引导性提问。(5)随时注意调查对象的情绪和态度的变化,并了解这种变化的含义。(6)在整个访谈过程中始终保持虚心求教的态度,尊敬调查对象。

访谈是收集资料的常用方法,也是一种人际互动的技术。访谈法能够减少调查对象因文化水平低、理解能力差给调查造成的障碍,所得资料比较细致、充实。使用访谈法的关键是取得调查对象的真诚合作,同时调查者要做到会问、会听。

## 二、问卷法

问卷法是通过填写问卷(或调查量表)来收集资料的一种方法,也是现代社会调查中使用得最多的收集资料的方法之一。

(一)问卷的类型与结构

1. 问卷的类型

问卷是用问答的方式收集资料的卷子,它由一系列相互关联的具体问题组成。问卷可以分为封闭式和开放式两种。封闭式问卷是把要了解的问题和可能的答案全部列出的问卷形式,即对每一个问题都给出可选择的答案。这样,在实施调查时调查对象只需要从已给出的答案中做出选择即可。如果问卷只提出问

# 第十五章 社会调查研究方法

题,不给出可供选择的答案,那么这就是开放式问卷。实际上,也有在一份问卷中一部分问题是封闭式,另一部分是开放式的情况,但一般以封闭式问题为主,在确实难以给出有代表性的答案时则使用开放式提问。

在现代社会的调查中,封闭式问卷使用相当广泛。这是由社会调查研究对现代统计技术的运用、实证主义被推崇、数量分析被高度重视等因素造成的。另外,封闭式问卷具有答案标准化、使用方便、可在较大范围内运用等优点,这也使它受到欢迎。

开放式问卷也有其优点,主要是可以用于调查研究者对问题尚不太了解或问题比较复杂的情况;开放式问卷的缺点是收集到的资料不标准、不规范,难以量化处理。

2. 问卷的结构

一份问卷由封面信、问题和答案几部分组成。

封面信是一封写给调查对象的短信,它的作用是向他们介绍此次调查的目的、意义,以求得对方的合作和支持。封面信应简要地说明调查者的身份,概括地说明本次调查的大致内容和进行这次调查的目的。要说明调查对象的选取方法和对调查结果保密的承诺。在封面信中或其后还应该说明正确填写问卷的方法、要求和注意事项等。封面信不应太长。

问题和答案是问卷的主体,主要包括三个方面的内容:(1)调查对象的基本资料,如性别、年龄、职业、文化程度等;对于组织来说,可能包括组织性质、规模、成立时间等。(2)调查对象相关行为方面的问题,即调查对象在所调查的问题方面做过什么。(3)调查对象相关态度方面的问题。当然,针对不同调查对象、不同任务,问卷的内容结构也不同。

(二) 问卷的设计

1. 问卷设计的步骤

一份好的问卷是调查成功的基础,因此要花力气设计问卷。问卷实际上是将调查研究的问题用一个个小问题表示出来。因此,设计问卷首先要明确总体思路,实际上研究假设就是这一思路的集中表现。然后根据操作化原理将问题具体化。一般地,可以先按调查提纲将每一问题具体化,然后整合到一起,进行总体安排、调整和修改,形成问卷初稿。通过试用或请教专家等办法,评估问卷是否科学和符合要求,再次修改后定稿、印制。

## 2. 问卷设计要注意的问题

问卷一般不宜太长。有的研究者认为进行一次问卷调查很不容易,所以想借机获得更多资料。这种出发点不错,但实际效果可能并不好,因为所提问题过多,占用时间过长,可能会使得调查对象不愿合作。

在设计问题时要注意以下几个方面的问题:(1)提问的语句要简短,使人一目了然。(2)避免提带有双重含义,即一题两答式的问题。(3)提问题不应带有倾向性,因为带倾向性的问题可能造成诱导。(4)不要提胁迫性问题,即不提由于社会价值、社会文化等压力,调查对象不得不作某种回答的问题。(5)不要直接提敏感性问题。(6)不要问调查对象超出其知识范围的问题。

在排列问题时要坚持先易后难、先一般后敏感、先封闭后开放的原则。把调查对象比较熟悉的问题放在前面,较生疏的问题放在后面;把容易回答的放在前面,难答的放在后面;把能引起调查对象兴趣的放在前面,开放式问题放在后面。当然,在排列问题时,首先要遵照逻辑性原则,即按照事情发生的先后顺序排列,这有利于调查对象回答问题。

### (三) 问卷的使用

使用问卷收集资料有几种具体方式:邮寄式、送发式和访问式。

邮寄式是通过邮寄方式将问卷送至调查对象,请其填好后寄回的收集资料的方法。这种方式简便,使用范围广,但回收率一般较低。邮寄式问卷在使用时要注意追踪,督促调查对象填写和寄回问卷。

送发式是调查员将问卷送至调查对象手中,向他交代清楚注意事项,然后由调查对象自己填写,调查员当时或按约定时间收回问卷的方法。

访问式是调查员手执问卷面访调查对象,调查员按照问卷提问题,对方回答、填写问卷的方法。这种方法回收率高,对调查过程有一定控制和了解,是效果较好的调查方法,但费用较高。

## 三、观察法

### (一) 观察法的特征与类型

#### 1. 观察法的特征

观察法是调查者通过耳闻目睹收集和积累具体、生动的感性资料的方法。这里的观察不同于随便看看,"走马观花"。科学的观察具有以下特征:观察者必须有一定的研究目的或假设,有目的地去观察;观察者事先划定了一定的观察范围,包括观察内容和空间;实地观察要有系统、有组织地进行,即事前要有详细的观察计划方案;要客观地记录观察到的情况;对观察到的现象和结果,必须经过验证才能下结论。

2. 观察法的类型

参与观察与非参与观察。参与观察是调查者亲身加入调查对象所处的社会群体,"成为"其一员,直接参与该群体的活动,同时又保持着客观态度进行观察,获得资料的方法。参与观察还可以进一步分为研究人员公开身份和不公开身份两种。非参与观察是调查员以旁观者的身份对调查对象进行观察的方法。参与观察了解资料深入、细致,但调查者受到的约束也多。非参与观察受约束少,但了解的情况可能比较表面。

结构式观察和非结构式观察。结构式观察是按照事先制订好的观察计划进行的观察。其特点是观察过程标准,获得的资料比较系统。非结构式观察则事先对观察范围和程序不做严格规定,而是根据现场的实际情况随机决定的观察方法。结构式观察适用于对调查对象有较多的了解,调查对象及其行为较为稳定的情况,这时研究人员可以预先对观察进行设计。非结构观察则常用于对调查对象了解不多的情况。

(二) 观察的实施与观察法的优缺点

1. 观察的准备与实施

以结构式观察为例,准备与实施观察包括如下一些内容:一是确定观察对象和观察内容。所谓观察对象是指调查者观察的人或群体,观察内容是与调查有关的观察对象的活动或状态。二是将观察内容具体化,确定观察的主要方面和关键点。三是拟定观察提纲,规定标准化的观察方法。四是实地观察,做好观察记录。五是整理记录。

2. 观察法的优缺点

使用观察法收集资料有许多优越之处,这主要包括:使用观察方法可以准确地记述发生的事情,获得的资料比较详细;获得资料一般不受观察对象能力的限制;简便易行,灵活性较大。

观察法也有不少局限和缺点:它不太适用于研究大范围、大规模的社会现象。观察法也很少通过组织一个观察者队伍来进行；观察的精确度难以测量，往往凭观察者个人的经验来判断；观察者的存在可能会影响观察对象的行为，从而影响研究效果，特别是参与观察；观察者要观察的事件有时是可遇而不可求的，所以观察法常常占用时间较长。

观察法是获得感性资料、深入认识社会现象的有效方法。要保证观察法达到预期效果，就要求观察者有敏锐的观察力、准确的判断力、良好的记忆力和周密的思维。而这些能力的获得又要通过大量观察实践来培养。

**四、文献法**

文献法是用科学的态度考察文献资料，从中获得真实地反映社会现象的资料的方法。它不是通过实地调查获取第一手资料的方法，但社会调查中经常采用这个方法。

文献法常常是作为实地调查的辅助方法而出现的，当第一手资料不够用或不可能取得第一手资料，而又有第二手资料可用时，调查者常常使用文献法。当然，在对过去的事件进行研究时，文献法可能会成为主要的调查研究方法，因为在这类研究中除了访问调查外，一个重要的部分是进行文献调查和研究。

文献研究可供利用的文献包括：有关著作、历史档案、研究对象的自我记录资料以及其他有关记载。使用文献法时，要利用资料检索工具查找资料。在找到资料后，要进行鉴定，判断资料的可信程度，并从众多资料中选出有用的资料。然后摘录资料或复印资料。摘录时要注明资料的出处，以便核对和引用，但不应断章取义。

使用文献法获取资料比较方便，且省时省力，但其关键是要辨别文献的可靠性。

## 第四节 资料整理、分析与调查研究报告

**一、调查资料的整理**

通过实地调查收集到的资料并不能直接使用，必须经过审核和必要的整理后才能用于分析。

## （一）审核资料

**1. 审核资料的重要性及其原则**

在实地调查中，由于时间紧迫和众多不可测因素的影响，有时获取的资料可能并不一定十分准确和完备，这会影响调查研究的整体结果。为了保证调查研究的成功，对所获资料进行审核是必需的。审核主要是看调查资料是否准确、完整。

审核资料的基本原则是：一是真实性原则。看资料是否真实地反映了调查对象的情况。二是准确性原则。看资料是否准确、精确地反映了调查对象的质量、数量特征。三是标准性原则。在大规模调查中，看对不同调查研究单位的调查是否标准、划一、具有可比性。四是完整性原则。检查每一份调查资料是否按要求达到完整无缺标准。当然，这种审核是根据和对照调查设计而进行的。

**2. 审核资料的内容与方法**

审核资料包括如下重点内容：检查已调查的对象是否属于原定的调查范围；检查所获资料是否与原要求有出入或遗漏；检查所获资料是否有错填、错答之处；检查各份调查资料在同一问题上的尺度是否划一；检查同一份资料中答案是否有明显逻辑错误；判断资料的真实性和可靠性。

审核资料可使用如下方法：对第一手资料，要对照调查提纲或调查表（问卷），看二者是否完全相符，是否与原定调查口径有出入。如果资料能用多种方法、可通过不同渠道获得，看通过不同渠道得到的资料是否一致；对所获资料做常识性判断，即看它与常识是否相背。

对第二手资料，要认真审查资料的编写者、编写时间及历史背景，对资料做横向和纵向比较，看是否有矛盾之处；在审核统计资料时，要注意原资料的定义和分组是否与本次研究的标准相一致。

当审核中发现问题时要及时补正。因此，一般情况下审核资料的工作大多在调查地进行，获得资料后随即进行审核。

## （二）整理资料

整理资料就是根据研究目的将审核过的资料进行条理化和系统化。

**1. 文字资料的整理**

调查所获得的文字资料包括访谈记录、观察记录、开放式问题的答案以及文献资料等。文字资料的整理要做以下工作：(1)按调查研究提纲或研究专题需要将资料归类，即将同类资料放在一起。(2)提出资料的核心内容，加小标题或进行摘要，使各类资料的内容更明确。(3)按研究要求对各类资料做编排修整，在各类资料之间建立起初步联系。文字资料的整理的基本要求是真实、具体、简明、扼要。

2. 数字资料的整理

数字资料是用数码表示的资料，它们主要是由问卷调查所获得的资料转换而成的，也包括在调查中获得的文献、统计资料。

数字资料的整理工作包括以下几个方面：

(1)编码。首先对所有问卷(调查表)编码，再对每一问题的全部选择性答案排列编码。后一部分编码一般在设计问卷时进行，称为事前编码。为了使编码顺利进行，常常需要编制编码手册。在编码过程中，原来属于数字资料的可保持原样。

(2)登录。登录即将编码后得到的数字资料按照顺序，一一登录在登录表上，或录入计算机中。前者为手工登录，后者为机器录入。

(3)汇总。将已登录的资料按研究分析的需要分类汇总。手工汇总要编制一些统计表格。统计表分为简单表、分组表和复合表，分别由题目、横栏标题、纵栏标题组成。习惯上，统计表的上下端线以粗线绘制，左右两端不画端线，采取开口式。

## 二、资料分析

资料分析是对调查资料所包含的内容进行分析的过程。资料分为文字资料和数字资料。对文字资料基本上采取定性分析方法，对数字资料则采用定量分析方法。实际上，在研究过程中常常需要把定性分析与定量分析结合起来。资料分析可采取多种分析方法，如比较分析、统计分析等。

（一）比较分析

比较分析是在相似状况的基础上，将不同单位的同类因素或同一单位不同时期的同一因素进行对比，以发现它们之间的异同及原因的分析方法。将同一时期不同单位的状况进行比较是横向比较。社会调查研究常用的是类型比较，即选择不同的类型单位做调查,对所得资料进行比较,发现其差异,以找出造成差异的原因。将同一单位不同时期的情况进行比较是纵向比较。在较长的时间跨度上对两类客观社会现象做比较称为历史比较。在具体的社会调查研究中,将收集到的关于研究对象的不同时期的资料进行对比,可以分析出它们之间的差异,并从社会历史理论的高度对之做出说明和解释。运用比较分析最重要的是注意资料的可比性。

(二) 统计分析

统计分析的特点是对社会现象做量的分析,力图通过对大量现象的数量分析去揭示现象的内部联系和质的规定性。统计分析可以分为描述性分析和解释性分析。前者回答社会现象"是什么"的问题,即通过分析指出研究对象的现状、特点、发展状况等。后者回答社会现象"为什么"的问题,即通过分析揭示研究对象之所以如此的原因,它探讨的是现象之间的因果联系。

1. 描述分析

对某一对象的状态做出描述有静态和动态两个角度。静态描述指标主要是指其规模和结构,动态描述指标是指其变动及速度。在对大量同类现象进行综合描述分析时,其指标有频数、众数、中位数和算术平均数等。频数是反映某些事物绝对量大小的统计指标,它可以反映总体中不同类别事物的分布状况。众数是研究总体中频率最高的变量值,它表示某种特征的集中趋势。中位数是将各单位的某一变量值按照大小排列出来,找出处于中间位置的那个变量值。算术平均数是总体各单位某一变量值之和的平均,它反映的是总体特征的一般水平。

揭示数字资料的全面特征的还有反映单位之间差异程度的指标,主要有异众比率、标准差和离散系数等。

2. 相关分析

任何社会现象内部都包含多种因素或变量。如果变量之间存在数量上的依存关系,但其具体表现又不呈固定的规律性,那么这些变量之间的关系称为相关关系。只涉及两个变量的相关关系叫单相关,涉及三个及以上变量的相关关系叫复相关。如果一个变量(自变量)增加,另一个变量(因变量)也随之增加,此种相关关系称正相关。如果自变量增加,因变量反而减少,这种相关关系称负相关。相关系数反映了两个因素关联程度的大小。通过测定相关系数也可以发现社会现象变化的原因,并对其发展趋势进行预测。

通过分析资料,可以对研究对象得出一些基本看法或结论,将这种结论同调查之初的研究假设相比较以判断假设的正误(假设是否成立)的过程是检验假设。统计分析可以使用SPSS,它是便捷、通用的统计分析工具。

**三、调查研究报告**

**(一)调查研究报告的类型与结构**

1. 调查研究报告的类型

调查研究报告是用来反映社会调查研究成果的书面报告,它是以文字等形式将调查研究的过程、方法和结果告诉有关读者的手段。

调查研究报告可分为工作性调查报告、学术性调查报告和普通调查报告。工作性调查报告是为了总结本单位或本部门的工作而撰写的调查报告,其读者是本单位或本部门的职工、负责人和有关上级人员。学术性调查报告是写给学术部门供学者之间交流使用的,它注重的是科学发现。普通调查报告则是写给广大读者的,是面向社会的。

2. 调查报告的一般结构

不同类型的调查报告有不同的写法,但是作为调查报告它们又有共同点,其中包括相同的结构。调查报告的结构是指它由哪些部分组成,这些部分的关系如何。调查报告的一般结构包括:开头是导言,交代调查研究的目的、意义和调查研究所使用的方法;接下来是正文部分,主要是按照一定思路展示资料,进行分析;最后是结论,指出本调查研究的主要发现。

**(二)调查报告的写作**

1. 题目

调查报告都要有一个题目,以说明该调查报告的主要内容。调查报告的题目有如下几种写法:第一种,直接陈述调查研究的问题,如《关于当前工人阶级地位状况的调查》,这种题目朴素、简明、一目了然,是调查报告常用的形式。第二种,问题式题目,即以提出问题的方式列出题目,如《进城农民工为何难以融入?》,这种题目醒目、能吸引读者的注意力,以严重的问题为中心的调查报告多用此类题目。第三种,有些调查研究以小见大,即通过对某一局部的调查得出一般结论,这时可以采取主标题加副标题的办法,即用主标题来陈述调查研究得出的一般认识,用副标题来说明该结论来自哪一项调查。

2. 导言部分

导言是调查报告的开头部分,这一部分可以标明"导言"或"研究问题及背景"等,也可以不标明。导言一般要交代调查研究的任务、进行该调查研究的目的和意义;还要交代在这个问题上别人已经做过什么研究、取得何种主要成果、本研究希望解决的问题;最后要交代本次调查的范围、使用的调查方法,对所获资料进行评估,交代资料分析方法。导言部分一般不太长,能够说清楚上述内容即可。

3. 正文部分

正文部分是调查报告的主体,这一部分要按照一定的思路展示资料,通过分析、比较、归纳说明本次调查研究的主要发现,提出自己的看法和判断。一般来说,这一部分是按照本研究假设或研究思路展开的:根据社会现象的内在联系和逻辑,由浅入深地分析资料,展示所研究的社会现象的状况和内在逻辑,进而揭示问题的实质,最后得出总的结论。在缺乏研究假设,特别是在为厘清某一现象的状态、来龙去脉的调查中,正文部分常常按照社会现象发展的时间顺序展开。

4. 结尾部分

结尾部分的任务是对本次调查研究的成果进行总结,常常要把正文部分的一些观点、判断再概括、升华,对研究现象的性质得出更深刻的认识。在工作性调查报告中,结尾部分要对以往工作做出总体评价,对成绩和不足做出几点归纳。此外,在应用型调查报告中,除了对研究对象的状态、成就和不足做出概括外,还要提出解决问题的对策。在学术性调查报告中,除了说明本次调查的发现之外,还可以对相关问题进行讨论,指出需要进一步研究的问题。如果本次研究发现了一些新的重要问题,也应在结尾部分指出,以引起读者的注意。

(三)撰写调查报告应该注意的问题

1. 主题突出,层次分明

调查研究报告的作用不是简单地向读者介绍本次调查所获得的资料,而是要通过展示资料说明某些问题。为了实现这一目的,调查报告必须突出主题,即紧紧围绕主题展示资料,进行分析。在此过程中,要注意层次和逻辑,即所研究的社会现象发展的时间顺序和内在联系,有逻辑地展示资料和进行分析,切忌轻重不分、主次不分、思路混乱。

2. 尊重事实,科学地运用资料

调查研究报告的要点是用事实说话,用本次调查所获得的资料去说明问题,不做无根据的判断。调查报告中的判断、结论都应是在摆出资料后做出的。在运用资料时应该客观、实事求是,而不应该根据个人的好恶随意裁剪资料,即不能对有利于自己看法的资料就充分利用,对不符合自己观点的资料就随意舍去。如果随意裁剪资料,调查研究就失去了意义。另外,在进行资料时应该对全部资料有一个通盘安排,合理分配资料,避免有的部分成为资料的堆积,而另一些部分却缺乏资料的现象。

3. 概念明确,推理正确

在调查报告中,重要概念都要有定义或有其内涵与外延的说明,要避免使用生僻的、读者不易理解的概念。在进行推论和推理时,应该注意推及范围和逻辑,不应没有根据、不讲条件地过度推论。

4. 语言生动,文章精练

在撰写调查研究报告时可使用科学语言,也可运用有表现力的大众语言。要避免简单、枯燥地进行资料堆积和数字罗列,应做到资料和观点相结合。普通的调查研究报告的语言可稍微活泼一些,但绝不能写成散文式的东西;还应避免艺术性的夸张,文风要质朴,不能因文字活泼而损害调查研究报告的科学性。

【推荐阅读】

陈向明:《质的研究方法与社会科学研究》,教育科学出版社2000年版。

〔法〕E. 迪尔凯姆:《社会学方法的准则》,狄玉明译,商务印书馆1995年版。

〔美〕林楠:《社会研究方法》,本书翻译组译,农村读物出版社1987年版。

〔美〕劳伦斯·纽曼:《社会研究方法——定性和定量的取向(第五版)》,郝大海译,中国人民大学出版社2007年版。

〔德〕马克斯·韦伯:《社会科学方法论》,朱红文等译,谢建葵校,中国人民大学出版社1992年版。

袁方主编:《社会研究方法教程(重排本)》,北京大学出版社2013年版。

## 教师反馈及教辅申请表

北京大学出版社本着"教材优先、学术为本"的出版宗旨,竭诚为广大高等院校师生服务。

本书配有教学课件,获取方法:

第一步,扫描右侧二维码,或直接微信搜索公众号"北大出版社社科图书",进行关注;

第二步,点击菜单栏"教辅资源"—"在线申请",填写相关信息后点击提交。

如果您不使用微信,请填写完整以下表格后拍照发到 ss@pup.cn。我们会在 1—2 个工作日内将相关资料发送到您的邮箱。

| 书名 | | 书号 | 978-7-301- | 作者 | |
|---|---|---|---|---|---|
| 您的姓名 | | | | 职称、职务 | |
| 学校及院系 | | | | | |
| 您所讲授的课程名称 | | | | | |
| 授课学生类型(可多选) | | □ 本科一、二年级<br>□ 高职、高专<br>□ 其他_____ | | □ 本科三、四年级<br>□ 研究生 | |
| 每学期学生人数 | | _____人 | | 学时 | |
| 手机号码(必填) | | | | QQ | |
| 电子信箱(必填) | | | | | |
| 您对本书的建议: | | | | | |

### 我们的联系方式:

北京大学出版社社会科学编辑室

通信地址:北京市海淀区成府路 205 号,100871

电子邮箱:ss@pup.cn

电话:010-62753121 / 62765016

微信公众号:北大出版社社科图书(ss_book)

新浪微博:@未名社科-北大图书

网址:http://www.pup.cn